MW01107328

LECTURAS

VENTANAS

Curso intermedio de lengua española

SECOND EDITION

José A. Blanco

María Colbert
Colby College

VISTA HIGHER LEARNING

Boston, Massachusetts

Publisher: José A. Blanco
Vice President and Editorial Director: Beth Kramer
Managing Editor: Sarah Kenney
Project Manager: María Eugenia Corbo
Editors: Gisela M. Aragón-LaCarrubba, Armando Brito
Director of Art & Design: Linda Jurras
Director of Production and Manufacturing: Lisa Perrier
Design Manager: Polo Barrera
Photo Researcher and Art Buyer: Rachel Distler
Production and Manufacturing Team: Jeff Perron, Nick Ventullo

President: Janet L. Dracksdorf
Sr. Vice President of Operations: Tom Delano
Vice President of Sales and Marketing: Scott Burns
Executive Marketing Manager: Benjamín Rivera

Printed in the United States of America.

Instructor's Annotated Edition: ISBN-13: 978-1-60007-606-0
ISBN-10: 1-60007-606-8
Student Edition: ISBN-13: 978-1-60007-602-2
ISBN-10: 1-60007-602-5

Library of Congress Control Number: 2007934457
1 2 3 4 5 6 7 8 9-W-13 12 11 10 09 08 07

Introduction

Bienvenido a VENTANAS, Second Edition, your window to the rich language, literature, and culture of the Spanish-speaking world.

VENTANAS, Second Edition is a fully integrated intermediate Spanish program written with you, the student in mind. It is designed to provide you with an active and rewarding learning experience. Its primary goal is to strengthen your language skills and develop your cultural competency. The program consists of two main texts— **VENTANAS: Lecturas** (a literary/cultural reader) and **VENTANAS: Lengua** (the grammar text). Coordinated by lesson theme, grammar structures, and vocabulary, these texts may be used together or independently of each other.

Here are some of the features you will encounter in **VENTANAS: Lecturas:**

- A wide variety of cultural and literary readings that recognize and celebrate the diversity of the Spanish-speaking world and its peoples: male and female writers, up-and-coming and classic authors, and voices from all over the Spanish-speaking world
- A video-based section directly connected to the **VENTANAS Film Collection**
- Consistent, multi-faceted pre-reading and post-reading support to build your reading proficiency and check your understanding of what you read
- Numerous opportunities to express yourself in a wide range of communicative situations with a classmate, small groups, or the full class
- Consistent integration of important cultural concepts and insights into the daily lives of native Spanish speakers
- Ongoing development of your language and critical-thinking skills

VENTANAS: Lecturas has twelve lessons, and each lesson is organized exactly in the same manner. To familiarize yourself with the textbook's organization and features, turn to page x and take the **VENTANAS: Lecturas**-at-a-glance tour. For more information on **VENTANAS: Lengua,** see page xxiii.

New to the Second Edition

VENTANAS: Lecturas, Second Edition, offers many new features for students and instructors.

- **Revised! Cultura** and **Literatura** readings have been revised and refreshed to offer new authors, genres, topics, and perspectives on the lesson themes.
- **Expanded!** The incredibly successful film section, now called **Cinemateca**, offers an authentic, dynamic short film for each lesson of the text.
- **Expanded!** A new essay-writing section, **Taller de escritura**, provides writing strategies and practice in each lesson.
- **NEW! Opiniones** offers a variety of discussion opportunities on contemporary topics, while **Conexiones** provides opportunities for class presentations and debates, with specific communication strategies to improve your presentation skills.

LITERATURA	CONEXIONES

	CULTURA	CINEMATECA
LECCIÓN 5 **Los viajes** 		
LECCIÓN 6 **La naturaleza** 		
LECCIÓN 7 **La tecnología y la ciencia** 		
LECCIÓN 8 **La economía y el trabajo** 		

	CULTURA	CINEMATECA

LECCIÓN 9
La cultura popular y los medios de comunicación

LECCIÓN 10
La literatura y el arte

LECCIÓN 11
La política y la religión

LECCIÓN 12
La historia y la civilización

LITERATURA	CONEXIONES

Lesson openers
outline the content and features of each lesson.

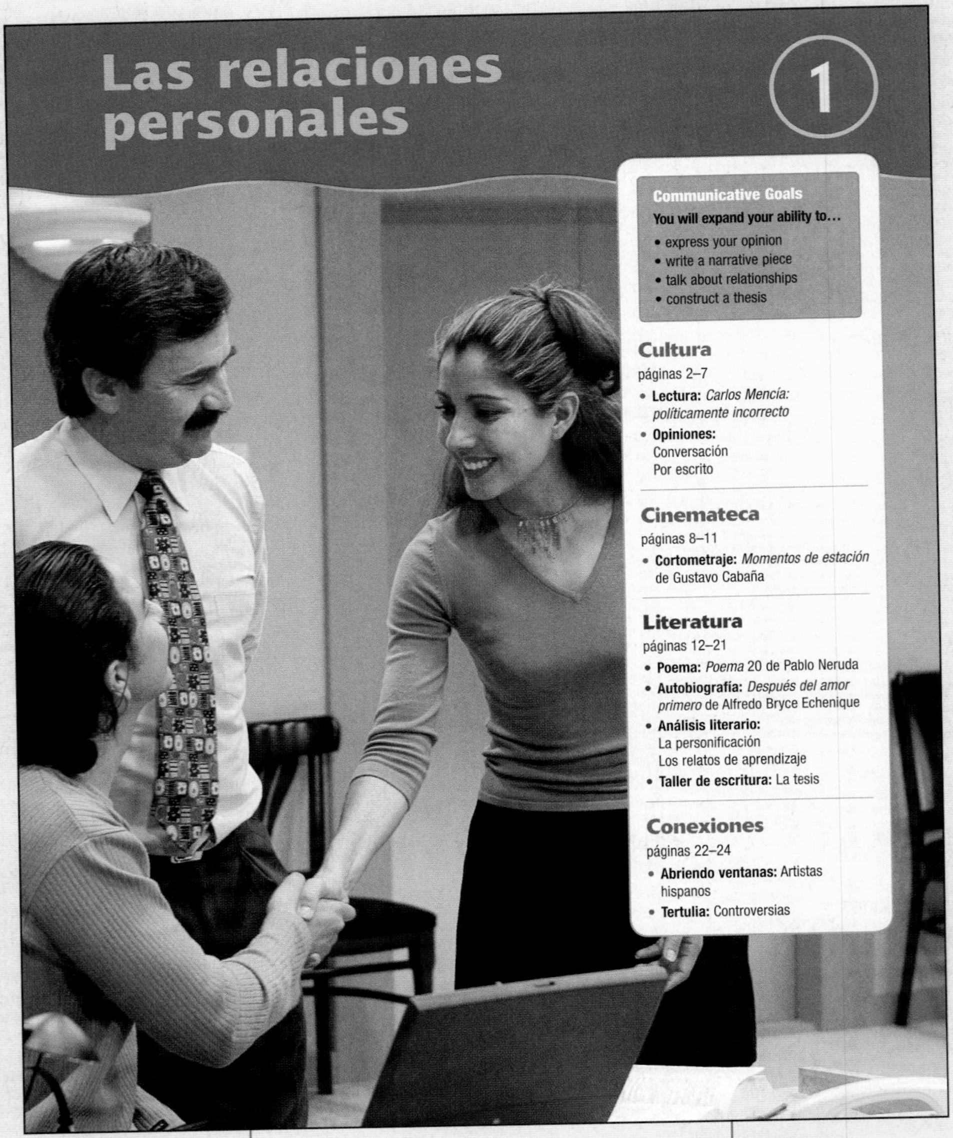

Communicative Goals highlight the tasks you will be able to carry out in Spanish by the end of each lesson.

The **table of contents** guides you through the contents of the lesson.

CULTURA

opens each lesson in a visually dramatic way.

1 CULTURA

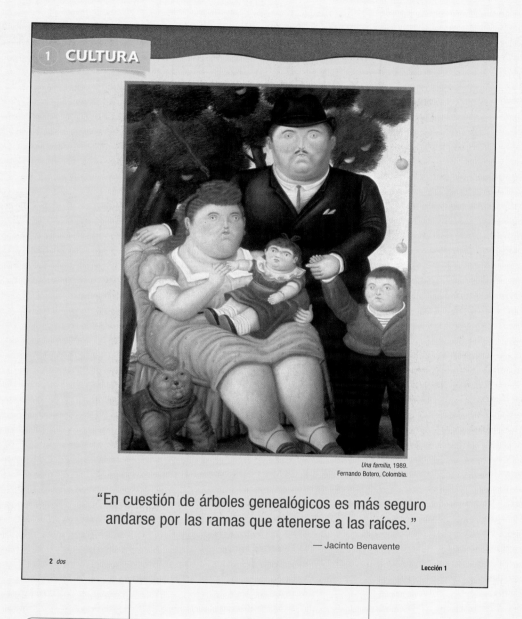

Una familia, 1989.
Fernando Botero, Colombia.

"En cuestión de árboles genealógicos es más seguro andarse por las ramas que atenerse a las raíces."

— Jacinto Benavente

2 *dos*

Lección 1

Fine Art A fine art piece by a Spanish-speaking artist illustrates an aspect of the lesson's theme and exposes you to a broad spectrum of works created by male and female artists from different areas of the Spanish-speaking world.

Quotation A quotation by a prominent Spanish speaker provides food for thought about the lesson's theme.

CULTURA
presents dynamic, thought-provoking articles on the lesson theme.

Cultura

Carlos Mencía
Políticamente incorrecto

El comediante **Carlos Mencía** tiene tanto éxito con su programa en *Comedy Central* que mantiene un *blog* para sus *fans*. Allí, se define a sí mismo como una persona que dice lo que piensa. Explica que no le importa "herir los sentimientos" de nadie; "lo que hiere aún más es quedarse callado y dejar que la gente estúpida siga siendo estúpida". También dice en su *blog* que "algunos pueden hacer chistes sobre otras personas, pero no pueden aceptar que se hagan chistes sobre ellos… bueno… si tú eres así… ¡entonces hazme el favor y CÁLLATE!".

Carlos Mencía integra una nueva
10 generación de humoristas latinos que llegó para quedarse. Esta gran familia de comediantes también incluye nombres como Pablo Francisco, Liz Torres, Freddy Soto, Mike Robles, Joey Medina,
15 Ernie G y Shayla Rivera, entre otros. Además, hay que destacar al ya clásico John Leguizamo. Antes de saltar a la fama con su programa *Mind of Mencía* en *Comedy Central*, Carlos ya tenía una
20 larga trayectoria artística.

Nació en Honduras en 1967 y es el penúltimo° de dieciocho hijos. Se crió en Los Ángeles en casa de sus tíos. Estudiaba ingeniería hasta que ganó
25 una competencia° de comedia en el *Laugh Factory*. Le faltaba sólo un crédito para graduarse pero decidió dejar la universidad y dedicarse a la comedia. Aunque al principio su familia no estaba
30 de acuerdo con el cambio, gracias a su perseverancia y al apoyo° de su hermano Joseph, Carlos logró convertirse° en un comediante profesional. Fue en *The Comedy Store* —un renombrado° club de
35 comedia de Los Ángeles— donde adoptó el nombre artístico de Carlos Mencía. Durante la década de los noventa, Carlos participó como comediante y como anfitrión° en varios programas de
40 televisión. En 2001, realizó una popular gira° titulada *The Three Amigos* con Freddy Soto y Pablo Francisco. Antes de su llegada a *Comedy Central*, también hizo dos especiales para HBO.

45 El humor de Carlos Mencía no perdona a nadie —ni siquiera a su propia familia— y, como consecuencia, Carlos tiene tanto admiradores como detractores. Hace chistes acerca de
50 blancos, negros, minorías y sobre todo latinos. En su lenguaje abundan° las malas palabras. Algunos de sus temas preferidos son las cuestiones raciales, la política, la religión y los temas sociales.
55 Muchos consideran que su estilo excede los límites de lo que es "políticamente correcto".

Cuando observamos las opiniones y reacciones que provoca, las aguas
60 están divididas°. Para algunos, los chistes de Carlos Mencía son demasiado provocativos y perpetúan° estereotipos; para otros, sus chistes son un ejemplo de libre expresión°, un ejemplo de que
65 los latinos ya no son una minoría que es víctima de los chistes de otras personas, sino una comunidad que se siente establecida y que es capaz de reírse de sí misma… y de los demás. ∎

second-to-last
competition
support
managed to become
renowned
host
tour
are plentiful
there is disagreement
perpetuate
freedom of speech

El humor de Carlos Mencía

❝ El racismo significa exclusión. Por eso, yo me río de todos. ❞

❝ Al igual que mi padre, yo también nací en América Central… Nebraska. ❞

❝ En Texas, si te llamas Carlos, eres mexicano. En Florida, eres cubano. En Nueva York, eres puertorriqueño. Y luego vengo aquí (Canadá) y me entero de que soy esquimal. ❞

4 *cuatro* — Lección 1

Las relaciones personales — *cinco* 5

Carlos Mencía

Appealing Topics The **Cultura** readings present a unique range of topics that expose you to the people, traditions, and accomplishments particular to the different cultures of the Spanish-speaking world.

Open Design An open interior design, including numbered lines and marginal glosses, helps make the **Cultura** readings accessible to you.

Antes de leer & Después de leer

activities provide pre-reading and post-reading support for each selection in Cultura.

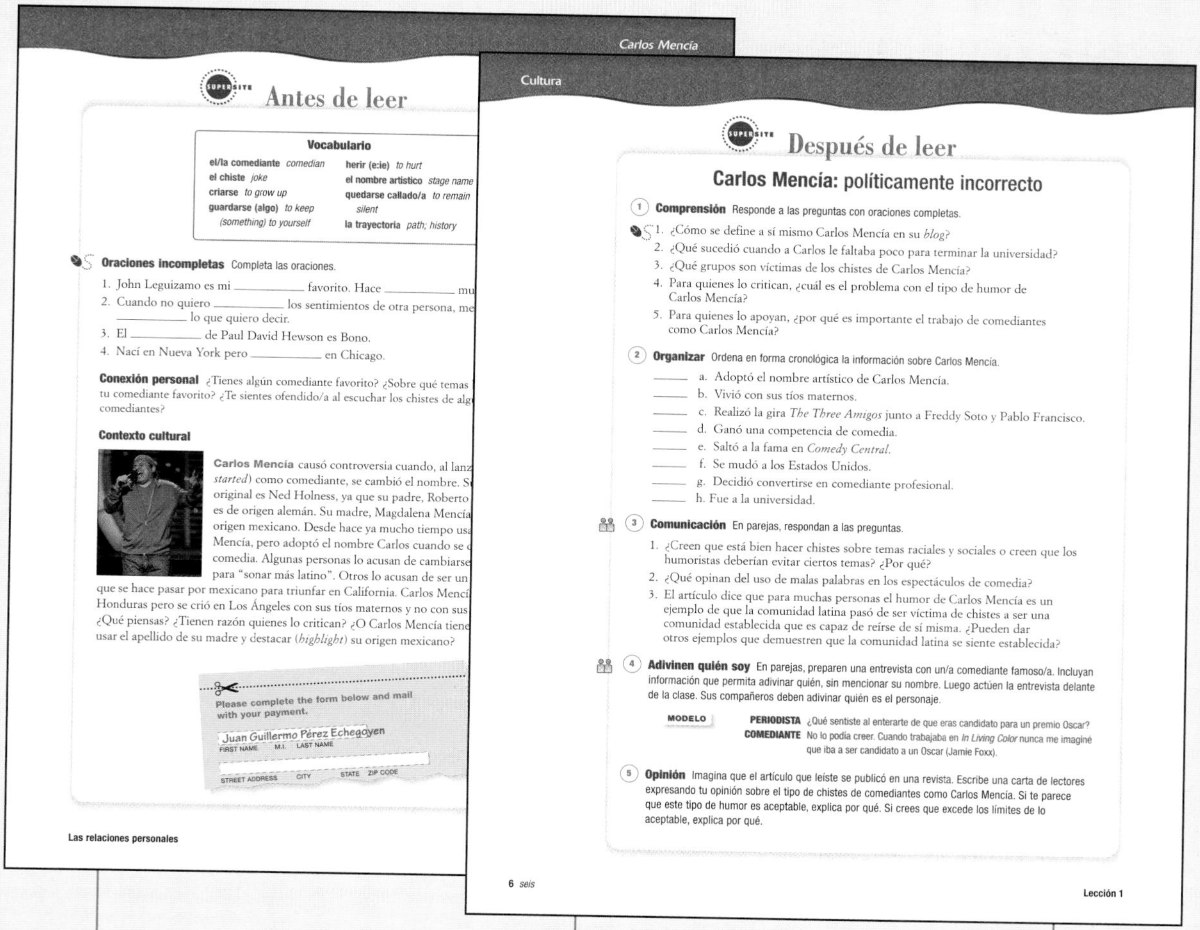

Carlos Mencía

Antes de leer

Vocabulario

el/la comediante *comedian*
el chiste *joke*
criarse *to grow up*
guardarse (algo) *to keep (something) to yourself*
herir (e:ie) *to hurt*
el nombre artístico *stage name*
quedarse callado/a *to remain silent*
la trayectoria *path; history*

Oraciones incompletas Completa las oraciones.

1. John Leguizamo es mi ________ favorito. Hace ________ mu
2. Cuando no quiero ________ los sentimientos de otra persona, me ________ lo que quiero decir.
3. El ________ de Paul David Hewson es Bono.
4. Nací en Nueva York pero ________ en Chicago.

Conexión personal ¿Tienes algún comediante favorito? ¿Sobre qué temas tu comediante favorito? ¿Te sientes ofendido/a al escuchar los chistes de alg comediantes?

Contexto cultural

Carlos Mencía causó controversia cuando, al lanz *started*) como comediante, se cambió el nombre. S original es Ned Holness, ya que su padre, Roberto es de origen alemán. Su madre, Magdalena Mencía origen mexicano. Desde hace ya mucho tiempo usa Mencía, pero adoptó el nombre Carlos cuando se comedia. Algunas personas lo acusan de cambiarse para "sonar más latino". Otros lo acusan de ser un que se hace pasar por mexicano para triunfar en California. Carlos Menci Honduras pero se crió en Los Ángeles con sus tíos maternos y no con sus ¿Qué piensas? ¿Tienen razón quienes lo critican? ¿O Carlos Mencía tiene usar el apellido de su madre y destacar (*highlight*) su origen mexicano?

Please complete the form below and mail with your payment.
Juan Guillermo Pérez Echegoyen
FIRST NAME M.I. LAST NAME
STREET ADDRESS CITY STATE ZIP CODE

Las relaciones personales

Cultura

Después de leer

Carlos Mencía: políticamente incorrecto

1 **Comprensión** Responde a las preguntas con oraciones completas.

1. ¿Cómo se define a sí mismo Carlos Mencía en su *blog*?
2. ¿Qué sucedió cuando a Carlos le faltaba poco para terminar la universidad?
3. ¿Qué grupos son víctimas de los chistes de Carlos Mencía?
4. Para quienes lo critican, ¿cuál es el problema con el tipo de humor de Carlos Mencía?
5. Para quienes lo apoyan, ¿por qué es importante el trabajo de comediantes como Carlos Mencía?

2 **Organizar** Ordena en forma cronológica la información sobre Carlos Mencía.

____ a. Adoptó el nombre artístico de Carlos Mencía.
____ b. Vivió con sus tíos maternos.
____ c. Realizó la gira *The Three Amigos* junto a Freddy Soto y Pablo Francisco.
____ d. Ganó una competencia de comedia.
____ e. Saltó a la fama en *Comedy Central*.
____ f. Se mudó a los Estados Unidos.
____ g. Decidió convertirse en comediante profesional.
____ h. Fue a la universidad.

3 **Comunicación** En parejas, respondan a las preguntas.

1. ¿Creen que está bien hacer chistes sobre temas raciales y sociales o creen que los humoristas deberían evitar ciertos temas? ¿Por qué?
2. ¿Qué opinan del uso de malas palabras en los espectáculos de comedia?
3. El artículo dice que para muchas personas el humor de Carlos Mencía es un ejemplo de que la comunidad latina pasó de ser víctima de chistes a ser una comunidad establecida que es capaz de reírse de sí misma. ¿Pueden dar otros ejemplos que demuestren que la comunidad latina se siente establecida?

4 **Adivinen quién soy** En parejas, preparen una entrevista con un/a comediante famoso/a. Incluyan información que permita adivinar quién, sin mencionar su nombre. Luego actúen la entrevista delante de la clase. Sus compañeros deben adivinar quién es el personaje.

MODELO
PERIODISTA ¿Qué sentiste al enterarte de que eras candidato para un premio Oscar?
COMEDIANTE No lo podía creer. Cuando trabajaba en *In Living Color* nunca me imaginé que iba a ser candidato a un Oscar (Jamie Foxx).

5 **Opinión** Imagina que el artículo que leíste se publicó en una revista. Escribe una carta de lectores expresando tu opinión sobre el tipo de chistes de comediantes como Carlos Mencía. Si te parece que este tipo de humor es aceptable, explica por qué. Si crees que excede los límites de lo aceptable, explica por qué.

6 *seis*

Lección 1

Conexión personal Personalized questions prompt you to think about the theme of the reading as it relates to your own life and experiences.

Contexto cultural The selection is introduced by culturally relevant background information about the theme of the reading.

Comprensión This first exercise always checks your understanding of the reading's key ideas. A mouse indicates that this activity is available with auto-grading on the Supersite (ventanas.vhlcentral.com).

Vocabulario A vocabulary box lists words and expressions key to the reading.

Supersite An icon indicates that even more material related to the readings is available on the Supersite (ventanas.vhlcentral.com).

Additional Activities These exercises guide you in analyzing, interpreting, and reacting to the content.

Opiniones

develops your oral communication skills and writing skills through discussion opportunities about cultural topics.

Cultura

Opiniones

1 Conversación

A. En parejas, háganse estas preguntas sobre los nombres y los apodos (*nicknames*). Pueden repasar el **Contexto cultural** sobre la historia del nombre de Carlos Mencía.

1. ¿Sabes cuál es el origen de tu nombre? ¿Sabes por qué te pusieron ese nombre?
2. ¿Tienes un apodo? ¿Quién te lo puso? ¿Te gusta inventar apodos para otras personas? Da algunos ejemplos. ¿Por qué los elegiste?
3. Imagina que te haces famoso. ¿Qué nombre artístico usarías? ¿Por qué?
4. ¿Qué opinas de que las personas de otros países se cambien los nombres o elijan nuevos apodos al venir a este país? ¿Por qué crees que lo hacen? ¿Por qué crees que Carlos Mencía lo hizo?

B. Observen las fotos de estos artistas famosos. Entre paréntesis aparece el nombre verdadero de cada uno. ¿Por qué creen que se cambiaron los nombres?

Charlie Sheen (Carlos Irwin Estévez)

George Eliot (Mary Ann Evans)

Rita Hayworth (Margarita Carmen Cansino)

Ritchie Valens (Richard Steven Valenzuela)

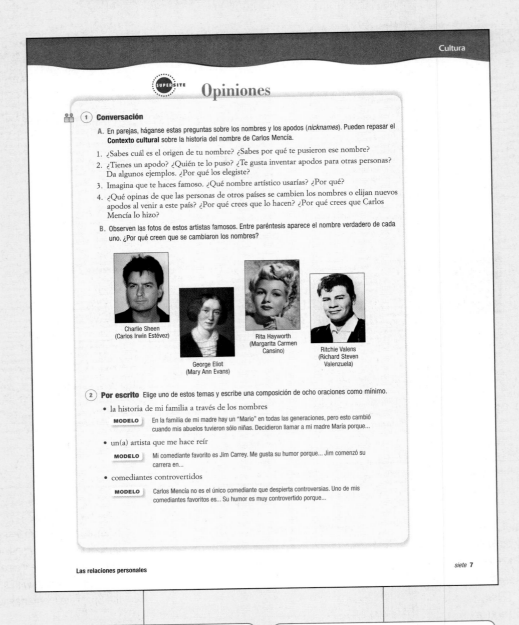

2 Por escrito Elige uno de estos temas y escribe una composición de ocho oraciones como mínimo.

- la historia de mi familia a través de los nombres

  MODELO En la familia de mi madre hay un "Mario" en todas las generaciones, pero esto cambió cuando mis abuelos tuvieron sólo niñas. Decidieron llamar a mi madre María porque...

- un(a) artista que me hace reír

  MODELO Mi comediante favorito es Jim Carrey. Me gusta su humor porque... Jim comenzó su carrera en...

- comediantes controvertidos

  MODELO Carlos Mencía no es el único comediante que despierta controversias. Uno de mis comediantes favoritos es... Su humor es muy controvertido porque...

Las relaciones personales

siete 7

Conversación This section engages you in discussion in pairs, through questions, photographs, and realia.

Por escrito This section provides an engaging, real-life writing task spun off from the themes and ideas of the lesson.

CINEMATECA

appears in every lesson, integrating pre-, while-, and post-viewing activities for an authentic short film.

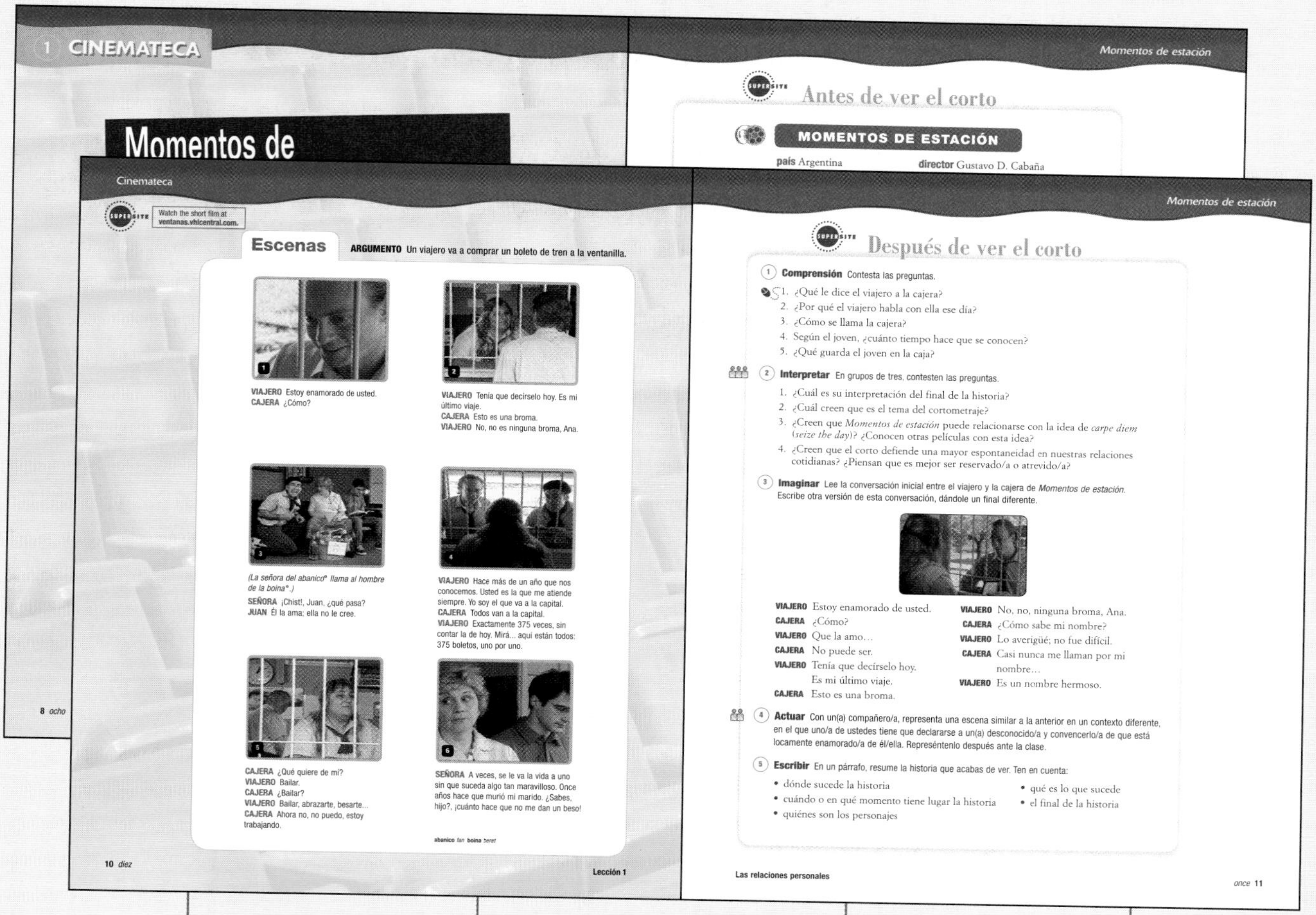
1 CINEMATECA

Momentos de

Momentos de estación

Antes de ver el corto

MOMENTOS DE ESTACIÓN

país Argentina **director** Gustavo D. Cabaña

8 *ocho*

Cinemateca

Watch the short film at ventanas.vhlcentral.com.

Escenas

ARGUMENTO Un viajero va a comprar un boleto de tren a la ventanilla.

1 **VIAJERO** Estoy enamorado de usted.
CAJERA ¿Cómo?

2 **VIAJERO** Tenía que decírselo hoy. Es mi último viaje.
CAJERA Esto es una broma.
VIAJERO No, no es ninguna broma, Ana.

3 *(La señora del abanico* llama al hombre de la boina*.)*
SEÑORA ¡Chist!, Juan, ¿qué pasa?
JUAN Él la ama; ella no le cree.

4 **VIAJERO** Hace más de un año que nos conocemos. Usted es la que me atiende siempre. Yo soy el que va a la capital.
CAJERA Todos van a la capital.
VIAJERO Exactamente 375 veces, sin contar la de hoy. Mirá... aquí están todos: 375 boletos, uno por uno.

5 **CAJERA** ¿Qué quiere de mí?
VIAJERO Bailar.
CAJERA ¿Bailar?
VIAJERO Bailar, abrazarte, besarte...
CAJERA Ahora no, no puedo, estoy trabajando.

6 **SEÑORA** A veces, se le va la vida a uno sin que suceda algo tan maravilloso. Once años hace que murió mi marido. ¿Sabes, hijo?, ¡cuánto hace que no me dan un beso!

abanico *fan* **boina** *beret*

10 *diez* Lección 1

Momentos de estación

Después de ver el corto

1 **Comprensión** Contesta las preguntas.

1. ¿Qué le dice el viajero a la cajera?
2. ¿Por qué el viajero habla con ella ese día?
3. ¿Cómo se llama la cajera?
4. Según el joven, ¿cuánto tiempo hace que se conocen?
5. ¿Qué guarda el joven en la caja?

2 **Interpretar** En grupos de tres, contesten las preguntas.

1. ¿Cuál es su interpretación del final de la historia?
2. ¿Cuál creen que es el tema del cortometraje?
3. ¿Creen que *Momentos de estación* puede relacionarse con la idea de *carpe diem* (*seize the day*)? ¿Conocen otras películas con esta idea?
4. ¿Creen que el corto defiende una mayor espontaneidad en nuestras relaciones cotidianas? ¿Piensan que es mejor ser reservado/a o atrevido/a?

3 **Imaginar** Lee la conversación inicial entre el viajero y la cajera de *Momentos de estación*. Escribe otra versión de esta conversación, dándole un final diferente.

VIAJERO Estoy enamorado de usted.
CAJERA ¿Cómo?
VIAJERO Que la amo...
CAJERA No puede ser.
VIAJERO Tenía que decírselo hoy. Es mi último viaje.
CAJERA Esto es una broma.
VIAJERO No, no, ninguna broma, Ana.
CAJERA ¿Cómo sabe mi nombre?
VIAJERO Lo averigüé; no fue difícil.
CAJERA Casi nunca me llaman por mi nombre...
VIAJERO Es un nombre hermoso.

4 **Actuar** Con un(a) compañero/a, representa una escena similar a la anterior en un contexto diferente, en el que uno/a de ustedes tiene que declararse a un(a) desconocido/a y convencerlo/a de que está locamente enamorado/a de él/ella. Represéntenlo después ante la clase.

5 **Escribir** En un párrafo, resume la historia que acabas de ver. Ten en cuenta:

- dónde sucede la historia
- cuándo o en qué momento tiene lugar la historia
- quiénes son los personajes
- qué es lo que sucede
- el final de la historia

Las relaciones personales *once* 11

Cortometrajes Twelve dramatic short films from the Spanish-speaking world provide authentic language input with four pages of support. You can watch the films in class or on the Supersite (**ventanas.vhlcentral.com**).

Escenas Video stills with excerpts of the dialogue help you to focus on key events and ideas as you watch the film.

Antes de ver el corto Pre-viewing activities prepare you to view the film. Active vocabulary key to understanding the film is called out in the **Vocabulario** section.

Después de ver el corto Post-viewing activities check your comprehension and guide you in interpreting the film and reacting to it.

LITERATURA opens in a visually dramatic way.

1 LITERATURA

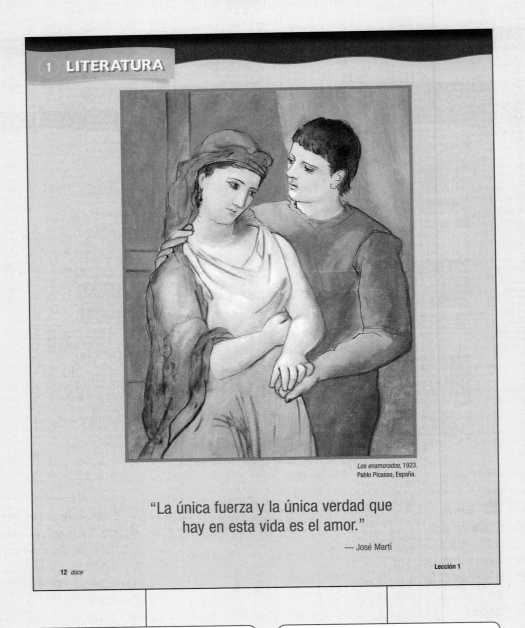

Los enamorados, 1923.
Pablo Picasso, España.

"La única fuerza y la única verdad que hay en esta vida es el amor."

— José Martí

12 *doce*

Lección 1

Fine Art A fine art piece by a Spanish-speaking painter illustrates a key aspect of the lesson's theme.

Quotation Quotations by Spanish speakers from around the world and across the ages provide thought-provoking insights into the lesson's theme.

The first reading in **LITERATURA** is a brief literary selection that expands on the lesson's theme.

Literatura

POEMA 20

Pablo Neruda

Poema 20

Puedo escribir los versos más tristes esta noche.
Escribir, por ejemplo: "La noche está estrellada°,
y tiritan°, azules, los astros°, a lo lejos°".
El viento de la noche gira° en el cielo y canta.

Puedo escribir los versos más tristes esta noche.
Yo la quise, y a veces ella también me quiso.

En las noches como ésta la tuve entre mis brazos.
La besé tantas veces bajo el cielo infinito.

Ella me quiso, a veces yo también la quería.
Cómo no haber amado sus grandes ojos fijos°.

Puedo escribir los versos más tristes esta noche.
Pensar que no la tengo. Sentir que la he perdido.

Oír la noche inmensa, más inmensa sin ella.
Y el verso cae al alma como al pasto el rocío°.

Qué importa que mi amor no pudiera guardarla°.
La noche está estrellada y ella no está conmigo.

Eso es todo. A lo lejos alguien canta. A lo lejos.
Mi alma no se contenta con haberla perdido.

Como para acercarla° mi mirada la busca.
Mi corazón la busca, y ella no está conmigo.

La misma noche que hace blanquear° los mismos árboles.
Nosotros, los de entonces, ya no somos los mismos.

Ya no la quiero, es cierto, pero cuánto la quise.
Mi voz° buscaba el viento para tocar su oído.

De otro. Será de otro. Como antes de mis besos.
Su voz, su cuerpo claro. Sus ojos infinitos.

Ya no la quiero, es cierto, pero tal vez la quiero.
Es tan corto el amor, y es tan largo el olvido.

Porque en noches como ésta la tuve entre mis brazos,
mi alma no se contenta con haberla perdido.

Aunque éste sea el último dolor que ella me causa,
y éstos sean los últimos versos que yo le escribo. ■

starry
blink; tremble
stars/in the distance
turns
fixed
like the dew on the grass
keep; protect
to bring her closer
to whiten
voice

14 *catorce* — Lección 1 — Las relaciones personales — *quince* 15

Diverse Texts Theme-related texts from high-profile male and female authors from all over the Spanish-speaking world expose you to a variety of genres, such as poetry, short stories, and novels.

Open Design The type size, open space, numbered lines, and marginal glosses were specially designed to make the readings inviting and highly accessible to you.

The second reading in **LITERATURA** is an increasingly longer piece that offers you a more sustained reading experience.

Después *del amor* primero

(fragmento)

Alfredo Bryce Echenique

Teresa era una muchacha de tez° muy blanca y nariz respingada°. Su sonrisa era irónica, era inteligente, pero, sobre todo, preciosa. Preciosa y traviesa°. Nadie en el mundo se había querido tanto como nosotros y perderla para mí había representado, entre otras cosas, acostarme gordo una noche de mi adolescencia, y levantarme flaco° al día siguiente, por la mañana. Desde entonces, lo sabía, cualquier cosa podía pasarme porque había perdido a Teresa de una manera simple y llanamente° demasiado cruel. Teresa me había dejado por otro con alevosía° y gran maldad°, palabras éstas que eran totalmente nuevas en mi vocabulario y en mi vida. Me había dejado por un hombre mayor de edad, que tenía un carro mayor de edad y que le estaba dando un beso también mayor de edad cuando me acerqué a ver qué diablos° había en ese automóvil que se había estacionado en la puerta de la casa, a la hora de aquel día de invierno en que me tocaba llegar del internado°.

complexion; *turned-up*; *mischievous*; *skinny; thin*; *plainly and simply*; *malice; treachery*; *malevolence*; *what the hell*; *boarding school*

Me arrojé° a la amplia acequia° que había en el campo de polo, frente a la casa de Teresa, pero sin resultado alguno. O sea que cualquier cosa podía pasarme, simple y llanamente porque a Teresa no le importaba que yo enlodara° mi amor por ella, ni que enlodara la ropa elegantísima que usaba para irla a ver los fines de semana. Teresa incluso permitía que mi más atroz sufrimiento se cubriera también de barro°. Perdí exactamente veinte kilos y terminé el colegio con un sentimiento de culpa atroz: a Teresa la había perdido por mi culpa, aterrándola° con la posesividad de mi amor, con mis celos, con el desenlace trágico en el que siempre tenía que desembocar cada una de nuestras conversaciones. Convencido en cuerpo y alma de que los más grandes amores son los imposibles, quería que el nuestro resultara imposible a gritos, que fuera totalmente invivible°, tremendamente desgarrador° y lleno de lágrimas y divinos castigos imperdonables°. ■

threw myself/ ditch; *tarnished*; *mud*; *terrifying her*; *unlivable*; *heartbreaking*; *unforgivable punishments*

Variety of Text Types You will encounter many different types of readings in the **Literatura** section: short stories, poems, essays, and excerpts from novels.

Identical Support Features To support learning, the same informative features used in the first reading of **Literatura** also accompany the second reading.

Antes de leer & Después de leer

activities provide pre- and post-reading support for each selection in Literatura.

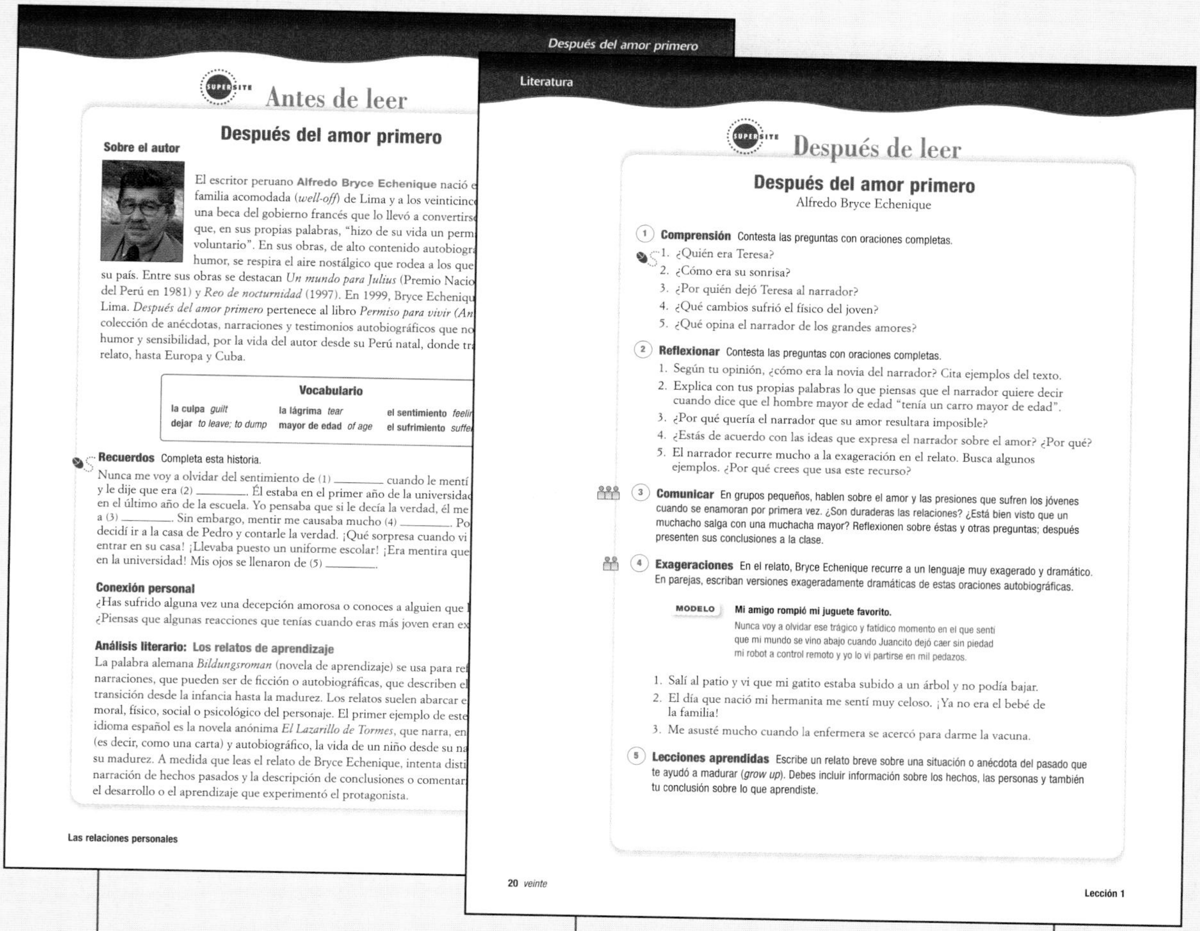
Después del amor primero

Antes de leer

Después del amor primero

Sobre el autor

El escritor peruano **Alfredo Bryce Echenique** nació e
familia acomodada (*well-off*) de Lima y a los veinticinc
una beca del gobierno francés que lo llevó a convertirse
que, en sus propias palabras, "hizo de su vida un perm
voluntario". En sus obras, de alto contenido autobiogr
humor, se respira el aire nostálgico que rodea a los que
su país. Entre sus obras se destacan *Un mundo para Julius* (Premio Nacio
del Perú en 1981) y *Reo de nocturnidad* (1997). En 1999, Bryce Echeniqu
Lima. *Después del amor primero* pertenece al libro *Permiso para vivir (An*
colección de anécdotas, narraciones y testimonios autobiográficos que no
humor y sensibilidad, por la vida del autor desde su Perú natal, donde tr
relato, hasta Europa y Cuba.

Vocabulario

la culpa *guilt*	la lágrima *tear*	el sentimiento *feelin*
dejar *to leave; to dump*	mayor de edad *of age*	el sufrimiento *suffe*

Recuerdos Completa esta historia.

Nunca me voy a olvidar del sentimiento de (1) ________ cuando le mentí
y le dije que era (2) ________. Él estaba en el primer año de la universidad
en el último año de la escuela. Yo pensaba que si le decía la verdad, él me
a (3) ________. Sin embargo, mentir me causaba mucho (4) ________. Po
decidí ir a la casa de Pedro y contarle la verdad. ¡Qué sorpresa cuando vi
entrar en su casa! ¡Llevaba puesto un uniforme escolar! ¡Era mentira que
en la universidad! Mis ojos se llenaron de (5) ________.

Conexión personal

¿Has sufrido alguna vez una decepción amorosa o conoces a alguien que
¿Piensas que algunas reacciones que tenías cuando eras más joven eran ex

Análisis literario: Los relatos de aprendizaje

La palabra alemana *Bildungsroman* (novela de aprendizaje) se usa para ref
narraciones, que pueden ser de ficción o autobiográficas, que describen el
transición desde la infancia hasta la madurez. Los relatos suelen abarcar e
moral, físico, social o psicológico del personaje. El primer ejemplo de este
idioma español es la novela anónima *El Lazarillo de Tormes*, que narra, en
(es decir, como una carta) y autobiográfico, la vida de un niño desde su na
su madurez. A medida que leas el relato de Bryce Echenique, intenta disti
narración de hechos pasados y la descripción de conclusiones o comentar
el desarrollo o el aprendizaje que experimentó el protagonista.

Las relaciones personales

Literatura

Después de leer

Después del amor primero
Alfredo Bryce Echenique

1 **Comprensión** Contesta las preguntas con oraciones completas.
1. ¿Quién era Teresa?
2. ¿Cómo era su sonrisa?
3. ¿Por quién dejó Teresa al narrador?
4. ¿Qué cambios sufrió el físico del joven?
5. ¿Qué opina el narrador de los grandes amores?

2 **Reflexionar** Contesta las preguntas con oraciones completas.
1. Según tu opinión, ¿cómo era la novia del narrador? Cita ejemplos del texto.
2. Explica con tus propias palabras lo que piensas que el narrador quiere decir cuando dice que el hombre mayor de edad "tenía un carro mayor de edad".
3. ¿Por qué quería el narrador que su amor resultara imposible?
4. ¿Estás de acuerdo con las ideas que expresa el narrador sobre el amor? ¿Por qué?
5. El narrador recurre mucho a la exageración en el relato. Busca algunos ejemplos. ¿Por qué crees que usa este recurso?

3 **Comunicar** En grupos pequeños, hablen sobre el amor y las presiones que sufren los jóvenes cuando se enamoran por primera vez. ¿Son duraderas las relaciones? ¿Está bien visto que un muchacho salga con una muchacha mayor? Reflexionen sobre éstas y otras preguntas; después presenten sus conclusiones a la clase.

4 **Exageraciones** En el relato, Bryce Echenique recurre a un lenguaje muy exagerado y dramático. En parejas, escriban versiones exageradamente dramáticas de estas oraciones autobiográficas.

MODELO **Mi amigo rompió mi juguete favorito.**
Nunca voy a olvidar ese trágico y fatídico momento en el que sentí que mi mundo se vino abajo cuando Juancito dejó caer sin piedad mi robot a control remoto y yo lo vi partirse en mil pedazos.

1. Salí al patio y vi que mi gatito estaba subido a un árbol y no podía bajar.
2. El día que nació mi hermanita me sentí muy celoso. ¡Ya no era el bebé de la familia!
3. Me asusté mucho cuando la enfermera se acercó para darme la vacuna.

5 **Lecciones aprendidas** Escribe un relato breve sobre una situación o anécdota del pasado que te ayudó a madurar (*grow up*). Debes incluir información sobre los hechos, las personas y también tu conclusión sobre lo que aprendiste.

20 veinte

Lección 1

Sobre el autor Biographical information focuses your attention on important information about the authors and their works.

Conexión personal Personalized questions prompt you to think about the theme of the reading as it relates to your own life and experiences.

Comprensión This first exercise always checks your understanding of the reading's key ideas. The mouse icon lets you know this activity is also available with auto-grading on the Supersite (ventanas.vhlcentral.com).

Vocabulario A vocabulary box lists words and expressions key to the reading.

Análisis literario Explanations and practice of literary techniques central to the reading give you the support you need to analyze literature in Spanish.

Additional Activities Subsequent activities guide you as you explore various facets of each reading: analysis, interpretation, personal reactions to the reading, pair work, small group work, and writing tasks.

Taller de escritura

synthesizes the lesson as it develops your writing skills.

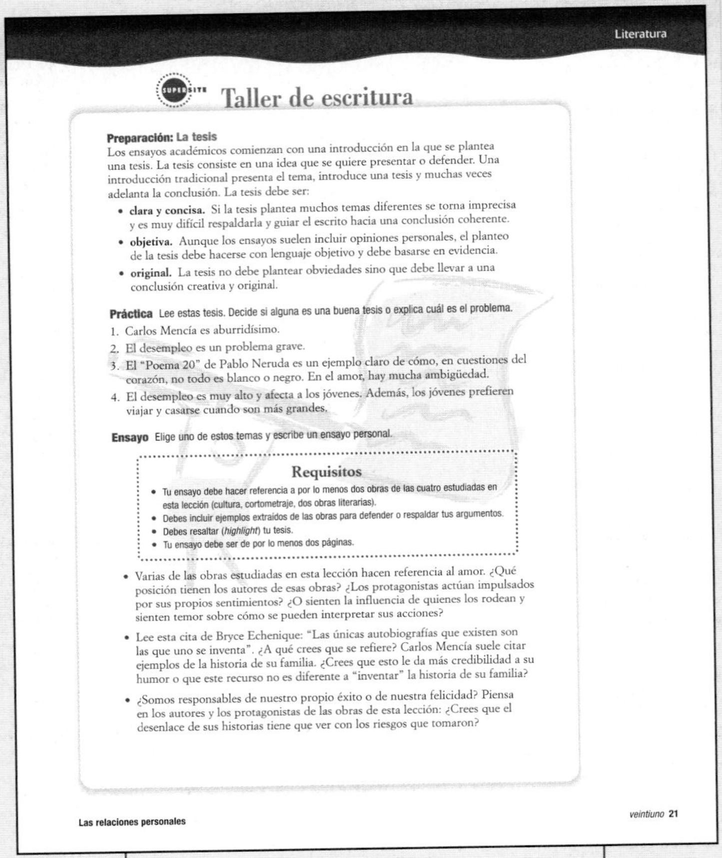

Literatura

Taller de escritura

Preparación: La tesis

Los ensayos académicos comienzan con una introducción en la que se plantea una tesis. La tesis consiste en una idea que se quiere presentar o defender. Una introducción tradicional presenta el tema, introduce una tesis y muchas veces adelanta la conclusión. La tesis debe ser:

- **clara y concisa.** Si la tesis plantea muchos temas diferentes se torna imprecisa y es muy difícil respaldarla y guiar el escrito hacia una conclusión coherente.
- **objetiva.** Aunque los ensayos suelen incluir opiniones personales, el planteo de la tesis debe hacerse con lenguaje objetivo y debe basarse en evidencia.
- **original.** La tesis no debe plantear obviedades sino que debe llevar a una conclusión creativa y original.

Práctica Lee estas tesis. Decide si alguna es una buena tesis o explica cuál es el problema.

1. Carlos Mencía es aburridísimo.
2. El desempleo es un problema grave.
3. El "Poema 20" de Pablo Neruda es un ejemplo claro de cómo, en cuestiones del corazón, no todo es blanco o negro. En el amor, hay mucha ambigüedad.
4. El desempleo es muy alto y afecta a los jóvenes. Además, los jóvenes prefieren viajar y casarse cuando son más grandes.

Ensayo Elige uno de estos temas y escribe un ensayo personal.

Requisitos

- Tu ensayo debe hacer referencia a por lo menos dos obras de las cuatro estudiadas en esta lección (cultura, cortometraje, dos obras literarias).
- Debes incluir ejemplos extraídos de las obras para defender o respaldar tus argumentos.
- Debes resaltar (*highlight*) tu tesis.
- Tu ensayo debe ser de por lo menos dos páginas.

- Varias de las obras estudiadas en esta lección hacen referencia al amor. ¿Qué posición tienen los autores de esas obras? ¿Los protagonistas actúan impulsados por sus propios sentimientos? ¿O sienten la influencia de quienes los rodean y sienten temor sobre cómo se pueden interpretar sus acciones?
- Lee esta cita de Bryce Echenique: "Las únicas autobiografías que existen son las que uno se inventa". ¿A qué crees que se refiere? Carlos Mencía suele citar ejemplos de la historia de su familia. ¿Crees que esto le da más credibilidad a su humor o que este recurso no es diferente a "inventar" la historia de su familia?
- ¿Somos responsables de nuestro propio éxito o de nuestra felicidad? Piensa en los autores y los protagonistas de las obras de esta lección: ¿Crees que el desenlace de sus historias tiene que ver con los riesgos que tomaron?

Las relaciones personales

veintiuno 21

Preparación provides strategies and support to guide the essay writing process.

Ensayo This section provides challenging and engaging topics for academic essays comparing the **Cultura**, **Cinemateca**, and **Literatura** pieces studied in the lesson or earlier in the book.

CONEXIONES

synthesizes the lesson and further develops your oral communication skills.

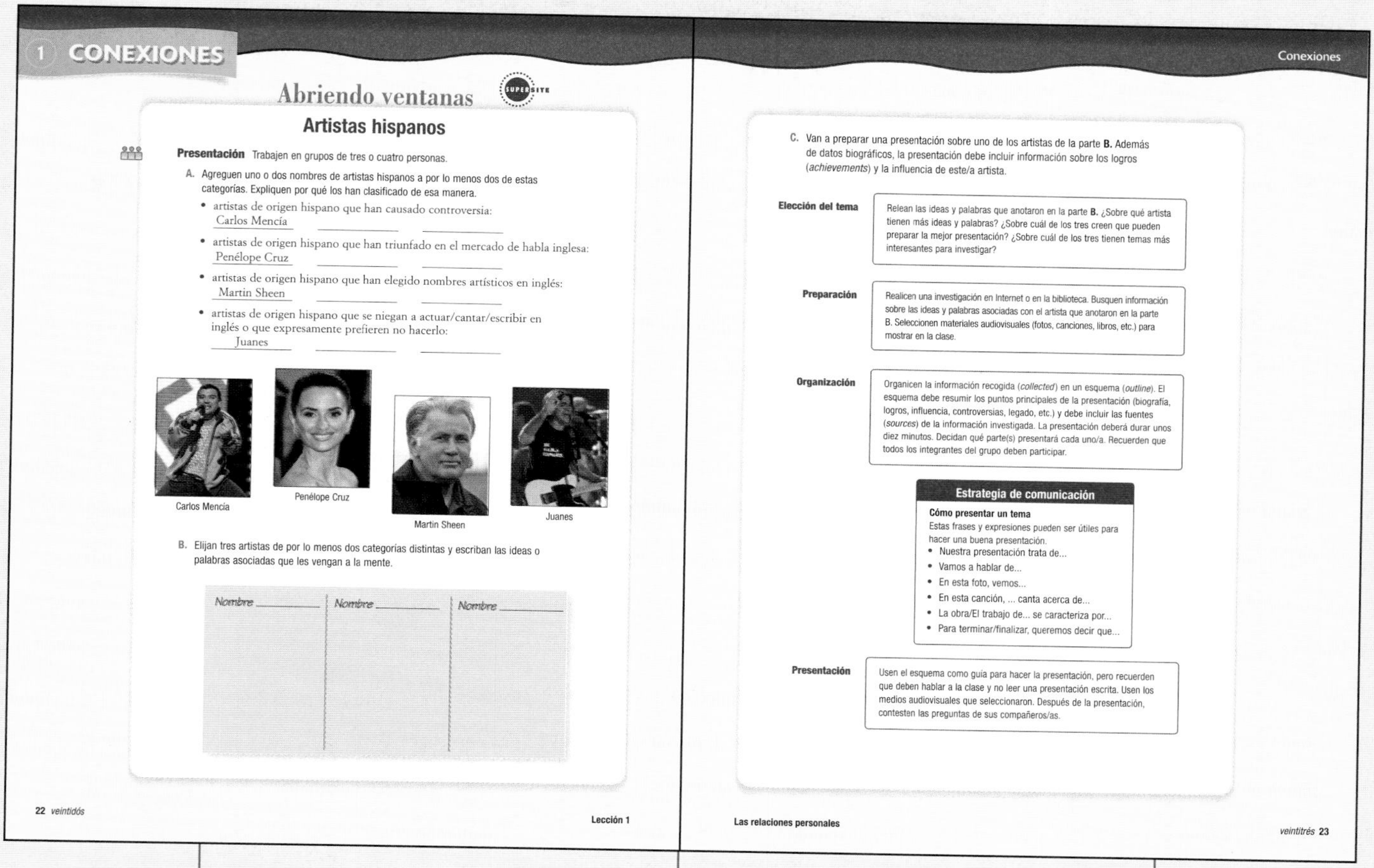

1 CONEXIONES

Abriendo ventanas

Artistas hispanos

Presentación Trabajen en grupos de tres o cuatro personas.

A. Agreguen uno o dos nombres de artistas hispanos a por lo menos dos de estas categorías. Expliquen por qué los han clasificado de esa manera.

- artistas de origen hispano que han causado controversia: Carlos Mencía
- artistas de origen hispano que han triunfado en el mercado de habla inglesa: Penélope Cruz
- artistas de origen hispano que han elegido nombres artísticos en inglés: Martin Sheen
- artistas de origen hispano que se niegan a actuar/cantar/escribir en inglés o que expresamente prefieren no hacerlo: Juanes

Carlos Mencía

Penélope Cruz

Martin Sheen

Juanes

B. Elijan tres artistas de por lo menos dos categorías distintas y escriban las ideas o palabras asociadas que les vengan a la mente.

Nombre ______	Nombre ______	Nombre ______

22 veintidós Lección 1

Conexiones

C. Van a preparar una presentación sobre uno de los artistas de la parte **B.** Además de datos biográficos, la presentación debe incluir información sobre los logros (*achievements*) y la influencia de este/a artista.

Elección del tema Relean las ideas y palabras que anotaron en la parte **B.** ¿Sobre qué artista tienen más ideas y palabras? ¿Sobre cuál de los tres creen que pueden preparar la mejor presentación? ¿Sobre cuál de los tres tienen temas más interesantes para investigar?

Preparación Realicen una investigación en Internet o en la biblioteca. Busquen información sobre las ideas y palabras asociadas con el artista que anotaron en la parte B. Seleccionen materiales audiovisuales (fotos, canciones, libros, etc.) para mostrar en la clase.

Organización Organicen la información recogida (*collected*) en un esquema (*outline*). El esquema debe resumir los puntos principales de la presentación (biografía, logros, influencia, controversias, legado, etc.) y debe incluir las fuentes (*sources*) de la información investigada. La presentación deberá durar unos diez minutos. Decidan qué parte(s) presentará cada uno/a. Recuerden que todos los integrantes del grupo deben participar.

Estrategia de comunicación

Cómo presentar un tema

Estas frases y expresiones pueden ser útiles para hacer una buena presentación.

- Nuestra presentación trata de...
- Vamos a hablar de...
- En esta foto, vemos...
- En esta canción, ... canta acerca de...
- La obra/El trabajo de... se caracteriza por...
- Para terminar/finalizar, queremos decir que...

Presentación Usen el esquema como guía para hacer la presentación, pero recuerden que deben hablar a la clase y no leer una presentación escrita. Usen los medios audiovisuales que seleccionaron. Después de la presentación, contesten las preguntas de sus compañeros/as.

Las relaciones personales veintitrés 23

Abriendo ventanas The section involves you with a small group in researching, preparing, and giving oral presentations on cultural topics. Photos and realia serve as a guide to narrow and select the presentation topic.

Step-by-step Support A series of steps guides you through the presentation from choosing the topic, to finding the information you need, to organizing your research results, to final advice about how to present your work.

Estrategia de comunicación Speaking-related tips, techniques, and key words and expressions help you improve your oral presentation skills.

Tertulia

concludes the lesson, tying together themes in small group oral communication activities.

Conexiones

Tertulia

Controversias

1 (5 min.) La clase se divide en seis grupos; cada uno tiene que pensar y anotar sus ideas sobre uno de estos temas.

Los niños deben llevar tanto el apellido paterno como el materno.

¡En la vida hay que arriesgarse!

¿Siempre es malo burlarse de los demás?

El humor no tiene fronteras.

¡No se puede vivir sin amor!

Detrás de todo chiste, siempre hay algo de realidad.

2 (10 min.) Cada grupo tiene que preparar una breve presentación sobre el tema elegido. En el caso de que no todos opinen lo mismo sobre el tema, pueden mencionar que dentro del grupo hay distintas opiniones.

3 (25 min.) Los diferentes grupos presentan sus ideas a la clase, mientras todos toman nota.

4 (10 min.) Cuando todos los grupos hayan terminado de presentar sus ideas, toda la clase participa haciendo preguntas o expresando sus opiniones.

24 *veinticuatro* Lección 1

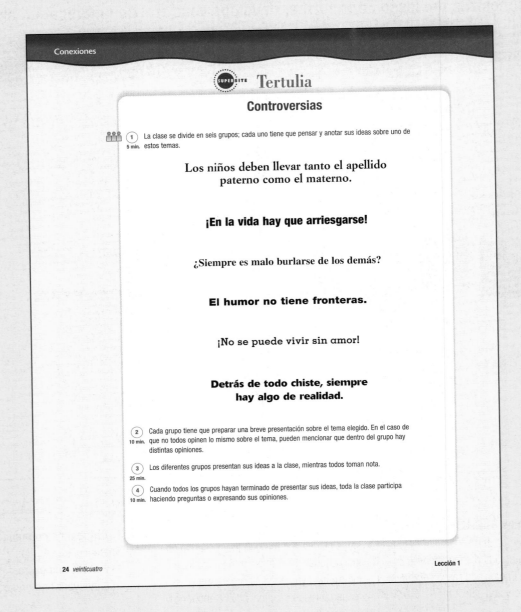

VENTANAS: Lengua

This companion language text focuses on developing your overall linguistic skills and cultural competency.

Film Collection

The **VENTANAS** Film Collection contains the short films by Hispanic filmmakers that are the basis for the **Cinemateca** section of every lesson. These award-winning films offer entertaining and thought-provoking opportunities to build your listening comprehension skills and your cultural knowledge of the Spanish-speaking world.

Film Synopses

Lección 1 *Momentos de estación* (Argentina) A commuter purchases his train ticket every day, never once telling the ticket window employee about his feelings for her. He suddenly takes advantage of the moment and tells her… causing a spiraling effect for those around them.

NEW! Lección 2 *Espíritu deportivo* (México) At the funeral of a deceased soccer star, his teammates argue the lineup of their famous match against Brazil.

Lección 3 *Adiós mamá* (México) A man is grocery shopping alone on an ordinary day when a chance meeting makes him the focus of an elderly woman's existential conflict, with a surprising result.

NEW! Lección 4 *Éramos pocos* (España) **Oscar nominated!** After being abandoned by his wife, a father and son enlist the help of her mother to keep house.

NEW! Lección 5 *El anillo* (Puerto Rico) Every object has its own story to tell.

NEW! Lección 6 *El día menos pensado* (México) A city ends up without potable water; people must decide whether to flee or stand and guard what little water they have left.

NEW! Lección 7 *Happy Cool* (Argentina) A man decides to wait out a recession by having himself cryogenically frozen until better economic times.

NEW! Lección 8 *Clown* (España) Companies will go to any length to collect what is due to them… and to make sure they have hired the right person for the job.

NEW! Lección 9 *Sintonía* (España) Stuck in traffic, the only way a man can get the attention of a woman is to figure out which radio station she's listening to and call in.

NEW! Lección 10 *Las viandas* (España) In a restaurant where food is art, a customer learns whether it is possible to have too much of a good thing.

NEW! Lección 11 *El rincón de Venezuela* (Venezuela/Estados Unidos) It's enough of a struggle for one immigrant family to keep their restaurant afloat without having to mediate the political preferences of their patrons.

NEW! Lección 12 *Un pedazo de tierra* (México/Estados Unidos; producción argentina) In honoring their great-great-grandfather's dying wish, two brothers learn about themselves and the people that came before them.

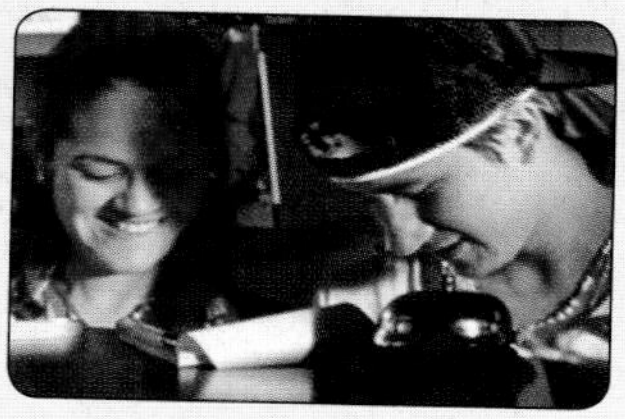

Icons

Icons consistently classify activities by type. They also signal when there is additional material on the Supersite (**ventanas.vhlcentral.com**).

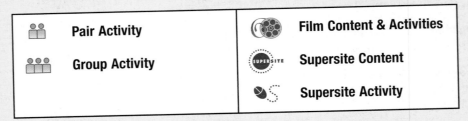

Pair Activity	Film Content & Activities
Group Activity	Supersite Content
	Supersite Activity

Instructor Ancillaries

Instructor's Annotated Edition

The Instructor's Annotated Edition (IAE) provides a wealth of information designed to support classroom teaching. The IAE contains answers to exercises overprinted on the page, cultural information, suggestions for implementing and extending student activities, and supplemental activities.

NEW! VENTANAS: Lecturas Film Collection DVD

This DVD includes all twelve films from the **VENTANAS** Film Collection.

NEW! Supersite (ventanas.vhlcentral.com)

Supersite Powered by MAESTRO™

Vista Higher Learning is proud to introduce the **VENTANAS, Second Edition,** Supersite to accompany your intermediate Spanish Textbook. Powered by **Maestro™,** a brand-new language learning system, the **VENTANAS Supersite** offers a wealth of resources that correlate to your textbook and go beyond it.

For Students

Free-of-charge with the purchase of a new student text:

- Selected activities from the student text, available with auto-grading
- Additional activities for each strand of the book
- Additional cultural information and research activities
- Audio recordings of select literary readings
- The entire Film Collection, with subtitles in English and Spanish
- And much, much more…

For Instructors

Instructors have access to the entire student site, as well as these key resources:

- The entire Instructor Ancillary package
- A robust course management system, powered by **Maestro™**
- And much, much more…

Acknowledgements

On behalf of its authors and editors, Vista Higher Learning expresses its sincere appreciation to the Spanish instructors who contributed their feedback about the first edition of **VENTANAS**. Their insights and detailed comments were invaluable to the development of this **Second Edition**.

We are especially grateful to Dr. Leticia McGrath at Georgia Southern University for her in-depth review of the First Edition and her subsequent input. Her insight and detailed feedback were critical in the planning of this revision from its inception to the final product.

Isabel Alvarez
University of Wisconsin Oshkosh, WI

Blanca Anderson
Loyola University, LA

Eileen M. Angelini
Philadelpia University, PA

Elizabeth Archibald
Moses Brown School, RI

Kathleen Bruegging
SUNY Ulster, NY

Catherine M. Bryan
University of Wisconsin Oshkosh, WI

Margarita Casas
Linn-Benton Community College, OR

M. Isela Chiu
Utah State University, UT

Ava Conley
Harding University, AR

Beverly R. Cook
North Central College, IL

María de Jesús Cordero
Utah State University, UT

William Dooley
Jesuit High School, New Orleans, LA

Lee Durbin
West Texas A&M University, TX

Margaret Eomurian
Houston Community College, TX

David Flaxman
Moses Brown School, RI

Erica Frouman-Smith
CW Post College of Long Island University, NY

Kevin Gaugler
Marist College, NY

Judy Getty
California State University, CA

Elena Gonzalez-Muntaner
University of Wisconsin Oshkosh, WI

M. Cecilia Herrera
University of Wisconsin Oshkosh, WI

Martha Hosey
Bancroft School, MA

Meliza Hull Frederick
Dillard University, LA

Jorge Koochoi
Central Piedmont Community College, NC

Kevin Krogh
Utah State University, UT

Karen Martin
Union University, TN

Leticia McGrath
Georgia Southern University, GA

Marco Mena
University of Wisconsin Oshkosh, WI

Thérèse Marie Mirande
Pierce College Ft. Steilacoom, WA

Kelly Montijo Fink
Kirkwood Community College, IA

Anna Montoya
Florida Institute of Technology, FL

Olga M. Muñiz
Hillsdale College, MI

Elena B. Odio
Georgia Southwestern State University, GA

Cecilia Ortiz
The Thacher School, CA

Angel Osle
Archer School for Girls, CA

Amanda Papanikolas
Drew School, CA

Graciela Pérez
Biola University, CA

Clara Ramirez
Loma Linda University, CA

Graziana Ramsden
Mass. College of Liberal Arts, MA

Kenneth Randall,
Cincinnati Country Day School, OH

Monica Roney
The Marin School, CA

Rafael E. Salazar
Aiken Preparatory School, SC

Jose A. Sandoval
Des Moines Area Community College, IA

David Shook
Georgia Institute of Technology, GA

Lynn Talbot
Roanoke College, VA

Cristobal Trillo
Joliet Junior College, IL

Nora Vera-Godwin
Southeastern Community College, IA

Adam Vigor
Kents Hill School, ME

Witold Wolny
University of Virginia's College at Wise, VA

We would also like to express our gratitude to all those over the years who have shared with us their recommendations and suggestions for the continued improvement of all programs in the Vista Higher Learning family. Their feedback has been instrumental in allowing us to continue in the mission of Vista Higher Learning.

We extend our gratitude to all the directors, producers and government agencies who granted us permission to incorporate their short films, commercials and TV clips into this project.

We thank all of the writers and their publishers and agents who allowed us to reprint their literary pieces in **VENTANAS**. The varied perspectives on the Spanish-speaking world that they represent are invaluable.

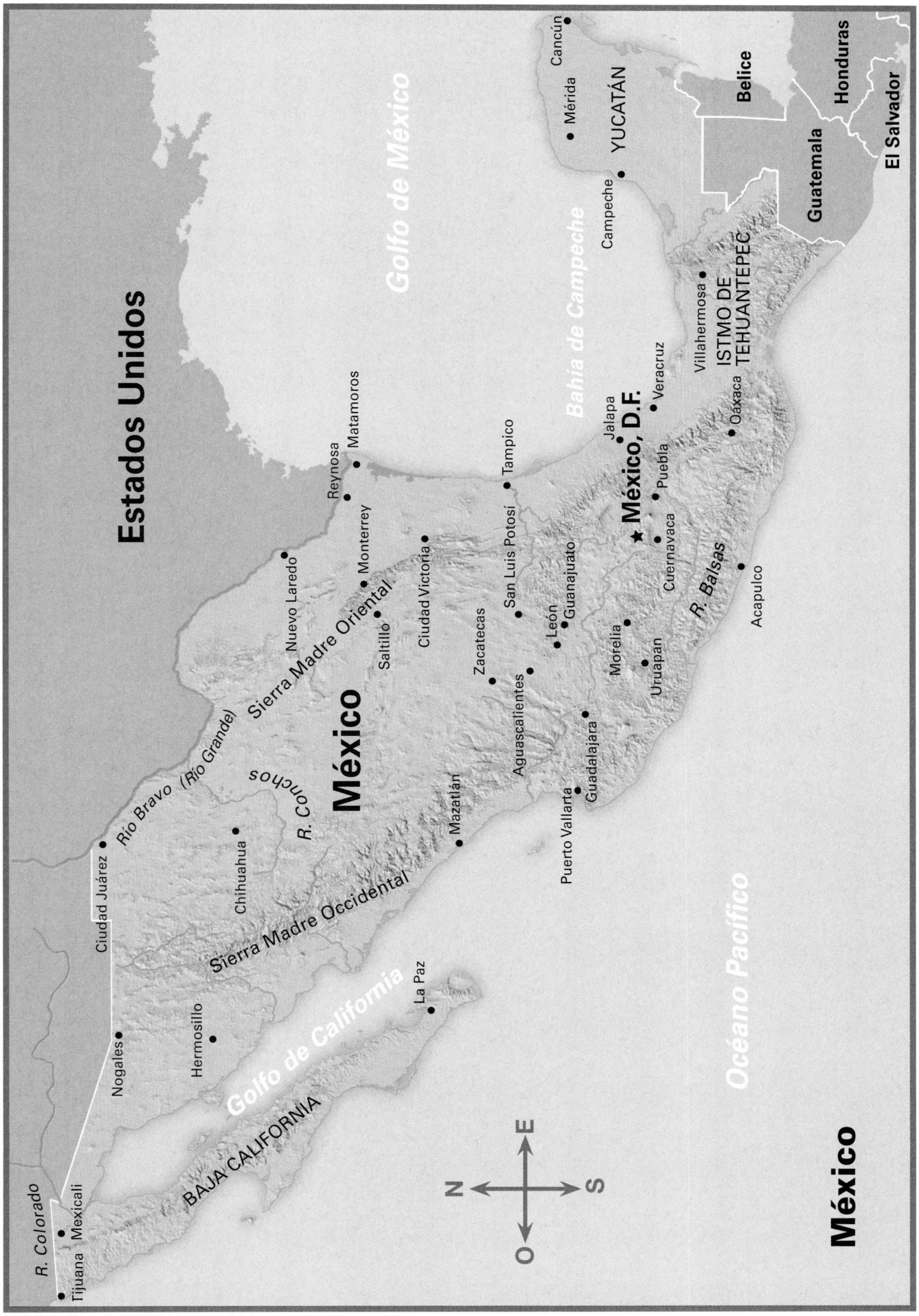
México
Estados Unidos
Golfo de México
Bahía de Campeche
Océano Pacífico
Golfo de California
BAJA CALIFORNIA
YUCATÁN
ISTMO DE TEHUANTEPEC
Sierra Madre Occidental
Sierra Madre Oriental
Río Bravo (Río Grande)
R. Conchos
R. Colorado
R. Balsas
México, D.F.
Tijuana
Mexicali
Nogales
Hermosillo
La Paz
Ciudad Juárez
Chihuahua
Mazatlán
Nuevo Laredo
Monterrey
Saltillo
Reynosa
Matamoros
Ciudad Victoria
Tampico
Zacatecas
San Luis Potosí
Aguascalientes
León
Guanajuato
Guadalajara
Puerto Vallarta
Morelia
Uruapan
Cuernavaca
Puebla
Acapulco
Jalapa
Veracruz
Oaxaca
Villahermosa
Campeche
Mérida
Cancún
Belice
Guatemala
Honduras
El Salvador
N
S
E
O

América Central y el Caribe
N
O
E
S
Estados Unidos
Golfo de México
Océano Atlántico
Estrecho de la Florida
Canal de Yucatán
Islas Bahamas
La Habana
Pinar del Río
Matanzas
Cienfuegos
Cuba
Camagüey
Guantánamo
Santiago de Cuba
República Dominicana
Haití
Puerto Príncipe
Santo Domingo
Puerto Rico
Mayagüez
San Juan
Ponce
Jamaica
Kingston
México
Belice
Belmopan
Guatemala
Quetzaltenango
Copán
Ciudad de Guatemala
Honduras
Tegucigalpa
San Salvador
El Salvador
Nicaragua
Managua
Mar Caribe
Islas Vírgenes (EE.UU. y R.U.)
Antigua
Antillas Menores
Guadalupe
Dominica
Martinica
Sta. Lucía
San Vicente
Barbados
Granada
Aruba
Bonaire
Curaçao
Isla de Margarita
Puerto España
Trinidad y Tobago
Puntarenas
San José
Limón
Canal de Panamá
Colón
Panamá
Costa Rica
Océano Pacífico
Colombia
Venezuela

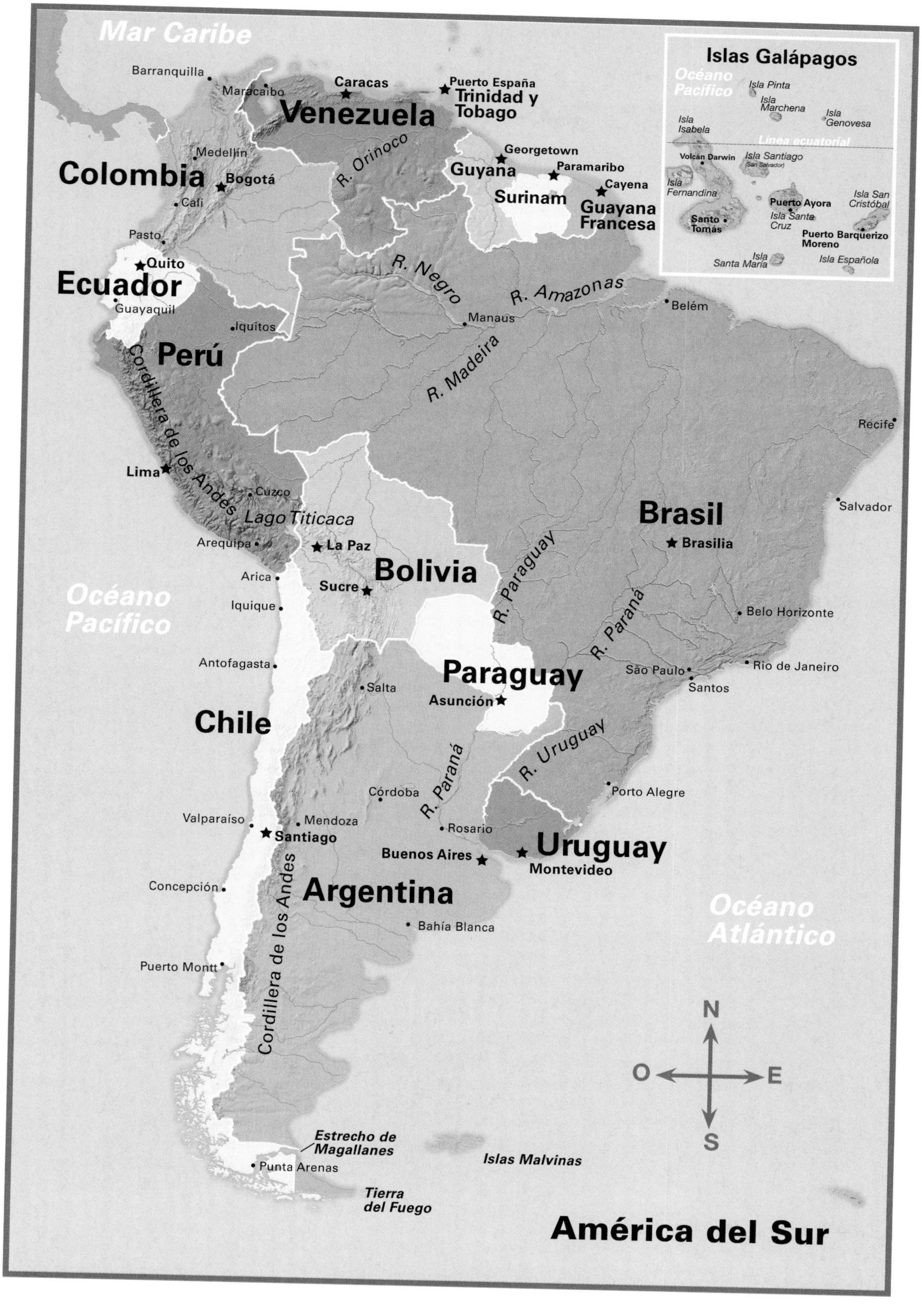
Mar Caribe
Barranquilla
Maracaibo
Caracas
Puerto España
Trinidad y Tobago
Venezuela
R. Orinoco
Medellín
Colombia
Bogotá
Cali
Georgetown
Guyana
Paramaribo
Surinam
Cayena
Guayana Francesa
Pasto
Quito
Ecuador
Guayaquil
R. Negro
R. Amazonas
Manaus
Belém
Iquitos
Perú
R. Madeira
Cordillera de los Andes
Recife
Lima
Cuzco
Lago Titicaca
Arequipa
La Paz
Brasil
Brasilia
Salvador
Bolivia
Sucre
Arica
Iquique
Océano Pacífico
R. Paraguay
R. Paraná
Belo Horizonte
Antofagasta
Paraguay
Asunción
São Paulo
Santos
Rio de Janeiro
Salta
Chile
R. Uruguay
Córdoba
Porto Alegre
Valparaíso
Mendoza
Santiago
Rosario
Buenos Aires
Uruguay
Montevideo
Concepción
Argentina
Bahía Blanca
Océano Atlántico
Puerto Montt
N
O
E
S
Estrecho de Magallanes
Islas Malvinas
Punta Arenas
Tierra del Fuego
América del Sur
Islas Galápagos
Océano Pacífico
Isla Pinta
Isla Marchena
Isla Genovesa
Isla Isabela
Línea ecuatorial
Volcán Darwin
Isla Santiago
(San Salvador)
Isla Fernandina
Puerto Ayora
Isla Santa Cruz
Isla San Cristóbal
Santo Tomás
Puerto Baquerizo Moreno
Isla Santa María
Isla Española

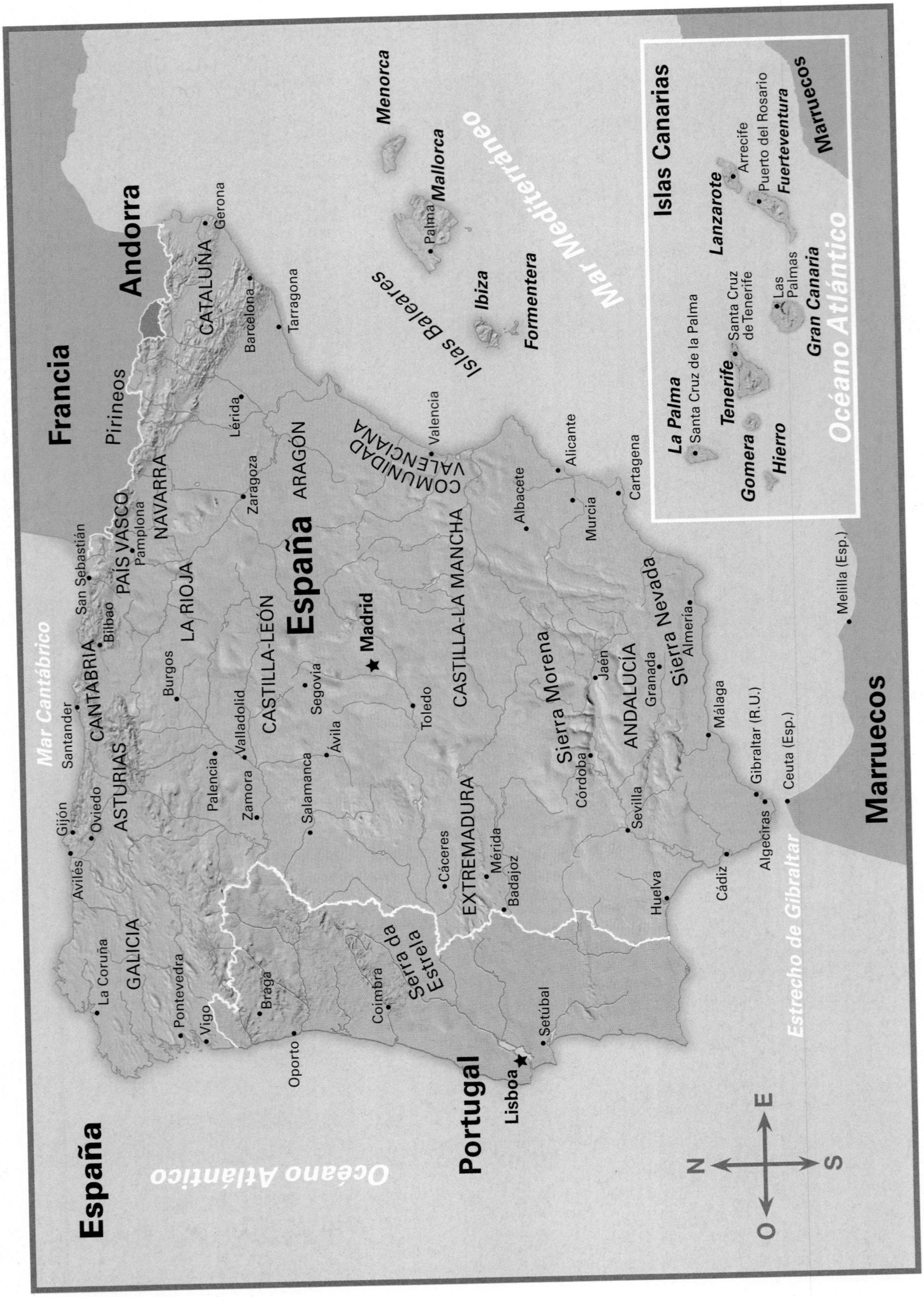
España
Portugal
Francia
Andorra
Marruecos
Océano Atlántico
Mar Cantábrico
Mar Mediterráneo
Estrecho de Gibraltar
Pirineos
Sierra Morena
Sierra Nevada
Serra da Estrela
Islas Baleares
Menorca
Mallorca
Palma
Ibiza
Formentera
GALICIA
ASTURIAS
CANTABRIA
PAÍS VASCO
NAVARRA
LA RIOJA
CATALUÑA
ARAGÓN
CASTILLA-LEÓN
CASTILLA-LA MANCHA
COMUNIDAD VALENCIANA
EXTREMADURA
ANDALUCÍA
Madrid
Lisboa
La Coruña
Pontevedra
Vigo
Avilés
Gijón
Oviedo
Santander
Bilbao
San Sebastián
Pamplona
Burgos
Palencia
Valladolid
Zamora
Salamanca
Ávila
Segovia
Toledo
Zaragoza
Lérida
Barcelona
Gerona
Tarragona
Valencia
Alicante
Albacete
Murcia
Cartagena
Cáceres
Mérida
Badajoz
Córdoba
Jaén
Granada
Almería
Sevilla
Huelva
Cádiz
Algeciras
Gibraltar (R.U.)
Ceuta (Esp.)
Melilla (Esp.)
Málaga
Oporto
Braga
Coimbra
Setúbal
N
S
E
O
Islas Canarias
La Palma
Santa Cruz de la Palma
Tenerife
Santa Cruz de Tenerife
Gomera
Hierro
Gran Canaria
Las Palmas
Lanzarote
Arrecife
Fuerteventura
Puerto del Rosario
Marruecos
Océano Atlántico

Las relaciones personales

1

Communicative Goals

You will expand your ability to...

- express your opinion
- write a narrative piece
- talk about relationships
- construct a thesis

Cultura

páginas 2–7

- **Lectura:** *Carlos Mencía: políticamente incorrecto*
- **Opiniones:**
  Conversación
  Por escrito

Cinemateca

páginas 8–11

- **Cortometraje:** *Momentos de estación* de Gustavo Cabaña

Literatura

páginas 12–21

- **Poema:** *Poema* 20 de Pablo Neruda
- **Autobiografía:** *Después del amor primero* de Alfredo Bryce Echenique
- **Análisis literario:**
  La personificación
  Los relatos de aprendizaje
- **Taller de escritura:** La tesis

Conexiones

páginas 22–24

- **Abriendo ventanas:** Artistas hispanos
- **Tertulia:** Controversias

Una familia, 1989.
Fernando Botero, Colombia.

"En cuestión de árboles genealógicos es más seguro andarse por las ramas que atenerse a las raíces."

— Jacinto Benavente

SUPERSITE

Antes de leer

Vocabulario

el/la comediante *comedian*
el chiste *joke*
criarse *to grow up*
guardarse (algo) *to keep (something) to yourself*
herir (e:ie) *to hurt*
el nombre artístico *stage name*
quedarse callado/a *to remain silent*
la trayectoria *path; history*

Oraciones incompletas Completa las oraciones.

1. John Leguizamo es mi ____________ favorito. Hace ____________ muy divertidos.
2. Cuando no quiero ____________ los sentimientos de otra persona, me ____________ lo que quiero decir.
3. El ____________ de Paul David Hewson es Bono.
4. Nací en Nueva York pero ____________ en Chicago.

Conexión personal ¿Tienes algún comediante favorito? ¿Sobre qué temas hace chistes tu comediante favorito? ¿Te sientes ofendido/a al escuchar los chistes de algunos comediantes?

Contexto cultural

Carlos Mencía causó controversia cuando, al lanzarse (*get started*) como comediante, se cambió el nombre. Su nombre original es Ned Holness, ya que su padre, Roberto Holness, es de origen alemán. Su madre, Magdalena Mencía, es de origen mexicano. Desde hace ya mucho tiempo usa el apellido Mencía, pero adoptó el nombre Carlos cuando se dedicó a la comedia. Algunas personas lo acusan de cambiarse el nombre para "sonar más latino". Otros lo acusan de ser un hondureño que se hace pasar por mexicano para triunfar en California. Carlos Mencía nació en Honduras pero se crió en Los Ángeles con sus tíos maternos y no con sus padres. ¿Qué piensas? ¿Tienen razón quienes lo critican? ¿O Carlos Mencía tiene derecho a usar el apellido de su madre y destacar (*highlight*) su origen mexicano?

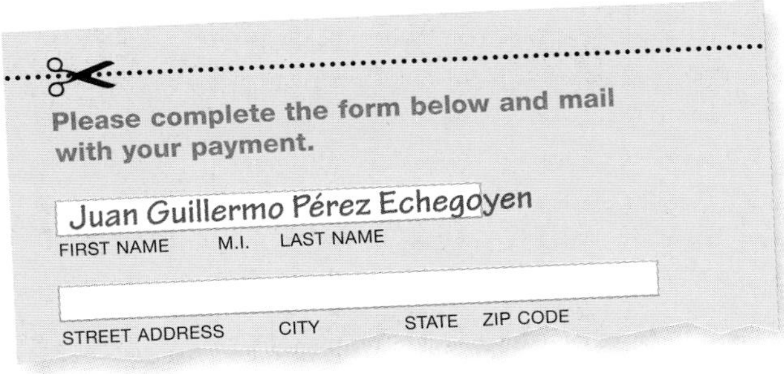
Please complete the form below and mail with your payment.

Juan Guillermo Pérez Echegoyen

FIRST NAME M.I. LAST NAME

STREET ADDRESS CITY STATE ZIP CODE

Carlos Mencía

Políticamente incorrecto

El comediante **Carlos Mencía** tiene tanto éxito con su programa en *Comedy Central* que mantiene un *blog* para sus *fans*. Allí, se define a sí mismo como una persona que dice lo que piensa. Explica que no le importa "herir los sentimientos" de nadie; "lo que hiere aún más es quedarse callado y dejar que la gente estúpida siga siendo estúpida". También dice en su *blog* que "algunos pueden hacer chistes sobre otras personas, pero no pueden aceptar que se hagan chistes sobre ellos... bueno... si tú eres así... ¡entonces hazme el favor y CÁLLATE!".

Carlos Mencía integra una nueva generación de humoristas latinos que llegó para quedarse. Esta gran familia de comediantes también incluye nombres como Pablo Francisco, Liz Torres, Freddy Soto, Mike Robles, Joey Medina, Ernie G y Shayla Rivera, entre otros. Además, hay que destacar al ya clásico John Leguizamo. Antes de saltar a la fama con su programa *Mind of Mencía* en *Comedy Central*, Carlos ya tenía una larga trayectoria artística.

Nació en Honduras en 1967 y es el penúltimo° de dieciocho hijos. Se crió en Los Ángeles en casa de sus tíos. Estudiaba ingeniería hasta que ganó una competencia° de comedia en el *Laugh Factory*. Le faltaba sólo un crédito para graduarse pero decidió dejar la universidad y dedicarse a la comedia. Aunque al principio su familia no estaba de acuerdo con el cambio, gracias a su perseverancia y al apoyo° de su hermano Joseph, Carlos logró convertirse° en un comediante profesional. Fue en *The Comedy Store* —un renombrado° club de comedia de Los Ángeles— donde adoptó el nombre artístico de Carlos Mencía. Durante la década de los noventa, Carlos participó como comediante y como anfitrión° en varios programas de televisión. En 2001, realizó una popular gira° titulada *The Three Amigos* con Freddy Soto y Pablo Francisco. Antes de su llegada a *Comedy Central*, también hizo dos especiales para HBO.

second-to-last · *competition* · *support* · *managed to become* · *renowned* · *host* · *tour*

El humor de Carlos Mencía no perdona a nadie —ni siquiera a su propia familia— y, como consecuencia, Carlos tiene tanto admiradores como detractores. Hace chistes acerca de blancos, negros, minorías y sobre todo latinos. En su lenguaje abundan° las malas palabras. Algunos de sus temas preferidos son las cuestiones raciales, la política, la religión y los temas sociales. Muchos consideran que su estilo excede los límites de lo que es "políticamente correcto".

are plentiful

Cuando observamos las opiniones y reacciones que provoca, las aguas están divididas°. Para algunos, los chistes de Carlos Mencía son demasiado provocativos y perpetúan° estereotipos; para otros, sus chistes son un ejemplo de libre expresión°, un ejemplo de que los latinos ya no son una minoría que es víctima de los chistes de otras personas, sino una comunidad que se siente establecida y que es capaz de reírse de sí misma... y de los demás. ■

there is disagreement · *perpetuate* · *freedom of speech*

El humor de Carlos Mencía

"El racismo significa exclusión. Por eso, yo me río de todos."

"Al igual que mi padre, yo también nací en América Central... Nebraska."

"En Texas, si te llamas Carlos, eres mexicano. En Florida, eres cubano. En Nueva York, eres puertorriqueño. Y luego vengo aquí (Canadá) y me entero de que soy esquimal."

Después de leer

Carlos Mencía: políticamente incorrecto

1 **Comprensión** Responde a las preguntas con oraciones completas.

1. ¿Cómo se define a sí mismo Carlos Mencía en su *blog*?
2. ¿Qué sucedió cuando a Carlos le faltaba poco para terminar la universidad?
3. ¿Qué grupos son víctimas de los chistes de Carlos Mencía?
4. Para quienes lo critican, ¿cuál es el problema con el tipo de humor de Carlos Mencía?
5. Para quienes lo apoyan, ¿por qué es importante el trabajo de comediantes como Carlos Mencía?

2 **Organizar** Ordena en forma cronológica la información sobre Carlos Mencía.

_____ a. Adoptó el nombre artístico de Carlos Mencía.
_____ b. Vivió con sus tíos maternos.
_____ c. Realizó la gira *The Three Amigos* junto a Freddy Soto y Pablo Francisco.
_____ d. Ganó una competencia de comedia.
_____ e. Saltó a la fama en *Comedy Central*.
_____ f. Se mudó a los Estados Unidos.
_____ g. Decidió convertirse en comediante profesional.
_____ h. Fue a la universidad.

3 **Comunicación** En parejas, respondan a las preguntas.

1. ¿Creen que está bien hacer chistes sobre temas raciales y sociales o creen que los humoristas deberían evitar ciertos temas? ¿Por qué?
2. ¿Qué opinan del uso de malas palabras en los espectáculos de comedia?
3. El artículo dice que para muchas personas el humor de Carlos Mencía es un ejemplo de que la comunidad latina pasó de ser víctima de chistes a ser una comunidad establecida que es capaz de reírse de sí misma. ¿Pueden dar otros ejemplos que demuestren que la comunidad latina se siente establecida?

4 **Adivinen quién soy** En parejas, preparen una entrevista con un/a comediante famoso/a. Incluyan información que permita adivinar quién, sin mencionar su nombre. Luego actúen la entrevista delante de la clase. Sus compañeros deben adivinar quién es el personaje.

MODELO

PERIODISTA ¿Qué sentiste al enterarte de que eras candidato para un premio Oscar?
COMEDIANTE No lo podía creer. Cuando trabajaba en *In Living Color* nunca me imaginé que iba a ser candidato a un Oscar (Jamie Foxx).

5 **Opinión** Imagina que el artículo que leíste se publicó en una revista. Escribe una carta de lectores expresando tu opinión sobre el tipo de chistes de comediantes como Carlos Mencía. Si te parece que este tipo de humor es aceptable, explica por qué. Si crees que excede los límites de lo aceptable, explica por qué.

Opiniones

1 Conversación

A. En parejas, háganse estas preguntas sobre los nombres y los apodos (*nicknames*). Pueden repasar el **Contexto cultural** sobre la historia del nombre de Carlos Mencía.

1. ¿Sabes cuál es el origen de tu nombre? ¿Sabes por qué te pusieron ese nombre?
2. ¿Tienes un apodo? ¿Quién te lo puso? ¿Te gusta inventar apodos para otras personas? Da algunos ejemplos. ¿Por qué los elegiste?
3. Imagina que te haces famoso. ¿Qué nombre artístico usarías? ¿Por qué?
4. ¿Qué opinas de que las personas de otros países se cambien los nombres o elijan nuevos apodos al venir a este país? ¿Por qué crees que lo hacen? ¿Por qué crees que Carlos Mencía lo hizo?

B. Observen las fotos de estos artistas famosos. Entre paréntesis aparece el nombre verdadero de cada uno. ¿Por qué creen que se cambiaron los nombres?

Charlie Sheen (Carlos Irwin Estévez)

George Eliot (Mary Ann Evans)

Rita Hayworth (Margarita Carmen Cansino)

Ritchie Valens (Richard Steven Valenzuela)

2 Por escrito

Elige uno de estos temas y escribe una composición de ocho oraciones como mínimo.

- la historia de mi familia a través de los nombres

  MODELO En la familia de mi madre hay un "Mario" en todas las generaciones, pero esto cambió cuando mis abuelos tuvieron sólo niñas. Decidieron llamar a mi madre María porque...

- un(a) artista que me hace reír

  MODELO Mi comediante favorito es Jim Carrey. Me gusta su humor porque... Jim comenzó su carrera en...

- comediantes controvertidos

  MODELO Carlos Mencía no es el único comediante que despierta controversias. Uno de mis comediantes favoritos es... Su humor es muy controvertido porque...

Momentos de estación
1er Premio BA en Primer Plano y Festival Interuniversitario Cortos UdeSA, Argentina
Nada que perder
Una producción del CENTRO DE INVESTIGACIÓN CINEMATOGRÁFICA Guión y Dirección GUSTAVO D. CABAÑA
Jefe de Producción GUSTAVO SAMMARTINO Dirección de Fotografía GUSTAVO GÓMEZ OLIVERA
Cámara LUCAS CABALLERO Montaje FEDERICO CALDERÓN/GUSTAVO CABAÑA Edición MARTÍN BLASSI
Dirección de Arte NATALIA OBATTA Sonido FEDERICO CALDERÓN
Actores SANDRA VILLANI/CLAUDIO TOLCACHIR/CARLOS DONIGIAN/ELENA CÁNEPA/LUCAS SANTA ANA/
CAROLINA PAINCERIRA/LUCRECIA OVIEDO/RODOLFO ROCA

SUPERSITE

Antes de ver el corto

MOMENTOS DE ESTACIÓN

país Argentina
duración 7:15 minutos
director Gustavo D. Cabaña
protagonistas viajero, cajera

Vocabulario

abrazar *to hug; to hold*
el afiche *poster*
averiguar *to find out*
el boleto *ticket*
la broma *joke*
el cortometraje/corto *short film*
enamorado/a (de) *in love (with)*
la escena *scene*
meterse *to break in (to a conversation)*
el/la protagonista *protagonist; main character*
el recuerdo *memento; souvenir*
suceder *to happen*

1 **Vocabulario** Completa este párrafo con las opciones correctas.

Estaba comprando (1) ________ (un recuerdo/un boleto) en la estación, cuando de repente (2) ________ (sucedió/se metió) algo. Mientras hablaba con el empleado, un hombre se acercó y (3) ________ (se metió/averiguó) en la conversación e hizo (4) ________ (una broma/un boleto). Esto me trajo a la mente (5) ________ (el recuerdo/la broma) de dos niños bromeando en una estación de trenes. ¡El hombre era mi primo Alberto, a quien no veía desde 1996!

2 **Comentar** Con un(a) compañero/a, intercambia opiniones sobre *Momentos de estación*.

1. La palabra **estación** tiene varios significados. ¿Los recuerdas? ¿Cuáles son las estaciones que conoces?
2. ¿Qué te sugiere el título de este cortometraje?
3. Observa el segundo fotograma e inventa tres rasgos diferentes para la personalidad de cada personaje.
4. ¿Crees que las personas del segundo fotograma se conocen?
5. Observa el afiche del cortometraje en la página opuesta. ¿Qué tipo de relación hay entre los dos personajes de la foto?
6. El afiche dice "Nada que perder". ¿Qué te sugiere esa frase sobre la historia que vas a ver?

SUPERSITE Watch the short film at **ventanas.vhlcentral.com.**

Escenas

ARGUMENTO Un viajero va a comprar un boleto de tren a la ventanilla.

VIAJERO Estoy enamorado de usted.
CAJERA ¿Cómo?

VIAJERO Tenía que decírselo hoy. Es mi último viaje.
CAJERA Esto es una broma.
VIAJERO No, no es ninguna broma, Ana.

(La señora del abanico° llama al hombre de la boina°.)
SEÑORA ¡Chist!, Juan, ¿qué pasa?
JUAN Él la ama; ella no le cree.

VIAJERO Hace más de un año que nos conocemos. Usted es la que me atiende siempre. Yo soy el que va a la capital.
CAJERA Todos van a la capital.
VIAJERO Exactamente 375 veces, sin contar la de hoy. Mirá... aquí están todos: 375 boletos, uno por uno.

CAJERA ¿Qué quiere de mí?
VIAJERO Bailar.
CAJERA ¿Bailar?
VIAJERO Bailar, abrazarte, besarte...
CAJERA Ahora no, no puedo, estoy trabajando.

SEÑORA A veces, se le va la vida a uno sin que suceda algo tan maravilloso. Once años hace que murió mi marido. ¿Sabes, hijo?, ¡cuánto hace que no me dan un beso!

abanico *fan* **boina** *beret*

SUPERSITE

Después de ver el corto

1 Comprensión Contesta las preguntas.

1. ¿Qué le dice el viajero a la cajera?
2. ¿Por qué el viajero habla con ella ese día?
3. ¿Cómo se llama la cajera?
4. Según el joven, ¿cuánto tiempo hace que se conocen?
5. ¿Qué guarda el joven en la caja?

2 Interpretar En grupos de tres, contesten las preguntas.

1. ¿Cuál es su interpretación del final de la historia?
2. ¿Cuál creen que es el tema del cortometraje?
3. ¿Creen que *Momentos de estación* puede relacionarse con la idea de *carpe diem* (*seize the day*)? ¿Conocen otras películas con esta idea?
4. ¿Creen que el corto defiende una mayor espontaneidad en nuestras relaciones cotidianas? ¿Piensan que es mejor ser reservado/a o atrevido/a?

3 Imaginar Lee la conversación inicial entre el viajero y la cajera de *Momentos de estación*. Escribe otra versión de esta conversación, dándole un final diferente.

VIAJERO Estoy enamorado de usted.
CAJERA ¿Cómo?
VIAJERO Que la amo…
CAJERA No puede ser.
VIAJERO Tenía que decírselo hoy. Es mi último viaje.
CAJERA Esto es una broma.
VIAJERO No, no, ninguna broma, Ana.
CAJERA ¿Cómo sabe mi nombre?
VIAJERO Lo averigüé; no fue difícil.
CAJERA Casi nunca me llaman por mi nombre…
VIAJERO Es un nombre hermoso.

4 Actuar Con un(a) compañero/a, representa una escena similar a la anterior en un contexto diferente, en el que uno/a de ustedes tiene que declararse a un(a) desconocido/a y convencerlo/a de que está locamente enamorado/a de él/ella. Represéntenlo después ante la clase.

5 Escribir En un párrafo, resume la historia que acabas de ver. Ten en cuenta:

- dónde sucede la historia
- cuándo o en qué momento tiene lugar la historia
- quiénes son los personajes
- qué es lo que sucede
- el final de la historia

Los enamorados, 1923.
Pablo Picasso, España.

"La única fuerza y la única verdad que hay en esta vida es el amor."

— José Martí

SUPERSITE

Antes de leer

Poema 20

Sobre el autor

Ya de muy joven, el chileno Ricardo Eliecer Neftalí Reyes Basoalto —tal fue el nombre que sus padres dieron a **Pablo Neruda** (1904–1973) al nacer— mostraba inclinación por la poesía. En 1924, con tan sólo veinte años, publicó el libro que lo lanzó (*launched*) a la fama: *Veinte poemas de amor y una canción desesperada*. Además de poeta, fue diplomático y político. El amor fue sólo uno de los temas de su extensa obra: también escribió poesía surrealista y poesía con fuerte contenido histórico y político. Su *Canto general* lleva a los lectores en un viaje por la historia de América Latina desde los tiempos precolombinos hasta el siglo veinte. En 1971, recibió el Premio Nobel de Literatura.

Vocabulario

el alma *soul*	**el corazón** *heart*
amar *to love*	**la mirada** *gaze*
besar *to kiss*	**el olvido** *forgetfulness; oblivion*
contentarse con *to be contented, satisfied with*	**querer (e:ie)** *to love; to want*

Poema Completa este poema.

Quiero (1) ________ (besarte/amarte) porque te (2) ________ (quiero/olvido),
pero tú te alejas y desde lejos me miras.

Mi (3) ________ (corazón/olvido) no (4) ________ (quiere/se contenta)
con una (5) ________ (alma/mirada) triste.

Entonces me voy y sólo espero el (6) ________ (corazón/olvido).

Conexión personal

¿Has estado enamorado/a alguna vez? ¿Te gusta leer poesía? ¿Has escrito alguna vez una carta o un poema de amor?

Análisis literario: La personificación

La personificación es una figura retórica (*figure of speech*) que consiste en atribuir cualidades humanas a seres inanimados (*inanimate objects*), ya sean animales, cosas o conceptos abstractos. Observa estos ejemplos de personificación: *me despertó el llanto* (crying) *del violín; tu silencio habla de dolores pasados*. En *Poema 20*, Pablo Neruda utiliza este recurso en varias ocasiones. Mientras lees el poema, prepara una lista de las personificaciones. En cada caso, indica qué cualidad humana atribuye el poeta al objeto.

POEMA 20

Pablo Neruda

Puedo escribir los versos más tristes esta noche.
Escribir, por ejemplo: “La noche está estrellada°, *starry*
blink; tremble y tiritan°, azules, los astros°, a lo lejos°”. *stars/in the distance*
El viento de la noche gira° en el cielo y canta. *turns*

Puedo escribir los versos más tristes esta noche.
Yo la quise, y a veces ella también me quiso.

En las noches como ésta la tuve entre mis brazos.
La besé tantas veces bajo el cielo infinito.

Ella me quiso, a veces yo también la quería.
Cómo no haber amado sus grandes ojos fijos°. *fixed*

Puedo escribir los versos más tristes esta noche.
Pensar que no la tengo. Sentir que la he perdido.

Oír la noche inmensa, más inmensa sin ella.
Y el verso cae al alma como al pasto el rocío°. *like the dew on the grass*

Qué importa que mi amor no pudiera guardarla°. *keep; protect*
La noche está estrellada y ella no está conmigo.

Eso es todo. A lo lejos alguien canta. A lo lejos.
Mi alma no se contenta con haberla perdido.

to bring her closer Como para acercarla° mi mirada la busca.
Mi corazón la busca, y ella no está conmigo.

La misma noche que hace blanquear° los mismos árboles. *to whiten*
Nosotros, los de entonces, ya no somos los mismos.

Ya no la quiero, es cierto, pero cuánto la quise.
voice Mi voz° buscaba el viento para tocar su oído.

De otro. Será de otro. Como antes de mis besos.
Su voz, su cuerpo claro. Sus ojos infinitos.

Ya no la quiero, es cierto, pero tal vez la quiero.
Es tan corto el amor, y es tan largo el olvido.

Porque en noches como ésta la tuve entre mis brazos,
mi alma no se contenta con haberla perdido.

Aunque éste sea el último dolor que ella me causa,
y éstos sean los últimos versos que yo le escribo. ■

SUPERSITE

Después de leer

Poema 20

Pablo Neruda

1 **Comprensión** Contesta las preguntas con oraciones completas.

1. ¿Quién habla en este poema?
2. ¿De quién habla el poeta?
3. ¿Cuál es el tema del poema?
4. ¿Qué momento del día es?
5. ¿Sigue el poeta enamorado? Da un ejemplo del poema.

2 **Analizar** Lee el poema otra vez para contestar las preguntas con oraciones completas.

1. ¿Qué personificaciones hay en el poema y qué efecto transmiten? Explica tu respuesta.
2. ¿Tienen importancia las repeticiones en el poema? Explica por qué.
3. La voz poética habla sobre su amada pero no le habla directamente a ella. ¿A quién crees que le habla la voz poética en este caso?
4. ¿Qué sentimientos provoca el poema en los lectores?

3 **Interpretar** Contesta las preguntas con oraciones completas.

1. ¿Cómo se siente el poeta? Da algún ejemplo del poema.
2. ¿Es importante que sea de noche? ¿Por qué?
3. Explica con tus propias palabras este verso: “Es tan corto el amor, y es tan largo el olvido”.
4. En un momento dado el poeta afirma: “Yo la quise, y a veces ella también me quiso” y, un poco más adelante, escribe: “Ella me quiso, a veces yo también la quería”. Explica el significado de estos versos y su importancia en el poema.

4 **Ampliar** Trabajen en parejas para imaginar cómo es la mujer del poema. Hablen sobre:

- su apariencia física
- su personalidad
- sus aficiones

5 **Imaginar** En parejas, imaginen la historia de amor entre el poeta y su amada. Preparen una conversación en la que se despiden para siempre. Deben inspirarse en algunos de los versos del poema.

6 **Personificar** Elige un objeto y escribe un párrafo breve en el que atribuyes (*attribute*) cualidades humanas al objeto.

MODELO Tengo en mi cuarto una estrella de mar. Me cuenta historias de piratas…

Antes de leer

Después del amor primero

Sobre el autor

El escritor peruano **Alfredo Bryce Echenique** nació en 1939 en una familia acomodada (*well-off*) de Lima y a los veinticinco años obtuvo una beca del gobierno francés que lo llevó a convertirse en alguien que, en sus propias palabras, "hizo de su vida un permanente exilio voluntario". En sus obras, de alto contenido autobiográfico y llenas de humor, se respira el aire nostálgico que rodea a los que viven lejos de su país. Entre sus obras se destacan *Un mundo para Julius* (Premio Nacional de Narrativa del Perú en 1981) y *Reo de nocturnidad* (1997). En 1999, Bryce Echenique se radicó en Lima. *Después del amor primero* pertenece al libro *Permiso para vivir (Antimemorias)*, una colección de anécdotas, narraciones y testimonios autobiográficos que nos transporta, con humor y sensibilidad, por la vida del autor desde su Perú natal, donde transcurre este relato, hasta Europa y Cuba.

Vocabulario

la culpa *guilt*	**la lágrima** *tear*	**el sentimiento** *feeling*
dejar *to leave; to dump*	**mayor de edad** *of age*	**el sufrimiento** *suffering*

Recuerdos Completa esta historia.

Nunca me voy a olvidar del sentimiento de (1) ________ cuando le mentí a Pedro y le dije que era (2) ________. Él estaba en el primer año de la universidad y yo en el último año de la escuela. Yo pensaba que si le decía la verdad, él me iba a (3) ________. Sin embargo, mentir me causaba mucho (4) ________. Por eso, decidí ir a la casa de Pedro y contarle la verdad. ¡Qué sorpresa cuando vi a Pedro entrar en su casa! ¡Llevaba puesto un uniforme escolar! ¡Era mentira que él estaba en la universidad! Mis ojos se llenaron de (5) ________.

Conexión personal

¿Has sufrido alguna vez una decepción amorosa o conoces a alguien que la haya sufrido? ¿Piensas que algunas reacciones que tenías cuando eras más joven eran exageradas?

Análisis literario: Los relatos de aprendizaje

La palabra alemana *Bildungsroman* (novela de aprendizaje) se usa para referirse a narraciones, que pueden ser de ficción o autobiográficas, que describen el proceso de transición desde la infancia hasta la madurez. Los relatos suelen abarcar el desarrollo moral, físico, social o psicológico del personaje. El primer ejemplo de este género en idioma español es la novela anónima *El Lazarillo de Tormes*, que narra, en estilo epistolar (es decir, como una carta) y autobiográfico, la vida de un niño desde su nacimiento hasta su madurez. A medida que lees el relato de Bryce Echenique, intenta distinguir entre la narración de hechos pasados y la descripción de conclusiones o comentarios que muestran el desarrollo o el aprendizaje que experimentó el protagonista.

Después *del amor* primero

(fragmento)

Alfredo Bryce Echenique

Teresa era una muchacha de tez° muy blanca y nariz respingada°. Su sonrisa era irónica, era inteligente, pero, sobre todo, preciosa. Preciosa y traviesa°. Nadie en el mundo se había querido tanto como nosotros y perderla para mí había representado, entre otras cosas, acostarme gordo una noche de mi adolescencia, y levantarme flaco° al día siguiente, por la mañana. Desde entonces, lo sabía, cualquier cosa podía pasarme porque había perdido a Teresa de una manera simple y llanamente° demasiado cruel. Teresa me había dejado por otro con alevosía° y gran maldad°, palabras éstas que eran totalmente nuevas en mi vocabulario y en mi vida. Me había dejado por un hombre mayor de edad, que tenía un carro mayor de edad y que le estaba dando un beso también mayor de edad cuando me acerqué a ver qué diablos° había en ese automóvil que se había estacionado en la puerta de la casa, a la hora de aquel día de invierno en que me tocaba llegar del internado°.

complexion
turned-up
mischievous
skinny; thin
plainly and simply
malice; treachery
malevolence
what the hell
boarding school

Me arrojé° a la amplia acequia° que había en el campo de polo, frente a la casa de Teresa, pero sin resultado alguno. O sea que cualquier cosa podía pasarme, simple y llanamente porque a Teresa no le importaba que yo enlodara° mi amor por ella, ni que enlodara la ropa elegantísima que usaba para irla a ver los fines de semana. Teresa incluso permitía que mi más atroz sufrimiento se cubriera también de barro°. Perdí exactamente veinte kilos y terminé el colegio con un sentimiento de culpa atroz: a Teresa la había perdido por mi culpa, aterrándola° con la posesividad de mi amor, con mis celos, con el desenlace trágico en el que siempre tenía que desembocar cada una de nuestras conversaciones. Convencido en cuerpo y alma de que los más grandes amores son los imposibles, quería que el nuestro resultara imposible a gritos, que fuera totalmente invivible°, tremendamente desgarrador° y lleno de lágrimas y divinos castigos imperdonables°. ■

threw myself/ ditch
tarnished
mud
terrifying her
unlivable
heartbreaking
unforgivable punishments

Después de leer

Después del amor primero

Alfredo Bryce Echenique

1 Comprensión Contesta las preguntas con oraciones completas.

1. ¿Quién era Teresa?
2. ¿Cómo era su sonrisa?
3. ¿Por quién dejó Teresa al narrador?
4. ¿Qué cambios sufrió el físico del joven?
5. ¿Qué opina el narrador de los grandes amores?

2 Reflexionar Contesta las preguntas con oraciones completas.

1. Según tu opinión, ¿cómo era la novia del narrador? Cita ejemplos del texto.
2. Explica con tus propias palabras lo que piensas que el narrador quiere decir cuando dice que el hombre mayor de edad "tenía un carro mayor de edad".
3. ¿Por qué quería el narrador que su amor resultara imposible?
4. ¿Estás de acuerdo con las ideas que expresa el narrador sobre el amor? ¿Por qué?
5. El narrador recurre mucho a la exageración en el relato. Busca algunos ejemplos. ¿Por qué crees que usa este recurso?

3 Comunicar En grupos pequeños, hablen sobre el amor y las presiones que sufren los jóvenes cuando se enamoran por primera vez. ¿Son duraderas las relaciones? ¿Está bien visto que un muchacho salga con una muchacha mayor? Reflexionen sobre éstas y otras preguntas; después presenten sus conclusiones a la clase.

4 Exageraciones En el relato, Bryce Echenique recurre a un lenguaje muy exagerado y dramático. En parejas, escriban versiones exageradamente dramáticas de estas oraciones autobiográficas.

MODELO **Mi amigo rompió mi juguete favorito.**
Nunca voy a olvidar ese trágico y fatídico momento en el que sentí que mi mundo se vino abajo cuando Juancito dejó caer sin piedad mi robot a control remoto y yo lo vi partirse en mil pedazos.

1. Salí al patio y vi que mi gatito estaba subido a un árbol y no podía bajar.
2. El día que nació mi hermanita me sentí muy celoso. ¡Ya no era el bebé de la familia!
3. Me asusté mucho cuando la enfermera se acercó para darme la vacuna.

5 Lecciones aprendidas Escribe un relato breve sobre una situación o anécdota del pasado que te ayudó a madurar (*grow up*). Debes incluir información sobre los hechos, las personas y también tu conclusión sobre lo que aprendiste.

SUPERSITE

Taller de escritura

Preparación: La tesis

Los ensayos académicos comienzan con una introducción en la que se plantea una tesis. La tesis consiste en una idea que se quiere presentar o defender. Una introducción tradicional presenta el tema, introduce una tesis y muchas veces adelanta la conclusión. La tesis debe ser:

- **clara y concisa.** Si la tesis plantea muchos temas diferentes se torna imprecisa y es muy difícil respaldarla y guiar el escrito hacia una conclusión coherente.
- **objetiva.** Aunque los ensayos suelen incluir opiniones personales, el planteo de la tesis debe hacerse con lenguaje objetivo y debe basarse en evidencia.
- **original.** La tesis no debe plantear obviedades sino que debe llevar a una conclusión creativa y original.

Práctica Lee estas tesis. Decide si alguna es una buena tesis o explica cuál es el problema.

1. Carlos Mencía es aburridísimo.
2. El desempleo es un problema grave.
3. El "Poema 20" de Pablo Neruda es un ejemplo claro de cómo, en cuestiones del corazón, no todo es blanco o negro. En el amor, hay mucha ambigüedad.
4. El desempleo es muy alto y afecta a los jóvenes. Además, los jóvenes prefieren viajar y casarse cuando son más grandes.

Ensayo Elige uno de estos temas y escribe un ensayo personal.

Requisitos

- Tu ensayo debe hacer referencia a por lo menos dos obras de las cuatro estudiadas en esta lección (cultura, cortometraje, dos obras literarias).
- Debes incluir ejemplos extraídos de las obras para defender o respaldar tus argumentos.
- Debes resaltar (*highlight*) tu tesis.
- Tu ensayo debe ser de por lo menos dos páginas.

- Varias de las obras estudiadas en esta lección hacen referencia al amor. ¿Qué posición tienen los autores de esas obras? ¿Los protagonistas actúan impulsados por sus propios sentimientos? ¿O sienten la influencia de quienes los rodean y sienten temor sobre cómo se pueden interpretar sus acciones?
- Lee esta cita de Bryce Echenique: "Las únicas autobiografías que existen son las que uno se inventa". ¿A qué crees que se refiere? Carlos Mencía suele citar ejemplos de la historia de su familia. ¿Crees que esto le da más credibilidad a su humor o que este recurso no es diferente a "inventar" la historia de su familia?
- ¿Somos responsables de nuestro propio éxito o de nuestra felicidad? Piensa en los autores y los protagonistas de las obras de esta lección: ¿Crees que el desenlace de sus historias tiene que ver con los riesgos que tomaron?

Abriendo ventanas

Artistas hispanos

Presentación Trabajen en grupos de tres o cuatro personas.

A. Agreguen uno o dos nombres de artistas hispanos a por lo menos dos de estas categorías. Expliquen por qué los han clasificado de esa manera.

- artistas de origen hispano que han causado controversia:
  Carlos Mencía ______________ ______________
- artistas de origen hispano que han triunfado en el mercado de habla inglesa:
  Penélope Cruz ______________ ______________
- artistas de origen hispano que han elegido nombres artísticos en inglés:
  Martin Sheen ______________ ______________
- artistas de origen hispano que se niegan a actuar/cantar/escribir en inglés o que expresamente prefieren no hacerlo:
  Juanes ______________ ______________

Carlos Mencía

Penélope Cruz

Martin Sheen

Juanes

B. Elijan tres artistas de por lo menos dos categorías distintas y escriban las ideas o palabras asociadas que les vengan a la mente.

Nombre ____________	*Nombre* ____________	*Nombre* ____________

C. Van a preparar una presentación sobre uno de los artistas de la parte **B.** Además de datos biográficos, la presentación debe incluir información sobre los logros (*achievements*) y la influencia de este/a artista.

Elección del tema

Relean las ideas y palabras que anotaron en la parte **B.** ¿Sobre qué artista tienen más ideas y palabras? ¿Sobre cuál de los tres creen que pueden preparar la mejor presentación? ¿Sobre cuál de los tres tienen temas más interesantes para investigar?

Preparación

Realicen una investigación en Internet o en la biblioteca. Busquen información sobre las ideas y palabras asociadas con el artista que anotaron en la parte B. Seleccionen materiales audiovisuales (fotos, canciones, libros, etc.) para mostrar en la clase.

Organización

Organicen la información recogida (*collected*) en un esquema (*outline*). El esquema debe resumir los puntos principales de la presentación (biografía, logros, influencia, controversias, legado, etc.) y debe incluir las fuentes (*sources*) de la información investigada. La presentación deberá durar unos diez minutos. Decidan qué parte(s) presentará cada uno/a. Recuerden que todos los integrantes del grupo deben participar.

Estrategia de comunicación

Cómo presentar un tema

Estas frases y expresiones pueden ser útiles para hacer una buena presentación.

- Nuestra presentación trata de...
- Vamos a hablar de...
- En esta foto, vemos...
- En esta canción, ... canta acerca de...
- La obra/El trabajo de... se caracteriza por...
- Para terminar/finalizar, queremos decir que...

Presentación

Usen el esquema como guía para hacer la presentación, pero recuerden que deben hablar a la clase y no leer una presentación escrita. Usen los medios audiovisuales que seleccionaron. Después de la presentación, contesten las preguntas de sus compañeros/as.

Tertulia

Controversias

1 (5 min.) La clase se divide en seis grupos; cada uno tiene que pensar y anotar sus ideas sobre uno de estos temas.

Los niños deben llevar tanto el apellido paterno como el materno.

¡En la vida hay que arriesgarse!

¿Siempre es malo burlarse de los demás?

El humor no tiene fronteras.

¡No se puede vivir sin amor!

Detrás de todo chiste, siempre hay algo de realidad.

2 (10 min.) Cada grupo tiene que preparar una breve presentación sobre el tema elegido. En el caso de que no todos opinen lo mismo sobre el tema, pueden mencionar que dentro del grupo hay distintas opiniones.

3 (25 min.) Los diferentes grupos presentan sus ideas a la clase, mientras todos toman nota.

4 (10 min.) Cuando todos los grupos hayan terminado de presentar sus ideas, toda la clase participa haciendo preguntas o expresando sus opiniones.

Las diversiones

2

Communicative Goals

You will expand your ability to…

- talk about pastimes, entertainment and sports
- express personal likes and dislikes
- use quotes to support a thesis
- introduce opinions

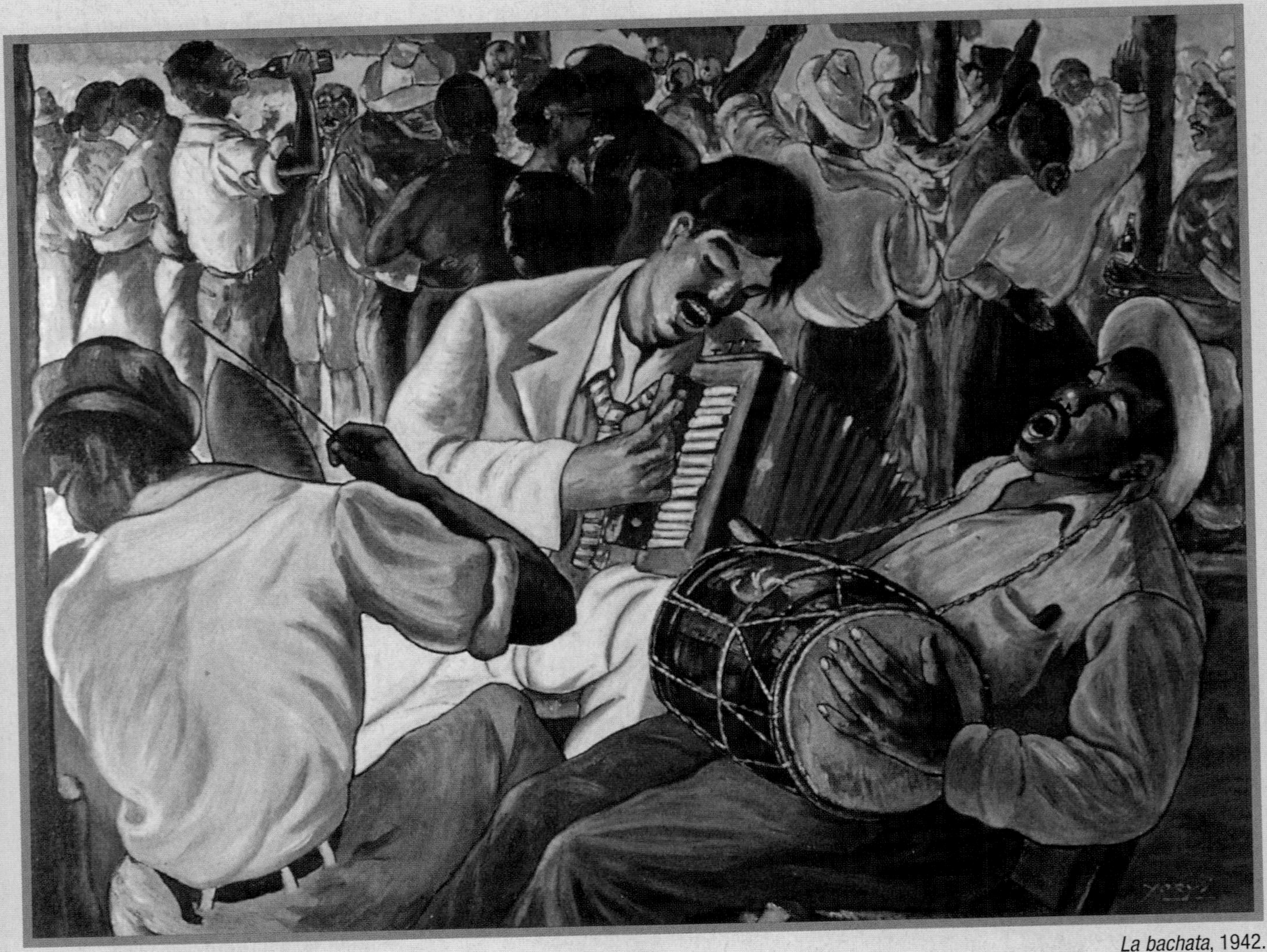

La bachata, 1942.
Yori Morel, República Dominicana.

"El problema más acuciante es el ocio, pues es muy dudoso que el hombre se aguante a sí mismo."

— Nacho Duato

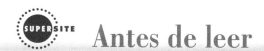

Antes de leer

Vocabulario

la corrida *bullfight*	**el ruedo** *bullring*
lidiar *to fight bulls*	**torear** *to fight bulls in the bullring*
el/la matador(a) *bullfighter who kills the bull*	**el toreo** *bullfighting*
la plaza de toros *bullfighting stadium*	**el/la torero/a** *bullfighter*
	el traje de luces *bullfighter's outfit (lit. costume of lights)*

El toreo Completa las oraciones.

1. Ernest Hemingway era un aficionado al __________. Asistió a muchas __________ y las describió en detalle en sus obras.
2. El __________ es la persona que mata al toro al final. Siempre lleva un __________ de colores brillantes.
3. Manolete fue un __________ español muy famoso que fue herido por un toro y que murió al poco tiempo.
4. No se permite que el público baje al __________ porque los toros pueden ser muy peligrosos.

Conexión personal ¿Conoces alguna costumbre local o una tradición estadounidense que cause mucha controversia? ¿Hay deportes que son muy problemáticos o controvertidos para alguna gente? ¿Por qué? ¿Cuál es tu opinión al respecto?

Contexto cultural

En Fresnillo, México, en 1940 una mujer tomó una espada y se puso un traje de luces —una blusa y falda bordadas de adornos brillantes— para promover la causa de la igualdad en un terreno casi completamente dominado por los hombres: el toreo. **Juanita Cruz** había nacido en Madrid en 1917, cuando aún no se permitía a las mujeres torear a pie en el ruedo. En batalla constante contra obstáculos legales, Cruz consiguió lidiar en múltiples novilladas (*bullfights with young bulls*) en su país. Pero cuando terminó la guerra civil, al ver que Franco imponía estrictamente las leyes de prohibición del toreo a las mujeres, Cruz dejó España con rumbo a (*headed for*) México y se convirtió en torera oficial. Fue todo un fenómeno, la primera gran matadora de la historia, y en el proceso abrió camino para otras mujeres, como la española Cristina Sánchez, que han cruzado fronteras para llegar al ruedo. Hoy día la presencia de toreras añade sólo un nivel más a la controversia constante y a veces apasionada que marca el toreo. ¿Cuál es tu impresión? ¿Cambia la imagen del toreo con toreras lidiando junto a toreros?

El toreo: ¿cultura o tortura?

Hay pocas cosas tan emblemáticas en el mundo hispano, y a la vez tan polémicas, como el toreo. Los días de corrida, hasta cuarenta mil aficionados se sientan en la Plaza Monumental de México, la plaza de toros más grande de la Tierra. Sin embargo, la opinión pública está profundamente dividida: algunos defienden con orgullo esta tradición que sobrevive desde tiempos antiguos y otros se levantan en protesta antes del final.

Las raíces° del toreo son diversas. Los celtibéricos han dejado en España restos de templos circulares, precursores de las plazas actuales, donde sacrificaban animales. Los griegos y romanos practicaban la matanza° ritual de toros en ceremonias públicas sagradas. Sin embargo, fue en la España del siglo XVIII donde se desarrolló° la corrida que conocemos y se introdujeron la muleta, una capa muy fácil de manejar, y el estoque, la espada del matador.

El aficionado de hoy considera que el toreo es más un rito° que un espectáculo, ciertamente no un deporte. Es una lucha desigual, a muerte, entre una persona —armada con sólo la capa la mayor parte del tiempo— y el toro, bestia que pesa° hasta más de media tonelada. El torero se prepara para el duelo como para una ceremonia: se viste con el traje de luces tradicional y actúa dirigido por la música. Se enfrenta contra el animal con su arte y su inteligencia y generalmente gana, aunque no siempre. El riesgo° de una cornada° grave forma parte de la realidad del torero, que en su baile peligroso muestra su talento y su belleza. Para el defensor de las corridas, no matar al toro al final es como jugar con él, una falta de respeto al animal, al público y a la tradición.

> **“El toreo es cabeza y plasticidad, porque a fuerza siempre gana el toro.”**

Quienes se oponen a las corridas dicen que es una lucha injusta° y cruel. Hay gente que piensa que el toreo es una barbarie° similar a la de los juegos de los romanos°, una costumbre primitiva que no tiene sentido en una sociedad moderna y civilizada. Protestan contra la crueldad de una muerte lenta y prolongada, dedicada al entretenimiento. En respuesta a las protestas, en algunos países ha aparecido una alternativa, la “corrida sin sangre°”, donde no se permite hacer daño físico° al toro. Pero otros sostienen que esta corrida tortura igualmente a la bestia y, por tanto, han prohibido el toreo por completo. En abril de 2004, el ayuntamiento de Barcelona dio el primer paso° hacia la prohibición al declarar a la ciudad oficialmente “antitaurina°”.

Por último, a algunas personas les indigna la idea machista de que sólo un hombre tiene la fuerza y el coraje para lidiar. Las toreras pioneras como Juanita Cruz tuvieron que coserse° su propio traje de luces, con falda en vez de pantalón, y cruzar océanos para poder ejercer su profesión. Incluso en tiempos recientes, algunos toreros célebres como el español Jesulín de Ubrique se han negado° a lidiar junto a una mujer.

La torera más famosa de nuestra época, Cristina Sánchez, sostiene que no es necesario ser hombre para lidiar con éxito: “El toreo es cabeza y plasticidad°, porque a fuerza siempre gana el toro”. En su opinión, el derecho de torear es incuestionable, una parte de la cultura hispana. No obstante, su profesión provoca tanta división que a veces el duelo entre la bestia y la persona es empequeñecido° por la batalla entre las personas. ■

raíces° origins · matanza° slaughter · se desarrolló° developed · rito° rite, ceremony · pesa° weighs · riesgo°/cornada° risk/goring · injusta° unjust · barbarie° savagery · juegos de los romanos° gladiator games · corrida sin sangre° bloodless bullfight · hacer daño físico° to hurt · paso° step · antitaurina° anti-bullfighting · coserse° to sew · se han negado° have refused · plasticidad° expression · empequeñecido° dwarfed

¿Dónde hay corridas?

Toreo legalizado: España, México, Colombia, Ecuador, Perú, Venezuela

Corridas sin sangre: Bolivia, Nicaragua, Estados Unidos

Toreo ilegalizado: Argentina, Chile, Cuba, Uruguay

¡Olé! ¡Olé!

El público también tiene su papel en las corridas: evalúa el talento del torero. La interjección “¡olé!” se oye frecuentemente para celebrar una acción particularmente brillante y expresar admiración. De origen árabe, contiene la palabra “alá” (Dios) y significa literalmente “¡por Dios!”.

Después de leer

El toreo: ¿cultura o tortura?

1 **Comprensión** Responde a las preguntas con oraciones completas.

1. ¿En qué país se encuentra la plaza de toros más grande del mundo?
2. ¿Qué hacían los celtibéricos en sus templos circulares?
3. ¿Qué es el toreo según un aficionado?
4. ¿Cómo se prepara el torero para la corrida?
5. Para quienes se oponen al toreo, ¿cuáles son algunos de los problemas?
6. ¿Qué es una "corrida sin sangre"?
7. ¿Qué sucedió en Barcelona en abril de 2004?
8. Según Cristina Sánchez, ¿sólo los hombres pueden lidiar bien?

2 **Opinión** Responde a las preguntas con oraciones completas.

1. ¿Te gustaría asistir a una corrida? ¿Por qué?
2. ¿Qué opinas del duelo entre toro y torero/a?
3. ¿Qué piensas de las alternativas al toreo tradicional como la "corrida sin sangre"? ¿Es una solución adecuada para proteger a los animales?
4. ¿Es más cruel la vida de un animal destinado al toreo o la de uno destinado a una carnicería?

3 **¿Qué piensan?** Trabajen en parejas para contestar las preguntas.

1. Un eslogan conocido en las protestas antitaurinas es: "Tortura no es arte ni cultura". ¿Qué significa esta frase?
2. ¿Hay acciones cuestionables que se justifiquen porque son parte de una costumbre o tradición? ¿Por qué?
3. ¿Es apropiado tener una opinión sobre las tradiciones de culturas diferentes a la tuya o es necesario aceptar sin criticar?
4. ¿Creen que el gobierno tiene derecho a reglamentar (*regulate*) o prohibir tradiciones o costumbres? Den ejemplos.

4 **Entrevista** Trabajen en parejas para preparar una entrevista con un(a) torero/a. Una persona será el/la torero/a y la otra el/la periodista. Cuando terminen, presenten la entrevista a la clase.

5 **Postales** Imagina que viajaste a algún país donde son legales las corridas de toros y tus amigos te invitaron a una corrida. Escribe una postal a tu familia para contarles qué sucedió. Usa estas preguntas como guía:

- ¿Aceptaste la invitación o no? ¿Por qué?
- Si fuiste a la corrida, ¿qué te pareció?
- ¿Te sentiste obligado/a a asistir por respeto a la cultura local?

Opiniones

1 Conversación En parejas, hablen acerca de estas preguntas. Usen las expresiones del recuadro para expresar sus opiniones.

1. Observen el cuadro de la página 26. La bachata es un ritmo dominicano. ¿Qué otros ritmos o bailes populares latinamericanos conocen? ¿Qué saben sobre los bailes que se muestran en las fotos?

salsa

tango

cumbia

2. ¿Creen que la globalización cultural hará que se pierdan los pasatiempos tradicionales regionales o creen que éstos mantendrán su popularidad?
3. ¿Qué pasatiempos son más populares sólo entre las mujeres o sólo entre los hombres? ¿A qué se debe esto? ¿Creen que esta situación está cambiando?
4. ¿Los gobiernos deberían tomar medidas para limitar o prohibir los pasatiempos que pueden tener características violentas? ¿Por qué?

Estrategia de comunicación

Cómo presentar opiniones

En mi opinión,...	Me parece que...
Yo creo/opino/ considero/pienso que...	Estoy de acuerdo/ Coincido en que...

2 Por escrito Elige uno de estos temas y escribe una composición de una página.

- Piensa en un pasatiempo de tu país que provoque controversia y escribe un breve artículo para el periódico de tu escuela o universidad. El objetivo es presentar este pasatiempo y las controversias relacionadas. Incluye información sobre la historia de este pasatiempo, por qué es popular, entre quiénes es popular, por qué causa controversia, etc.
- ¿Qué pasatiempos tradicionales de países de habla hispana se han hecho populares en tu país? ¿Qué diversiones te gustaría "importar" a tu país? ¿Crees que esos pasatiempos pierden valor en una cultura distinta a la original? ¿Por qué?

GANADOR DEL 3ER. CONCURSO NACIONAL DE PROYECTOS DE CORTOMETRAJE, MÉXICO 2004
espíritu deportivo
Una Producción de CONACULTA/INSTITUTO MEXICANO DE CINEMATOGRAFÍA Guión y Dirección JAVIER BOURGES
Fotografía SERGEI SALDÍVAR TANAKA Edición JAVIER BOURGES Diseño Sonoro AURORA OJEDA
Música EDUARDO GAMBOA Dirección de Arte ÁLVARO CHÁVEZ
Actores MAX KERLOW/MA. ELENA OLIVARES/PEPE URCELAY/FAMESIO DE BERNAL/JOSÉ L. AVENDAÑO/
RAFAEL G. MIYAGUI/VÍCTOR H. ARANA/JOSÉ L. HUERTA/BALTIMORE BELTRÁN/LUIS ÁVILA/RENÉ CAMPERO/
GEORGINA GONZÁLEZ/MA. FERNANDA GARCÍA

SUPERSITE

Antes de ver el corto

ESPÍRITU DEPORTIVO

país México
duración 11 minutos
director Javier Bourges
protagonistas futbolista muerto, esposa, amigos, grupo de jóvenes

Vocabulario

el ataúd *casket*
el balón *ball*
la cancha *field*
deber (dinero) *to owe (money)*
enterrado/a *buried*
la misa *mass*
mujeriego *womanizer*
el Mundial *World Cup*
patear *to kick*
la prueba *proof*
la señal *sign*

1 **Comentaristas deportivos** Completa la conversación.

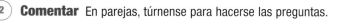

COMENTARISTA 1 Emocionante comienzo del (1) ________ de fútbol. La (2) ________ está llena. El capitán patea el (3) ________, el arquero (*goalie*) no logra frenarlo (*stop it*) y... ¡gooooool!

COMENTARISTA 2 ¡Muy emocionante el debut de Sánchez como capitán! Debemos contar al público que sólo hace siete días murió el abuelo de Sánchez. El jugador casi no llega a tiempo para el primer partido porque no quiso dejar de ir a una (4) ________ en el cementerio donde ahora está (5) ________ su abuelo.

2 **Comentar** En parejas, túrnense para hacerse las preguntas.

1. ¿Qué papel tiene el deporte en tu vida?
2. ¿Qué deporte practicabas cuando eras niño/a?
3. ¿Quién es tu deportista favorito/a? ¿Por qué?
4. Observa los fotogramas. ¿Qué está sucediendo en cada uno?
5. Piensa en el título del cortometraje. ¿Qué es para ti el "espíritu deportivo"?
6. Observa el afiche del cortometraje. ¿Crees que la historia será una comedia o un drama?

SUPERSITE Watch the short film at **ventanas.vhlcentral.com.**

Escenas

ARGUMENTO El futbolista Efrén "El Corsario" Moreno ha muerto de un ataque al corazón. Su familia y amigos lo están velando°.

REPORTERA Sin duda, extrañaremos al autor de aquel gran gol de chilena° con el que eliminamos a Brasil del Mundial de Honduras de 1957.

REPORTERA Don Tacho, ¿es cierto que usted dio el pase para aquel famoso gol?
TACHO Claro que sí, yo le mandé como veinte pases al área penal, pero él nada más anotó esa sola vez.

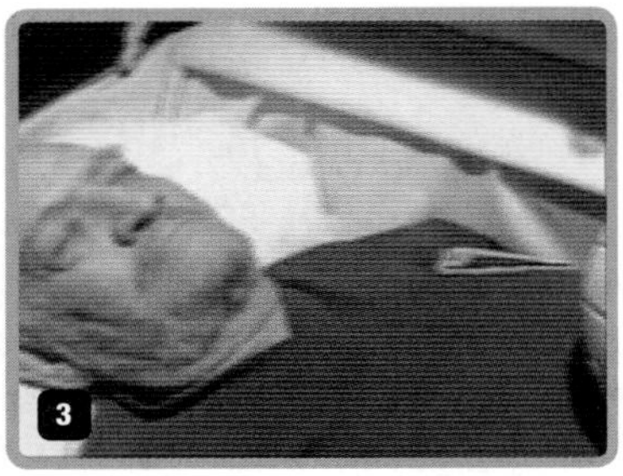

JUANITA Quiso ser enterrado con el balón de fútbol con las firmas de todos los que jugaron con él en aquel partido con Uru... con... con Brasil. Se irá a la tumba° con sus trofeos° y con su uniforme, como un gran héroe.

MARACA Tacho, eres un hablador. Estás mal. Tú ni siquiera fuiste a ese Mundial. Es más, cien pesos a que te lo compruebo.
TACHO Y cien pesos más que estuve en el juego.

MARACA A ver, ¿dónde está tu firma?
TACHO Aquí debe estar... ¡Ya la borraron!
(Molesto porque no encuentra su firma y patea el balón.)

(El balón cae sobre la guitarra de un grupo de jóvenes y la rompe.)
HUGO Si no le pagan la guitarra aquí a mi carnal°, no les regresamos° su balón. ¿Cómo ven?

velando *holding a wake* **chilena** *scissor kick* **tumba** *grave* **trofeos** *trophies* **carnal** *buddy* **regresamos** *give back*

SUPERSITE

Después de ver el corto

1 Comprensión Contesta las preguntas con oraciones completas.

1. ¿Quién es Efrén "El Corsario" Moreno?
2. ¿Cuándo y de qué murió "El Corsario" Moreno?
3. ¿Cómo ganó México su partido contra Brasil en el Mundial de 1957?
4. Según "El Tacho" Taboada, ¿cómo anotó "El Corsario" el gol de la victoria?
5. ¿Qué hay en el balón de "El Corsario"?
6. ¿Cuánto apuestan los amigos sobre la firma de "El Tacho"?
7. ¿Cuánto le cuesta la misa a Juanita? ¿Por qué?
8. ¿Qué pasa cuando "El Tacho" patea el balón?
9. ¿Qué posición jugaba "El Tacho" en la selección nacional?
10. ¿Quién les ayuda a ganar a "El Tacho" y sus amigos?

2 Interpretar En parejas, contesten las preguntas.

1. ¿Crees que "El Tacho" jugó en el partido contra Brasil?
2. ¿Piensas que el sacerdote admira a "El Corsario" Moreno? ¿Cómo lo sabes?
3. ¿Piensas que "El Corsario" era mujeriego?
4. ¿Quién se queda con el balón al final?
5. ¿Por qué crees que "El Corsario" regresa al ataúd?
6. ¿Crees que el cortometraje tiene un final feliz?

3 Analizar En grupos de tres, analicen las citas. ¿Qué significan? ¿Están de acuerdo con ellas?

> "La muerte es una vida vivida. La vida es una muerte que viene." *Jorge Luis Borges*

> "La muerte es algo que no debemos temer porque, mientras somos, la muerte no es y cuando la muerte es, nosotros no somos." *Antonio Machado*

4 Actuar En parejas, imaginen que el fantasma de "El Corsario" regresa para hablar con un joven del grupo que se queda con el balón. "El Corsario" quiere pedirle al joven que repare el balón y lo use con sus amigos. ¿Por qué es esto importante para "El Corsario"? Ensayen la escena y represéntenla ante la clase. Pueden usar el vocabulario del corto y las palabras del recuadro.

homenaje *tribute*	**regalo** *gift*
recuerdo *memory; keepsake*	**tradición** *tradition*

Calesita en la plaza, 1999.
Aldo Severi, Argentina.

"No está la felicidad en vivir, sino en saber vivir."

— Diego de Saavedra Fajardo

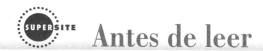

SUPERSITE

Antes de leer

Idilio

Sobre el autor

Mario Benedetti nació en Tacuarembó, Uruguay, en 1920. Su volumen de cuentos publicado en 1959, *Montevideanos*, lo consagró como escritor, y dos años más tarde alcanzó fama internacional con su segunda novela, *La tregua*, con fuerte contenido sociopolítico. Tras diez años de exilio en Argentina, Perú, Cuba y España, regresó a Uruguay en 1983. El exilio que lo alejó de su patria y de su familia dejó una profunda huella *(mark)* tanto en su vida personal como en su obra literaria. Benedetti ha incursionado en todos los géneros *(genres)*: poesía, cuento, novela y ensayo. El amor, lo cotidiano, la ausencia, el retorno y el recuerdo son temas constantes en la obra de este prolífico escritor. En 1999, ganó el Premio Reina Sofía de Poesía Iberoamericana.

Vocabulario

colocar *to place (an object)*
hondo/a *deep*
la imagen *image; picture*
la pantalla *(television) screen*
por primera/última vez *for the first/last time*
redondo/a *round*
señalar *to point to; to signal*
el televisor *television set*

Practicar Completa las oraciones.

1. Voy a _________ el televisor sobre la mesa.
2. Julio me _________ la calle que debo tomar, pero no quiso ir conmigo.
3. En lo más _________ de mi corazón, guardo el recuerdo de mi primer amor.
4. Ayer salí _________ en la televisión y me invitaron a participar en otro programa la semana que viene.

Conexión personal

¿Cómo te entretenías cuando eras niño/a? ¿A qué jugabas? ¿Mirabas mucha televisión? ¿Tus padres establecían límites y horarios? ¿Qué harás tú cuando tengas hijos?

Análisis literario: Las formas verbales

Las formas verbales son un factor muy importante a tener en cuenta al analizar obras literarias. La elección de formas verbales es una decisión deliberada del autor y afecta el tono del texto. El uso de registro formal o informal puede hacer el texto más o menos cercano al lector. La elección de tiempos verbales también puede tener efectos como involucrar o distanciar al lector, dar o quitar formalidad, hacer que la narración parezca más oral, etc. A medida que lees *Idilio*, presta atención a los tiempos verbales que usa Benedetti. ¿Qué tono dan a la historia estas elecciones deliberadas del autor?

IDILIO

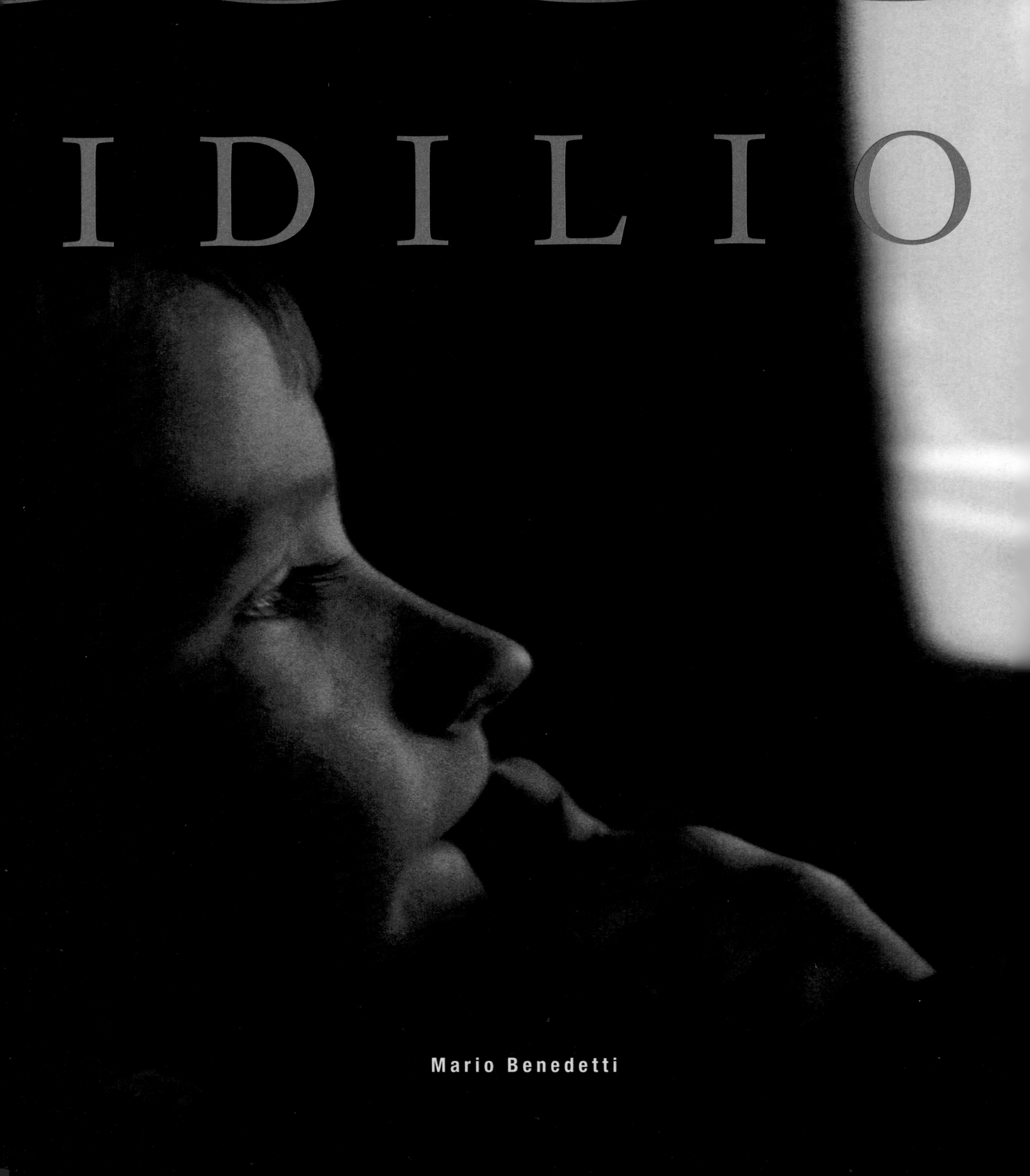

Mario Benedetti

La noche en que colocan a Osvaldo (tres años recién cumplidos) por primera vez frente a un televisor (se exhibe un drama británico de hondas resonancias), queda hipnotizado, la boca entreabierta°, los ojos redondos de estupor.

half-opened

La madre lo ve tan entregado al sortilegio° de las imágenes que se va tranquilamente a la cocina. Allí, mientras friega ollas y sartenes°, se olvida del niño. Horas más tarde se acuerda, pero piensa: "Se habrá dormido". Se seca las manos y va a buscarlo al living.

surrendered to the magic

washes pots and pans

La pantalla está vacía°, pero Osvaldo se mantiene en la misma postura y con igual mirada extática.

empty; blank

—Vamos. A dormir —conmina° la madre.

orders

—No —dice Osvaldo con determinación.

—¿Ah, no? ¿Se puede saber por qué?

—Estoy esperando.

—¿A quién?

—A ella.

Y señaló el televisor.

—Ah. ¿Quién es ella?

—Ella.

Y Osvaldo vuelve a señalar la pantalla. Luego sonríe, candoroso°, esperanzado, exultante.

innocent; naïve

—Me dijo: "querido". ■

Después de leer

Idilio

Mario Benedetti

1 **Comprensión** Contesta las preguntas con oraciones completas.

1. ¿Cómo se llama el protagonista de esta historia?
2. ¿Cómo se queda el niño cuando está por primera vez delante del televisor?
3. ¿Qué hace la madre mientras Osvaldo mira la televisión?
4. Cuando la madre va a buscarlo horas más tarde, ¿cómo está la pantalla?
5. ¿Qué piensa Osvaldo que le dice la televisión?

2 **Interpretar** Contesta las preguntas.

1. Según Osvaldo, ¿quién le dijo "querido"? ¿Qué explicación lógica le puedes dar a esta situación?
2. En el cuento, la madre se olvida del hijo por varias horas. ¿Crees que este hecho es importante en la historia? ¿Crees que el final sería distinto si se tratara sólo de unos minutos frente al televisor?
3. ¿Crees que la televisión puede ser adictiva para los niños? ¿Y para los adultos? ¿Qué consecuencias crees que tiene la adicción a la televisión?

3 **Imaginar** En grupos, imaginen que un grupo de padres quieren sugerir cambios en la programación de un canal. Miren la programación y decidan: ¿Qué programas quieren cambiar? ¿Por qué? ¿Qué programas deben seguir en la programación? ¿Qué otros tipos de programas se pueden incluir? ¿Harían cambios en los horarios?

CANAL 7 – TARDE Y NOCHE

6:00 **Trucos para la escuela**
Cómo causar una buena impresión con poco esfuerzo.

6:30 **Naturaleza viva**
Documentales sobre animales, fenómenos naturales y el medioambiente.

7:00 **Mi familia latina**
Divertida comedia sobre un joven estadounidense que va a México como estudiante de intercambio.

8:00 **Historias policiales**
Ladrones, crímenes, accidentes y los casos policiales más curiosos.

9:15 **Buenas y curiosas**
Noticiero alternativo que presenta noticias buenas y divertidas de todo el mundo.

10:00 **Dibujos animados clásicos**
Conoce los dibujos animados que miraban tus padres.

4 **Escribir** Piensa en alguna anécdota divertida de cuando eras niño/a. Cuenta la anécdota en un párrafo usando el tiempo presente.

MODELO Un día estoy con mi hermano en el patio de mi casa jugando a la pelota. De repente, …

Antes de leer

Microcosmos III

Sobre el autor

Rodrigo Soto, escritor y cineasta, nació en San José de Costa Rica en 1962. Vivió su niñez entre Guatemala y Costa Rica. Estudió filosofía en Costa Rica y se formó como guionista de cine en Madrid. Sus comienzos como escritor se remontan (*date back*) a los años 80. Publicó su primera novela, *La estrategia de la araña,* a los 23 años. En 1983 y en 2006 recibió el Premio Nacional de Cuento en Costa Rica. Su trabajo audiovisual incluye documentales sobre temas como los derechos humanos, la juventud y el medio ambiente. Se lo considera uno de los renovadores de la narrativa centroamericana. En los relatos de Soto se observa un realismo psicosocial, muchas veces de tono existencialista, con historias y personajes complejos inmersos en la realidad centroamericana. El relato *Microcosmos III* pertenece a la colección de cuentos *Dicen que los monos éramos felices,* publicada en 1996.

Vocabulario

agitar *wave*	**la multitud** *crowd*
la bandera *flag*	**el orador** *speaker; orator*
el/la fanático/a *fan*	**el partido** *political party*
el megáfono *megaphone*	**romper** *break*

Vocabulario Completa esta noticia con las palabras apropiadas.

Después de incidentes ocurridos en el cierre de campaña, el candidato explicó a los periodistas que, aunque la (1) ________ participó de la reunión política pacíficamente, hubo algunos inadaptados que (2) ________ varios (3) ________. Por eso, los (4) ________ no pudieron terminar sus discursos (*speeches*). Además, uno de los participantes resultó herido cuando alguien lo golpeó en la cabeza con una (5) ________ del (6) ________.

Conexión personal

¿Crees que las personas se comportan en forma diferente cuando se encuentran en grupos grandes? ¿Por qué? Da ejemplos.

Análisis literario: El monólogo

Un monólogo es una reflexión, interna o en voz alta, en la que una persona habla consigo misma o le habla a otras personas que no intervienen. Al tratarse de un género hablado, los monólogos escritos presentan muchas características del lenguaje oral. Cuando leas *Microcosmos III,* presta atención a los elementos del cuento que pertenecen al lenguaje oral. ¿A quién le habla el narrador? ¿Se dirige a sí mismo o a otra persona? Presta también atención a la distinción entre escritor y narrador: ¿Es Rodrigo Soto el que habla o es un personaje de ficción?

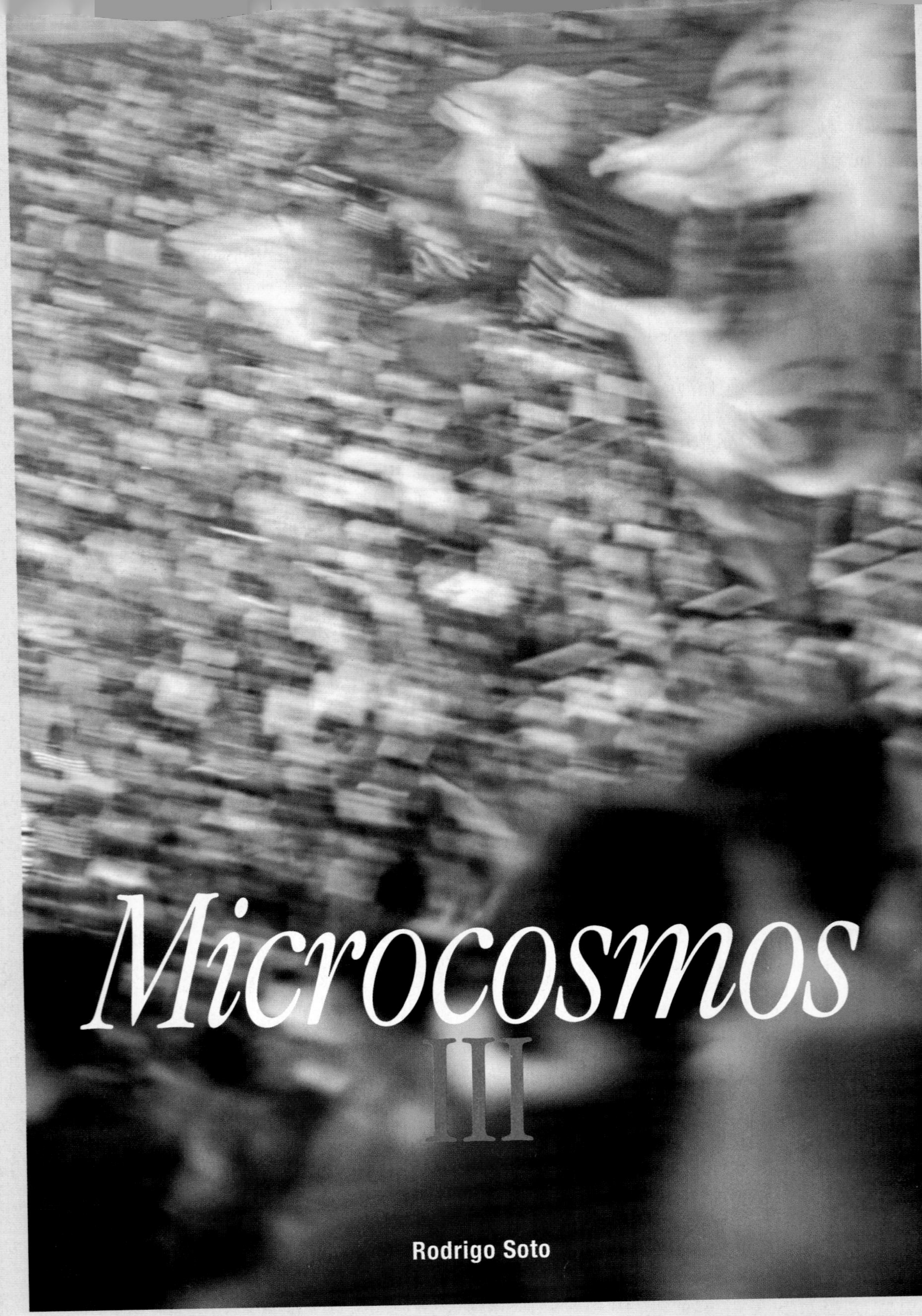
Microcosmos
III
Rodrigo Soto

¿Conspiración? ¿Sabotaje? Quizás. Porque sucede que uno, en esta época, está acostumbrado a mirar a los autos° paseándose con las banderas de los partidos políticos, pero nunca con una de un club deportivo. Conspiración, sí señor. Casi estoy seguro.

autos: cars

Todo iba bien hasta que llegó el carro ése, con la bandera del Sport Cartaginés°. Ya habían hablado dos oradores, ya venía nuestro candidato; todos estábamos satisfechos, habíamos repetido las consignas° hasta enronquecer°. Todo iba bien, señor. Fue sabotaje. Complot. Conspiración. Se lo digo yo, que estaba cerca y pude verlo todo.

Sport Cartaginés: Costa Rican soccer team
consignas: slogans
enronquecer: to lose one's voice

El asunto° fue que cuando el carro ése pasó, agitando la bandera del Sport Cartaginés, uno de los que estaba ahí le encajó tamaño banderazo en el techo°. Pero el problema, señor, es que todos éramos del mismo partido, eso siempre, cómo no, pero no fanáticos del mismo equipo. Y ahí tiene lo que sucedió: el que estaba a la par° del que golpeó° el carro, un cerdo° del Sport Cartaginés, se le lanzó al tipo° de la bandera y le dio un puñetazo° que le quebró° todos los dientes. Rapidito se corrió la voz°: que los del Sport Cartaginés estaban peleando° contra nosotros, señor. ¡Imagínese! Contra nosotros, dos veces campeones nacionales. En los megáfonos decían que la misma causa nos unía, decían que nuestro candidato era el mejor y aquí y allá, pero nadie escuchaba. Todos nos unimos para romperle la cabeza hasta al último fanático del Sport Cartaginés. Y venían las ambulancias y hasta llegó la policía. Pero le rompimos la cabeza hasta al último fanático del Sport Cartaginés. Sí señor. Las banderas de nuestro Partido quedaron ahí, pisoteadas° por la multitud. Pero le rompimos la cabeza hasta al último fanático del Sport Cartaginés. Vaya si lo hicimos. Sí señor. ■

asunto: issue
encajó tamaño banderazo en el techo: slammed the roof of the car with the flag
a la par / golpeó: the person next to/struck
cerdo: pig
se le lanzó al tipo: he pounced on the guy
puñetazo / quebró: punch/broke
se corrió la voz: the word spread
peleando: fighting
pisoteadas: trampled

Después de leer

Microcosmos III

Rodrigo Soto

1 **¿Qué sucedió?** Indica qué pasó en el cuento en orden cronológico.

_____ a. De repente un carro pasó agitando la bandera del Sport Cartaginés.
_____ b. El narrador y sus amigos le rompieron la cabeza hasta al último fanático del Sport Cartaginés.
_____ c. Todo estaba tranquilo durante el acto político.
_____ d. Tras el desastre llegaron las ambulancias y la policía.
_____ e. Aunque todos eran del mismo partido, comenzaron a golpearse.
_____ f. Uno del Sport Cartaginés le dio un puñetazo al individuo que tenía la bandera y le quebró los dientes.
_____ g. Dos oradores ya habían hablado y ahora le tocaba al candidato.

2 **Interpretar** Contesta las preguntas con oraciones completas.

1. ¿Quién es el narrador de este cuento? ¿A quién crees que le está hablando?
2. ¿Crees que el narrador es una persona naturalmente violenta? ¿Por qué?
3. ¿Cómo empezó la pelea? ¿Tiene esto alguna lógica?
4. ¿Crees que el narrador está orgulloso de lo que sucedió? Busca ejemplos en el texto.
5. ¿A qué pregunta(s) crees que está respondiendo el narrador?

3 **Análisis** En parejas, respondan las preguntas.

1. ¿Qué elementos del lenguaje oral aparecen en el cuento? Busquen cuatro ejemplos.
2. ¿Creen que el narrador hace un relato objetivo? ¿Por qué? Den ejemplos del texto.
3. Además del deporte, ¿qué otros temas trata el autor en este relato?

4 **¿Afición o fanatismo?** En grupos pequeños, compartan sus opiniones sobre estas preguntas.

1. ¿Creen que las pasiones políticas o deportivas unen o dividen a las personas?
2. ¿Qué medidas se pueden tomar para evitar la violencia en los eventos deportivos?
3. ¿Qué temas los apasionan? ¿Por qué?
4. ¿Creen que la pasión por el deporte y la política es tan intensa como en el cuento de Soto?

5 **Interrogatorio** En parejas, conviertan el monólogo que han leído en un diálogo entre el narrador y la persona a quien le habla. Decidan quién es esta persona, por qué está hablando con el narrador y cuáles son las preguntas que le hace. Toda la información debe provenir del cuento. Escriban el interrogatorio y luego represéntenlo ante la clase.

SUPERSITE

Taller de escritura

Preparación: Las citas

En un ensayo, la tesis debe probarse con evidencia. Uno de los tipos de evidencia más sólida son las citas extraídas directamente de las fuentes primarias. Las citas deben:

- estar directamente relacionadas con lo que se quiere demostrar.
- estar en contexto. No se puede cambiar el mensaje del autor original.
- incluir la fuente. Citar textos sin dar la fuente constituye plagio (*plagiarism*).

Las citas textuales deben estar entre comillas (*quotation marks*). Si se omiten partes de oraciones, se debe indicar la omisión así: [...]. Por último, si elegimos citar usando nuestras propias palabras, puede ser necesario hacer cambios en los tiempos verbales y en otros referentes (Ver **Apéndice B en la página 314.**).

MODELO

Cita directa: Esto puede apreciarse en la cita de la torera Cristina Sánchez: "El toreo es cabeza y plasticidad, porque a fuerza siempre gana el toro."

Cita parcial: Como dijo la torera Cristina Sánchez, "El toreo es cabeza y plasticidad porque [...] siempre gana el toro."

Cita indirecta: La torera Cristina Sánchez reafirma su posición al decir que el toreo es cabeza y plasticidad porque a fuerza siempre gana el toro.

Práctica En parejas, relean el primer párrafo del artículo de la página 4 e identifiquen ejemplos de citas directas, parciales e indirectas.

Ensayo Elige uno de estos temas y escribe un ensayo.

Requisitos

- Tu ensayo debe hacer referencia a por lo menos dos obras de las cuatro estudiadas en esta lección (cultura, cortometraje, dos obras literarias).
- Debes incluir por lo menos cuatro citas directas o indirectas de las obras para defender o respaldar tus argumentos.
- Tu ensayo debe ser de por lo menos dos páginas.

Temas

- Tanto *Espíritu deportivo* como *Microcosmos III* tratan el tema del fanatismo en el fútbol. ¿Crees que la visión de ambas obras es opuesta o hay puntos de contacto? ¿Existe fanatismo positivo y negativo?
- En las obras de esta lección, ¿tienen las diversiones y los pasatiempos presentados una influencia positiva o negativa sobre los protagonistas?
- ¿Por qué causas se convierte una afición en fanatismo? ¿Crees que el fanatismo es una forma de llenar un vacío (*emptiness*)?

Abriendo ventanas

SUPERSITE

Más allá del fútbol

Presentación Trabajen en grupos de tres o cuatro.

A. **Otros deportes populares** Al pensar en los deportes en América Latina y España, el primero que viene a la mente es el fútbol. Sin embargo, hay otros deportes que también son muy populares. Lean la información de esta tabla y contesten las preguntas.

No todo es fútbol...

	Cuba	Colombia	España	Argentina	México
Algunos deportes populares entre los hombres	• pelota (béisbol) • boxeo	• béisbol • básquetbol • ciclismo	• básquetbol • tenis	• rugby • básquetbol	• béisbol • fútbol americano • básquetbol
Algunos deportes populares entre las mujeres	• gimnasia deportiva	• vóleibol	• handball	• vóleibol • hockey sobre césped	• vóleibol • gimnasia deportiva

1. ¿Les sorprende la información de la tabla? ¿Por qué?
2. En su país, ¿qué deportes son populares entre hombres y mujeres?
3. ¿Creen que con el paso de los años los mismos deportes seguirán siendo populares entre hombres y mujeres?

B. **Deportes autóctonos** Estos son algunos juegos y deportes tradicionales de países hispanoamericanos. Algunos han sido declarados "Deporte nacional" en sus respectivos países. Lean la información del cuadro, observen las fotos y contesten las preguntas.

Deportes tradicionales

Palín (Chile)
Palo canario (Islas Canarias, España)
Pato (Argentina)
Pelota vasca/Jai alai (País Vasco, España)
Tejo (Colombia)

Pato (Argentina)

Pelota vasca/Jai alai (País Vasco, España)

1. ¿Los deportes de las fotos se parecen a simple vista a algún otro deporte conocido?
2. Hagan una investigación general básica sobre estos cinco deportes. Averigüen: el origen, la popularidad actual, si está declarado deporte nacional y otros datos básicos interesantes.

C. Van a preparar una presentación sobre uno de los juegos o deportes de la parte **B** u otro deporte popular en Latinoamérica. La presentación debe incluir información sobre el origen del deporte, su historia, las reglas, su situación actual, y otros datos importantes.

Elección del tema

Relean los datos de la investigación inicial que hicieron en la parte **B**. ¿Qué deporte les parece más interesante? ¿O prefieren investigar acerca de otro deporte?

Preparación

Una vez elegido el juego o deporte, amplien la investigación en Internet o en la biblioteca. Preparen materiales audiovisuales, como un croquis (*sketch*) del campo de juego, fotos de eventos deportivos, dibujos de los accesorios necesarios para el juego, etc.

Organización

Organicen la información en un esquema (*outline*). Éste debe resumir los puntos principales de la presentación y debe incluir las fuentes (*sources*) de la información investigada. La presentación deberá durar unos diez minutos. Decidan qué parte(s) presentará cada uno/a. Recuerden que todos los integrantes del grupo deben participar. Pueden usar las preguntas y las expresiones del recuadro como guía.

La historia del juego o deporte	
¿Cuál es el origen de este juego?	• Este juego surgió en... • La historia de este juego se remonta a (*dates back to*)... • Los jugadores usaban/tenían/corrían... • El objetivo del juego era + **infinitivo**
Cómo se juega	
¿Cómo se juega este deporte? ¿Cuáles son las reglas básicas?	• Para jugar... se necesita/hace falta/es necesario/a... • ... se juega en/con... • Según las reglas,... • Las reglas establecen que...
La situación actual	
¿Cuál es la situación de este juego/deporte? ¿Entre qué sectores de la población es más popular?	• Actualmente,... • En la actualidad,... • Hoy en día,... • Es popular entre... • Lo juegan principalmente...

Presentación

Usen el esquema como guía para hacer la presentación, pero recuerden que deben hablar a la clase y no leer una presentación escrita. Usen los medios audiovisuales que seleccionaron. Después de la presentación, contesten las preguntas de sus compañeros/as.

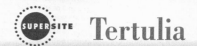

SUPERSITE Tertulia

¿Sobredosis de imágenes?

1 (5 min.) La clase se divide en cinco grupos; cada uno tiene que pensar y anotar sus ideas sobre uno de estos temas.

La televisión es la droga más poderosa.

Deben prohibirse los reproductores de DVD en los carros.

La televisión puede ser un buen medio educativo.

Por culpa de la televisión, la gente lee menos y juega menos deportes.

Es importante que los padres miren los mismos programas que los hijos.

2 (10 min.) Cada grupo tiene que preparar una breve presentación sobre el tema elegido. En el caso de que no todos opinen lo mismo sobre el tema, pueden mencionar que dentro del grupo hay distintas opiniones.

3 (25 min.) Los diferentes grupos presentan sus ideas a la clase, mientras todos toman nota.

4 (10 min.) Cuando todos los grupos hayan terminado de presentar sus ideas, toda la clase participa haciendo preguntas o expresando sus opiniones.

La vida diaria

3

Communicative Goals

You will expand your ability to...

- narrate in the past
- express disagreement
- compare and contrast
- state arguments to support a thesis

Concierto en el mercado, 1997.
Herman Brau-Vega, Perú.

"Yo soy de clase media y no tengo acceso a reflexiones tan profundas."

— Juan José Millás

Antes de leer

Vocabulario

el cansancio *exhaustion*	**pintar** *to paint*
el cuadro *painting*	**el/la pintor(a)** *painter*
fatigado/a *exhausted*	**previsto/a** *planned*
imprevisto/a *unexpected*	**retratar** *to portray*
la obra maestra *masterpiece*	**el retrato** *portrait*

Pablo Picasso Completa las oraciones.

Guernica, Pablo Picasso

1. De todo el arte del Museo Reina Sofía, yo prefiero los ________ de Pablo Picasso.
2. De muy joven, el ________ español creaba arte realista.
3. Al poco tiempo, este gran artista empezó a experimentar y a ________ cuadros de otros estilos; incluso inventó el cubismo.
4. Su obra más famosa, *Guernica*, quiere ________ el horror de un día cuando los alemanes bombardearon un pueblo español.
5. Según mucha gente, *Guernica* es su creación más importante, la ________ de Picasso.

Conexión personal ¿Qué haces para no olvidar los eventos y las personas que son importantes para ti? ¿Sacas fotos o mantienes un diario? ¿Cuentas historias? ¿Cuáles son algunos de los recuerdos que quieres atesorar (*treasure*)?

Contexto cultural

Niños comiendo uvas y un melón, Bartolomé Esteban Murillo

Del siglo XVI al siglo XVII, España pasó de ser una enorme potencia política a un imperio en camino de extinción. Donde antes había victorias militares, riqueza (*wealth*) y expansión ahora había derrota (*defeat*), crisis económica y decadencia. Sin embargo, estos problemas formaron un contraste extremo con el arte del momento, que estaba en su época cumbre (*peak*), el Siglo de Oro. A pesar de su éxito, se consideraba a los pintores más artesanos que artistas y, por lo tanto, no eran de alta posición social. Muchos artistas trabajaban por encargo (*comission*); la realeza (*royalty*) y la nobleza eran sus mecenas (*patrons*). Con sus obras, contribuían a la educación cultural, y frecuentemente religiosa, de la sociedad.

La vieja friendo huevos

El arte de la vida diaria

Diego Velázquez es importante no sólo por su mérito artístico, sino también por lo que nos cuentan sus cuadros. Conocido sobre todo como pintor de retratos, Velázquez se interesaba también por temas mitológicos y escenas cotidianas. En todo su arte, examinaba y reproducía en minucioso detalle sólo aquello que veía. Su imitación de la naturaleza, de lo inmediatamente observable, era lo que daba vida a su arte y a la vez creaba un arte de la vida diaria.

Antes de mudarse a la Corte del rey°, Velázquez pintó cuadros de temas cotidianos. Un ejemplo célebre es *La vieja friendo huevos* (1618). El cuadro capta un momento sin aparente importancia: una mujer vieja cocina mientras un niño trae aceite° y un melón. Varios objetos de la casa, reproducidos con precisión, llenan el lienzo°, dignos de nuestra atención, por ejemplo: la cuchara, un plato blanco en el que descansa un cuchillo, jarras°, una cesta de paja°. Junto con la comida que prepara —no hay carne ni variedad— la ropa típica de pobre sugiere que la mujer es humilde. En este cuadro, Velázquez interrumpe un momento que podría ser de cualquier día. No es una naturaleza muerta°, sino un instante de la vida.

Incluso cuando pintaba temas mitológicos, Velázquez tomaba como modelo gente de la calle. Por eso, se pueden percibir escenas diarias en temas distanciados de la época. Un ejemplo es *El triunfo° de Baco* (1628–9). En este cuadro, el dios romano del vino se sienta en un campo abierto no con otros dioses, sino con campesinos°. Sus caras fatigadas reflejan a la vez el cansancio de una vida de trabajo —la vida del plebeyo° español era entonces especialmente dura— y la alegría de poder descansar un rato.

king's court
oil
canvas
jugs
wicker basket
still life
triumph
peasants
common person

En los cuadros de la Corte, Velázquez nos da una imagen rica y compleja del mundo del

Las Meninas

El triunfo de Baco

palacio. En vez de retratar exclusivamente a la familia real y los nobles, incluye también toda la tropa de personajes° que los servía y entretenía. En este grupo numeroso entraban enanos° y bufones°, a quienes Velázquez pinta con dignidad. En *Las Meninas* (c. 1656), su cuadro más famoso y misterioso, la princesa Margarita está rodeada° por sus damas, una enana y un perro. A la izquierda, el mismo Velázquez pinta detrás de un lienzo inmenso. En el fondo° se ve una imagen de los reyes.

Sin embargo, el cuadro sugiere más preguntas que respuestas. ¿Dónde están exactamente el rey y la reina? ¿La imagen de ellos que vemos es un reflejo de espejo°? ¿Qué pinta el artista y por qué aparece en el cuadro? ¿Qué significa? Tampoco se sabe por qué se detiene aquí el grupo: puede ser por una razón prevista, como posar para un cuadro; o puede ser algo totalmente imprevisto, un momento efímero° de la vida de una princesa y su grupo. ¿Es un momento importante? *Las Meninas* invita el debate sobre un instante que no se pierde sólo porque un pintor lo capta y lo rescata° del olvido. Paradójicamente es su enfoque en lo momentáneo y en el detalle de la vida común lo que eleva a Velázquez por encima de otros grandes artistas. ■

troop of characters
little people/jesters
surrounded
background
mirror
fleeting
rescues

Biografía breve

1599 Diego Velázquez nace en Sevilla.
1609 Empieza sus estudios formales de arte.
1623 Nombrado pintor oficial del Rey Felipe IV en Madrid.
1660 Muere después de una breve enfermedad.

SUPERSITE

Después de leer

El arte de la vida diaria

1 **Comprensión** Indica si las oraciones son **ciertas** o **falsas**. Corrige las falsas.

1. Velázquez es conocido sobre todo como pintor religioso.
2. Velázquez era un pintor impresionista que transformaba su sujeto en la imaginación.
3. Por lo general, Velázquez tomaba como modelo gente de la calle.
4. En *El triunfo de Baco*, el dios romano del vino se sienta con campesinos españoles.
5. Velázquez retrataba exclusivamente a la familia real y a los nobles.
6. Velázquez se pintó a sí mismo en *Las Meninas*.

2 **Interpretación** Contesta las preguntas con oraciones completas.

1. ¿Se puede encontrar evidencia de la crisis económica del siglo XVII en los cuadros de Velázquez? Menciona detalles específicos en tu respuesta.
2. ¿Qué puedes aprender de *La vieja friendo huevos* que posiblemente no puedas leer en un libro de historia?
3. ¿Es *El triunfo de Baco* un cuadro realista? Explica tu respuesta.
4. ¿Te sorprende que Velázquez represente a los sirvientes de la Corte? ¿Por qué?
5. ¿En qué sentido es *Las Meninas* un cuadro misterioso?

3 **Análisis** En parejas, respondan a las preguntas.

1. A través de pequeños detalles, *El triunfo de Baco* revela mucho sobre la posición social de los hombres del cuadro. Estudien, por ejemplo, la ropa y el aspecto físico para describir y analizar su situación económica. ¿Cuál es su conclusión?
2. ¿Qué o quién es el verdadero sujeto de *Las Meninas*? ¿El grupo de la princesa? ¿Los reyes? ¿El mismo Velázquez? ¿El arte? Discutan las múltiples posibilidades y presenten una teoría sobre la historia que cuenta el cuadro.

4 **Reflexión** En grupos de cuatro, conversen sobre la vida de las personas que entretenían a los nobles en la Corte de Felipe IV. Algunos nobles consideraban que los bufones eran sagrados y por eso los protegían y les daban trabajo.

- ¿Qué piensan de la situación social de los bufones de la Corte?
- En su opinión, ¿cuál es la diferencia entre el papel de los bufones en la Corte y el de los cómicos que se ven en la televisión hoy en día?

5 **Recuerdos** Imagina que eres el niño retratado en *La vieja friendo huevos.* Escribe una composición sobre cómo era tu vida y sobre el momento plasmado (*captured*) en el cuadro.

- ¿Qué hacía tu abuela?
- ¿Cómo pasaba los días?
- ¿Cómo pasabas tú los días?
- ¿Por qué llegaste a la cocina aquel día?
- ¿Te mandó tu madre o tenías hambre?
- ¿Qué sucedió el resto del día?

SUPERSITE

Opiniones

1 Conversación En parejas, hablen acerca de estas preguntas.

1. Observen las fotografías. ¿Qué tienen en común? ¿En qué se diferencian? ¿Creen que alguna de las dos tiene mayor valor artístico? ¿Por qué?

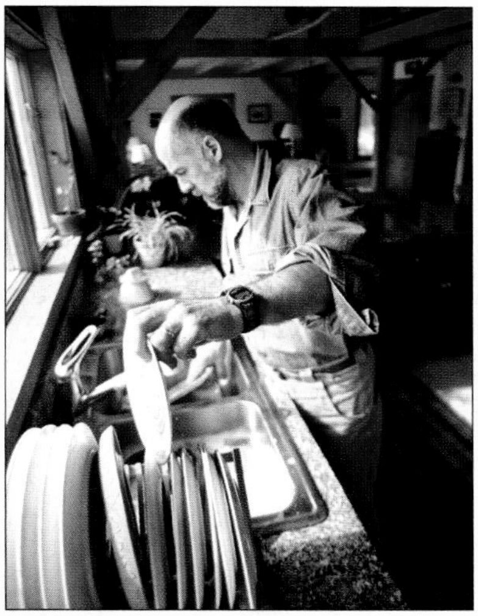

2. ¿Es importante que los artistas representen la vida en forma objetiva? ¿Por qué?
3. Piensen en programas de televisión populares viejos o actuales. ¿Cómo son los jóvenes y adultos en estos programas? ¿Creen que la representación de la vida diaria es realista en esos programas? ¿Por qué?
4. ¿Qué opinan de la representación de la vida diaria y de la gente común en la publicidad? Den ejemplos.

Estrategia de comunicación

Cómo expresar desacuerdo
- No estoy (muy) de acuerdo. Para mí,...
- No coincido con tu opinión./ No comparto tu opinión.
- Aunque tienes razón en que..., también es cierto que...

2 Por escrito Elige uno de estos temas y escribe una composición de una página.

- Compara la vida cotidiana de un familiar mayor que tú (tu padre o madre, tus abuelos, tíos) cuando tenía tu edad con tu vida cotidiana en este momento. ¿En qué se parecen? ¿En qué se diferencian?
- Imagina que eres una de las personas del cuadro de la página 50 y has viajado hasta el presente para contarles a un grupo de estudiantes de español cómo era tu vida hace veinte años. ¿Quién eres? ¿Cuál era tu rutina de un día como el que se muestra en el cuadro? ¿Quiénes eran las personas que te rodeaban en esa imagen?
- Observa *Las Meninas*. Imagina ese día en la vida de la princesa. ¿Qué hizo antes del momento presentado en el cuadro? ¿Qué hizo después?

Adiós Mamá
Premio especial del Jurado, Semana Internacional de Cine Experimental de Valladolid 1997, España
Una producción de CONACULTA/INSTITUTO MEXICANO DE CINEMATOGRAFÍA Guión y Dirección ARIEL GORDON
Producción JAVIER BOURGES Producción ejecutiva PATRICIA RIGGEN
Fotografía SANTIAGO NAVARRETE Edición CARLOS SALCES Música GERARDO TAMEZ
Sonido SANTIAGO NÚÑEZ/NERIO BARBERIS
Arte FERNANDO MERI/AARÓN NIÑO CÁMARA
Actores DANIEL GIMÉNEZ CACHO/DOLORES BERISTAIN/PATRICIA AGUIRRE/PACO MORAYTA

Antes de ver el corto

ADIÓS MAMÁ

país México
duración 7 minutos
director Ariel Gordon
protagonistas hombre joven, señora

Vocabulario

afligirse *to get upset*	**parecerse** *to look like*
el choque *crash*	**repentino/a** *sudden*
despedirse (e:i) *to say goodbye*	**el timbre** *tone of voice*
las facciones *facial features*	**titularse** *to graduate*

1 **Practicar** Completa cada una de las rimas usando el vocabulario del corto.

1. Cuando Anabel tiene un problema, __________ pero nunca lo corrige.
2. ¡Qué buen actor! Sus __________ siempre reflejan sus acciones.
3. ¡Pobre don Roque! Compró carro nuevo y a los dos días tuvo un __________.
4. No me gusta el __________ de la voz de ese hombre.
5. ¡Qué estilos tan variados! Las pinturas son trece y no __________.
6. Le faltan muchos cursos. Si no decide apurarse (*hurry up*), nunca va a __________.

2 **Comentar** En parejas, intercambien opiniones sobre las preguntas.

1. ¿Hablan con desconocidos en algunas ocasiones? ¿En qué situaciones?
2. Según el título, ¿de qué creen que va a tratar el corto?
3. ¿En qué lugares es más fácil o frecuente hablar con gente que no conocen? Den dos o tres ejemplos.
4. ¿A veces son ingenuos/as? ¿Se creen historias falsas? Den ejemplos.
5. ¿Alguna vez les sucedió algo interesante o divertido en un supermercado? ¿Qué sucedió?
6. Observen los fotogramas. ¿Qué creen que va a pasar en este cortometraje?

SUPERSITE Watch the short film at **ventanas.vhlcentral.com.**

Escenas

ARGUMENTO Un hombre está en el supermercado. En la fila para pagar, la señora que está delante de él le habla.

SEÑORA Se parece a mi hijo. Realmente es igual a él.
HOMBRE Ah, pues no, no sé qué decir.

SEÑORA Murió en un choque. El otro conductor iba borracho. Si él viviera, tendría la misma edad que usted.
HOMBRE Por favor, no llore.

SEÑORA ¿Sabe? Usted es su doble. Bendito sea el Señor que me ha permitido ver de nuevo a mi hijo. ¿Le puedo pedir un favor?
HOMBRE Bueno.

SEÑORA Nunca tuve oportunidad de despedirme de él. Su muerte fue tan repentina. ¿Al menos podría llamarme "mamá" y decirme adiós cuando me vaya?

SEÑORA ¡Adiós hijo!
HOMBRE ¡Adiós mamá!
SEÑORA ¡Adiós querido!
HOMBRE ¡Adiós mamá!

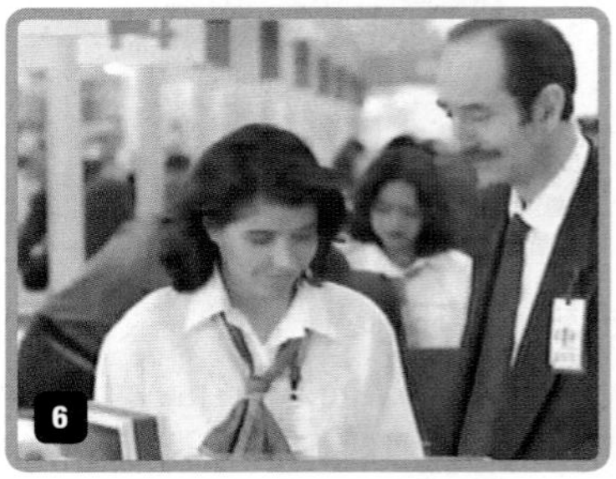

CAJERA No sé lo que pasa, la máquina desconoce el artículo. Espere un segundo a que llegue el gerente.
(El gerente llega y ayuda a la cajera.)

Después de ver el corto

1 Comprensión Contesta las preguntas con oraciones completas.

1. ¿Dónde están los personajes?
2. ¿Qué relación hay entre el hombre y la señora?
3. ¿A quién se parece físicamente el hombre?
4. ¿Por qué no pudo despedirse la señora de su hijo?
5. ¿Qué favor le pide la señora al hombre?
6. ¿Cuánto dinero tiene que pagar el hombre? ¿Por qué?

2 Ampliación En parejas, háganse las preguntas.

1. ¿Les pasó a ustedes o a alguien que conocen algo similar alguna vez?
2. Si alguien se les acerca (*approaches*) y les pide este tipo de favor, ¿qué hacen?
3. ¿Qué creen que sucedió realmente al final? ¿Tuvo que pagar la cuenta completa el hombre? ¿Tuvo que intervenir la policía?
4. Después de lo que sucedió, ¿qué consejos puede darles el hombre a sus amigos?

3 Imaginar En parejas, describan la vida de uno los personajes del corto. Escriban por lo menos cinco oraciones usando las preguntas como guía.

- ¿Cómo es?
- ¿Dónde vive?
- ¿Con quién vive?
- ¿Qué le gusta?
- ¿Qué no le gusta?
- ¿Tiene dinero?

4 Detective El joven está contándole a un(a) detective lo que pasó en el supermercado. En parejas, uno/a de ustedes es el/la detective y el/la otro/a es el hombre. Preparen el interrogatorio (*interrogation*) y represéntenlo delante de la clase.

MODELO **DETECTIVE** ¿Usted puede probar que esa mujer no es su madre?
JOVEN Por supuesto, le puedo mostrar fotos de mi madre. Mi madre es rubia.

5 Notas Ahora, imagina que eres el/la detective y escribe un informe (*report*) lo más completo posible de lo que pasó. Puedes inventar los datos que tú quieras.

La siesta, 1943.
Antonio Berni, Argentina.

"Tras el vivir y el soñar, está lo que más importa: el despertar."

— Antonio Machado

SUPERSITE

Antes de leer

Pedro Salvadores

Sobre el autor

Jorge Luis Borges nació en Buenos Aires en 1899. En el comienzo fue poeta y en 1923 publicó *Fervor de Buenos Aires*, al que seguiría una importante obra de cuentos y ensayos breves; nunca escribió una novela. Alguna vez afirmó: "El hecho central de mi vida ha sido la existencia de las palabras y la posibilidad de entretejer (*interweave*) y transformar las palabras en poesía". Sus obras fundamentales son *Ficciones* (1944) y *El Aleph* (1949). Sus temas principales son la muerte, el tiempo, el "yo", el mundo como sueño y Buenos Aires, y sus símbolos recurrentes son el laberinto, la biblioteca, los libros, los espejos y el ajedrez. Muchas obras de Borges desafían los límites entre la ficción y la realidad. En 1961 compartió el Premio del Congreso Internacional de Escritores con Samuel Beckett y en 1980 recibió el prestigioso Premio Cervantes. Murió en Ginebra en 1986. Se lo considera uno de los escritores más importantes del siglo XX.

Vocabulario

amenazar *to threaten*	**ocultarse** *to hide*
delatar *to denounce*	**la servidumbre** *servants; servitude*
el hecho *fact*	**el sótano** *basement*
huir *to flee; to run away*	**vedado/a** *forbidden*
la madriguera *burrow; den*	**el zaguán** *entrance hall; vestibule*

Sinónimos Escribe el sinónimo de cada palabra.

1. vestíbulo: ______
2. prohibido: ______
3. esconderse: ______
4. denunciar: ______
5. intimidar: ______
6. escapar: ______
7. cueva: ______
8. evento: ______

Conexión personal

Todo el mundo sueña; a veces podemos recordar qué soñamos y a veces no. Cuando los sueños son espantosos se llaman pesadillas (*nightmares*) y sentimos alivio (*relief*) al despertar. ¿Recuerdas alguna pesadilla que hayas tenido?

Análisis literario: La metáfora

La metáfora consiste en nombrar una cosa con el nombre de otra, con la que tiene semejanza real o ficticia. En la metáfora, una cosa se compara con otra sin usar la palabra *como*: "tus labios son como rubíes" es una comparación, pero "tus labios son rubíes" es una metáfora. Éste es un recurso que Borges usa a menudo. Cuando leas el cuento, presta atención a las metáforas utilizadas.

Pedro Salvadores

Jorge Luis Borges

Litografía de *Usos y costumbres del Río de la Plata,* 1845, Carlos Morel.

Quiero dejar escrito, acaso por primera vez, uno de los hechos más raros y más tristes de nuestra historia. Intervenir lo menos posible en su narración, prescindir de adiciones pintorescas y de conjeturas° aventuradas es, me parece, la mejor manera de hacerlo.

conjectures

Un hombre, una mujer y la vasta sombra de un dictador son los tres personajes. El hombre se llamó Pedro Salvadores; mi abuelo Acevedo lo vio, días o semanas después de la batalla de Caseros. Pedro Salvadores, tal vez, no difería del común de la gente, pero su destino y los años lo hicieron único. Sería un señor como tantos otros de su época. Poseería (nos cabe suponer) un establecimiento de campo y era unitario°. El apellido de su mujer era Planes; los dos vivían en la calle Suipacha, no lejos de la esquina del Temple. La casa en que los hechos ocurrieron sería igual a las otras: la

opposer of the regime

puerta de calle, el zaguán, la puerta cancel°, las habitaciones, la hondura° de los patios. Una noche, hacia 1842, oyeron el creciente y sordo° rumor de los cascos° de los caballos en la calle de tierra y los vivas y mueras° de los jinetes°. La mazorca°, esta vez, no pasó de largo. Al griterío sucedieron los repetidos golpes; mientras los hombres derribaban° la puerta, Salvadores pudo correr la mesa del comedor, alzar° la alfombra y ocultarse en el sótano. La mujer puso la mesa en su lugar. La mazorca° irrumpió, venían a llevárselo a Salvadores. La mujer declaró que éste había huido a Montevideo. No le creyeron; la azotaron°, rompieron toda la vajilla° celeste, registraron la casa, pero no se les ocurrió levantar la alfombra. A la medianoche se fueron, no sin haber jurado° volver.

Aquí principia verdaderamente la historia de Pedro Salvadores. Vivió nueve años en el sótano. Por más que nos digamos que los años están hechos de días y los días de horas y que nueve años es un término abstracto y una suma imposible, esa historia es atroz. Sospecho que en la sombra que sus ojos aprendieron a descifrar°, no pensaba en nada, ni siquiera en su odio° ni en su peligro. Estaba ahí, en el sótano. Algunos ecos de aquel mundo que le estaba vedado le llegarían desde arriba: los pasos habituales de su mujer, el golpe del brocal° y del balde°, la pesada lluvia en el patio. Cada día, por lo demás, podía ser el último.

La mujer fue despidiendo a la servidumbre, que era capaz de delatarlos. Dijo a todos los suyos que Salvadores estaba en la Banda Oriental°. Ganó el pan de los dos cosiendo° para el ejército. En el decurso° de los años tuvo dos hijos; la familia la repudió°, atribuyéndolos a un amante. Después de la caída del tirano°, le pedirían perdón de rodillas.

storm door · *depth* · *dull, muffled/hooves* · *cries of "long live" and "die"* · *horsemen/supporters of the regime* · *knocked down* · *lift* · *supporters of the regime* · *whipped/table service* · *sworn* · *to decipher* · *hatred* · *curbstone of a well/bucket* · *Uruguay* · *sewing/course of time* · *repudiated, rejected* · *tyrant*

CONTEXTO HISTÓRICO

Juan Manuel de Rosas (1793–1877), gobernador de la Provincia de Buenos Aires desde 1829, controló la Confederación Argentina desde 1835 hasta 1852. En ese período la población quedó dividida en dos bandos: **unitarios**, que querían un gobierno centralizado, y **federales**, que apoyaban (*supported*) la federación de estados. El grupo federal, **"la Mazorca"**, que apoyaba a Rosas, aterrorizaba a los unitarios con gritos de "¡Vivan los federales!" y "¡Mueran los salvajes (*wild*) unitarios!"

¿Qué fue, quién fue, Pedro Salvadores? ¿Lo encarcelaron el terror, el amor, la invisible presencia de Buenos Aires y, finalmente, la costumbre? Para que no la dejara sola, su mujer le daría inciertas° noticias de conspiraciones y de victorias. Acaso era cobarde° y la mujer lealmente° le ocultó que ella lo sabía. Lo imagino en su sótano, tal vez sin un candil°, sin un libro. La sombra lo hundiría° en el sueño. Soñaría, al principio, con la noche tremenda en que el acero° buscaba la garganta, con las calles abiertas, con la llanura°. Al cabo de los años no podría huir y soñaría con el sótano. Sería, al principio, un acosado°, un amenazado; después no lo sabremos nunca, un animal tranquilo en su madriguera o una suerte de oscura divinidad.

Todo esto hasta aquel día del verano de 1852 en que Rosas huyó. Fue entonces cuando el hombre secreto salió a la luz del día; mi abuelo habló con él. Fofo° y obeso, estaba del color de la cera° y no hablaba en voz alta. Nunca le devolvieron los campos que le habían sido confiscados; creo que murió en la miseria.

Como todas las cosas, el destino de Pedro Salvadores nos parece un símbolo de algo que estamos a punto de comprender. ■

uncertain · *coward* · *loyally* · *oil lamp* · *would sink* · *steel* · *plain* · *harassed* · *Soft, spongy* · *wax*

SUPERSITE

Después de leer

Pedro Salvadores

Jorge Luis Borges

1 Comprensión Indica si las oraciones son **ciertas** o **falsas**. Corrige las falsas.

1. El apellido de la esposa de Pedro es Acevedo.
2. De acuerdo con el narrador, Pedro Salvadores es un hombre común.
3. El sótano de la casa está debajo del comedor.
4. Los perseguidores no ven la alfombra.
5. La esposa trabajaba haciendo pan para el ejército.
6. Ella dice que su marido huyó a Montevideo.
7. Pedro Salvadores pasó ocho años en el sótano.
8. El narrador vio a Pedro cuando salió del sótano.

2 Historia Contesta las preguntas con oraciones completas.

1. ¿En qué siglo se desarrolla la acción?
2. ¿Dónde transcurre el relato?
3. ¿A qué bando pertenecía Pedro Salvadores? ¿Y el narrador?
4. ¿En qué año terminó el gobierno del dictador?

3 Análisis En parejas, respondan a las preguntas.

1. El narrador imagina a Salvadores en el sótano y usa dos metáforas: "un animal tranquilo en su madriguera o una suerte de oscura divinidad". ¿Qué características puedes atribuir a uno y a otro?
2. ¿Qué significa la frase "el acero (*steel*) buscaba la garganta (*throat*)"?
3. Borges usa palabras entre paréntesis, comas o guiones para expresar vacilación. También usa expresiones como "tal vez" y "me parece". Busca ejemplos. ¿Qué función tienen?

4 Interpretación Responde a las preguntas con oraciones completas.

1. ¿Qué importancia tiene la hora del día en este cuento?
2. ¿Por qué piensas que Salvadores permaneció encerrado en el sótano?
3. ¿Cómo era Pedro cuando se escondió? ¿Cómo es ahora? ¿Por qué?
4. El narrador menciona "el destino de Pedro Salvadores". ¿Crees en el destino?

5 Imaginar En grupos pequeños, preparen un *talk show* en el que un(a) presentador(a) entrevista a Pedro y a su esposa sobre cómo eran sus días durante el tiempo de encierro.

6 Escribir Resume brevemente la historia de Pedro Salvadores en un artículo periodístico, publicado después de su aparición.

SUPERSITE

Antes de leer

Anónimo

Sobre la autora

Esther Díaz Llanillo nació en La Habana en 1934. Se doctoró en Filosofía y Letras. Es bibliotecaria, narradora y ensayista, y colabora habitualmente en muchas revistas especializadas de literatura como *Casa de las Américas* y *Gaceta de Cuba.* Entre sus libros de relatos se destacan *El castigo* (1966), *Cuentos antes y después del sueño* (1999) y *Entre latidos* (2005). Sus cuentos también han aparecido con frecuencia en antologías de cuentistas cubanos y en revistas literarias de Cuba y otros países.

Vocabulario

adivinar *to guess*	**el peldaño** *step; stair*
la amenaza *menace*	**el/la remitente** *sender*
asombrar *to amaze*	**el sobre** *envelope*
estrecho/a *narrow*	**vigilar** *to watch; to keep an eye on*

Vocabulario Completa las oraciones.

1. Nunca pensé que con tan poca información iba a poder ________ lo que sucedió.
2. Después de las múltiples quejas (*complaints*) de los vecinos, la policía decidió ________ la zona.
3. La carta llegó en un ________ negro muy extraño sin ________. Me preguntaba de quién podía ser...
4. El ________ corredor llevaba a una escalera en la que faltaban algunos ________.

Conexión personal

¿Te gusta estar solo/a o prefieres la compañía de otras personas? ¿Crees que la gente en general está cada vez más sola o aislada (*isolated*)? ¿Por qué?

Análisis literario: Los relatos de suspenso

Muchos afirman que el padre de la literatura de suspenso es Edgar Allan Poe. Sus obras marcaron el estilo de muchos otros escritores de habla inglesa, y el suspenso como género cruzó fronteras y se hizo popular en muchos idiomas. En los relatos de suspenso, el escritor muchas veces adelanta algo que va a suceder al final del relato para crear una sensación de misterio o tensión. La tensión, para los personajes y para los lectores, va aumentando progresivamente hasta llegar a un desenlace (*outcome*), que muchas veces plantea nuevos interrogantes. A medida que lees *Anónimo* presta atención a los recursos que usa la autora para crear un clima de tensión y angustia, tanto para su personaje como para los lectores.

Anónimo

Esther Díaz Llanillo

Aquella mañana se levantó temprano y, sin calzarse, casi dormido, avanzó hacia la cocina hambriento.

Era la suya una habitación peculiar: vivía en una buhardilla°, al final de una larga escalera que trepaba° por la parte posterior de la casa, como una culebra°; los peldaños eran tan estrechos que uno temía haber sobrepasado las proporciones normales de un ser humano, pues podía resbalar° y caerse con suma facilidad; por otra parte, la escalera vibraba sospechosamente a cada paso y esto, unido a la insegura barandilla de hierro°, hacía pensar que la vida del que se atrevía a utilizarla se hallaba en constante peligro. Como el cartero no compartía estos arrestos°, ni por vocación de su oficio, solía dejarle la correspondencia junto al primer apartamento de la planta baja del edificio, en una cajita de madera incrustada en la pared°.

Le gustaba vivir allí, donde nadie lo molestaba, ni ruidos ni personas. No me atrevería a asegurar que aquello pudiera considerarse un hogar en el sentido exacto de la palabra: un cuadrilátero aprisionado entre cuatro paredes; dentro de él, a la izquierda de la puerta, otro cuadrilátero más pequeño hacía de baño en condiciones tan reducidas que nos asombraba que cupiera° en él un ser humano. Al final de un rectángulo, con pretensiones de corredor, estaba la sala-cuarto-cocina. De primera intención, lo que se percibía era una hornilla eléctrica° sobre una mesa donde se amontonaban° platos, cubiertos°, un vaso, una taza con lápices, un portarretrato con el asombroso perfil de Michele Morgan° y una fina capa° de polvo de varios días. La cama era a la vez sofá. En las paredes de madera había fotografías de otras actrices, un cartel de propaganda y programas de teatro.

Cuando me dieron aquella noticia de él, traté de reconstruir los hechos colocándome° en su lugar; me basé en lo que pude adivinar de él en tan poco tiempo, pues trabajamos juntos en la misma oficina durante cuatro meses, ambos como mecanógrafos°, y no creo que este trabajo nos diera grandes oportunidades de conocernos. Sin embargo, creo poder reconstruir lo que pasó en aquellos días...

Esa mañana se levantó temprano. Al encender la hornilla para calentar el café, le asombró descubrir un pequeño sobre blanco debajo de la puerta. Le extrañó que alguien se hubiera

attic apartment · *climbed* · *snake* · *slip* · *iron banister* · *didn't share this courage* · *set in the wall* · *could fit* · *hotplate* · *were piled* · *silverware* · *English actress of the 1940s and 1950s* · *layer* · *placing myself* · *typists* tomado el trabajo de subirlo hasta allí. Cogió el sobre y leyó: "Sr. Juan Ugarte Ruedas", escrito a mano, con una letra temblorosa e irregular. Inmediatamente rompió uno de los extremos y extrajo la carta, que decía con la misma letra del sobre: "Nombre: Juan Ugarte Ruedas. Edad: 34 años. Señas: Una pequeña marca tras la oreja derecha, producto de una caída cuando niño. Gustos: Prefiere leer al acostarse; suele tardar en dormirse imaginando todas las peripecias° de un viaje a Francia que en realidad no puede costear°. Detalle°: Ayer, alrededor de las once p.m., se cortó levemente el índice de la mano derecha tratando de abrir una lata° de conservas. Anónimo."

adventures
afford/Detail
can

Aquello le intrigó. ¿Qué propósito podía perseguir quien le mandaba la carta, que por ende° le jugaba la broma de firmarla Anónimo, como si ya no fuera evidente que se trataba de un anónimo? Por otra parte, ¿cómo sabía Anónimo todos aquellos detalles de su vida? Su primera preocupación fue averiguar si le había contado a alguien esos detalles; no lo recordaba.

therefore; consequently

En éstas y otras cavilaciones° pasó toda la jornada°, salvo° las horas de oficina y de almuerzo, pues tenía la costumbre de ser reservado con todos, hasta consigo mismo cuando estaba con los demás. Por la noche, como es lógico, reanudó° estos pensamientos y llegó a la conclusión de que recibiría otro algún día, quizás más pronto de lo que esperaba; tuvo un sueño intranquilo y por primera vez se olvidó de su viaje a Francia antes de dormirse.

musings
day / except
resumed

Al día siguiente, octubre 13, recibió otra carta misteriosa. Como la anterior, venía fechada° y escrita con letra irregular y nerviosa; decía: "Padre: Regino Ugarte, cafetero. Madre: Silvia Ruedas, prostituta. El primero ha muerto; la segunda huyó del hogar cuando usted tenía nueve años y se dio a la mala vida; usted desconoce su paradero° y no le interesa saberlo. Educación: autodidacta° desde los quince años. Preocupaciones: teme que los demás lean sus pensamientos. Anónimo."

dated
whereabouts
self-taught

Durante varios días estuvo recibiendo comunicaciones de Anónimo que revelaban detalles de su pasado, de su vida cotidiana y de sus procesos mentales, que sólo hubiera podido saber él mismo o alguien que tuviera poderes° extraordinarios. Esto no lo aterraba°, sino el pensar que en realidad aquel hombre estuviera empleando algún procedimiento simple y directo para saberlo; es decir, que lo vigilara constantemente.

powers
terrified

Las cartas de Anónimo empezaron por adivinar sus deseos y luego descubrieron sus preocupaciones, sacaron a relucir° su pasado y quizás aventurarían° su futuro, lo cual lo intranquilizó. Frases como: "ayer no

brought into the open
would venture

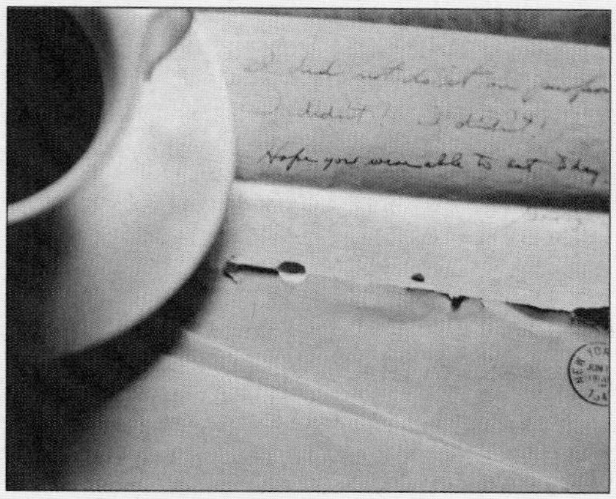

pudo dormir en casi toda la noche", "esta mañana, durante el almuerzo, estuvo a punto de° contárselo todo a su amigo, pero se detuvo° pensando que él fuera el remitente", "ha decidido usted no abrir más estas cartas, pero no puede dejar de hacerlo, ya ve, ha abierto la de hoy", "su trabajo estuvo deficiente ayer, no cesa de pensar en mí"; eran para sobresaltar a cualquiera°. Finalmente, Anónimo envió en tres cartas seguidas° este mismo mensaje: "usted teme una amenaza"; al cuarto día lo varió por: "la amenaza está al formularse"; y después por "sé que ha dejado de leer mis cartas durante varios días, ésta es la penúltima°, por lo tanto la leerá, mañana sabrá cuál es la amenaza. Anónimo."

was about to
stopped yourself
were enough to make anybody jump
in a row
the one before the last

Por último, pensó que no tenía el valor suficiente para leer la última carta, pero el deseo de saber en qué consistía la amenaza y la esperanza de que al saberla podría escapar de ella lo llevaron a abrirla y leyó: "Morirá mañana. Anónimo."

Al finalizar el mensaje llegó a la conclusión de que no le quedaba más remedio que acudir° a la policía, pues no sabiendo en qué condiciones moriría, ni dónde, ni cuándo, no podría evitar el hecho. Llevó los anónimos a la estación de policía y fue cuidadosamente vigilado. Siguió trabajando como si nada hubiera sucedido, y por la noche, a eso de las ocho, llegó a la casa.

to turn to; go to

Sabía que estaba bien protegido, no podía temer nada, salvo la pérdida de su soledad, pero por poco tiempo, hasta que se descubriera al autor de los anónimos, después sería nuevamente independiente y feliz.

Se acostó más tranquilo; tardó un poco en dormirse, quizás planeó otra vez el viaje a Francia. Al día siguiente apareció muerto frente a su cuarto, la puerta abierta, el cuerpo atravesado en el umbral°, un sobre abierto junto a él y una carta ensangrentada en la mano derecha. La única palabra visible era "ya", y después: "Anónimo". Tenía abiertas las venas° del brazo, la sangre había rodado° por los escalones. Nadie la había visto hasta que el vecino de los bajos notó el largo hilillo° rojo bajo sus zapatos.

lying across the threshold
veins
run
stream; thread

Se hicieron múltiples indagaciones° sin resultados positivos. No obstante, por sugerencia mía, se ha comparado la letra de Anónimo con la del muerto: coinciden en sus rasgos° más esenciales. ■

investigations
characteristics

Después de leer

Anónimo

Esther Díaz Llanillo

1 Comprensión Indica si estas oraciones son **ciertas** o **falsas**. Corrige las falsas.

1. Juan vivía en la planta baja de una casa grande.
2. El cartero le dejaba la correspondencia justo en la puerta.
3. Los peldaños eran peligrosos porque eran muy estrechos.
4. Juan era mecanógrafo.
5. A Juan no le gustaba su casa porque era muy ruidosa.
6. Juan hablaba muy poco con los demás.
7. El narrador de la historia es el padre de Juan.
8. Juan temía que los demás leyeran sus pensamientos.

2 Interpretar Contesta estas preguntas.

1. ¿Cómo era la personalidad del protagonista?
2. ¿Con qué soñaba Juan cada noche antes de acostarse?
3. ¿Crees que Juan estaba satisfecho con su vida y su trabajo? ¿Por qué?
4. ¿Cuál es la relación que, al final de la lectura, se sugiere que existe entre Juan y las cartas? ¿Crees que es posible esa relación?

3 Deducir En grupos de tres, imaginen que son los detectives responsables de solucionar este caso. Cada uno de ustedes tiene una teoría diferente. Escriban las tres teorías y hagan una lista con los posibles motivos o razones para cada una.

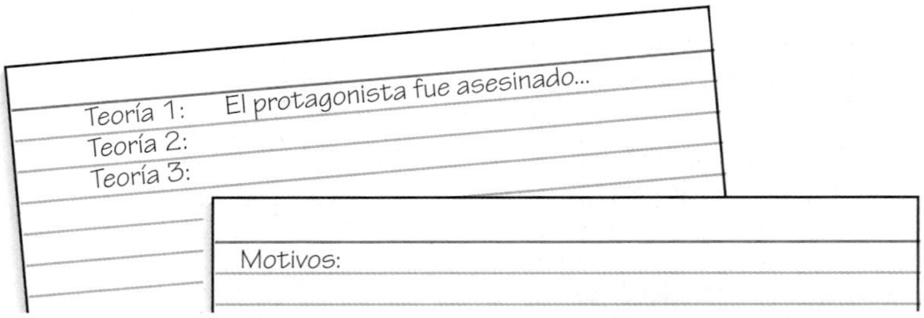
Teoría 1: El protagonista fue asesinado...
Teoría 2:
Teoría 3:
Motivos:

4 Historias de suspenso

A. Formen parejas. Cada persona debe contar a la otra los hechos principales de una breve historia de misterio en orden cronológico. Puede ser una historia inventada, una noticia, el argumento de un libro o película, etc.

B. Relee *Anónimo* e identifica los recursos que usa la autora para crear un clima de suspenso. Escribe la historia que te contó tu compañero/a añadiendo elementos de suspenso para crear tensión y despertar la curiosidad de los lectores.

SUPERSITE

Taller de escritura

Preparación: Los argumentos

En el desarrollo de un ensayo personal, se recurre a argumentos para defender la tesis. La tesis consiste en una idea que se quiere presentar o defender. Existen muchos tipos de argumentos, entre ellos:

- **Autoridad:** respaldar la tesis con la opinión de una persona de prestigio intelectual o en la materia.
- **Ejemplificación:** respaldar la tesis con ejemplos, citas, etc.
- **Refutación:** rechazar los argumentos contrarios a nuestra postura.
- **Analogía:** destacar las semejanzas entre dos hechos o casos.
- **Sentir social:** recurrir la opinión general (a favor o en contra) de un grupo de personas.

¿Qué otros tipos de argumentos conoces?

Práctica ¿A cuál de las dos categorías pertenece cada uno?

1. refutación/sentir social: Hoy en día, todos los jóvenes están de acuerdo...
2. analogía/refutación: Así como en el siglo XIX la gente llevaba vidas normales sin tener acceso a los medios de comunicación modernos, en la actualidad...
3. analogía/autoridad: Ya en la década de 1960 un renombrado profesor de... defendió la teoría...
4. ejemplificación/sentir social: Esta metáfora es el ejemplo más claro de...

Ensayo Elige uno de estos temas y escribe un ensayo.

Requisitos

- Tu ensayo debe hacer referencia a por lo menos dos obras de las cuatro estudiadas en esta lección (cultura, cortometraje, dos obras literarias) o, en el caso del tercer tema, una de las obras puede ser de una lección anterior.
- Debes incluir al menos dos tipos distintos de argumentos.
- Debes incluir ejemplos o citas extraídos de las obras para defender o respaldar tus argumentos.
- Tu ensayo debe ser de por lo menos dos páginas.

- En *Anónimo* el narrador interviene después de la descripción inicial para crear un clima de misterio y suspenso. ¿En qué se parece este recurso al utilizado en los primeros párrafos de *Pedro Salvadores*? ¿Qué efecto logran los autores al hacer que los narradores intervengan?
- Un tema presente en varias obras de esta lección es el engaño. ¿Cuál es la posición de los creadores de estas obras con respecto al engaño? ¿Siempre es malo el engaño o crees que a veces el fin justifica los medios?
- Las obras de esta lección, al igual que las de lecciones anteriores, nos permiten ser testigos de la vida cotidiana de los personajes en un lugar específico en el espacio y en el tiempo. ¿Muestra cada una de estas obras la misma vida cotidiana desde más de un punto de vista? ¿Hay otros puntos de vista implícitos?

Abriendo ventanas

SUPERSITE

Las fiestas

Presentación Trabajen en grupos de tres o cuatro.

A. En América del Norte, la Navidad se celebra en el invierno. Las imágenes típicas de la Navidad son la nieve, los hogares (*fireplaces*), los pinos y comidas invernales. En América del Sur, por el contrario, la Navidad se festeja en pleno verano. Contesten estas preguntas:

Procesión navideña en Caracas, Venezuela.

Fiestas de la calle San Sebastián, San Juan, Puerto Rico.

1. ¿Tiene el clima algo que ver con la forma de festejar? Den algunos ejemplos.
2. ¿Cuáles son los aspectos más importantes de una celebración tradicional?
3. ¿Qué es lo más importante? ¿La comida, la música, los regalos, las tradiciones familiares u otra cosa?
4. ¿Con quién se suelen festejar las fiestas y celebraciones tradicionales? ¿Por qué?
5. ¿Qué saben o imaginan sobre estas fiestas? ¿Se celebran también en América del Norte? ¿En qué se parecen y en qué se diferencian los festejos?

- Navidad en un país de América del Sur
- 5 de Mayo en México
- Fiestas de la calle San Sebastián en San Juan, Puerto Rico
- Año Nuevo en el Caribe
- Carnaval (*Mardi Gras*) en un país de América Central o del Sur
- Semana Santa en un país hispanohablante

B. Van a preparar una presentación sobre una de las fiestas de la parte **A** o sobre otra fiesta importante de un país hispanohablante.

Elección del tema

Repasen sus respuestas a la última pregunta de la parte **A**. ¿Sobre cuál de estas fiestas prefieren hacer la presentación? ¿O prefieren investigar otra fiesta? ¿Por qué?

Preparación

Hagan una investigación en Internet o en la biblioteca. También pueden entrevistar a personas que conozcan el país hispanohablante elegido y pedirles que les cuenten anécdotas y experiencias personales sobre el festejo. Busquen materiales audiovisuales u objetos relacionados con la fiesta.

Organización

Organicen la información recogida (*collected*) en un esquema (*outline*). El esquema debe resumir los puntos principales de la presentación:

- origen de la fiesta
- cómo se festeja
- similitudes y diferencias
- objetos y símbolos especiales
- comidas tradicionales
- anécdotas y experiencias

Preparen los materiales audiovisuales que van a usar: un afiche, una presentación de PowerPoint, etc. La presentación deberá durar unos diez minutos. Decidan qué parte(s) presentará cada uno/a. Recuerden que todos los integrantes del grupo deben participar.

Estrategia de comunicación

Expresiones útiles para contrastes y comparaciones

- A diferencia de nosotros, los guatemaltecos celebran...
- Al igual que en este país, en...
- Existen varias diferencias en/entre...
- Existen muchas similitudes en/entre...
- En Paraguay, por el contrario,...

Presentación

Usen el esquema como guía para hacer la presentación, pero recuerden que deben hablar a la clase y no leer una presentación escrita. Usen los medios audiovisuales que seleccionaron. Después de la presentación, contesten las preguntas que puedan tener sus compañeros/as.

Tertulia

Vida pública y vida privada

1 (5 min.) La clase se divide en cinco grupos. Cada uno tiene que pensar y anotar sus ideas sobre uno de estos temas.

Las empresas tienen derecho a recopilar información sobre las personas que visitan sus sitios web.

A medida que avanza la tecnología, retrocede el derecho a la privacidad.

Está bien que los padres controlen los perfiles de sus hijos en sitios como *My Space*.

Actualmente, la distinción entre vida pública y vida privada es muy borrosa (*blurry*).

La posibilidad de hacer compras por Internet simplifica la vida de las personas ocupadas.

Gracias a los *blogs* podemos aprender sobre la vida cotidiana en otras culturas.

2 (10 min.) Cada grupo tiene que preparar una breve presentación sobre el tema elegido. En el caso de que no todos opinen lo mismo sobre el tema, pueden mencionar que dentro del grupo hay distintas opiniones.

3 (25 min.) Los diferentes grupos presentan sus ideas a la clase, mientras todos toman nota.

4 (10 min.) Cuando todos los grupos hayan terminado de presentar sus ideas, toda la clase participa haciendo preguntas o defendiendo sus opiniones.

La salud y el bienestar 4

Communicative Goals

You will expand your ability to...

- give instructions
- support opinions
- talk about yourself
- construct topic sentences

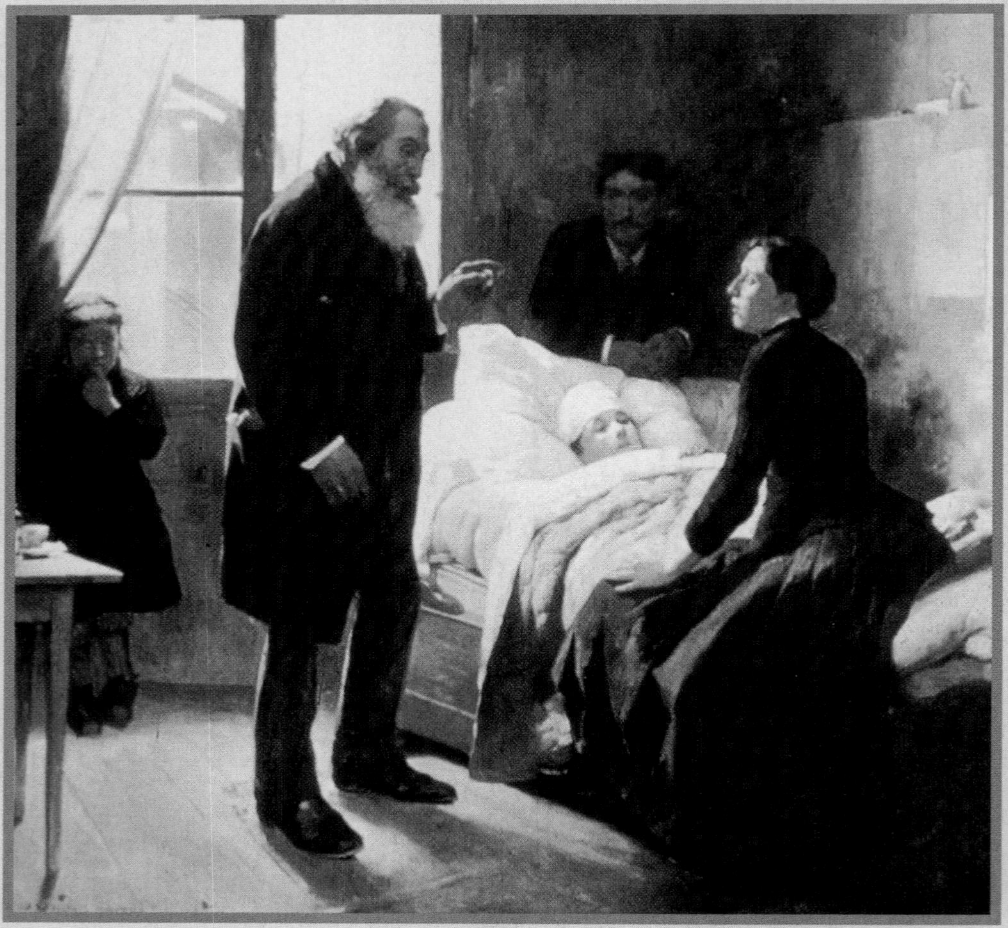

El niño enfermo, 1886.
Arturo Michelena, Venezuela.

"La muerte es una vida vivida.
La vida es una muerte que viene."

— Jorge Luis Borges

SUPERSITE

Antes de leer

Vocabulario

afligir *to afflict*	**el/la investigador(a)** *researcher*
descubrir *to discover*	**la lesión** *wound*
la dolencia *illness; condition*	**la población** *population*
la genética *genetics*	**el pueblo** *people*
el/la indígena *indigenous person*	**recetar** *to prescribe*

Oraciones incompletas Completa las oraciones. No repitas palabras.

1. La diversidad cultural es un efecto del contacto entre múltiples ___________.
2. La ___________ es la ciencia que estudia la herencia biológica.
3. La ___________ de este laboratorio trabaja para ___________ un tratamiento nuevo para el cáncer.
4. Cuando los españoles llegaron a Suramérica se encontraron con los ___________ que estaban allí.
5. Los doctores trabajan para curar las ___________ que ___________ a los enfermos.
6. Debido a la epidemia, toda la ___________ debe ponerse la vacuna.

Conexión personal ¿Puedes pensar en alguna enfermedad o dolencia que afecta a tu comunidad o a un grupo que conoces? ¿Ha recibido la comunidad alguna ayuda?

Contexto cultural

Selección colombiana de fútbol sub 20

Situada en una zona de tránsito entre Norteamérica y Suramérica, Colombia presenta un lugar ideal para la convergencia de múltiples culturas. La mayoría de los habitantes son mestizos, es decir, descendientes de europeos y amerindios. Hay también más de diez millones de afrocolombianos —casi el veinte por ciento de la nación entera— y una población indígena que cuenta con más de 700.000 habitantes. De esta diversidad étnica han surgido (*have arisen*) costumbres variadas, una riquísima tradición musical y la multiplicidad lingüística. El lenguaje oficial del país es el español, pero todavía se hablan más de sesenta lenguas indígenas.

La ciencia: la nueva arma en una guerra antigua

Famoso por su talento especial con el arco y la flecha°, el pueblo indígena Chimila tiene una historia larga de rebelión y resistencia contra los españoles de la época colonial. Estos valientes guerreros° formaron una sorprendente potencia militar que parecía imposible de conquistar. Ahora, en nuestra época, los indígenas Chimila hacen guerra a° unos enemigos muy distintos: la pobreza, la falta de recursos° médicos y enfermedades endémicas sin solución.

bow and arrow

warriors

wage war against/
lack of resources

Por fortuna, tienen aliados° en su lucha°. La Expedición Humana es una organización que identifica y trata de° resolver los problemas que afligen particularmente a las comunidades indígenas y afrocolombianas.

En los últimos quince años, varios grupos de la Expedición Humana se han integrado en numerosas comunidades con el fin de° determinar sus verdaderas necesidades. De esta manera, los investigadores han descubierto° que los Chimila tienen una incidencia sorprendentemente alta de una enfermedad dermatológica llamada prurigo actínico°. Esta enfermedad ataca a varios grupos indígenas en toda Latinoamérica y se considera incurable. Aparece° normalmente en niños pequeños en forma de lesiones y, en situaciones graves, puede afectar los ojos y la vista. A pesar de su potencial gravedad, el prurigo actínico ha recibido muy poca atención por parte de la comunidad médica mundial.

Al estudiar el caso desde muchos ángulos, el equipo de la Expedición Humana encontró información en varias fuentes° interesantes, incluyendo los artefactos precolombinos°. De las cerámicas con dibujos de enfermos que desenterraron° los arqueólogos, aprendieron que problemas similares han afectado a las poblaciones colombianas desde hace 2.500 años. Los investigadores sabían que la exposición al sol provoca la aparición del prurigo actínico, pero tenían muchas preguntas. ¿Por qué afecta especialmente a ciertas comunidades? En una población como los indígenas Chimila, ¿por qué aflige sólo a ciertas personas? ¿Qué tienen en común estos pacientes?

Los científicos decidieron explorar la base genética de la enfermedad. Después de años de investigación, el equipo de la Expedición Humana confirmó que existe una predisposición genética que, en combinación con la exposición al sol, causa las lesiones. Gracias a la cooperación de los Chimila en los estudios, los investigadores pudieron desarrollar° tratamientos más efectivos que utilizan medicamentos con menos efectos secundarios que los que habitualmente recetaban° los médicos. Estos medicamentos alternativos, asimismo, se pueden adquirir fácilmente y son de bajo costo.

Según los Centros para el Control y la Prevención de Enfermedades° del gobierno de los Estados Unidos, la mayoría de las dolencias más comunes son el resultado de la interacción entre genes y ciertos factores medioambientales°. Los estudios que ha realizado la Expedición Humana son un modelo de cooperación entre personas de diferentes comunidades y de integración de muchas maneras de investigar. Nos ofrecen un ejemplo a imitar en la gran batalla° contra las enfermedades del mundo. ■

allies/fight · *tries* · *with the aim of* · *discovered* · *chronic skin disorder* · *It appears* · *sources* · *e-Columbian* · *dug up* · *to develop* · *prescribed* · *Centers for Disease Control and Prevention (CDC)* · *environmental* · *battle*

Detalles de la investigación

- El prurigo actínico afecta principalmente a poblaciones indígenas y mestizas de países como México, Guatemala, Honduras, Colombia, Perú, Bolivia y el norte de Argentina, así como Canadá y Estados Unidos.
- Entre 704 habitantes de la comunidad Chimila, se diagnosticaron 56 casos.
- Fundada por el Instituto de Genética Humana de la Pontificia Universidad Javeriana de Bogotá, la Expedición Humana reúne a profesores, científicos y estudiantes con el propósito de servir a los pueblos colombianos que viven aislados de la capital y que tradicionalmente están menos representados en los estudios científicos del país.
- En la etapa llamada la Gran Expedición Humana (1992–3), los investigadores realizaron 17 viajes en los que participaron 320 personas, que visitaron 35 comunidades y atendieron alrededor de 8.000 pacientes en los lugares más apartados de Colombia.

SUPERSITE

Después de leer

La ciencia: la nueva arma en una guerra antigua

1 **Comprensión** Responde a las preguntas con oraciones completas.

1. ¿Contra quiénes lucharon los Chimila durante la época colonial?
2. ¿Qué han descubierto los investigadores de la Expedición Humana?
3. ¿Qué es el prurigo actínico?
4. ¿Ha recibido el prurigo actínico mucha atención por parte de la comunidad médica mundial?
5. ¿Qué descubrimiento de unos arqueólogos ayudó a la Expedición Humana?
6. ¿Qué decidieron explorar los científicos de la Expedición Humana?

2 **Preguntas** Contesta las preguntas con oraciones completas.

1. ¿Cuál es la fama de los indígenas Chimila?
2. ¿Cuáles son algunos de los problemas que afectan al pueblo Chimila?
3. ¿Por qué es importante el desarrollo de nuevos tratamientos?
4. ¿Cuáles son los dos factores principales relacionados con la aparición de la enfermedad?
5. ¿Cuál es el objetivo de la Expedición Humana?
6. Según la perspectiva de los Centros para el Control y la Prevención de Enfermedades, ¿es el prurigo actínico una enfermedad inusual? Explica tu respuesta.

3 **Los peligros del sol** En parejas, imaginen que son médicos y que están hablando con un grupo de niños que no comprenden los peligros de la exposición al sol. ¿Qué preguntas deben hacerles? ¿Qué consejos pueden darles?

4 **Debate** Considerando el dinero y el tiempo que se necesitan para curar o combatir una enfermedad como el prurigo actínico, ¿es aceptable utilizar gran cantidad de recursos para investigar los productos de belleza? Divídanse en grupos de cuatro para debatir el tema. Compartan sus conclusiones con la clase.

5 **Opiniones** Un objetivo de la Expedición Humana es ayudar a comunidades particulares. En tu opinión, ¿es bueno gastar dinero en la investigación de una enfermedad poco estudiada aunque afecte a pocas personas o es más importante ocuparse de los problemas de la mayor parte de la población? Describe en tres párrafos lo que piensas de los objetivos de la Expedición Humana y defiende tu posición.

MODELO No pienso que sea una buena idea gastar tanto dinero en investigar enfermedades que afectan a pocas personas./Creo que es fundamental que la Expedición Humana trabaje para ayudar a comunidades pequeñas con pocos recursos económicos.

SUPERSITE

Opiniones

1 **Conversación** En parejas, contesten estas preguntas sobre la ética y la salud. Pueden usar las expresiones del recuadro para defender sus opiniones con información objetiva.

El Mundo
Empresa de cosméticos suspende las pruebas con animales.
El gobierno busca limitar el turismo médico.
Buscan prohibir la publicidad de medicinas.

1. ¿Qué opinan del uso de animales en experimentos científicos y en la industria de los productos cosméticos?
2. ¿Está bien que se publiciten medicinas de venta bajo receta en la televisión?
3. Mucha gente viaja a otros países para recibir tratamientos médicos. ¿Debe permitirse o prohibirse esto? ¿Por qué?
4. ¿Es una buena idea importar medicinas más baratas de otros países? ¿Por qué?

2 **Por escrito** Elige uno de estos temas y escribe una composición de una página.

- Lee esta cita: “La responsabilidad del médico es ahora mucho mayor que antes, pues es también mucho mayor su poder.” (Gonzalo Herranz, médico y académico español) ¿Estás de acuerdo en que los médicos tienen ahora más poder que antes? ¿Crees que los pacientes tienen más o menos poder? ¿Por qué?
- En las últimas décadas ha habido un auge (*peak; boom*) de demandas (*lawsuits*) contra doctores y hospitales. ¿Crees que este auge es justificado? ¿Qué consecuencias positivas y negativas tiene?

Estrategia de comunicación

Como respaldar opiniones con información

- De acuerdo con/Según un estudio/artículo publicado en...,
- Los especialistas en... coinciden en que/opinan que...
- Las estadísticas confirman que...

ramón barea
mariví bilbao
alejandro tejería
Nominado al premio Oscar al mejor cortometraje en 2007
éramos pocos
un cortometraje de borja cobeaga
sonido directo miguel carretero
posproducción de sonido david rodríguez
vestuario pedro moreno
dirección artística enrique ferrero & alí larrey
jefe de producción pedro ruigómez momeñe
música aránzazu calleja
montaje jesús ramé
fotografía ignacio giménez-rico
producción ejecutiva oihana olea
escrito por borja cobeaga & sergio barrejón
dirigido por borja cobeaga
altube filmeak
arsenico
CANAL+
Kodak
DOLBY

Antes de ver el corto

ÉRAMOS POCOS

país España
duración 16 minutos
director Borja Cobeaga

protagonistas Joaquín (padre), Fernando (hijo), Lourdes (abuela)

Vocabulario

el álbum (de fotos) *(photo) album*
apañar *to mend; to fix*
apañarse *to manage*
el asilo (de ancianos) *nursing home*
descalzo/a *barefoot*
el desorden *mess*
enseguida *right away*
largarse *to take off*
el marco *frame*
la paella *(Esp.) traditional rice and seafood dish*
la tortilla *(Esp.) potato omelet*
el trastero *storage room*

1 **Oraciones incompletas** Completa las oraciones.

1. Pones las fotos en un ________ para colocarlas en la pared.
2. Te vas a vivir a un ________ cuando eres un anciano.
3. Guardas los muebles antiguos en un ________.
4. Cuando no llevas zapatos, vas ________.
5. La ________ es un plato que se cocina con huevos y patatas.

2 **Preguntas** En parejas, contesten las preguntas.

1. ¿Crees que los hombres ayudan en las tareas del hogar más que hace unos años?
2. ¿Conoces a alguna mujer que sea ama de casa? ¿Le gusta serlo?
3. ¿Cuáles son las ventajas y las desventajas de vivir en un asilo o vivir con la familia cuando una persona es anciana? ¿Qué vas a preferir tú: vivir en un asilo o vivir con la familia? ¿Por qué?
4. ¿Crees que la situación de los ancianos va a mejorar dentro de unos años? ¿Por qué?

3 **¿Qué sucederá?** En parejas, miren el fotograma e imaginen lo que va a ocurrir en la historia. Compartan sus ideas con la clase.

SUPERSITE Watch the short film at **ventanas.vhlcentral.com.**

Escenas

ARGUMENTO Tras ser abandonado por su mujer, Joaquín decide traer a su suegra a casa para que haga las labores del hogar.

FERNANDO ¿Por qué estás descalzo?
JOAQUÍN Porque no encuentro mis zapatillas.
FERNANDO ¿Y estás seguro de que se ha ido sin más°?
JOAQUÍN Eso parece.

JOAQUÍN Cuánto tiempo sin verte.
LOURDES Mucho tiempo.
JOAQUÍN Mira papá, es la abuela.
LOURDES Hola.
JOAQUÍN Hola, soy tu yerno Joaquín. No sé si te acuerdas de mí.

LOURDES ¿Y mi habitación?
JOAQUÍN Esto se arregla en un momento. Desde que te fuiste usamos este cuarto como un trastero, pero en seguida lo apañamos. ¡Fernando!
LOURDES No te preocupes, no pasa nada.
JOAQUÍN ¡Fernando!

JOAQUÍN Creo que se ha dado cuenta. Que sabe a qué la hemos traído.
FERNANDO ¿Qué dices?
JOAQUÍN ¿No la notas demasiado… contenta?

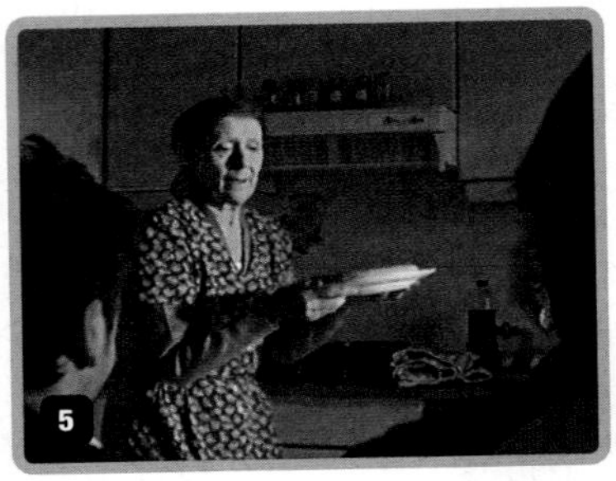

ABUELA ¿Qué? ¿No coméis?
JOAQUÍN Que te diga esto a lo mejor te parece desproporcionado, Lourdes. Pero es que Julia lleva mucho tiempo de viaje.
FERNANDO Mucho, mucho.
JOAQUÍN No sabes lo que esta tortilla significa para nosotros.

JOAQUÍN Julia, soy yo. No me cuelgues°, ¿eh? Es importante. Es sobre tu madre. Ya sé que fui yo el que insistió en meterla en un asilo pero ahora está aquí, con nosotros. Es para pedirte perdón y para que veas que puedo cambiar.

sin más *just like that* **No me cuelgues** *Don't hang up on me*

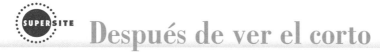

Después de ver el corto

1 Comprensión Contesta las preguntas con oraciones completas.

1. ¿Dónde está Julia?
2. ¿Qué ha pasado con las zapatillas de Joaquín?
3. ¿Por qué van a recoger a la abuela?
4. ¿Por qué cree Joaquín que la abuela se ha dado cuenta del plan?
5. ¿Para qué llama Joaquín a su mujer?
6. ¿Qué le dice su mujer?
7. ¿Para qué mira Joaquín el álbum de fotos?
8. ¿Qué descubre Joaquín?

2 Ampliación Contesta las preguntas.

1. ¿Por qué piensas que Joaquín y Fernando son incapaces de vivir sin una mujer?
2. Según Joaquín, ¿por qué es importante la tortilla?
3. ¿Por qué está tan contenta Lourdes a pesar de trabajar tanto?
4. ¿Por qué crees que Joaquín no dice que la mujer no es su suegra?
5. ¿Qué opinas del final del corto? ¿Te parece que los personajes se están engañando unos a otros o se están ayudando? ¿Por qué?
6. ¿Cómo se relaciona el título con lo que sucede en el corto?

3 Julia En parejas, imaginen cómo es la esposa de Joaquín y cómo es su vida.

- ¿Cómo es?
- ¿Por qué se fue de casa?
- ¿Dónde está ahora?
- ¿Crees que sigue haciendo las labores del hogar?
- ¿Volverá con su familia?

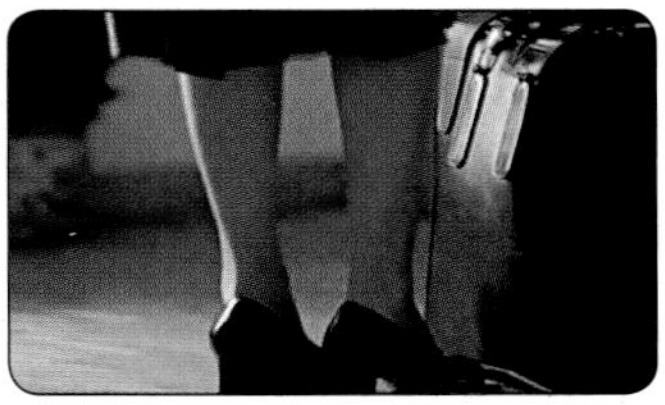

4 Salud mental En parejas, imaginen que un día Julia llama a su hijo para explicarle por qué se fue. Según ella, era necesario para su salud mental y su bienestar. Piensen en estas preguntas y ensayen la conversación telefónica entre Fernando y Julia. Represéntenla delante de la clase.

- ¿Está Fernando de acuerdo con la explicación de su madre?
- ¿Perdona Fernando a su madre?
- ¿Le importa realmente que su madre se haya ido?
- ¿Está arrepentida Julia?
- ¿Estaba realmente enferma Julia cuando se fue de la casa?

5 Cartas Elige una de estas dos situaciones y escribe una carta.

1. Eres la anciana que se hace pasar por Lourdes y decides escribirle una carta a tu verdadera familia explicando por qué te fuiste del asilo con otra familia.
2. Eres un(a) anciano/a que acaba de irse a un asilo. Escribe una carta a tu familia contando qué cosas echas de menos de vivir en casa y qué te gusta acerca del asilo.

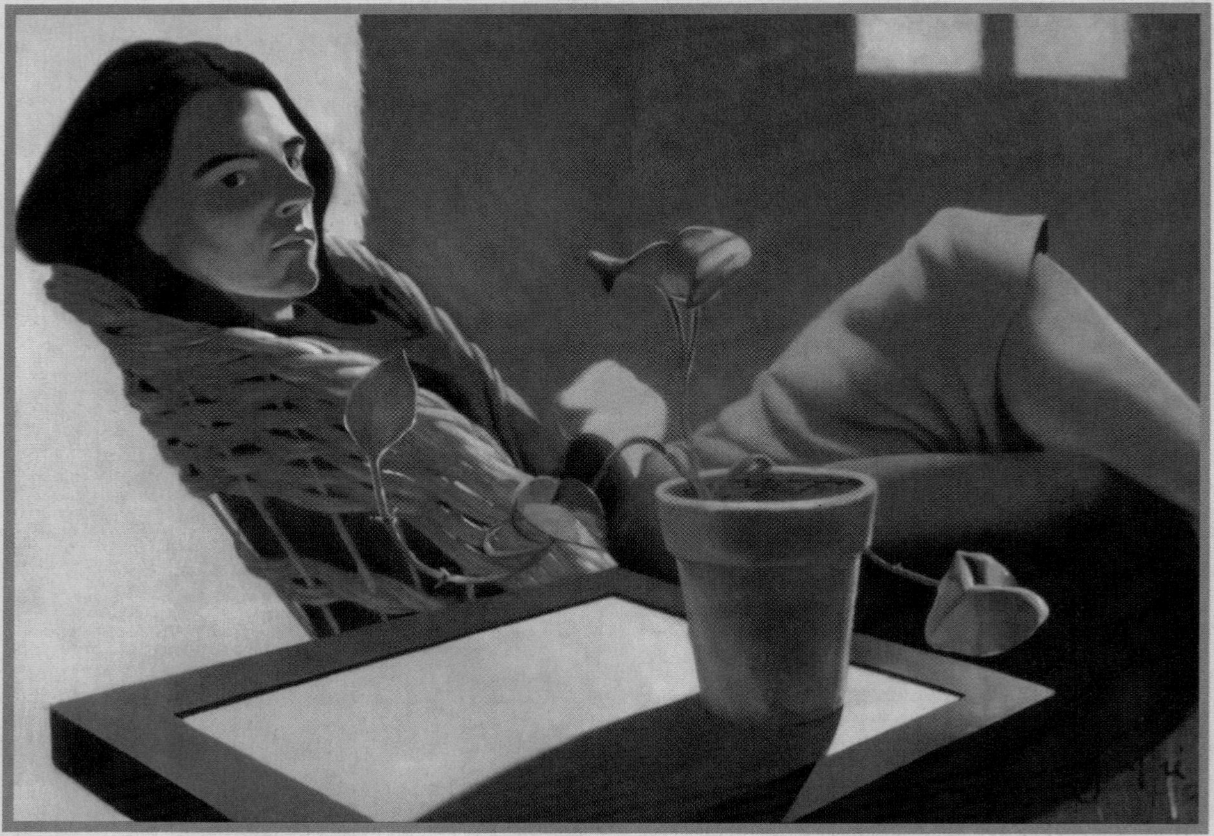

Vegetal Life, 1984.
Hector Giuffré, Argentina.

"Cuando sientes que la mano de la muerte se posa sobre el hombro, la vida se ve iluminada de otra manera..."

— Isabel Allende

SUPERSITE

Antes de leer

Mujeres de ojos grandes

Sobre la autora

Ángeles Mastretta nació en Puebla, México, en 1949. Estudió periodismo y colaboró en periódicos y revistas: "Escribía de todo: de política, de mujeres, de niños, de lo que veía, de lo que sentía, de literatura, de cultura, de guerra". Su primer libro fue de poemas: *La pájara pinta* (1978), pero *Arráncame la vida* (1985), su primera novela, le dio fama y reconocimiento. En su obra se destaca el pensamiento femenino. *Mujeres de ojos grandes* está compuesto de relatos sobre mujeres que muestran "el poder que tienen en sus cosas y el poder que tienen para hacer con sus vidas lo que quieran, aunque no lo demuestren. Son mujeres poderosas que saben que son poderosas pero no lo ostentan (*boast*)".

Vocabulario

el adelanto *improvement*	**el/la enfermero/a** *nurse*	**el ombligo** *navel*
la aguja *needle*	**el hallazgo** *finding; discovery*	**la pena** *sorrow*
la cordura *sanity*	**la insensatez** *folly*	**el regocijo** *joy*
desafiante *challenging*	**latir** *to beat*	**la terapia intensiva** *intensive care*

La historia de Julio Completa el párrafo.

Julio prefería una vida (1) ________ que no lo aburriera. Sin embargo al perder todo por la caída de la bolsa (*stock exchange*), Julio —siempre una persona tan sensata— perdió la (2) ________. Después de unos meses, los síntomas desaparecieron para gran (3) ________ de la familia. Sin embargo, Julio estaba deprimido; pensar en su trabajo lo llenaba de (4) ________ y en su corazón latía el deseo de hacer algo nuevo. Tan agradecido estaba con los médicos que decidió estudiar para ser (5) ________.

Conexión personal

Cuando te sientes enfermo/a, ¿intentas curarte por tus propios medios? ¿Alguna vez estuviste en un hospital? ¿Confías en la medicina tradicional o has probado la medicina alternativa? ¿Crees que la ciencia puede resolverlo todo?

Análisis literario: El símil

El símil o la comparación es un recurso literario que consiste en comparar una cosa con otra por su semejanza, parecido o relación. De esa manera, se logra mayor expresividad. Implica el uso del término comparativo explícito: **como**. Por ejemplo: "*ojos* grandes **como** *lunas*". Crea algunas comparaciones con estos pares de palabras o inventa tus propias comparaciones: muerte/noche, rostro/fantasma, mejillas/manzanas, hombre/ratón, lugar/cementerio.

Mujeres de ojos grandes

Último cuento; sin título

Ángeles Mastretta

Tía Jose Rivadeneira tuvo una hija con los ojos grandes como dos lunas, como un deseo. Apenas colocada en su abrazo, todavía húmeda y vacilante°, la niña mostró los ojos y algo en las alas° de sus labios que parecía pregunta.

—¿Qué quieres saber? —le dijo tía Jose jugando a que entendía ese gesto.

Como todas las madres, tía Jose pensó que no había en la historia del mundo una criatura tan hermosa como la suya. La deslumbraban° el color de su piel, el tamaño de sus pestañas° y la placidez con que dormía. Temblaba de orgullo imaginando lo que haría con la sangre y las quimeras° que latían en su cuerpo.

Se dedicó a contemplarla con altivez° y regocijo durante más de tres semanas. Entonces la inexpugnable° vida hizo caer sobre la niña una enfermedad que en cinco horas convirtió su extraordinaria viveza° en un sueño extenuado° y remoto° que parecía llevársela de regreso a la muerte.

Cuando todos sus talentos curativos no lograron mejoría alguna, tía Jose, pálida° de terror, la cargó hasta el hospital. Ahí se la quitaron de los brazos y una docena de médicos y enfermeras empezaron a moverse agitados y confundidos en torno° a la niña. Tía Jose la vio irse tras una puerta que le prohibía la entrada y se dejó caer al suelo incapaz de cargar consigo misma y con aquel dolor como un acantilado°.

Ahí la encontró su marido, que era un hombre sensato y prudente como los hombres acostumbran fingir° que son. La ayudó a levantarse y la regañó° por su falta de cordura y esperanza. Su marido confiaba en la ciencia

hesitating
wings
dazzled
eyelashes
fancy ideas
arrogance; pride
impregnable

liveliness
exhausted/ remote; far off
pale
around
cliff
to feign
scolded

médica y hablaba de ella como otros hablan de Dios. Por eso lo turbaba° la insensatez en que se había colocado su mujer, incapaz de hacer otra cosa que llorar y maldecir° al destino.

Aislaron a la niña en una sala de terapia intensiva. Un lugar blanco y limpio al que las madres sólo podían entrar media hora diaria. Entonces se llenaba de oraciones° y ruegos. Todas las mujeres persignaban° el rostro de sus hijos, les recorrían el cuerpo con estampas y agua bendita°, pedían a todo Dios que los dejara vivos. La tía Jose no conseguía sino llegar junto a la cuna° donde su hija apenas respiraba para pedirle: "no te mueras". Después lloraba y lloraba sin secarse los ojos ni moverse hasta que las enfermeras le avisaban que debía salir.

Entonces volvía a sentarse en las bancas cercanas a la puerta, con la cabeza sobre las piernas, sin hambre y sin voz, rencorosa° y arisca°, ferviente° y desesperada. ¿Qué podía hacer? ¿Por qué tenía que vivir su hija? ¿Qué sería bueno ofrecerle a su cuerpo pequeño lleno de agujas y sondas° para que le interesara quedarse en este mundo? ¿Qué podría decirle para convencerla de que valía la pena hacer el esfuerzo en vez de morirse?

Una mañana, sin saber la causa, iluminada sólo por los fantasmas de su corazón, se le acercó a la niña y empezó a contarle las historias de sus antepasadas°. Quiénes habían sido, qué mujeres tejieron° sus vidas con qué hombres antes de que la boca y el ombligo de su hija se anudaran° a ella. De qué estaban hechas, cuántos trabajos° habían pasado, qué penas y jolgorios° traía ella como herencia. Quiénes sembraron con intrepidez° y fantasías la vida que le tocaba prolongar.

Durante muchos días recordó, imaginó, inventó. Cada minuto de cada hora disponible habló sin tregua° en el oído de su hija. Por fin, al atardecer de un jueves, mientras contaba implacable alguna historia, su hija abrió los ojos y la miró ávida° y desafiante, como sería el resto de su larga existencia.

El marido de tía Jose dio las gracias a los médicos, los médicos dieron gracias a los adelantos de su ciencia, la tía abrazó a su niña y salió del hospital sin decir una palabra. Sólo ella sabía a quiénes agradecer la vida de su hija. Sólo ella supo siempre que ninguna ciencia fue capaz de mover tanto, como la escondida en los ásperos y sutiles hallazgos° de otras mujeres con los ojos grandes. ■

- *turbaba* disturbed; embarrassed
- *maldecir* to damn; to curse
- *oraciones* prayers
- *persignaban* crossed
- *bendita* holy
- *cuna* cradle
- *rencorosa* spiteful
- *arisca* churlish/
- *ferviente* fervent
- *sondas* probes; catheters
- *antepasadas* ancestors
- *tejieron* wove
- *anudaran* tied
- *trabajos* hardships
- *jolgorios* boisterous frolic
- *intrepidez* bravery
- *tregua* relentlessly
- *ávida* avid; eager
- *ásperos y sutiles hallazgos* harsh and subtle discoveries

Después de leer

Mujeres de ojos grandes

Ángeles Mastretta

1 Comprensión Contesta las preguntas con oraciones completas.

1. ¿Quiénes son los personajes de este relato?
2. ¿Tía Jose lleva inmediatamente a su hija al hospital?
3. ¿Qué piensa el marido de la ciencia de los médicos y del comportamiento de su esposa?
4. ¿Qué historias le cuenta tía Jose a su hija? ¿Son todas reales?
5. Para el padre de la niña, ¿qué o quién le salvó la vida? ¿Y para tía Jose?

2 Análisis Lee el relato nuevamente y contesta las preguntas.

1. Los ojos de la hija de tía Jose son "grandes como dos lunas, como un deseo". ¿Por qué se eligen estos dos términos para la comparación? ¿Puedes encontrar otras comparaciones en el cuento?
2. La expresión "las alas de sus labios" es un recurso ya analizado. ¿Cómo se llama?
3. En el hospital, la niña es llevada lejos de su madre, "tras una puerta que le prohibía la entrada". ¿A qué lugar se refiere?
4. Tía Jose comienza a contarle historias a su hija "iluminada por los fantasmas de su corazón". Reflexiona: ¿los fantasmas se asocian con la luz o con la oscuridad? ¿A quiénes se refiere la palabra "fantasmas" en el relato?

3 Interpretación En parejas, respondan las preguntas.

1. El personaje de la tía Jose pierde la voz ante la enfermedad de su hija. ¿Cómo recupera la voz y por qué?
2. La hija de tía Jose tiene ojos grandes al igual que las mujeres de los relatos que le cuenta su madre. ¿Qué creen que simboliza esto?
3. El padre agradece a los médicos por haber salvado a la niña; los médicos agradecen a la ciencia. ¿Por qué tía Jose "salió del hospital sin decir una palabra"?
4. ¿Qué creen que salvó la vida de la niña? ¿Conocen algún caso de recuperación asombrosa en la vida real?

4 Debate Formen dos grupos: uno debe hacer una lista de los argumentos que usó el marido de tía Jose para tranquilizarla; el otro debe imaginar cuáles eran las razones de las mujeres que rezaban (*prayed*) para sanar a sus hijos. Luego organicen un debate para discutir las alternativas defendiendo el argumento que les tocó y señalando las debilidades del argumento contrario.

5 Historias Escribe una de las historias que la tía Jose le contó a su hija. Usa las preguntas como guía.

- ¿Quién es la protagonista?
- ¿Cuál es su relación con tía Jose?
- ¿Qué sucedió?
- ¿Qué importancia tiene la protagonista en la historia?

SUPERSITE

Antes de leer

Autorretrato

Sobre la autora

Rosario Castellanos nació en la ciudad de México en 1925 y murió en Tel Aviv, Israel, en 1974 mientras se desempeñaba como (*worked as*) embajadora de México en ese país. Estudió filosofía en México y realizó estudios de estética y estilística en España. Escribió poesía, narrativa y ensayos, y también colaboró con diarios y revistas especializadas de México y del extranjero. Tres de sus obras —su primera novela, *Balún Canán;* el libro de cuentos *Ciudad Real* y su segunda novela, *Oficio de tinieblas*— conforman la principal trilogía de temática indigenista mexicana del siglo XX. El otro tema central de su obra son las mujeres. Su obra poética se encuentra reunida en el libro titulado *Poesía no eres tú,* publicado en 1972. Sus poemas se caracterizan por su estilo sencillo, en el que se presenta lo cotidiano con humor e inteligencia.

Vocabulario

acariciar *to caress*	**el autorretrato** *self-portrait*	**llorar** *to cry*
acaso *perhaps*	**feliz** *happy*	**lucir** *wear, display*
arduo/a *hard*	**el llanto** *weeping; crying*	**el maquillaje** *make-up*

Vocabulario Completa las oraciones.

1. En este ________ María ________ un vestido que era de su abuela.
2. No me gusta ponerme ________ en los ojos porque me hace ________.
3. La madre escuchó el ________ del bebé y enseguida se acercó a ________ su cabecita.
4. Aunque el trabajo es ________, estoy ________ de tener mi propia empresa.

Conexión personal

Imagina que tienes que hacer una presentación sobre ti mismo/a titulada “Autorretrato”. ¿Eliges describirte con palabras relacionadas con tus estudios, con tu trabajo, con tu personalidad, con lo que te hace feliz, con lo que te hace llorar? ¿Por qué?

Análisis literario: La poesía conversacional

Los términos “poesía conversacional” o “poesía coloquial” se refieren a un tipo de poesía que surgió durante los últimos cincuenta años y se caracteriza por su claridad, por su tono coloquial e intimista, por buscar un acercamiento al lector a través de referencias a lo cotidiano, y por romper con el estilo abstracto y menos accesible de movimientos poéticos anteriores. Otra característica de este género es la desmitificación del poeta, quien deja de ser una figura subida a un pedestal y alejada de la realidad cotidiana de los lectores. No se trata en sí de un movimiento literario claramente definido, sino que distintos poetas recorrieron caminos diferentes hasta converger en este estilo coloquial e intimista. A medida que lees *Autorretrato* presta atención a las características de la poesía conversacional en el poema.

Autorretrato

Rosario Castellanos

Autorretrato con pelo cortado, 1940. Frida Kahlo, México.

Yo soy una señora: tratamiento°
arduo de conseguir, en mi caso, y más útil
para alternar con los demás que un título
extendido a mi nombre en cualquier academia.

Así, pues, luzco mi trofeo y repito:
yo soy una señora. Gorda o flaca
según las posiciones de los astros°,
los ciclos glandulares
y otros fenómenos que no comprendo.

Rubia, si elijo una peluca rubia.
O morena, según la alternativa.
(En realidad, mi pelo encanece°, encanece.)

Soy más o menos fea. Eso depende mucho
de la mano que aplica el maquillaje.

Mi apariencia ha cambiado a lo largo del tiempo
—aunque no tanto como dice Weininger
que cambia la apariencia del genio—. Soy mediocre.
Lo cual, por una parte, me exime de° enemigos
y, por la otra, me da la devoción
de algún admirador y la amistad
de esos hombres que hablan por teléfono
y envían largas cartas de felicitación.
Que beben lentamente whisky sobre las rocas
y charlan de política y de literatura.

Amigas...hmmm... a veces, raras veces
y en muy pequeñas dosis.
En general, rehuyo° los espejos.
Me dirían lo de siempre: que me visto muy mal
y que hago el ridículo
cuando pretendo coquetear con alguien.

Soy madre de Gabriel: ya usted sabe, ese niño
que un día se erigirá en° juez inapelable°
y que acaso, además, ejerza° de verdugo°.
Mientras tanto lo amo.

Escribo. Este poema. Y otros. Y otros.
Hablo desde una cátedra°.
Colaboro en revistas de mi especialidad
y un día a la semana publico en un periódico.

Vivo enfrente del Bosque. Pero casi
nunca vuelvo los ojos para mirarlo. Y nunca
atravieso° la calle que me separa de él
y paseo y respiro y acaricio
la corteza rugosa° de los árboles.

Sé que es obligatorio escuchar música
pero la eludo° con frecuencia. Sé
que es bueno ver pintura
pero no voy jamás a las exposiciones
ni al estreno teatral ni al cine-club.

Prefiero estar aquí, como ahora, leyendo
y, si apago la luz, pensando un rato
en musarañas° y otros menesteres°.

Sufro más bien por hábito, por herencia, por no
diferenciarme más de mis congéneres°
que por causas concretas.

Sería feliz si yo supiera cómo.
Es decir, si me hubieran enseñado los gestos,
los parlamentos°, las decoraciones.

En cambio me enseñaron a llorar. Pero el llanto
es en mí un mecanismo descompuesto
y no lloro en la cámara mortuoria
ni en la ocasión sublime ni frente a la catástrofe.

Lloro cuando se quema el arroz o cuando pierdo
el último recibo del impuesto predial°.

tratamiento *title* **astros** *stars* **encanece** *gets whiter* **me exime de** *exempts me from* **rehuyo** *I shun; I avoid* **se erigirá en** *will become* **inapelable** *unappealable* **ejerza** *practice* **verdugo** *executioner* **cátedra** *university chair* **atravieso** *I cross* **corteza rugosa** *rough bark* **eludo** *avoid* **musarañas** *pensar en musarañas: to daydream* **menesteres** *occupations* **mis congéneres** *my kind* **parlamentos** *words* **impuesto predial** *property tax*

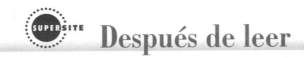

Después de leer

1 **Comprensión** Indica si las oraciones son **ciertas** o **falsas**. Corrige las falsas.

1. La protagonista piensa que es una mujer bella.
2. Según ella, una mujer mediocre no tiene enemigos pero tampoco amigos.
3. La protagonista parece no tener interés en tener muchas amigas.
4. Ella ama a su hijo aunque él la juzga (*he judges her*).
5. La protagonista es poetisa, profesora y periodista.
6. No va muy frecuentemente al cine, al teatro o a exposiciones.
7. La protagonista sufre por motivos específicos.
8. Llora por cosas no muy importantes.

2 **Interpretación** Contesta las preguntas con oraciones completas.

1. ¿En qué versos del poema la protagonista habla acerca de su trabajo?
2. En algunos aspectos, la protagonista del poema se considera diferente a la mayoría de las personas. Busca dos ejemplos.
3. ¿Qué cosas hacen feliz a la protagonista? Nombra al menos una. ¿Por qué sufre la protagonista?
4. ¿Es importante para la protagonista comportarse como el resto de las personas? Da dos ejemplos.
5. ¿Cómo es el tono general del poema? ¿Un poco triste y melancólico o alegre y optimista? Da ejemplos para respaldar tu opinión.

3 **Análisis** En parejas, contesten las preguntas.

1. ¿Creen que la voz narrativa es cercana a la voz de la propia autora? ¿Por qué?
2. Repasen las características de la poesía conversacional y busquen ejemplos de cada una en el poema.
3. ¿A quién le habla la voz narrativa en este monólogo?
4. ¿Con qué detalles del poema se sienten más identificados? ¿Por qué?

4 **Ampliación** En parejas, analicen estos versos en el contexto del poema y expliquen qué quiere resaltar la poetisa en cada caso.

1. "Vivo enfrente del Bosque. Pero casi nunca vuelvo los ojos para mirarlo."
2. "(En realidad, mi pelo encanece, encanece.)"
3. "Sería feliz si yo supiera cómo."
4. "Mientras tanto lo amo."
5. "En general, rehuyo los espejos."

5 **Mi autorretrato** Escribe tu propio autorretrato en forma de poesía coloquial. Puedes escribir acerca de ti mismo o puedes crear una voz poética ficticia. Puedes referirte a los mismos temas elegidos por Rosario Castellanos en *Autorretrato* o puedes escribir sobre cualquier otro tema cotidiano que te interese.

Taller de escritura

Preparación: La oración tema

El cuerpo del ensayo se organiza en varios párrafos en los que se presentan los argumentos para defender la tesis planteada en la introducción. Cada uno de estos párrafos cuenta con una "oración tema" (*topic sentence*).

- Esta oración establece y resume la idea principal del párrafo.
- Es útil para el lector porque le da una idea clara sobre el contenido del párrafo.
- Es útil para el escritor porque delimita (*specifies*) la información que debe incluirse.

Práctica En parejas, lean este párrafo al cual le falta una oración tema. Luego lean las dos opciones de oraciones tema y decidan cuál es la mejor y por qué.

> En la segunda estrofa, el poeta describe las condiciones de vida del protagonista, dándole énfasis a la mala higiene debida a la falta de agua y recursos. En la tercera estrofa, cuenta cómo el hijo del protagonista se cortó con una tijera (*scissors*) que se había usado para cortar unos cueros de oveja. El protagonista no tenía agua ni alcohol para limpiar la tijera; y esto casi le cuesta la vida al niño.

Oraciones tema:

a. En primer lugar, el poema ofrece ejemplos claros del punto de vista del poeta sobre la relación entre pobreza y salud.

b. El autor cita los comentarios de varios expertos sobre la pobreza y la salud para respaldar su argumento central.

Ensayo Elige uno de estos temas y escribe un ensayo.

Requisitos

- Tu ensayo debe hacer referencia a por lo menos dos obras de las cuatro estudiadas en esta lección (cultura, cortometraje, dos obras literarias) o, en el caso del tercer tema, una de las obras puede ser de una lección anterior.
- Debes incluir al menos tres párrafos para defender tu tesis y cada párrafo debe tener una oración tema.
- Tu ensayo debe ser de por lo menos dos páginas.

- ¿Existen puntos de contacto entre la voz poética de *Autorretrato,* la protagonista del cuento de Ángeles Mastretta y las dos mujeres del cortometraje? ¿Qué las motiva? ¿Qué las hace diferentes?
- Teniendo en cuenta las ideas sobre el cuidado de la salud presentadas en el artículo cultural y en el cuento de Ángeles Mastretta, ¿crees que la medicina científica y las creencias tradicionales son incompatibles?
- En varias obras de esta lección, al igual que en obras de lecciones anteriores, los protagonistas toman decisiones que afectan o pueden afectar su bienestar. ¿Tienen estos personajes control real sobre su bienestar o es sólo una ilusión?

Abriendo ventanas

SUPERSITE

Los alimentos y sus propiedades

Presentación Trabajen en grupos de tres o cuatro.

A. **Frutas y verduras del continente americano** La cocina tradicional de cualquier país siempre incluye frutas y verduras autóctonas (*native*). En los últimos 500 años, muchas frutas y verduras del continente americano han atravesado las fronteras y ahora son populares también en otros países.

¿Conocen las frutas y verduras del recuadro? ¿Las probaron alguna vez? ¿En qué platos?

augacate o palta	guanábana	papa o patata
batata, boniato o camote	guayaba	papaya
cacao	maíz o choclo	quinoa
chile	maní o cacahuete	tomate
girasol	nopal o tuna	yuca o mandioca

Cacao

Chiles

B. Averigüen de qué lugar del continente americano son originarias al menos cinco de las frutas y verduras de la lista. Pueden elegir también otras frutas y verduras del continente americano que conozcan. Deben incluir al menos dos que no conocen ni han probado. Investiguen también las propiedades naturales de cada una y sus usos medicinales. Por último, busquen una receta o un uso tradicional de cada una.

MODELO No se sabe exactamente de qué lugar del Continente americano proviene el maíz, pero sí se sabe que los indígenas de América Central y México lo difundieron por todo el continente. Es muy rico en vitaminas del grupo B, necesarias para...

C. Preparen una presentación sobre una de las frutas o verduras de la parte **B**. Pongan énfasis en las propiedades naturales y los usos medicinales.

Elección del tema

Relean las notas que tomaron en la parte **B**. ¿Cuál de las frutas y verduras les llamó más la atención por sus propiedades y usos? ¿Por qué? ¿Sobre cuál tienen más información?

Preparación

Una vez elegido el tema, amplíen la investigación en Internet o en la biblioteca. También pueden entrevistar a hispanohablantes para investigar los usos medicinales populares.

Investiguen:
- el origen del alimento
- las propiedades naturales y nutricionales (vitaminas, minerales, etc.)
- los beneficios para la salud
- los usos medicinales específicos
- otros datos que les resulten interesantes

Busquen además una receta sencilla para compartir con la clase (puede ser la receta de la parte **B**).

Organización

Organicen la información recogida (*collected*) en un esquema (*outline*). Preparen copias de la receta para repartir en la clase. La presentación deberá durar unos diez minutos. Decidan qué parte(s) presentará cada uno/a. Recuerden que todos los integrantes del grupo deben participar.

Estrategia de comunicación

Cómo dar instrucciones:
Existen varias formas de dar instrucciones. Al escribir una lista de instrucciones, es mejor usar el mismo estilo en cada elemento de la lista.
- **Infinitivo:** Primero, **hervir** las patatas y dejarlas enfriar.
- **Mandatos:** Luego, **mezcla/mezclen** el maíz con...
- **Subjuntivo:** Es importante que el maíz **esté** bien cocinado porque...

Presentación

Usen el esquema como guía para hacer la presentación, pero recuerden que deben hablar a la clase y no leer una presentación escrita. Después de la presentación, contesten las preguntas de sus compañeros/as.

SUPERSITE

Tertulia

La felicidad

1 5 min. La clase se divide en cuatro grupos; cada uno tiene que pensar y anotar sus ideas sobre una de estas opiniones sobre la felicidad.

¿Qué es para ustedes la felicidad?	
Mercedes **85 años** La felicidad es mirar hacia atrás y darme cuenta de que no siento reproches, y mirar hacia adelante y ver que mis nietos crecen sanos y felices. La felicidad no está en lo material.	*Marcela* **30 años** Para mí, es sentir que estoy siguiendo lo que mi corazón dicta, sin ahogarme en un vaso de agua cuando las cosas no salen como yo quiero. Ser feliz no significa hacer siempre lo que quiero.
Juan Pedro **45 años** La felicidad es poder disfrutar de cada momento sabiendo que gozo de buena salud y que tengo los medios suficientes para que a mi familia no le falte nada.	*Joaquín* **60 años** No existe la felicidad completa. Lo que la gente llama felicidad no es más que el esfuerzo por evitar el sufrimiento. Lo que importa es tener nuestras necesidades materiales satisfechas y no sufrir mucho.

2 10 min. Cada grupo tiene que preparar una breve presentación sobre la opinión elegida. ¿Creen que la opinión de la persona está relacionada con la edad y el sexo? ¿Por qué? Si todos no opinan lo mismo, pueden mencionar que dentro del grupo hay distintas opiniones.

3 25 min. Los diferentes grupos presentan sus ideas a la clase, mientras todos toman nota.

4 10 min. Cuando todos los grupos hayan terminado de presentar sus ideas, toda la clase participa haciendo preguntas, expresando sus opiniones o defendiendo sus puntos de vista.

Los viajes

5

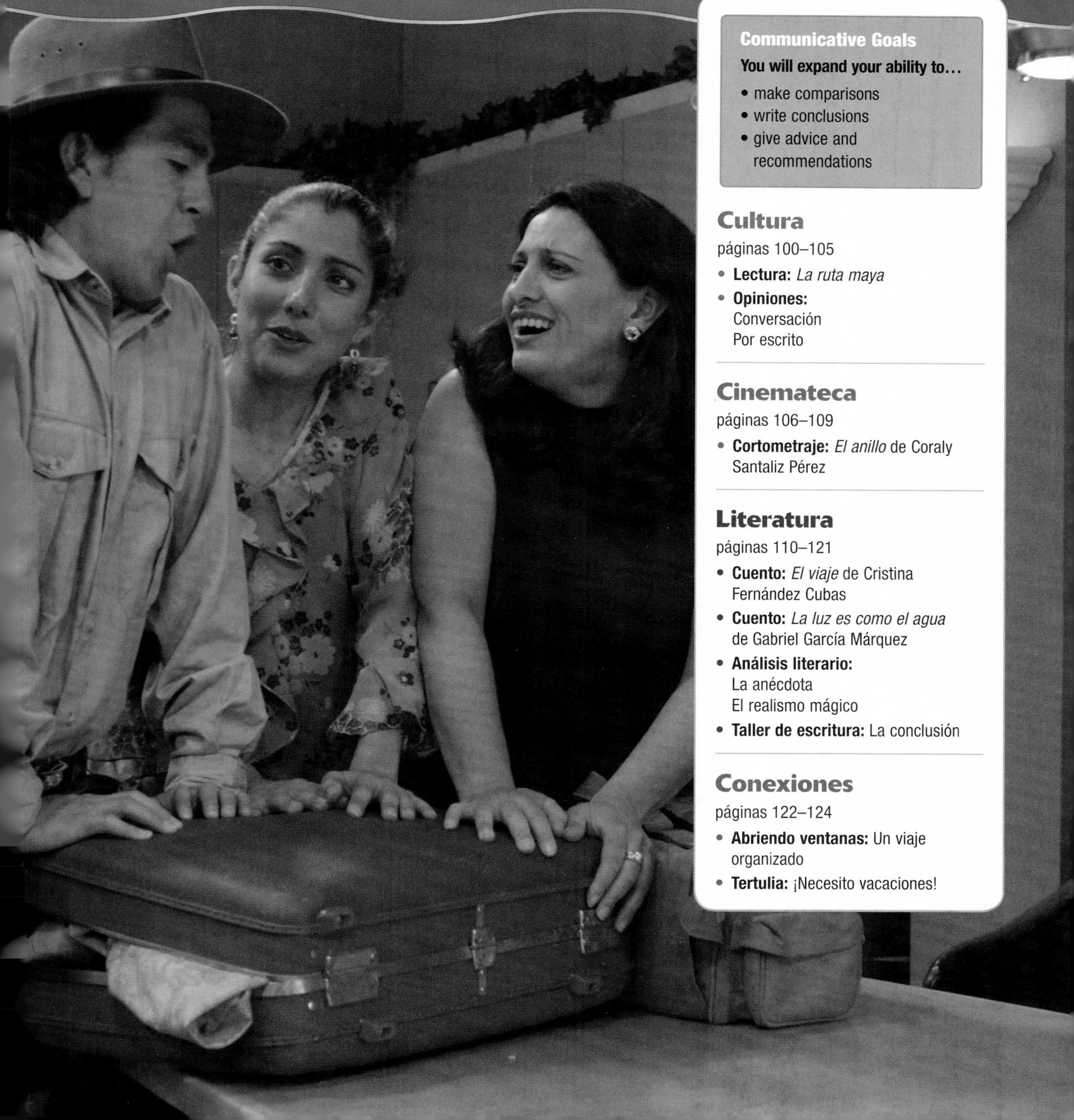

Communicative Goals

You will expand your ability to...

- make comparisons
- write conclusions
- give advice and recommendations

Cultura

páginas 100–105

- **Lectura:** *La ruta maya*
- **Opiniones:**
  Conversación
  Por escrito

Cinemateca

páginas 106–109

- **Cortometraje:** *El anillo* de Coraly Santaliz Pérez

Literatura

páginas 110–121

- **Cuento:** *El viaje* de Cristina Fernández Cubas
- **Cuento:** *La luz es como el agua* de Gabriel García Márquez
- **Análisis literario:**
  La anécdota
  El realismo mágico
- **Taller de escritura:** La conclusión

Conexiones

páginas 122–124

- **Abriendo ventanas:** Un viaje organizado
- **Tertulia:** ¡Necesito vacaciones!

Etatis XX (Hecho a los 20 años), 1996.
Jacqueline Brito Jorge, Cuba.

"El hombre inteligente viaja para enriquecer después su vida en los días sedentarios."

— Enrique Larreta.

SUPERSITE

Antes de leer

Vocabulario

el apogeo *height; highest level*	**el mito** *myth*
el artefacto *artifact*	**la pared** *wall*
el campo *ball field*	**la piedra** *stone*
el/la dios(a) *god/goddess*	**la pirámide** *pyramid*
el juego de pelota *ball game*	**la ruta maya** *the Mayan Trail*
la leyenda *legend*	

Tikal Completa las oraciones.

1. Tikal, antiguamente una gran ciudad, es ahora una impresionante colección de ruinas que se encuentra en la ________ de Guatemala.
2. Hay seis ________ en el centro de la ciudad. Son los edificios más grandes de Tikal.
3. En la misma zona hay varios ________ donde se jugaba al ________.
4. Durante sus excavaciones, los arqueólogos han encontrado ________ fascinantes y también esculturas y monumentos de ________.

Conexión personal ¿Cuál es la ruta más interesante que has recorrido? ¿Fue un viaje organizado o lo planeaste por tu cuenta?

Contexto cultural

Campo de pelota en Chichén Itzá

En la cultura maya, el deporte era a veces cuestión de vida y muerte. El juego de pelota se jugó durante más de 3.000 años en un campo entre muros (*walls*) con una pelota de goma (*rubber*) dura y mucha protección para el cuerpo de los jugadores. Era un juego muy violento y acababa a veces con un sacrificio ritual, posiblemente la decapitación (*beheading*) de algunos de los jugadores. Cuenta la leyenda que los hermanos gemelos (*twins*) Ixbalanqué y Hunahpú eran tan aficionados al juego que enojaron a los dioses de la muerte, los señores de Xibalbá, con el ruido (*noise*) que hacían con las pelotas. Los señores de Xibalbá controlaban un mundo subterráneo, al que se llegaba por una cueva (*cave*). Todo individuo que entraba en Xibalbá pasaba por una serie de pruebas y trampas (*traps*) peligrosas como cruzar (*cross*) un río de escorpiones, entrar en una casa llena de cuchillos en movimiento y participar en un juego mortal de pelota. Los gemelos usaron su habilidad atlética, su inteligencia y la magia para vencer (*defeat*) a los dioses y transformarse en el sol y la luna. Por eso, entre los mayas el juego era una competencia entre fuerzas enemigas como el bien y el mal o la luz y la oscuridad.

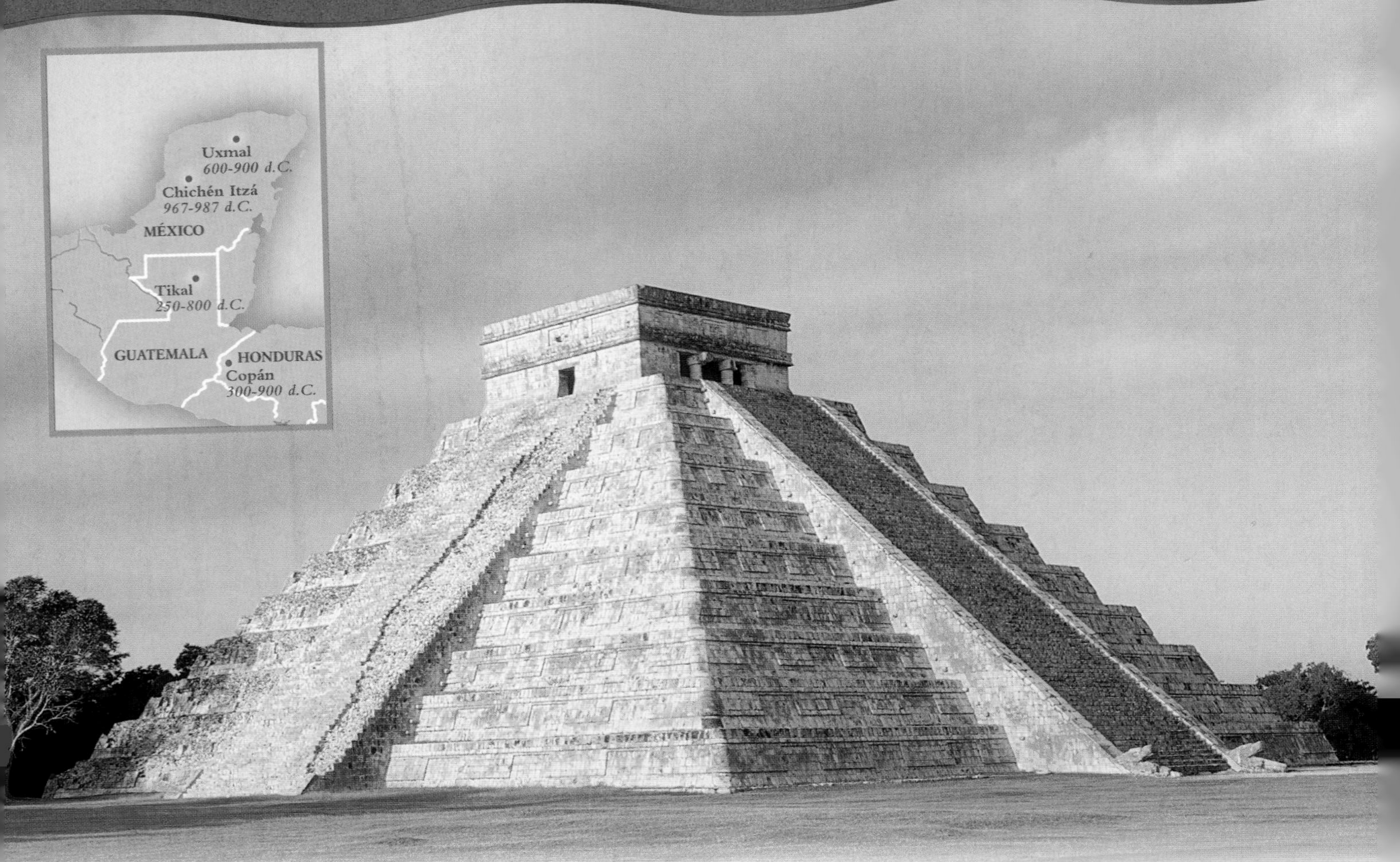

La ruta maya

Los mayas, investigadores de ciencias y matemáticas y destacados° arquitectos de espacios monumentales, han dejado evidencia de un mundo ilustre e intelectual que todavía brilla hoy día. En su momento de mayor extensión, el territorio maya incluía partes de lo que ahora es México, Guatemala, Belice, El Salvador y Honduras. Una imaginaria ruta maya une estos lugares dispersos, atravesando° siglos y países, y revela restos de una gran civilización. La ruta pasa por selva y ciudad, por vegetación exuberante y por

destacados° outstanding
atravesando° crossing

ruinas que resisten y también muestran el paso del tiempo. El viajero puede elegir entre múltiples lugares y numerosos caminos. Sin embargo, hay un itinerario particular que conecta la arquitectura, la cultura y el deporte a través del tiempo y el espacio: la ruta de los campos de pelota. Debido al° enorme valor cultural del juego, se construyeron canchas en casi todas las ciudades importantes, incluyendo las espléndidas construcciones de Copán y Chichén Itzá. La ruta, que pasa por algunos de los 700 campos de pelota, desentierra° maravillas arqueológicas.

En la densa selva en el oeste de Honduras, cerca de la frontera con Guatemala, surge° Copán, donde gobernaron varias dinastías de reyes. Entre las ruinas permanece° un elegantísimo campo de pelota, una cancha que tenía hasta vestuarios° para los jugadores. Grandes paredes, adornadas de esculturas de loros°, rodean° el campo más artístico de Mesoamérica. En Copán vivía una élite de artesanos y nobles que esculpían° y escribían en piedra. Por eso, se concentran en Copán la mayor cantidad de esculturas° y estelas —monumentos de figuras y lápidas° con jeroglíficos— de la ruta maya. En las famosas escalinatas° de la ciudad se pueden examinar jeroglíficos que contienen todo un árbol genealógico y que cuentan la historia de los reyes de Copán. Estas inscripciones forman el texto maya más largo que se preserva hoy día.

Due to · unearths · rises · remains · dressing rooms · parrots/ surround · sculpted · sculptures · stone tables · stairways

Mesoamérica

La región de Mesoamérica empieza en el centro de México y llega hasta la frontera entre Nicaragua y Costa Rica. Aquí vivían sociedades agrarias conocidas por sus avances en la arquitectura, el arte y la tecnología en los 3.000 años anteriores a la llegada de Cristóbal Colón al continente americano. Entre las culturas de Mesoamérica se incluyen la maya, azteca, olmeca y tolteca. Los mayas tomaron la escritura y el calendario mesoamericanos y los desarrollaron hasta su mayor grado de sofisticación.

Chichén Itzá

El más impresionante de los campos de pelota se encuentra en Chichén Itzá en Yucatán, México. En su período de esplendor, Chichén Itzá era el centro de poder de Mesoamérica. Actualmente es uno de los sitios arqueológicos más importantes del mundo. La gran pirámide, conocida con el nombre *El Castillo*, era un rascacielos° en su época°. Con escaleras que suben a la cumbre° por los cuatro lados, El Castillo sirvió de templo del dios Kukulcán. Hay varias canchas de pelota en Chichén Itzá, pero la más grandiosa y espectacular se llama el Gran Juego de Pelota. A pesar de medir° 166 por 68 metros (181 por 74 yardas), la acústica es tan magnífica que sirve de modelo para teatros: un susurro° se puede oír de un extremo al otro. Mientras competían, los jugadores sentían la presión de las esculturas que adornaban las paredes, las cuales muestran a unos jugadores decapitando a otros. El peligro era un recordatorio° de que el juego era también una ceremonia solemne y el campo, un templo.

Esta ruta maya continúa por campos como el de Uxmal en Yucatán, México, donde se pueden apreciar grandes logros° arquitectónicos. En todos ellos, se oyen las voces lejanas° de la civilización maya, ecos que nos hacen viajar por el tiempo y despiertan la imaginación. ■

skyscraper · age · peak · measuring · whisper · reminder · achievements · far-away voices

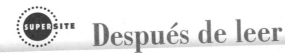

Después de leer

La ruta maya

1 Comprensión Indica si las oraciones son **ciertas** o **falsas**. Corrige las falsas.

1. En su momento de mayor extensión, el territorio maya empezaba en lo que hoy se llama México y terminaba en lo que hoy se llama Guatemala.
2. Los mayas construyeron muy pocas canchas de pelota.
3. En Copán vivía una élite de artesanos y nobles que escribían en piedra.
4. Los jeroglíficos de Copán cuentan la leyenda de los gemelos Ixbalanqué y Hunahpú.
5. Chichén Itzá fue el centro de poder de Mesoamérica.
6. El Castillo es la cancha de pelota más grande.

2 Preguntas Contesta las preguntas con oraciones completas.

1. ¿Qué significado tenía el juego de pelota en la cultura maya?
2. ¿Cuáles eran algunos de los peligros del juego?
3. ¿Qué tienen de extraordinario las ruinas de Copán?
4. ¿Qué detalles indican que Chichén Itzá había sido una ciudad importantísima?
5. ¿Cuál es un ejemplo de la importancia de los dioses para los mayas?

3 Itinerarios En grupos, preparen el itinerario para un recorrido por una de estas rutas. Luego compartan el itinerario con el resto de la clase.

- la ruta de los campos de béisbol
- Norteamérica de punta a punta
- el camino de las estrellas de Hollywood

4 Leyendas Relee el **Contexto cultural** en la página 101. Imagina que los gemelos de la leyenda maya, Ixbalanqué y Hunahpú, vuelven al mundo subterráneo de los señores de Xibalbá. Los dioses de la muerte quieren que los hermanos pasen por una serie de pruebas y trampas. Inventa un capítulo de su historia en tres párrafos.

MODELO Una madrugada de un día frío y oscuro, los hermanos Ixbalanqué y Hunahpú decidieron volver a desafiar a los señores de Xibalbá...

SUPERSITE

Opiniones

1 Conversación En parejas, contesten estas preguntas.

1. ¿Cuáles son las ventajas y las desventajas de los viajes organizados?
2. ¿Cuáles son las ventajas y las desventajas de planificar un viaje tú mismo/a?
3. ¿Qué precauciones deben tomar los viajeros? ¿Por qué?
4. ¿Qué opinas del turismo ecológico o de los viajes que incluyen tareas de servicio comunitario o voluntariado (*volunteering*)? ¿Son una manera válida de ayudar?
5. ¿El turismo ayuda o perjudica (*hurts*) a los países en desarrollo? ¿Por qué?
6. ¿Se aprende más sobre culturas extranjeras viajando o estudiando? ¿Por qué?

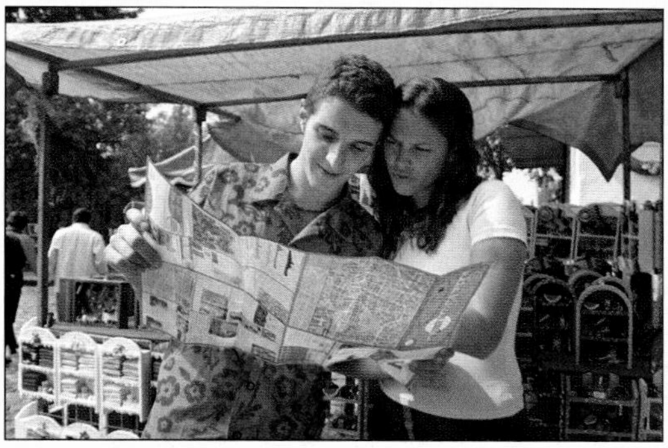

Estrategia de comunicación

Al discutir un tema, puedes diversificar el vocabulario y recurrir a sinónimos y antónimos de palabras comunes. También puedes recurrir a palabras derivadas o relacionadas. En este ejemplo, se expresan de manera diferente ideas similares o relacionadas:

Viajar en grupo ofrece muchos beneficios.
Viajar en grupo tiene muchas ventajas.
Los viajes grupales no tienen los inconvenientes que surgen al viajar solo.

Haz una lista de sinónimos, antónimos y palabras relacionadas con estos términos:
ventaja / precaución / sugerencia / ayudar / viajar

2 Por escrito Elige uno de estos temas y escribe una composición de una página.

- Tu clase de español está planificando un crucero. Tú piensas que, en lugar de un crucero, deberían organizar un viaje educativo. Escribe una carta al profesor sugiriendo un viaje alternativo y explicando por qué tu sugerencia es mejor que un crucero.
- Estás organizando un viaje de una semana a Latinoamérica con un grupo de amigos. Las dos opciones son: a) recorrer las ruinas mayas y b) ayudar a reconstruir viviendas dañadas por un huracán. Escribe un mensaje de correo electrónico a tus amigos en el que explicas cuál prefieres tú y por qué.

El Anillo
Premio al mejor guión en First Short Film Competition, patrocinado por The Film Foundation, Inc.
Producción Ejecutiva LUIS J. CRUZ ESPINETA "THE FILM FOUNDATION, INC."
Guión, Edición y Dirección CORALY SANTALIZ PÉREZ Producción CORALY SANTALIZ PÉREZ / JAN G. SANTIAGO ECHANDI
Dirección de Fotografía CARLOS J. ZAYAS PLAZA Música WALTER MORCIGLIO
Diseño de Sonido WALTER SANTALIZ Actores GERARDO ORTIZ / ANNETTE SANTALIZ / JOSÉ JORGE MEDINA /
SASHA BETANCOURT / ANDRÉS SANTIAGO / VIVIANA FUSARO / ELIA ENID CADILLA

Antes de ver el corto

EL ANILLO

país Puerto Rico
duración 8 minutos
director Coraly Santaliz Pérez

protagonistas la prometida, Arnaldo (su novio), el vagabundo, el dueño del restaurante, el empleado del restaurante, la novia del empleado, la anfitriona, la senadora

Vocabulario

el anillo *ring*
el azar *chance*
botar *to throw... out*
botarse *(P. Rico; Cuba) to outdo oneself*
la casualidad *chance; coincidence*
el diamante *diamond*
echar *to throw away*
enganchar *to get caught*
la manga *sleeve*
la sortija *ring*
el tapón *traffic jam*
tirar *to throw*

1 Definiciones Conecta cada oración con la palabra correspondiente.

___ 1. Forma parte de una camisa.
___ 2. Sucede cuando hay mucho tráfico o cuando hay un accidente.
___ 3. Es un sinónimo de *anillo*.
___ 4. Es un conjunto de acontecimientos que ocurren por casualidad.
___ 5. Puede pasar esto si andas en bicicleta con pantalones muy anchos (*wide*).

a. azar
b. enganchar
c. diamante
d. manga
e. tapón
f. sortija
g. tirar

2 Preguntas En parejas, contesten las preguntas.

1. ¿Alguna vez perdiste algo de mucho valor? ¿Lo encontraste?
2. ¿Encontraste algo valioso en alguna ocasión? ¿Qué hiciste?
3. ¿Pierdes cosas a menudo?
4. Imagina que encuentras tirado un anillo de diamantes. ¿Qué haces?

3 Un anillo En parejas, miren la fotografía del cortometraje e imaginen lo que va a ocurrir en la historia. Compartan sus ideas con la clase.

SUPERSITE Watch the short film at **ventanas.vhlcentral.com.**

Escenas

ARGUMENTO Una prometida (*fiancée*) pierde su anillo de compromiso que va pasando de persona a persona por azar.

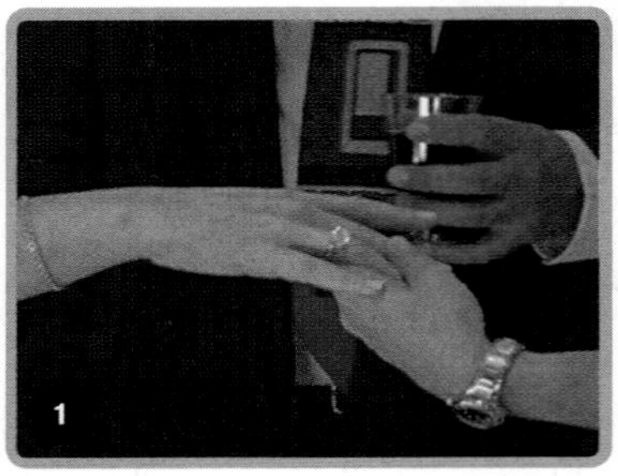

INVITADA Nena, ¡qué bello ese anillo! Arnaldo se botó.
PROMETIDA Sí, lo sé. Permiso. Voy al baño.
(La prometida olvida el anillo que termina por azar en manos de un vagabundo.)

DUEÑO ¿Cuántas veces te tengo que botar? ¿Eh?
VAGABUNDO Quiero algo de comer. Además me encontré una sortija de diamantes. Deja que la veas. Pero si estaba aquí. Pero, ¡te lo juro que estaba aquí!

(El vagabundo pierde el anillo. Lo encuentra el empleado del restaurante, que se lo lleva a su casa. Su novia cree que le está pidiendo matrimonio.)

NOVIA ¡No lo puedo creer, mi amor! ¡Te botaste! Sí, sí. ¡Me caso contigo! Tengo que llamar a mami.

EMPLEADO Yo no la compré. No, no. Yo estaba limpiando en el restaurante y me la encontré, ¿sabes? Esto nos resuelve porque vale, ¡vale pesos! La podemos vender.

NOVIA ¿Eso es todo lo que a ti te importa?
EMPLEADO Pero mi amor, no te pongas así, chica. ¿Qué tú estás haciendo? ¡No! ¿Qué tú haces?

(La senadora llega a una fiesta con el anillo enganchado en el bolso.)

ANFITRIONA ¡Senadora!
SENADORA Buenas noches.
ANFITRIONA ¡Al fin llegó!
SENADORA Es que había un tapón terrible.

Después de ver el corto

1 Comprensión Contesta las preguntas con oraciones completas.

1. ¿Quién compró el anillo y para quién?
2. ¿Cómo llega el anillo por primera vez a la calle?
3. ¿Adónde va el vagabundo cuando encuentra el anillo?
4. ¿Quién encuentra el anillo cuando lo pierde el vagabundo?
5. ¿Qué piensa la novia del empleado del restaurante al ver el anillo?
6. ¿Qué quiere hacer el empleado con el anillo?
7. ¿Qué hace la novia al ver que no era un anillo comprado para ella?
8. ¿Dónde cae el anillo esta vez?
9. ¿Adónde va la senadora?
10. ¿Dónde encuentra la prometida su anillo?

2 Ampliación Contesta las preguntas con oraciones completas.

1. En tu opinión, ¿cómo es la prometida? ¿Por qué?
2. ¿Por qué crees que el dueño del restaurante no deja entrar al vagabundo?
3. ¿Crees que había un tapón de tráfico o que la senadora llegó tarde a propósito?
4. Imagina que la prometida vuelve a dejar el anillo en el cuarto de baño. ¿Qué sucede esta vez?
5. ¿Crees en las casualidades? ¿Por qué?

3 Cita En parejas, lean la cita que aparece al principio del corto. ¿Están de acuerdo con lo que dice? ¿Por qué? Den ejemplos de situaciones que respalden su punto de vista.

> "Si el mundo fuese verdaderamente gobernado por el azar, no habría tantas injusticias. Porque el azar es justo."
>
> — Fernando Galiano

4 Me encontré un anillo En parejas, imaginen que uno de estos dos personajes se queda con (*keeps*) el anillo. Imaginen cómo cambia la vida del personaje durante los próximos seis meses. Luego compartan la historia con la clase.

VAGABUNDO

EMPLEADO DEL RESTAURANTE

Paisaje Marino, 1983.
Armando Morales, Nicaragua.

"Viajar es pasear un sueño."

— Anónimo

Antes de leer

El viaje

Sobre la autora

Cristina Fernández Cubas nació en Barcelona en 1945. Desde la publicación de su primer libro de cuentos, *Mi hermana Alba,* en 1980, Fernández Cubas se ha convertido en una escritora de culto. Periodista de profesión, ha escrito cuentos, novelas, ensayos y una obra de teatro. Fernández Cubas define al cuento, su género favorito, como "algo misterioso y tiránico, que va siempre más allá de la extensión que tiene". Siempre se ha considerado a sí misma una escritora que está fuera del mundo editorial y que prefiere elegir con libertad qué escribir y cuándo hacerlo. El cuento *El viaje* fue publicado en la antología *Dos veces cuento* (1998).

Vocabulario

alcanzar *to reach; to achieve; to succeed in*
la abadesa *abbess*
el barrio *neighborhood*
dar a *to face*
el marco *frame*
la regla *rule*
sonar *to ring*
el timbre *doorbell*

Vocabulario Completa las oraciones.

Después de muchos años, volví al (1) ________ donde me crié (*grew up*). Desde mi casa, que antes (2) ________ a los jardines de un convento, ya no (3) ________ a ver el convento: habían construido un edificio muy alto. Luego me contó mi madre que la (4) ________ había muerto hace ya varios años. Aunque no tenía mucho tiempo, decidí visitar el convento, tal como lo hacía (*just as I did*) todas las semanas cuando era niña. Caminé hasta el viejo edificio de ladrillo (*brick*), toqué el (5) ________ que estaba en el (6) ________ de la puerta, y escuché una voz (*voice*) que dijo "Ya voy; ya voy". Puedo jurar (*swear*), sin temor a equivocarme, que era la voz de la vieja abadesa.

Conexión personal

¿Cuál es el viaje más largo que has hecho? ¿Cuánto duró? ¿Por qué lo hiciste?

Análisis literario: La anécdota

Una anécdota es un relato breve que cuenta un hecho biográfico interesante. En este tipo de relato, los personajes y los lugares son reales. Las anécdotas suelen transmitirse en forma oral y suelen contarse para entretener a la audiencia. El único fin no es entretener: el narrador puede añadir comentarios y usar el relato como un medio para transmitir una idea o mensaje que va más allá del evento relatado. Esto no convierte a la anécdota en una metáfora ni le añade una moraleja (*moral*); la anécdota sigue siendo, en esencia, un relato que ilustra un evento en la vida de una persona. Algunos escritores eligen la anécdota como formato para sus cuentos. A medida que lees *El viaje,* presta atención a los elementos utilizados por la autora para convertir el cuento en una anécdota. ¿Tiene el relato un significado más profundo o es una simple anécdota?

El viaje

Cristina Fernández Cubas

Un día la madre de una amiga me contó una curiosa anécdota. Estábamos en su casa, en el barrio antiguo de Palma de Mallorca, y desde el balcón interior, que daba a un pequeño jardín, se alcanzaba a ver la fachada° del vecino convento de clausura°. La madre de mi amiga solía visitar a la abadesa; le llevaba helados para la comunidad y conversaban durante horas a través de la celosía°. Estábamos ya en una época° en que las reglas de clausura eran menos estrictas de lo que fueron antaño°, y nada impedía a la abadesa que, si así lo hubiera deseado, interrumpiera en más de una ocasión su encierro° y saliera al mundo. Pero ella se negaba en redondo°. Llevaba casi treinta años entre aquellas cuatro paredes y las llamadas del exterior no le interesaban lo más mínimo. Por eso la señora de la casa creyó que estaba soñando cuando una mañana sonó el timbre y una silueta oscura se dibujó al trasluz° en el marco de la puerta. "Si no le importa", dijo la abadesa tras los saludos de rigor, "me gustaría ver el convento desde fuera". Y después, en el mismo balcón en el que fue narrada la historia se quedó unos minutos en silencio. "Es muy bonito", concluyó. Y, con la misma alegría con la que había llamado a la puerta, se despidió y regresó al convento. Creo que no ha vuelto a salir, pero eso ahora no importa. El viaje de la abadesa me sigue pareciendo, como entonces, uno de los viajes más largos de todos los viajes largos de los que tengo noticias. ■

façade/cloistered convent

lattice/age

years ago

confinement

absolutely refused

outlined in the shadow

SUPERSITE

Después de leer

El viaje

Cristina Fernández Cubas

1 Comprensión Contesta las preguntas.

1. ¿En qué ciudad española ocurre la anécdota?
2. ¿Quién le había contado la anécdota a la narradora?
3. ¿Qué se veía desde el balcón de la madre de su amiga?
4. ¿Cuántos años llevaba la abadesa sin salir del convento?
5. ¿Qué decidió hacer la abadesa una mañana?
6. ¿Qué es lo que quería ver la abadesa desde la casa de su amiga?
7. ¿Cómo reaccionó la abadesa al ver el convento? ¿Se entristeció?
8. ¿Qué hizo ella después de ver el convento desde el balcón?

2 Interpretar Responde a las preguntas.

1. Según la narradora, la abadesa no sentía ningún interés por salir al exterior. ¿Por qué crees que no le interesaba el mundo exterior?
2. ¿Por qué al final del cuento la narradora comenta que el viaje de la abadesa es uno de los viajes más largos de todos de los que ella ha tenido noticias?
3. ¿Por qué crees que a la narradora de este cuento le resulta curiosa esta anécdota?
4. ¿Crees que una persona puede viajar sin moverse de casa?

3 Análisis En parejas, contesten las preguntas.

1. La narradora no cuenta directamente la historia de la abadesa, sino que cuenta una historia que le contaron. ¿Por qué crees que la narradora elige contar la historia a través de otra persona en lugar de simplemente contar la historia de la abadesa?
2. Hacia el final del cuento, la narradora dice: "Creo que no ha vuelto a salir, pero eso ahora no importa". ¿Por qué no importa?
3. ¿Qué efecto tiene el uso de la anécdota como formato para contar la historia?
4. Piensa en este cuento y en viajes que has hecho o sobre los que te han contado. ¿Qué cosas hacen que un viaje sea importante o memorable?

4 La protagonista Imagina que eres la abadesa. Acabas de volver al convento después de tu viaje. Narra la historia del viaje en tu diario personal.

- ¿Por qué quisiste viajar?
- ¿Qué sentiste durante el viaje?
- ¿Por qué tardaste tantos años en hacer el viaje?
- ¿Qué sentiste al volver?

SUPERSITE

Antes de leer

La luz es como el agua

Sobre el autor

Nacido en 1928 en Aracataca, Colombia, **Gabriel García Márquez** fue criado por sus abuelos entre mitos, leyendas y libros fantásticos. Eso fue construyendo la base de su futura obra narrativa. Comenzó a estudiar derecho pero lo abandonó para dedicarse al periodismo. Como corresponsal en Italia, viajó por toda Europa. Vivió en diferentes lugares y escribió guiones (*scripts*) cinematográficos, cuentos y novelas. En 1967 publicó su novela más famosa, *Cien años de soledad*, cuya acción transcurre en el mítico pueblo de Macondo. En 1982 se le concedió el Premio Nobel de Literatura. De su libro *Doce cuentos peregrinos* (al que pertenece el cuento *La luz es como el agua*) dijo que surgió (*came about*) porque quería escribir "sobre las cosas extrañas que les suceden a los latinoamericanos en Europa".

Vocabulario

ahogado/a *drowned*	**el faro** *lighthouse; beacon*	**la popa** *stern*
la bahía *bay*	**flotar** *to float*	**la proa** *bow*
el bote *boat*	**el muelle** *pier*	**el remo** *oar*
la cascada *cascade; waterfall*	**la pesca** *fishing*	**el tiburón** *shark*

Palabras relacionadas Indica la palabra que no pertenece al grupo.

1.	2.	3.	4.	5.
bote	bote	pesca	popa	muelle
remo	servidumbre	muelle	penas	flotar
sótano	puerto	tiburones	cascada	zaguán
navegar	proa	agujas	bahía	ahogado

Conexión personal Cuando eras niño/a, ¿te gustaba soñar con viajes a lugares imposibles? ¿Sigues soñando o imaginando viajes a lugares fantásticos o imposibles?

Análisis literario: El realismo mágico

El realismo mágico es una síntesis entre el realismo y la literatura fantástica. Muchos escritores latinoamericanos, como Gabriel García Márquez y Carlos Fuentes, incorporan elementos fantásticos al mundo cotidiano de los personajes, que aceptan la magia y la fantasía como normales. En el realismo mágico, lo real se torna mágico, lo maravilloso es parte de lo cotidiano y no se cuestiona la lógica de lo fantástico. Uno de los precursores del género, Alejo Carpentier, explicó que "En América Latina, lo maravilloso se encuentra en vuelta de cada esquina, en el desorden, en lo pintoresco de nuestras ciudades, [...] en nuestra naturaleza y [...] también en nuestra historia". Presta atención a la representación de la realidad en el cuento.

Altamar, 2000.
Graciela Rodo Boulanger, Bolivia.

La luz es *como el agua*

Gabriel García Márquez

En Navidad los niños volvieron a pedir un bote de remos.

—De acuerdo —dijo el papá, lo compraremos cuando volvamos a Cartagena.

Totó, de nueve años, y Joel, de siete, estaban más decididos de lo que sus padres creían.

—No —dijeron a coro°—. Nos hace falta ahora y aquí.

—Para empezar —dijo la madre—, aquí no hay más aguas navegables que la que sale de la ducha°.

Tanto ella como el esposo tenían razón. En la casa de Cartagena de Indias había un patio con un muelle sobre la bahía, y un refugio para dos yates grandes. En cambio aquí en Madrid vivían apretados° en el piso quinto del número 47 del Paseo de la Castellana. Pero al final ni él ni ella pudieron negarse, porque les habían prometido un bote de remos con su sextante° y su brújula° si se ganaban el laurel del tercer año de primaria, y se lo habían ganado. Así que el papá compró todo sin decirle nada a su esposa, que era la más reacia° a pagar deudas° de juego. Era un precioso bote de aluminio con un hilo dorado° en la línea de flotación.

—El bote está en el garaje —reveló el papá en el almuerzo—. El problema es que no hay cómo subirlo ni por el ascensor ni por la escalera, y en el garaje no hay más espacio disponible.

Sin embargo, la tarde del sábado siguiente los niños invitaron a sus condiscípulos° para subir el bote por las escaleras, y lograron llevarlo hasta el cuarto de servicio°.

—Felicitaciones —les dijo el papá—, ¿ahora qué?

—Ahora nada —dijeron los niños—. Lo único que queríamos era tener el bote en el cuarto, y ya está.

La noche del miércoles, como todos los miércoles, los padres se fueron al cine. Los niños, dueños y señores de la casa, cerraron puertas y ventanas, y rompieron la bombilla encendida de una lámpara de la sala. Un chorro° de luz dorada y fresca como el agua empezó a salir de la bombilla° rota, y lo dejaron correr hasta que el nivel llegó a cuatro palmos. Entonces cortaron la corriente°, sacaron el bote, y navegaron a placer° por entre las islas de la casa.

Esta aventura fabulosa fue el resultado de una ligereza° mía cuando participaba en un seminario sobre la poesía de los utensilios domésticos. Totó me preguntó cómo era que la luz se encendía con sólo apretar° un botón, y yo no tuve el valor de pensarlo dos veces.

—La luz es como el agua —le contesté: uno abre el grifo°, y sale.

De modo que siguieron navegando los miércoles en la noche, aprendiendo el manejo del sextante y la brújula, hasta que los padres regresaban del cine y los encontraban dormidos como ángeles de tierra firme. Meses después, ansiosos de

- coro: in unison
- ducha: shower
- apretados: tight; cramped
- sextante/brújula: sextant/compass
- reacia/deudas: reluctant/debts
- hilo dorado: golden thread
- condiscípulos: schoolmates
- cuarto de servicio: spare room
- chorro: spurt
- bombilla: light bulb
- corriente: current
- a placer: at one's pleasure
- ligereza: lightness
- apretar: push
- grifo: faucet

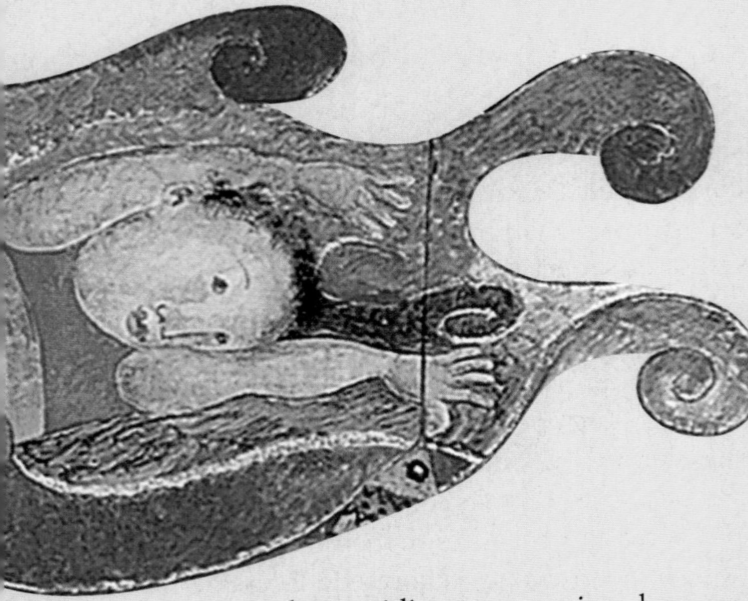

ir más lejos, pidieron un equipo de pesca submarina. Con todo: máscaras, aletas°, tanques y escopetas° de aire comprimido.

—Está mal que tengan en el cuarto de servicio un bote de remos que no les sirve para nada —dijo el padre—. Pero está peor que quieran tener además equipos de buceo.

—¿Y si nos ganamos la gardenia de oro° del primer semestre? —dijo Joel.

—No —dijo la madre, asustada—. Ya no más.

El padre le reprochó su intransigencia.

—Es que estos niños no se ganan ni un clavo° por cumplir con su deber —dijo ella—, pero por un capricho° son capaces de ganarse hasta la silla del maestro.

Los padres no dijeron al fin ni que sí ni que no. Pero Totó y Joel, que habían sido los últimos en los dos años anteriores, se ganaron en julio las dos gardenias de oro y el reconocimiento público del rector. Esa misma tarde, sin que hubieran vuelto a pedirlos, encontraron en el dormitorio los equipos de buzos en su empaque original. De modo que el miércoles siguiente, mientras los padres veían *El último tango en París,* llenaron el apartamento hasta la altura de dos brazas° bucearon como tiburones mansos° por debajo de los muebles y las camas, y rescataron del fondo° de la luz las cosas que durante años se habían perdido en la oscuridad.

flippers
shotguns
award to best student
nail
whim

En la premiación° final los hermanos fueron aclamados como ejemplo para la escuela, y les dieron diplomas de excelencia. Esta vez no tuvieron que pedir nada, porque los padres les preguntaron qué querían. Ellos fueron tan razonables, que sólo quisieron una fiesta en casa para agasajar° a los compañeros de curso.

El papá, a solas con su mujer, estaba radiante.

—Es una prueba de madurez —dijo.

—Dios te oiga —dijo la madre.

El miércoles siguiente, mientras los padres veían *La Batalla de Argel,* la gente que pasó por la Castellana vio una cascada de luz que caía de un viejo edificio escondido entre los árboles. Salía por los balcones, se derramaba° a raudales° por la fachada°, y se encauzó° por la gran avenida en un torrente dorado que iluminó la ciudad hasta el Guadarrama.

Llamados de urgencia, los bomberos forzaron la puerta del quinto piso, y

fathoms
tame
bottom
awards ceremony
to entertain
poured out /in abundance
facade/ channeled

encontraron la casa rebosada° de luz hasta el techo. El sofá y los sillones forrados° en piel de leopardo flotaban en la sala a distintos niveles, entre las botellas del bar y el piano de cola y su mantón de Manila que aleteaba° a media agua como una mantarraya de oro. Los utensilios domésticos, en la plenitud de su poesía, volaban con sus propias alas° por el cielo de la cocina. Los instrumentos de la banda de guerra, que los niños usaban para bailar, flotaban al garete° entre los peces de colores liberados de la pecera de mamá, que eran los únicos que flotaban vivos y felices en la vasta ciénaga° iluminada. En el cuarto de baño flotaban los cepillos de dientes de todos, los preservativos de papá, los pomos° de cremas y la dentadura de repuesto de mamá, y el televisor de la alcoba° principal flotaba de costado°, todavía encendido en el último episodio de la película de media noche prohibida para niños.

Al final del corredor, flotando entre dos aguas, Totó estaba sentado en la popa del bote, aferrado° a los remos y con la máscara puesta, buscando el faro del puerto hasta donde le alcanzó el aire de los tanques, y Joel flotaba en la proa buscando todavía la altura de la estrella polar con el sextante, y flotaban por toda la casa sus treinta y siete compañeros de clase, eternizados en el instante de hacer pipí° en la maceta° de geranios, de cantar el himno de la escuela con la letra cambiada por versos de burla contra el rector, de beberse a escondidas un vaso de brandy de la botella de papá. Pues habían abierto tantas luces al mismo tiempo que la casa se había rebosado, y todo el cuarto año elemental de la escuela de San Julián el Hospitalario se había ahogado en el piso quinto del número 47 del Paseo de la Castellana. En Madrid de España, una ciudad remota de veranos ardientes y vientos helados, sin mar ni río, y cuyos aborígenes° de tierra firme nunca fueron maestros en la ciencia de navegar en la luz. ■

overflowed
covered
fluttered
wings
adrift
marsh
flasks
bedroom/ sideways
clinging
to pee
flower pot
natives

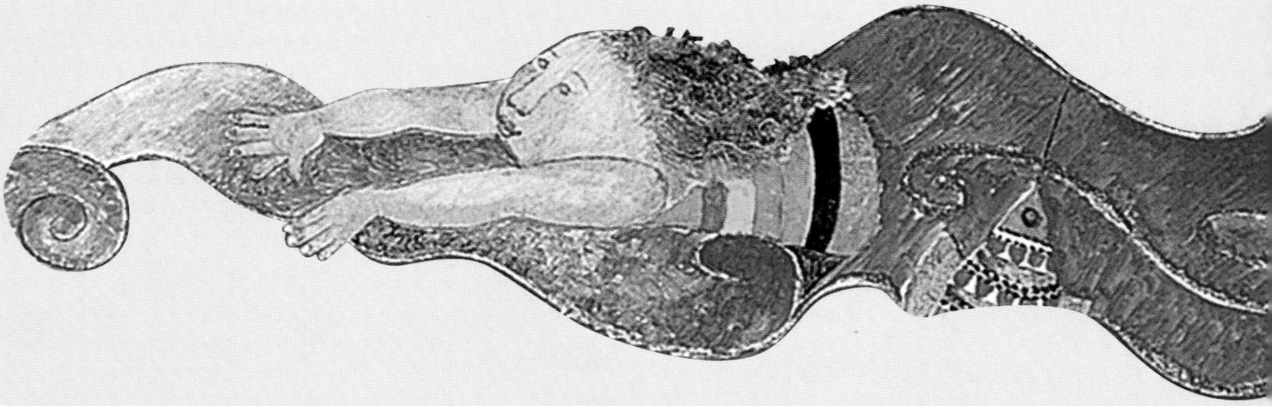

Después de leer

La luz es como el agua

Gabriel García Márquez

1 Comprensión Indica si las oraciones son **ciertas** o **falsas**. Corrige las falsas.

1. La acción transcurre en Cartagena.
2. Totó y Joel dicen que quieren el bote para pasear con sus compañeros en el río.
3. Los padres van todos los miércoles por la noche al cine.
4. Los niños inundan la casa con agua del grifo.
5. Los únicos que sobreviven a la inundación son los peces de colores.
6. El que le sugiere a Totó la idea de que la luz es como el agua es su papá.

2 Análisis En parejas, relean la definición de realismo mágico y luego respondan las preguntas.

1. Los niños navegan "entre las islas de la casa". ¿Qué son las islas del apartamento?
2. ¿Qué significa la frase "rescataron del fondo de la luz las cosas que durante años se habían perdido en la oscuridad"? En la realidad, ¿les parece que la luz tiene fondo? En este relato, ¿cuál es el fondo de la luz?
3. Repasa el significado de **símil (p. 87)**. ¿Se usan comparaciones en este relato? Escríbanlas y expliquen cómo proporcionan mayor expresividad.

3 Interpretación Responde las preguntas con oraciones completas.

1. ¿Por qué te parece que, teniendo una gran casa en Cartagena, viven en Madrid en un pequeño apartamento? ¿Cuáles crees que podrían ser las causas?
2. El narrador señala que toda la aventura de los niños es consecuencia de una "ligereza" suya, porque "no tuvo el valor de pensarlo dos veces". ¿Quién es el narrador? ¿Por qué te parece que dice eso?
3. ¿Crees que el narrador es culpable de lo que ocurre después?
4. Los niños aprovechan que sus padres no están para inundar el apartamento y guardan el secreto; sólo se lo cuentan a sus compañeros. ¿Por qué hacen eso? ¿Puedes establecer algún paralelo entre ir al cine y navegar con la luz?

4 Entrevista En grupos de cuatro, preparen una entrevista con el primer bombero que entró en el apartamento inundado. Uno/a de ustedes es el/la reportero/a y el resto son bomberos. Hablen sobre las causas y consecuencias del accidente y usen lenguaje objetivo y preciso. Luego representen la entrevista frente a la clase.

5 Bitácoras de viaje Utilizando el realismo mágico, describe en una bitácora de viaje (*travel log)* un día de un viaje especial. Describe adónde fuiste, qué hiciste, con quién fuiste y por qué fue especial. Describe elementos maravillosos de tu viaje y presenta detalles mágicos como si fueran normales.

SUPERSITE Taller de escritura

Preparación: La conclusión
La introducción, donde se presenta la tesis, y la conclusión suelen ser las dos partes del ensayo que más cuesta escribir. Sin embargo, son las que deben escribirse con mayor cuidado porque constituyen el marco del ensayo.

Una buena conclusión debe:
- volver a la tesis inicial y reforzarla
- sintetizar los puntos principales
- dejar una impresión final clara
- estar escrita en el mismo tono que el resto del ensayo

Una conclusión nunca debe:
- limitarse a repetir la tesis inicial
- introducir temas nuevos
- incluir argumentos adicionales
- introducir la tesis por primera vez

Una conclusión puede:
- plantear preguntas adicionales
- incluir una cita que sintetice las ideas del escritor

Práctica En parejas, relean las conclusiones de uno o dos ensayos que escribieron en las lecciones anteriores. ¿Son buenas conclusiones? Teniendo en cuenta las características de una buena conclusión, ¿qué cambios podrían hacer?

Ensayo Elige uno de estos temas y escribe un ensayo personal.

Requisitos

- Tu ensayo debe hacer referencia a por lo menos dos obras de las cuatro estudiadas en esta lección (cultura, cortometraje, dos obras literarias) o, en el caso del tercer tema, una de las obras puede ser de una lección anterior.
- Tu ensayo debe ser de por lo menos dos páginas.
- El final del ensayo debe cumplir con las características de una buena conclusión.

- Las obras de esta lección muestran distintos tipos de viajes: viajes internos, viajes a través del tiempo, viajes imaginarios, viajes breves, viajes no intencionales. Basándote en las obras estudiadas, ¿cómo definirías el concepto de viajar? ¿Cuáles son los elementos comunes de todo viaje?
- Piensa en las dos obras literarias de esta lección. ¿Cuántos viajes hay en cada una de las historias? ¿Cuáles son estos viajes? ¿En qué se parecen o en qué se diferencian?
- El tema de los viajes está presente —directa o indirectamente— en varios cortometrajes del libro de texto. ¿Se puede afirmar que, además de las personas, los objetos pueden ser protagonistas de estos viajes?

Abriendo ventanas

SUPERSITE

Un viaje organizado

Presentación Trabajen en grupos de cuatro o cinco.

A. Encuesta Para comenzar, cada uno/a deberá anotar en una hoja sus respuestas a esta encuesta. Al finalizar, cada grupo entregará a otro grupo las hojas con los resultados.

Cataratas del Iguazú; Argentina/Brasil

Islas Galápagos, Ecuador

San Juan, Puerto Rico

Barcelona, España

1. ¿Cuál de estos destinos de viaje prefieren?
   a. España b. Cono Sur (Argentina/Uruguay/Chile) c. Países andinos
   d. Caribe e. México y Centroamérica
2. ¿En qué época del año prefieren viajar?
   a. verano b. otoño c. invierno d. primavera
   e. cualquier época del año
3. ¿Cuánto tiempo quieren estar de viaje?
   a. un fin de semana largo b. diez días c. un mes d. dos meses
4. ¿Qué tipo de turismo prefieren?
   a. cultural b. de descanso c. de compras d. de aventura
   e. ecológico
5. ¿Qué tipo de alojamiento prefieren?
   a. hotel de lujo b. casa de familia c. albergue d. campamento
   e. cualquier tipo

Comentarios adicionales ______________________________

____

____

B. Resultados Estudien las respuestas del otro grupo. ¿Cuáles son las preferencias de la mayoría de los integrantes? ¿Podrán organizar un viaje que cumpla con las expectativas de todos los integrantes del grupo? ¿Pueden combinar más de un destino en el mismo viaje?

C. Cada grupo planificará un viaje a un país o región de habla hispana para los integrantes de otro grupo y presentará la propuesta de viaje ante toda la clase.

Elección del destino de viaje

De acuerdo con los resultados de la encuesta, elijan el destino de viaje para el otro grupo. Deben estar preparados para explicar al otro grupo por qué eligieron ese destino.

Preparación

1. Una vez elegido el tema, realicen una investigación en Internet, en enciclopedias o en la biblioteca. También pueden consultar folletos turísticos o utilizar información de viajes que hayan realizado. Investiguen:
   - las atracciones del lugar
   - la geografía y el clima del lugar
   - otros datos importantes (moneda, medios de transporte, alojamiento, recomendaciones para viajeros, etc.)
2. Busquen además materiales audiovisuales para mostrar.
3. Con los datos de la investigación y los resultados de la encuesta, planifiquen la propuesta de viaje para el otro equipo. La propuesta deberá incluir información sobre:
   - el destino y por qué lo eligieron
   - las excursiones y actividades
   - la duración del viaje
   - sugerencias y recomendaciones importantes
   - otros datos importantes que hayan investigado

Organización

Organicen la presentación del viaje en un esquema. La presentación deberá durar unos diez minutos. Decidan qué parte(s) presentará cada uno/a. Recuerden que todos los integrantes del grupo deben participar.

Estrategia de comunicación

Presentación de un viaje organizado:
Itinerario:
- El viaje durará...
- El primer día visitarán...

Sugerencias:
- Es importante llevar... en caso de que + *subjunctive*
- Recomendamos que + *subjunctive*

Presentación

Usen el esquema como guía para hacer la presentación, pero recuerden que deben hablar a la clase y no leer una presentación escrita. Después de la presentación, contesten las preguntas que puedan tener los integrantes del otro grupo y el resto de sus compañeros/as.

Tertulia

¡Necesito vacaciones!

1 (5 min.) La clase se divide en cuatro grupos; cada grupo tiene que pensar y anotar sus ideas sobre una de estas opiniones sobre el descanso y los viajes. ¿Harían lo mismo que la persona cuya opinión eligieron? ¿Por qué?

¿Cuáles son tus vacaciones ideales después de un año de mucho trabajo?	
Martina **24 años** Trabajo todo el día frente a una computadora. Para mí, la mejor forma de desenchufarme (*disconnect*) es cargar la mochila al hombro y alejarme de la civilización por dos o tres semanas. Incluso viajaría sola y no con amigos.	*Marcos* **30 años** Soy policía. Para relajarme después de un año de mucho trabajo, haría un crucero de una semana con mi esposa. Me encanta la idea de no tener que planificar nada, que ya esté todo organizado y al alcance de mi mano.
Francisco **55 años** En mi trabajo, administro las inversiones de personas muy ricas. Creo que, para distanciarme un poco del ambiente en el que trabajo, me gustaría hacer uno de esos viajes en los que llevan a los turistas a visitar los barrios humildes de algún país pobre para conocer cómo viven las personas menos privilegiadas.	*Gisela* **30 años** Enseño historia en una escuela primaria. Me gustaría ir a Europa y visitar las principales capitales. En dos semanas podría visitar cinco o seis ciudades. Lo que más me interesa es ver la arquitectura y visitar los museos. Prefiero hacerlo por mi cuenta, quizá con una amiga, y no como parte de un viaje organizado.

2 (10 min.) Cada grupo debe preparar una breve presentación explicando qué opinan sobre la respuesta de la persona elegida. ¿Les parece una buena idea? ¿Por qué? En caso de que no todos opinen lo mismo sobre el tema, mencionen las distintas opiniones.

3 (25 min.) Los diferentes grupos presentan sus ideas a la clase, mientras todos toman nota.

4 (10 min.) Cuando todos los grupos hayan terminado de presentar sus ideas, toda la clase participa haciendo preguntas, expresando sus opiniones o defendiendo sus puntos de vista.

La naturaleza

6

Communicative Goals

You will expand your ability to...

- talk about the environment
- talk about statistics and numbers
- write a simple speech
- write a five-paragraph essay

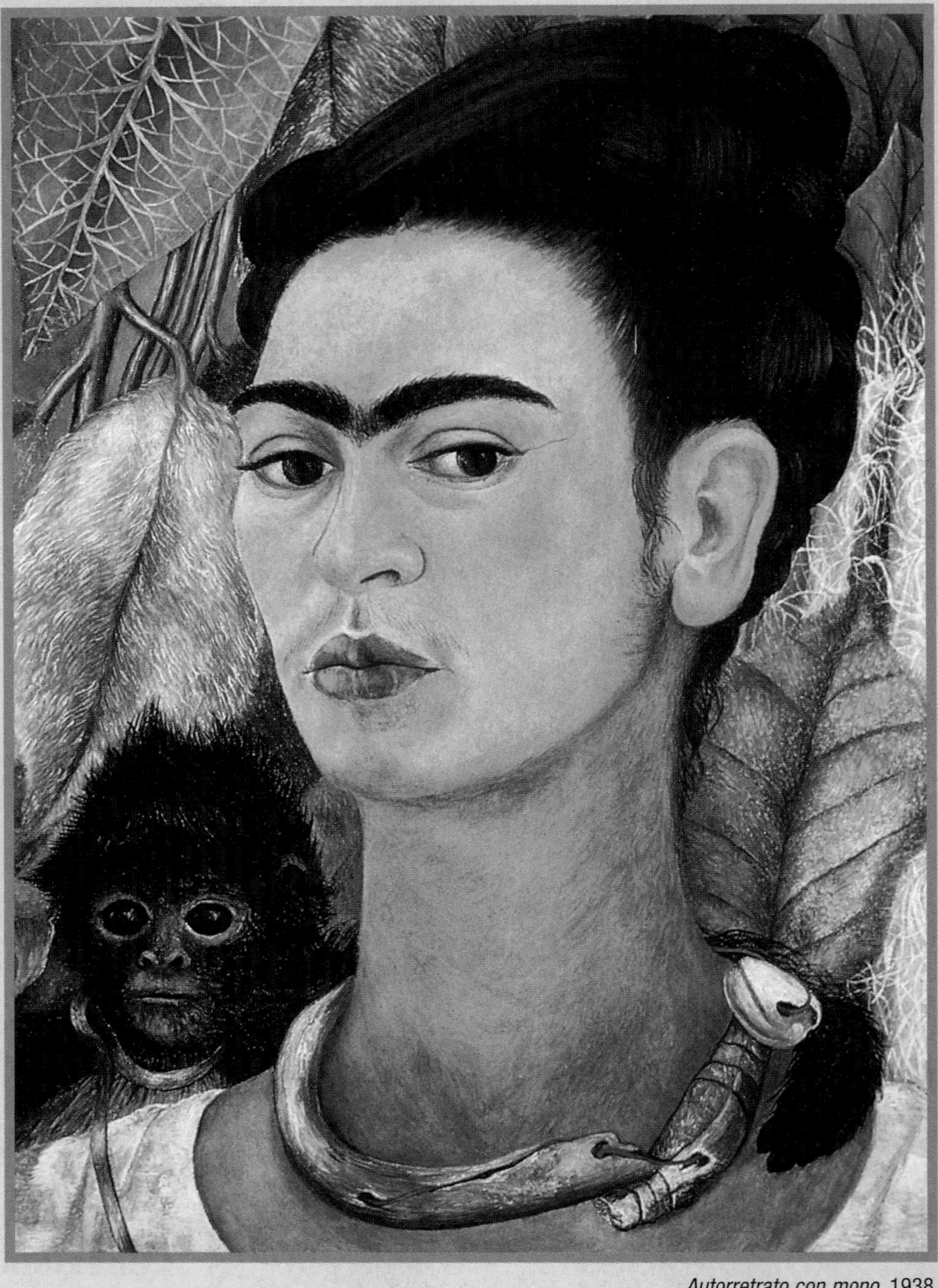

Autorretrato con mono, 1938.
Frida Kahlo, México.

"Algún día el árbol que has tronchado
te hará falta para respirar."

— Iris M. Landrón

Antes de leer

Vocabulario

ambiental *environmental*	**el monte** *mountain*
el bombardeo *bombing*	**la pureza** *purity*
el ecosistema *ecosystem*	**el refugio** *refuge*
la especie *species*	**el terreno** *land*
el/la manifestante *protester*	**el veneno** *poison*

El Yunque Completa las oraciones.

1. Puerto Rico es una isla de ___________ muy variado: hay montañas, playas y hasta un bosque tropical, el Bosque Nacional del Caribe, también llamado El Yunque.
2. El Yunque tiene una diversidad de vegetación impresionante, que incluye casi 250 ___________ de árboles.
3. También es un ___________ natural para los animales, ya que en el bosque están protegidos de la caza (*hunting*).
4. El ___________ más alto de El Yunque es El Toro, con una altura de 1.077 metros (3.533 pies).
5. Hay grupos dedicados a la protección ___________ de El Yunque. Buscan preservar la ___________ de este paraíso tropical.

Conexión personal ¿Qué significa la naturaleza para ti? ¿Es una fuente de trabajo o de comida? ¿O es un lugar de diversión y belleza? ¿Qué haces para proteger la naturaleza?

Contexto cultural

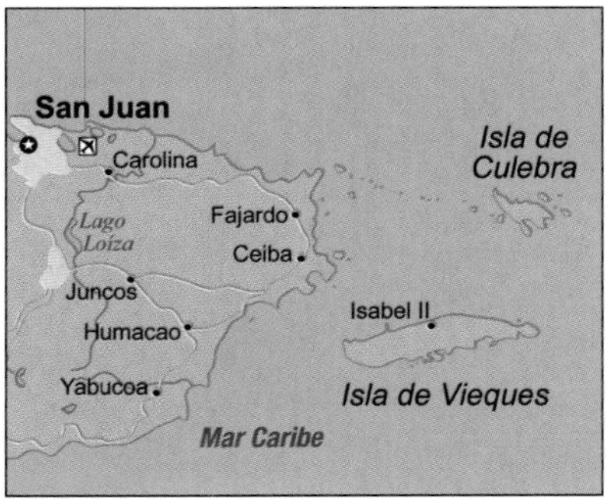

Situada en el agua transparente del Mar Caribe, la pequeña **isla de Vieques** es un refugio de lagunas, bahías y playas que forman un hábitat ideal para varias clases de tortugas marinas (*sea turtles*), el manatí antillano (*manatee*) y arrecifes de coral. La gente de Vieques comparte los pequeños montes y las aguas cristalinas (*crystal clear*) de la isla con una rica variedad de flora y fauna, entre ellas cinco especies de plantas y diez especies de animales en peligro de extinción.

La isla de Vieques, de 33 kilómetros de largo por 7,2 de ancho (20,5 por 4,3 millas), es un municipio de Puerto Rico y tiene 9.000 habitantes. Puerto Rico es un Estado Libre Asociado de los Estados Unidos y tiene su propia constitución. Los habitantes de Puerto Rico, también llamados *boricuas*, son ciudadanos (*citizens*) estadounidenses pero no votan en las elecciones nacionales para la presidencia, el Congreso o el Senado. Puerto Rico tiene un solo representante en el Congreso de los EE.UU., el Comisionado Residente, quien tiene derecho a voz pero no a voto, excepto en algunos casos.

La conservación de Vieques

Vieques—Vista aérea de la zona de maniobras militares

"¡Vieques renace!"° anuncia el gobierno de este municipio puertorriqueño, que busca estimular la economía de una isla rica en naturaleza pero pobre en economía. Vieques dispone de° sitios arqueológicos importantes, playas espectaculares, un fuerte° histórico y una bahía bioluminiscente, la Bahía Mosquito, que es una maravilla de la naturaleza. Sus arrecifes de coral contienen un ecosistema de enorme productividad y diversidad biológica. Forman un pequeño paraíso que alberga y protege una inmensa variedad de especies de plantas y animales acuáticos.

Vieques is reborn!
boasts
fort

Sin embargo, en vez de tener una tradición de alto turismo, la isla ha padecido° graves problemas. Vieques fue utilizada por la Armada° de los Estados Unidos para prácticas de bombardeo desde 1941. En esa época muchas personas fueron desalojadas° cuando la Armada ocupó dos sectores en los extremos de la isla. Las prácticas continuaron durante varias décadas, pero en abril de 1999 un guardia de seguridad murió cuando una bomba cayó fuera de la zona de tiro°. La muerte de David Sanes encolerizó° a los viequenses° y dio origen a° una campaña de desobediencia civil. El presidente Clinton prometió cesar el entrenamiento° de bombardeo en Vieques, pero éste continuó con bombas inertes a pesar de que los viequenses habían exigido "¡Ni una bomba más!". Los manifestantes entraban en la zona de tiro y establecían campamentos; otros se manifestaban° en Puerto Rico y en los Estados Unidos, y pronto captaron° la atención internacional. Robert Kennedy, Jr., Jesse Jackson, Rigoberta Menchú y el Dalai Lama, entre otros, hicieron declaraciones a favor de Vieques y muchas personas fueron a la cárcel° después de ser arrestadas en la zona de tiro.

> **"La protesta se centró en gran parte en los problemas que las bombas habían causado al medioambiente, a la economía de Vieques y a la salud de los viequenses."**

La protesta se centró en gran parte en los problemas que las bombas habían causado al medioambiente, a la economía de Vieques y a la salud de los viequenses. Las décadas de prácticas de bombardeo dejaron un nivel muy alto de contaminación, que incluye la presencia de uranio reducido (un veneno muy peligroso). Algunos piensan que la incidencia de cáncer de Vieques —25% más alta que la de todo Puerto Rico— se debe a la exposición de los habitantes a elementos tóxicos. Estas acusaciones han provocado controversia ya que la Armada negó los efectos sobre la salud de los viequenses. Finalmente, después de una dura campaña de protesta y lucha°, las prácticas de bombardeo terminaron para siempre en 2003. Los terrenos de la Armada pasaron al Departamento de Caza y Pesca, y la Agencia de Protección Ambiental (EPA) declaró en 2005 que la limpieza ambiental de Vieques se convertiría en una de las prioridades nacionales.

Los extremos este y oeste de la isla ahora constituyen una reserva ambiental, la más grande del Caribe. Los viequenses esperan que la isla pueda, en su renacimiento, volver a un estado de mayor pureza natural y al mismo tiempo desarrollar su economía. Vieques sigue siendo un símbolo de resistencia y es un lugar cada día más popular para el turismo local y extranjero. ■

suffered · *Navy* · *evicted* · *live-fire range* · *angered* · *inhabitants of Vieques* · *gave rise to* · *training* · *demonstrated* · *captured* · *jail* · *struggle*

¿Qué es la bioluminiscencia?

Es un efecto de fosforescencia verdeazul, causado por unos microorganismos que, al agitarse, dan un brillo extraordinario a las aguas durante la noche. El pez o bañista que se mueve bajo el agua emite una luz radiante. Para que se produzca este fenómeno extraordinario, se requiere una serie de condiciones muy especiales de temperatura, ambiente y poca contaminación.

Después de leer

La conservación de Vieques

1 Comprensión Elige la respuesta correcta.

1. Vieques es un municipio de (la República Dominicana/Puerto Rico).
2. Entre los atractivos de la isla se encuentra (un pico altísimo/ una bahía bioluminiscente).
3. Los arrecifes de coral son importantes para la biodioversidad porque (albergan una inmensa variedad de especies/protegen la capa de ozono).
4. La protesta en contra de la presencia de la Armada se produjo después (de la muerte de un guardia de seguridad/del uso de bombas inertes).
5. Las prácticas de bombardeo dejaron (problemas de erosión/ un nivel alto de contaminación).
6. Muchas personas fueron arrestadas (por robar uranio reducido/ por ingresar en la zona de prácticas de bombardeo).
7. Los extremos de la isla ahora contienen (una zona de tiro/una reserva ambiental).
8. La bioluminiscencia es un efecto causado por (microorganismos/la contaminación).

2 Interpretación Responde las preguntas.

1. ¿Qué potencial turístico tiene Vieques? Da ejemplos.
2. ¿Qué hacía la Armada en Vieques?
3. ¿Cuál era el deseo de los manifestantes de Vieques?
4. ¿Por qué creen que la Armada de los Estados Unidos estaba autorizada a hacer prácticas de bombardeo en Vieques?
5. ¿Qué ocurre cuando una persona o un pez nada en la bahía bioluminiscente?

3 Ampliación En parejas, contesten las preguntas.

1. ¿Por qué es importante conservar una isla como Vieques?
2. ¿Qué efectos puede tener la declaración de la EPA? ¿Cómo puede mejorar la vida de los viequenses si se limpia la contaminación?

4 Reunión con el presidente En grupos de cuatro, preparen una conversación sobre las prácticas de la Armada. Por una parte hablan dos manifestantes y por otra el presidente Clinton y un(a) representante de la Armada. Utilicen los tiempos verbales que conocen, incluyendo el futuro. Después representen la conversación delante de la clase.

5 El futuro de Vieques Imagina que eres un habitante de Vieques. Escribe una carta a un amigo contándole cómo crees que cambiarán las cosas en Vieques. Explica cómo se resolverán los problemas de contaminación y cómo se va a promover el turismo.

SUPERSITE

Opiniones

1 **Conversación** En parejas, contesten estas preguntas.

México, D.F.

Coca, Ecuador

1. ¿Qué problemas ambientales te preocupan más? ¿Por qué?
2. ¿Qué efecto tiene el turismo en el medioambiente? ¿Positivo? ¿Negativo? ¿Por qué?
3. ¿Qué sugerencias tienes para reducir la contaminación en las ciudades?
4. ¿Dónde deben realizarse prácticas militares? ¿Por qué?
5. Imagina que, a fin de año, al gobierno de tu ciudad le sobran cien mil dólares y los quiere repartir entre causas ambientales, servicios sociales y nuevas medidas de seguridad. ¿Cómo deben repartirse los fondos? ¿Por qué?
6. ¿Deben los países industrializados ayudar a cuidar el medioambiente en los países en desarrollo? ¿Por qué?

2 **Por escrito** Elige uno de estos temas y escribe un discurso (*speech*) de una página.

- Tu escuela o universidad organizó una jornada de propuestas ambientales e invitó a los estudiantes a preparar discursos con sus propuestas para solucionar algún problema ambiental local. Tú has decidido participar. Escribe un discurso.
- Tu escuela o universidad prohibió el uso de vehículos motorizados dentro del campus para reducir la contaminación. Tú estás en desacuerdo con esta decisión y crees que existen otras maneras de ayudar a cuidar el medioambiente sin dificultar la vida diaria de los estudiantes. Escribe un discurso para leer en una reunión estudiantil.

Estrategia de comunicación

Estructuras y expresiones útiles para discursos

- Presentación: Damas y caballeros/Señoras y señores/Compañeros y compañeras
- Mandatos: ¡Acompáñenme en este proyecto! ¡Háganse escuchar!
- Conjunciones: **A menos que** trabajemos juntos, ... /**Para que** esta propuesta tenga éxito, ... / **Hasta que** las autoridades nos escuchen, ...
- Verbos útiles: prometer, asegurar, garantizar

El día menos pensado
Una producción de FONDO NACIONAL PARA LA CULTURA Y LAS ARTES/INSTITUTO MEXICANO DE CINEMATOGRAFÍA/GUERRILLA FILMS con apoyo de MEXATIL INDUSTRIAL, S.A. DE C.V./EQUIPMENT & FILM DESIGN (EFD)/CALABAZITAZ TIERNAZ/KODAK DE MÉXICO/CINECOLOR MÉXICO Guión y Dirección RODRIGO ORDÓÑEZ Basada en un cuento de SERGIO FERNÁNDEZ BRAVO Fotografía EVERARDO GONZÁLEZ Productor Ejecutivo GABRIEL SORIANO Dirección de Arte AMARANTA SÁNCHEZ Música Original CARLOS RUIZ Diseño Sonoro LENA ESQUENAZI Edición JUAN MANUEL FIGUEROA
Actores FERNANDO BECERRIL/MARTA AURA/BRUNO BICHIR/CLAUDIA RÍOS

SUPERSITE

Antes de ver el corto

EL DÍA MENOS PENSADO

país México

duración 13 minutos

director Rodrigo Ordóñez

protagonistas Julián, Inés, Ricardo (vecino), Esther (esposa de Ricardo)

Vocabulario

acabarse *to run out; to come to an end*	**resentido/a** *resentful*
la cisterna *cistern; underground tank*	**la salida** *exit*
descuidar(se) *to get distracted; to neglect*	**sobre todo** *above all*
disculparse *to apologize*	**el tanque** *tank*
envenenado/a *poisoned*	**la tubería** *piping*
quedarse sin *to run out of/to be out of*	**el/la vándalo/a** *vandal*

1 **El carpincho Pedro** Completa el párrafo.

Noticia de último momento: un grupo de (1) ________ causó graves daños (*harm*) en la Reserva Ecológica. Aparentemente, los guardias nocturnos (2) ________ y no los vieron entrar por una de las (3) ________. Los delincuentes hicieron un agujero (*hole*) en la (4) ________ que lleva agua para llenar los (5) ________ en la zona de los baños. Eso no fue todo. Por la mañana, los guardaparques se encontraron con una triste escena. Además de encontrar el parque inundado (*flooded*) y de (6) ________ agua en la (7) ________, encontraron muy enfermo al carpincho (*capybara*) Pedro, el animalito más querido de la reserva. Le habían dado comida (8) ________. Afortunadamente, los veterinarios aseguran que el carpincho se va a recuperar.

2 **Preguntas** En parejas, contesten las preguntas.

1. ¿Qué tipos de contaminación hay en su comunidad? Mencionen dos o tres.
2. ¿Creen que algún día se puede acabar el agua? ¿Qué pasará si eso sucede?
3. Observen el afiche del cortometraje. ¿Qué está mirando el hombre?
4. Observen los fotogramas. ¿Qué está sucediendo en cada uno?
5. El corto se titula *El día menos pensado* (*When you least expect it*). ¿Qué catástrofes ecológicas pueden ocurrir el día menos pensado?

SUPERSITE Watch the short film at **ventanas.vhlcentral.com.**

Escenas

ARGUMENTO Una ciudad se ha quedado sin agua potable. Mucha gente se ha ido. Algunos se quedan vigilando la poca agua que les queda.

JULIÁN Inés, nos tenemos que ir.
INÉS Dicen que todo se va a arreglar. Que si no, es cuestión de esperar hasta que lleguen las lluvias.
JULIÁN Sí, pero no podemos confiar en eso. No a estas alturas°.

INÉS ¿Cómo vamos a salir de la ciudad? Dicen que en todas las salidas hay vándalos. Y que están muy resentidos porque ellos fueron los primeros que se quedaron sin agua.
JULIÁN Si no digo que no sea peligroso. Pero cuando se nos acabe el agua nos tenemos que ir de todos modos.

INÉS ¿Pasa algo?
JULIÁN Ya no tenemos agua.
INÉS En la tele dijeron que...
JULIÁN ¡Qué importa lo que hayan dicho! ¡Se acabó!

JULIÁN Aunque lograran° traer agua a la ciudad, no pueden distribuirla. Las tuberías están contaminadas desde el accidente. Ninguna ayuda llegará a tiempo, y menos aquí.
INÉS Pero no quiero dejar mi casa.

JULIÁN Y a ustedes, ¿cuándo se les acabó el agua?
RICARDO Antier° en la noche nos dimos cuenta.
JULIÁN Ricardo, ¿quieren venir con nosotros?

JULIÁN No nos va a pasar nada, Inés. ¿Qué nos pueden hacer? Todos estamos igual.

a estas alturas *at this stage* **lograran** *managed to*
antier *the day before yesterday*

SUPERSITE Después de ver el corto

1 Comprensión Contesta las preguntas con oraciones completas.

1. ¿Qué hace el hombre en el techo de su casa? ¿Por qué?
2. ¿Qué le dice el hombre a su esposa cuando está desayunando?
3. ¿Qué hay en las salidas de la ciudad?
4. ¿Qué pasa con las tuberías?
5. ¿Por qué deciden irse de la ciudad? ¿Quiénes van con ellos en el carro?

2 Ampliación En parejas, contesten las preguntas.

1. ¿Qué creen que ocurre al final?
2. El agua está envenenada por un accidente. ¿Qué tipo de accidente creen que hubo?
3. ¿Creen que Ricardo es una mala persona porque intentó robar agua? ¿Por qué?
4. ¿Quiénes son las personas que aparecen al final del corto? ¿Qué quieren?
5. Imaginen que son los protagonistas de este corto. ¿Qué opciones tienen?

3 ¿El agua en peligro? En grupos de tres, lean el texto y respondan las preguntas.

Construimos nuestras ciudades cerca del agua; nos bañamos en el agua; jugamos en el agua; trabajamos con el agua. Nuestras economías están en gran parte basadas sobre la fuerza de su corriente, el transporte a través de ella, y todos los productos que compramos y vendemos están vinculados, de una u otra manera, al agua. Nuestra vida diaria se desarrolla y se configura en torno al agua. Sin el agua que nos rodea nuestra existencia sería inconcebible. En las últimas décadas, nuestra estima por el agua ha decaído. Ya no es un elemento digno de veneración y protección, sino un producto de consumo que hemos descuidado enormemente. El 80% de nuestro cuerpo está compuesto de agua y dos tercios de la superficie del planeta están cubiertos por agua: el agua es nuestra cultura, nuestra vida.

Declaración de la UNESCO con motivo del Día Mundial del Agua 2006.

1. ¿Creen que realmente estamos descuidando el agua, o el aumento del consumo es una consecuencia normal del aumento de la población?
2. Algunos expertos opinan que en el futuro se puede desencadenar una guerra mundial por el agua. ¿Creen que esto es una exageración? ¿Por qué?
3. ¿Creen que es posible cuidar el agua y otros recursos naturales sin tener que hacer grandes cambios en nuestro estilo de vida?
4. ¿Creen que hay naciones que son más responsables que otras por el consumo excesivo de recursos naturales? Expliquen su respuesta.

4 Guión Esther baja del carro con su bebé y se dirige hacia la multitud. Imaginen que el corto muestra la conversación entre Esther y una de las personas del grupo. Escriban las próximas diez líneas del guión y represéntenlas para la clase.

Vegetación Tropical, 1948.
Wifredo Lam, Cuba.

"En la naturaleza nada hay superfluo."

— Averroes

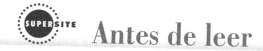

Antes de leer

El eclipse

Sobre el autor

Augusto Monterroso nació en Honduras en 1921, pero pasó su infancia y juventud en Guatemala. En 1944 se radicó (*settled*) en México tras dejar Guatemala por motivos políticos. A pesar de su origen y de haber vivido su vida adulta en México, siempre se consideró guatemalteco. Monterroso tuvo acceso desde pequeño al mundo intelectual de los adultos. Fue prácticamente autodidacta: abandonó la escuela a los 11 años y con sólo 15 años fundó una asociación de artistas y escritores. Considerado padre y maestro del microcuento latinoamericano, Monterroso recurre (*resorts to*) en su prosa al humor inteligente con el que presenta su visión de la realidad. Entre sus obras se destacan *La oveja negra y demás fábulas* (1969) y la novela *Lo demás es silencio* (1978). Recibió numerosos premios, incluso el Premio Príncipe de Asturias en 2000.

Vocabulario

aislado/a *isolated*	**florecer** *to flower*	**sacrificar** *to sacrifice*
digno/a *worthy*	**oscurecer** *to darken*	**salvar** *to save*
disponerse a *to be about to*	**prever** *to foresee*	**valioso/a** *valuable*
la esperanza *hope*	**la prisa** *hurry; rush*	

Exploradores Completa esta introducción de un cuento.

Los exploradores salieron rumbo a la ciudad perdida sin (1) ________ ninguno de los peligros de la selva. El viejo mapa indicaba que la ciudad escondía un (2) ________ tesoro. Cuando (3) ________ a iniciar la marcha, se dieron cuenta de que iba a (4) ________ antes de que llegaran, por lo que decidieron avanzar con (5) ________. Tenían la (6) ________ de llegar antes de la medianoche.

Conexión personal

¿Alguna vez viste un eclipse? ¿Cómo fue la experiencia? ¿Hay algún fenómeno natural al que le tengas miedo? ¿Cuál? ¿Por qué?

Análisis literario: El microcuento

El microcuento es un relato breve, pero no por eso se trata de un relato simple. En estos cuentos, el lector participa activamente porque debe compensar los recursos utilizados (economía lingüística, insinuación, elipsis) a través de la especulación o haciendo uso de sus conocimientos previos. A medida que lees *El eclipse,* haz una lista de los conocimientos previos y también las especulaciones que sean necesarios para comprender el relato.

EL ECLIPSE

Augusto Monterroso

Cuando fray° Bartolomé Arrazola se sintió perdido, aceptó que ya nada podría salvarlo. La selva poderosa° de Guatemala lo había apresado°, implacable y definitiva. Ante su ignorancia topográfica se sentó con tranquilidad a esperar la muerte. Quiso morir allí, sin ninguna esperanza, aislado, con el pensamiento fijo en la España distante, particularmente en el convento de Los Abrojos, donde Carlos Quinto condescendiera una vez a bajar de su eminencia para decirle que confiaba en el celo° religioso de su labor redentora°.

Al despertar se encontró rodeado° por un grupo de indígenas de rostro° impasible que se disponían a sacrificarlo ante un altar, un altar que a Bartolomé le pareció como el lecho° en que descansaría, al fin, de sus temores°, de su destino, de sí mismo.

Tres años en el país le habían conferido un mediano dominio° de las lenguas nativas. Intentó algo. Dijo algunas palabras que fueron comprendidas.

Entonces floreció° en él una idea que tuvo por digna de su talento y de su cultura universal y de su arduo conocimiento de Aristóteles. Recordó que para ese día se esperaba un eclipse total de sol. Y dispuso, en lo más íntimo°, valerse de° aquel conocimiento para engañar° a sus opresores y salvar la vida.

—Si me matáis —les dijo— puedo hacer que el sol se oscurezca en su altura.

Los indígenas lo miraron fijamente y Bartolomé sorprendió la incredulidad en sus ojos. Vio que se produjo un pequeño consejo°, y esperó confiado, no sin cierto desdén°.

Dos horas después el corazón de fray Bartolomé Arrazola chorreaba° su sangre vehemente sobre la piedra de los sacrificios (brillante bajo la opaca luz de un sol eclipsado), mientras uno de los indígenas recitaba sin ninguna inflexión de voz, sin prisa, una por una, las infinitas fechas en que se producirían eclipses solares y lunares, que los astrónomos de la comunidad maya habían previsto y anotado en sus códices sin la valiosa ayuda de Aristóteles. ■

friar
powerful/captured
zeal
redemptive
surrounded
face
bed
fears
command (of a language)
blossomed
deepest recesses/to take advantage of
to trick; to deceive
counsel/disdain
was gushing

SUPERSITE

Después de leer

El eclipse

Augusto Monterroso

1 Comprensión Contesta las preguntas con oraciones completas.

1. ¿Dónde se encontraba fray Bartolomé?
2. ¿Conocía el protagonista la lengua de los indígenas?
3. ¿Qué querían hacer los indígenas con fray Bartolomé?
4. ¿Qué les advirtió fray Bartolomé a los indígenas?
5. ¿Qué quería fray Bartolomé que los indígenas creyeran?
6. ¿Qué recitaba un indígena mientras el corazón del fraile sangraba?

2 Interpretación Contesta las preguntas.

1. ¿Por qué crees que fray Bartolomé pensaba en el convento de Los Abrojos antes de morir?
2. ¿Cuál había sido la misión de fray Bartolomé en Guatemala?
3. ¿Quién le había encomendado esa misión?
4. A pesar de los conocimientos de Aristóteles, ¿por qué el protagonista no consiguió salvarse?

3 Fenómenos naturales En la historia de la humanidad, los fenómenos y los desastres naturales y otros acontecimientos han sido motivo de muchos temores (*fears*) y supersticiones. A veces, esos temores tenían fundamento, pero otras veces eran supersticiones sin fundamento alguno.

A. En grupos de tres, investiguen acerca de un fenómeno o un acontecimiento que haya despertado grandes temores antes de suceder. ¿Se cumplieron los temores o eran supersticiones sin fundamento? Pueden elegir situaciones de la lista o pensar en otros. Presenten la investigación al resto de la clase.

- el cometa Halley
- la llegada del año 2000
- la amenaza nuclear durante la guerra fría
- la erupción del volcán Vesubio en Pompeya

B. Escriban un microcuento sobre uno de los fenómenos o acontecimientos presentados. Lean el microcuento al resto de la clase. Sus compañeros/as deben adivinar de qué fenómeno o acontecimiento se trata.

4 Escribir En la selva guatemalteca, fray Bartolomé seguramente observó gran cantidad de plantas silvestres y animales salvajes que no conocía hasta entonces. Investiga acerca de la flora y la fauna de la selva guatemalteca. Luego, imagina que eres fray Bartolomé y tienes que escribirle una carta al Rey Carlos V contándole acerca de lo que observaste en la selva.

MODELO Estimado Rey Carlos V: Como Su Majestad sabe, le escribo desde la selva de Guatemala adonde llegué hace ya tres años. En esta carta, quiero contarle...

Antes de leer

Mateo Simbaña

Sobre la autora

La ecuatoriana **Teresa Crespo Toral** da vida en sus obras a los individuos, flora y fauna del Ecuador. Entre sus obras se destacan *Breves Poemas en Prosa, Pepe Golondrina, La Navidad de los Duendes, Rondas y Canciones*. El cuento *Ana de los Ríos* ha sido llevado al cine, para los países andinos, por el Convenio "Andrés Bello". La escritora afirma que para crear literatura infantil, es necesario permitir "que el niño que [existe] en nosotros, que [sueña] y [siente] como ellos, corretee (*frolic*) con ellos por los campos de la niñez asoleada (*sunshiny*)". Publicadas en antologías y revistas literarias ecuatorianas e internacionales, las obras de Teresa Crespo Toral abren una ventana al misterioso paisaje (*landscape*) del Ecuador.

Vocabulario

el amanecer *dawn*	**el borrego** *young lamb*	**el humo** *smoke*	**el pastor** *shepherd*
el ave *bird*	**el fuego** *fire; flame*	**el incendio** *fire*	**el rebaño** *flock*

Vocabulario Completa el párrafo.

Un mito del Ecuador cuenta que, en otra época, el cóndor, un (1) ________ enorme, espiaba y comía a los niños y animales domésticos como los (2) ________ que pastaban con los (3) ________. En la actualidad, sobreviven menos de cien cóndores en Ecuador. Al (4) ________, se los puede ver volar entre el (5) ________ que sale del cráter del volcán Pichincha.

Conexión personal

¿Saldrías solo/a pasear por el monte? ¿Te perdiste alguna vez en las montañas o en el bosque? ¿Conoces la historia de alguien que se haya perdido? ¿Qué sucedió?

Análisis literario: La literatura infantil

La definición de literatura infantil varía tanto como los cuentos mismos: ¿Son libros que una editorial designa especialmente para jóvenes? ¿Aparecen siempre los niños de protagonistas? ¿Es importante que haya una lección moral? Hay tantas excepciones como ejemplos. Quizás el único hilo conductor que conecte épocas y temas sea una sensación de maravilla y descubrimiento. Desde la tradición más antigua de literatura oral, pasando por los cuentos de hadas (*fairy tales*), hasta llegar a la literatura contemporánea, la literatura infantil invita a los lectores a abrir caminos de exploración y entrar en un mundo desconocido de imaginación, placer y aprendizaje. Mientras lees "Mateo Simbaña," presta atención al asombro (*wonder*) del protagonista. ¿Qué otros elementos te hacen pensar que la obra es un ejemplo de literatura infantil?

Mateo Simbaña

Teresa Crespo Toral

Mateo Simbaña, aquel pastorcito que andaba encumbrado° allá entre los vientos° del pajonal° y las hilachas° de nubes pastoreando su rebaño, solía sentarse en cualquier filo° de la montaña, balanceando sus piernas morenas sobre el abismo, a contemplar la ciudad que parecía embrujada°, allá abajo, con sus parcelas° cuadradas: ¡los blancos sembraban° casas!

Nunca había bajado a Quito. Tenía sólo ocho años y siempre los grandes le dejaban arriba cuidando los sembríos° de maíz o los borregos. Sólo ellos bajaban de repente y, cuando subían, traían un olor mezquino° de trago y malos tratos°.

Él vivía remontado°. Huía° de los mayores. Le gustaba, en la alborada°, asomarse° a la quebrada° grande desde el "Cúndur Huachana" y ver […] subir la gran bola del sol e irse despertando las cosas.

A sus pies los bosques° se descobijaban de las brumas° para lucir° sus diferentes tonalidades y perfumes.

A sus espaldas el monte también se despertaba. Las perdices correteaban° sus primeras carrerillas° del día entre los pucuneros° de flores blancas. Los zumbadores° volaban del uno al otro lado de la Quebrada del Cóndor° haciendo vibrar sus colas° al viento. Y algunas veces sus ovejitas recién amanecidas° temblaban° al ventear el paso del terrible lobo° del páramo°, que había madrugado°, pero Mateo armado de su pallca° y sus piedras° voladoras no le tenía miedo.

Le gustaba cada mañana recontar los cerros grandes […], como si temiera° que la noche se hubiera tragado° algunos: empezaba allá, al rincón° del lado de su mano izquierda, con ese cerro puntiagudo° que su taita° nombraba Cotacachi; seguían las cumbres° del Mojanda; después, el Cayambe, nido° de donde se levanta el sol en los amaneceres; el Allcuquiru, con las puntas de sus dientes negros y afilados°; el Antisana, como un pájaro grande que se hubiera echado a dormir° con las blancas alas° abiertas; el Sincholagua; el Cotopaxi, dormido bajo su poncho de nieve; el Pasuchoa, el Rumiñahui, los Illinizas, el Atacazo, el Corazón y la Viudita, tímida y solitaria, ya al extremo de su mano derecha. Y allí abajo, muy cerquita, como un gran suspiro° verde en medio de casas y avenidas, el antiguo Yavirac, con Nuestra Señora de Quito posada como una gaviota de plata° sobre el mar de cúpulas, torres y techos° de la mágica ciudad. ¡No, no faltaba ninguno! […]

Uno de aquellos días en que el guambra° se había quedado solo, andaba arriba en el pajonal, pues sus borreguitos buscaban la hierba cada vez más alto; el sol había secado todo y sólo entre las rocas altas se demoraba° una hierbecita verde y jugosa […].

El viento soplaba y hacía silbar° los pajonales que parecían un mar de agua dorada meciéndose° en el aire.

El niño sujetó° el poncho con los codos contra su cuerpo para que no volara y amarró° su sombrero de

high up · *winds/grasslands/threads* · *ledge* · *bewitched* · *lots* · *sowed* · *crops* · *dirty smell alcohol and ill behavior* · *up high/stayed away* · *dawn/appear* · *ravine* · *forests* · *would shed the fog/exhibit* · *partridges would run* · *first sprints of the day* · *species of tree* · *humming birds* · *the Condor's Ravine/tails* · *awakened* · *trembled hear the wolf in the wind* · *high altitude shrub land* · *had arisen early* · *slingshot* · *rocks*

as though he feared · *might have swallowed* · *corner* · *sharp-pointed/daddy* · *peaks* · *nest* · *sharpened* · *has lain down to sleep* · *wings* · *sigh* · *silver seagull* · *rooftops* · *niño* · *remained* · *whistle* · *rocking* · *fastened* · *tied* lana a su cabeza con la bufanda° roja tejida por su madre, para abrigarse mejor; luego tomó en sus brazos al corderito blanco, nacido el día anterior, y mutuamente se dieron calor; se sentó detrás de una piedra grande que le tapaba del viento y dejando que el rebaño gozara° de la última hierba que el verano iba respetando, se quedó dormido con el arrullo° del viento.

De repente ¡un ruido extraño le despertó! [...] Se paró empavorecido° y se trepó° a la piedra que le había protegido del viento. Lo que vio le hizo lanzar un alarido° largo y aterrorizado.

El cerro entero se estaba quemando y el viento empujaba°, empujaba la llama°; ya las chispas° volaban hasta él y sentía un calor horrible.

Para el niño, el Pichincha ardía° por todos lados, el fuego había quemado casi todo el pajonal y sólo le quedaba huir hacia arriba. Pero no podía abandonar sus borregos, eran doce grandes y cinco chicos° que su taita le había confiado, ¡lo único que tenían! [...]

Empezó a arriarles° hacia arriba [...] con la esperanza de llegar al arenal° y a las altas rocas donde el fuego no podía alcanzarles°.

Sobre su cabeza [...], sintió piar° desesperadas a las perdices y las mariposas enloquecidas se topaban° entre ellas y caían aniquiladas° por el humo.

"¡Los guambras malos de la ciudad han quemado otra vez el cerro!", gritó Mateo angustiado y sintió rencor° en su corazón que golpeaba enloquecido dentro de su pecho por el miedo y el esfuerzo° de la subida. ¡Su mundo se destruía en un instante, y el mundo de esas aves y animales que huían como él del fuego!

Alcanzó a ver el gran pumamaqui a donde se trepaba con frecuencia para contar huevos de tórtolas en sus nidos y pensó que en él podría refugiarse como siempre. Pero el viento atizó° la llama para ese lado y el niño angustiado enderezó° para el otro.

De pronto, todo se volvió oscuro por el humo. "En la mitad del día había anochecido". Sólo se oía el bufido del fuego avanzando, [...].

scarf; allowing the flock to enjoy; lullaby; He stood up terrified; he climbed up; let loose a howl; pushed/flame; embers; burned; small; drive them; sandy ground; reach them; peeping; were colliding; destroyed; bitterness; effort; pushed; straightened up

El contexto andino

El cuento "Mateo Simbaña" se nutre de (*thrives on*) los lugares, la flora y fauna y también los mitos de los Andes de Ecuador. Algunos ejemplos:

Pichincha es un volcán ubicado a menos de 10 millas de Quito. Sus picos más altos son Guagua ("niño" en el idioma indígena quechua) y Rucu ("viejo").

El **pumamaqui** es un árbol muy bello de la región andina del Ecuador. Sus flores y madera (*wood*) son blancas.

La **Mama Cocha** es la diosa del mar de la tradición de los Incas. Según los mitos, su lugar sagrado se encuentra en Machu Picchu, en los Andes del Perú.

Los borregos corrían más que el niño, su instinto les empujaba, pero el chico estaba cansado; había botado° el poncho y el sombrero porque le estorbaban y acaloraban, sólo conservó la bufanda hecha por su madre, para ayudarse con ella a sostener el borreguito tierno que aún dormía confiado contra su pecho.

¡De repente, por delante le salió al encuentro el fuego! [...] No tenía por donde huir. Las ovejas° se habían detenido y hacían un blanco círculo de temblores y balidos cada vez más estrecho a su alrededor. El calor le asfixiaba, el humo no le dejaba respirar, sintió como un vértigo y se fue hundiendo°, hundiendo en una masa negra y roja, caliente y espesa°.

Los pequeños animales del bosque original seguían su huída°; enloquecidos, los conejos pasaban como motas veloces° y se volvían desesperados sin hallar° salida. Las aves habían volado hace mucho tiempo; ¡sólo un cóndor planeaba soberbio° sobre la desolación del incendio! Era como si su corazón de gigante, hecho a las emociones fuertes°, disfrutara° del magnífico espectáculo del fuego.

De pronto el cóndor vio, cercado por las llamas, ese grupo aterrorizado del niño y sus ovejas. Conocía a Mateo, pues le había seguido muchas veces desde las alturas buscando la ocasión de pillarle descuidado° para quitarle un

tossed; sheep; he started sinking; thick; flight; swift specks; finding; a proud condor glided; used to strong emotions/ were enjoying; catch him when he was distracted borrego, un corderito, algo. Pero el guambra siempre había logrado escabullirse lanzándole piedras terribles con su pallca, o espantándole° con sus silbidos. Ahora estaba allí caído, como muerto, y algo blanqueaba entre sus brazos apretados. Voló más bajo y vio que era un corderito […]. Y el fuego ya mismo llegaba a él... Y el niño estaba indefenso...

Como un rayo se lanzó el cóndor sin pensar lo que hacía, agarró con su pico° curvo y fuerte como un pedernal° al chico por el cuello de la camisa, lo afirmó con sus garras° en la bufanda roja y los levantó batiendo sus inmensas alas. Se elevó planeando sobre la altura, gozando con la sensación de una doble presa° joven y fresca, pues el corderito aún balaba° entre los brazos anudados° del chico […].

El sol ardía sobre los cristales translúcidos de los nevados y su disco rojizo° se perdía tras los últimos picachos° del Rucu Pichincha, cuando el "Cóndor Rumi" llegó volando a su alto nido y depositó a Mateo Simbaña en el fondo acolchonado° de plumas y paja°. El niño seguía inconsciente, pero apretaba su cordero dormido entre sus brazos; el balanceo del gran cóndor en la altura había mecido al animalito tierno que se había quedado dormido […].

Al día siguiente "Cóndor-Rumi" se lanzó° al aire con el primer rayo de sol que le enviaba su hermano "Yúrac-Cóndor" desde las nieves del Cayambe. Todas las mañanas ellos se citaban en el cenit° del cielo de Quito y planeaban sobre la ciudad dormida. Nunca comía antes de su primer vuelo matinal; le gustaba sentirse liviano° para la competencia, pues su hermano le desafiaba° a vuelos largos de Sur a Norte, desde Tiopullo hasta Mojanda, o algo menores, desde el Ungüi hasta la pampa° grande de Iñaquito donde los aviones semejan inútiles pájaros posados sobre el suelo como si estuvieran muertos, impotentes mientras los hombres no se despertaran y les obligaran a volar, ensuciando° el aire con sus chorros° de vapor y sus rugidos°.

Ellos, los cóndores, eran libres, volaban porque querían y a donde querían. A veces se posaban largamente sobre las crestas de los cerros que miraban a los anchos valles de Tumbaco o Chillo. O se internaban° por el cañon del Guayllabamba, dejándose llevar por el viento potente que corría como un río en el aire, se emborrachaban del aromo de los chirimoyos°, que subía hasta ellos, al paso desayunaban juntos algún becerro tumbado de un aletazo°, luego volvían a subir batiendo sus alas poderosas y bajaban a posarse, a más de 4.500 metros de altura, en los riscos del Guagua Pichincha. […] Después, meditando, soñando a ratos sobre las rocas, esperaban en las alturas que los hombres se durmieran para salir ellos, libremente, a hacer su ronda nocturna y bañarse a la luz de la luna.

A veces se reunían todos los hermanos cóndores que anidaban° en las montañas del inmenso horizonte.

A "Cóndor-Rumi" todos le respetaban porque dominaba el espacio sobre la cabeza de los hombres; los otros vivían sobre la soledad de los campos; no tenían oponentes. "Cóndor-Inti" anidaba al filo del cráter del volcán Cotopaxi y reinaba en la zona con su pareja "Quintay". "Cóndor-Macanacug" era un ave vieja y aguerrida° que anidaba solitaria entre las paredes rocosas del Rumiñahui. Del Antisana llegaban dos cóndores jóvenes, "Huayra" y "Nina", que contaban historias de más allá de los Andes, donde reina el puma. Del Norte, de las rocas altas del Cotacachi, llegaba "Sinchi-Cóndor", con su plumaje erizado° por los vientos […], y otros y otros más.

Todos hacían un círculo, topando casi las alas, que giraba° lentamente de Sur a Norte, de Este a Oeste; les sostenía la rosa de los vientos, velaban° su danza ritual en el aire: la Cruz del Sur, la Osa Mayor y las Siete Cabrillas, y la Vía Láctea° les cantaba desde lo alto con su corriente de estrellas.

Las constelaciones tiritaban° arriba, los cóndores giraban en la oscura noche y abajo brillaban las luces de Quito dormido. ¡Era como volar entre dos cielos!

Mateo Simbaña se despertó después de haber descansado cálidamente protegido en el nido del cóndor. Cuando abrió los ojos sintió alegría, pues su corderito dormía aún entre sus brazos.

Margin glosses:

- 165 scaring him off
- beak
- flint
- talons
- 175
- prey
- was bleating
- crossed
- 180
- reddish
- peaks
- 185 cushioned/straw
- 190
- set sail
- zenith
- 195
- light
- would challenge
- 200 plain
- 205 polluting/streams
- roars
- would penetrate
- 215 cherimoya fruit trees
- knocked down by a stroke of the wing
- 225 resided
- 230
- 235 experienced in battle
- 240
- standing on end
- 245 turned
- watched
- Milky Way
- 250 shivered

Al levantarse, sintió que se hundía: el colchón° de plumas y paja del fondo del nido comenzó a ceder° y a caer suavemente entre paredes° estrechas de piedra negra y brillante; al fin se afirmó sobre un lecho° duro y Mateo se encontró deslumbrado° en un mundo que no sospechó° que existiera: el nido de "Cóndor-Rumi" era una de las chimeneas del cráter del Guagua Pichincha. Mateo y su corderito se [...] hallaban sobre una ancha cornisa° del borde interior del cráter, protegida por un alero° de roca:

Todo estaba lleno de la vegetación del páramo que, allí, por estar resguardada° de los vientos, había crecido exuberante y magnífica. Había hierba abundante para su corderito y asomaban veloces, entre ella, los conejos° y perdices; [...] mil mariposas revoloteaban° y los quindes° de la altura habían hecho sus nidos en un bello pumamaqui que crecía soberbio. Parecía que todas las aves que huyeron del incendio hubieran encontrado refugio en ese lugar maravilloso. Hasta oyó rumor de agua, siguiendo su sonido llegó a una clarísima vertiente en donde bebieron él y su corderito.

Los tóbalos cantaban sus tres sílabas alegres y un uvillú revoloteaba cerca.

¡Todo era tan bello allí! No quiso acordarse de lo que había pasado. Mateo decidió quedarse para siempre en ese lugar, donde no le alcanzaría nunca el fuego de los niños de la ciudad ni le acecharían° los cóndores. ¡Allí podría ser feliz...!

Cuando Cóndor-Rumi llegó a su nido, hambriento y con deseos de darse un banquete, se encontró con el nido vacío: sólo notó una pequeña hendedura° en el fondo de la paja, que se decidió filosóficamente a repararla en cuanto tuviera tiempo. Luego desplegó° sus inmensas alas grises y se hundió otra vez en el aire azul en busca de alimento. Desde su columpio° de viento otearía° la presa en los valles cercanos. Y gozaría una vez más en la contemplación de su montaña: el Pichincha. Al vuelo de cóndor mediría° sus dominios: él era dueño absoluto de todo aquel imperio de bosque, piedra y cumbres.

Al subir los grandes después del incendio en busca del niño y sus ovejas, encontraron hilachas quemadas de su poncho y retazos de su sombrerito de lana en medio del círculo chamuscado° de su rebaño. Le lloraron por muerto, pues juzgaron que el niño había sido tragado° por el fuego junto con su chaparro silvestre° y sus animalitos de páramo.

Nadie sabe que Mateo prefirió la entraña° del monte, que ella le guarda en su calor materno y que el padre Encantado monta guardia° para protegerlo. Allí seguirá° el niño explorando por dentro su montaña.

Conocerá su corazón de fuego bullente°, el lago subterráneo con techo de estalactitas multicolores que todos hemos soñado. O quizás°, llevado de su fantasía y olfateando° el trópico habrá encontrado° el túnel secreto que los abuelos de sus abuelos descubrieron y que comunicaba° a los hombres antiguos del Quito con los que vivían al borde de la Mama Cocha, y que hacía posible que los caciques erguidos° sobre los picachos andinos llamaran a su gente soplando° al viento en grandes caracolas° rosadas. ■

mattress · *give way* · *walls* · *bed* · *bewildered* · *did not suspect* · *mass hanging over mountain ridge* · *eaves* · *shielded* · *rabbits* · *fluttered about* · *small birds found in the Andes* · *would threaten* · *fissure* · *spread* · *swing* · *would spy* · *would measure* · *scorched* · *swallowed* · *wild evergreen oak* · *innermost recesses* · *mounts guard/will continue* · *boiling* · *perhaps/catching the scent of* · *will have discovered* · *joined* · *chiefs raised up straight* · *blowing/shells*

Después de leer

Mateo Simbaña

Teresa Crespo Toral

1 **Comprensión** Indica si las oraciones son **ciertas** o **falsas**. Corrige las falsas.

1. El niño Mateo Simbaña bajaba frecuentemente a la ciudad de Quito.
2. Un día cuando estaba solo, el arrullo (*lullaby*) del viento lo ayudó a dormir.
3. Un cóndor despertó al pastor.
4. Al ver el fuego, el niño corrió hacia abajo para buscar ayuda y regresar a su casa.
5. Era la primera vez que el Cóndor Rumi veía al niño.
6. El Cóndor-Rumi depositó a Mateo Simbaña y el borreguito en su nido.
7. Tras caer a través de un agujero (*hole*) el nido (*nest*) del cóndor, el niño se escapó del volcán y volvió a su familia.
8. El Cóndor Rumi entró en el volcán para buscar al niño y el borrego.
9. Mateo Simbaña se sentía protegido dentro del volcán.
10. Los parientes del pastor creyeron que había muerto.

2 **Resumen** Las oraciones ciertas y las oraciones falsas corregidas de la actividad anterior son un resumen de la historia. ¿Qué otros detalles agregarían al resumen? En parejas, escriban cinco oraciones. Indiquen entre qué dos oraciones de la actividad anterior las incluirían.

MODELO Entre las oraciones 7 y 8: El Cóndor Rumi decidió no arreglar el agujero en el nido.

3 **Interpretación** Contesta las preguntas con oraciones completas.

1. Relee los tres primeros párrafos. ¿Cómo se siente el niño en la naturaleza? Cita ejemplos del texto.
2. ¿Qué impresión tiene el niño de la ciudad de Quito? ¿Positiva o negativa? ¿Por qué?
3. ¿Cuál es la intención del cóndor al llevar al pastor a su nido?
4. ¿Qué hace el cóndor después de dejar a Mateo y el borreguito en su nido?
5. ¿El final del cuento es triste o feliz? ¿Por qué?

4 **Análisis** En parejas, contesten las preguntas.

1. ¿Cuál es el papel del cóndor en la historia de Mateo Simbaña?
2. ¿Por qué decide el niño quedarse para siempre dentro del volcán Pichincha?
3. Hay muchas personificaciones de la naturaleza en el cuento, por ejemplo cuando la autora escribe que "las constelaciones tiritaban." Busca más ejemplos y explica el efecto.
4. Al final del cuento, hay un cambio en los tiempos verbales en comparación con los del resto de la narración. ¿Cuál es el significado de este cambio?

5 **El volcán** Elige uno de los personajes de la historia y escribe la continuación del cuento. ¿Qué les pasa a Mateo y su borreguito? ¿La familia del pastor detecta la presencia de Mateo Simbaña en la montaña? ¿Cómo continúa la vida del cóndor?

Taller de escritura

Preparación: Un ensayo de cinco párrafos
Repasa las estrategias aprendidas en las **Lecciones 1 a 5**. Ya cuentas con todas las herramientas básicas para escribir un ensayo académico. En esta tabla, se presenta la estructura típica de un ensayo de cinco párrafos.

Párrafo	Contenido
1	Introducción/Tesis (en ensayos largos, la introducción suele adelantar las oraciones tema que se van a desarrollar)
2	Primera oración tema Argumentos
3	Segunda oración tema Argumentos
4	Tercera oración tema Argumentos
5	Recapitulación/Conclusión

Práctica En parejas, elijan un ensayo que hayan escrito en una lección anterior y preparen un esquema del contenido del ensayo. ¿Se parece a la organización presentada en la tabla anterior?

Ensayo Elige uno de estos temas y escribe un ensayo.

Requisitos

- Antes de escribir el ensayo, debes preparar un esquema del contenido de acuerdo con la tabla anterior.
- Tu ensayo debe hacer referencia a por lo menos tres obras de las cuatro estudiadas en esta lección (cultura, cortometraje, dos obras literarias) o, en el caso del tercer tema, una de las obras puede ser de una lección anterior.
- Debes seguir la organización presentada en la tabla e incluir un párrafo sobre cada obra.
- Tu ensayo debe ser de tres páginas como mínimo.

- Piensa en las cuatro obras de esta lección. ¿Estamos los seres humanos a la merced (*at the mercy*) de los fenómenos naturales? ¿Hasta qué punto creamos nuestros propios problemas y destinos?
- Piensa en las dos obras literarias y en el artículo de esta lección. De acuerdo con estas obras, ¿cómo es la relación de los habitantes locales con la naturaleza? ¿Cómo presentan estas obras a las personas "de afuera"?
- Piensa en estas obras:
  Cortometraje: *El día menos pensado* (p. 132)
  Artículo: *La conservación de Vieques* (p. 128)
  Artículo: *El toreo: ¿cultura o tortura?* (p. 28)

  En todas ellas, se muestra el uso que hacen las personas de otros seres vivientes u objetos naturales. ¿Tienen derecho las personas a usar la naturaleza? ¿Este uso viene acompañado de alguna responsabilidad?

Abriendo ventanas

El medioambiente

Presentación Trabajen en grupos de cuatro o cinco. Cada grupo va a preparar una presentación sobre un problema o una iniciativa ambiental en un país hispanohablante.

A. **Artículo** Lean este texto breve y contesten las preguntas.

Alerta ambiental

Santiago de Chile, 5 de junio de 2007. La ciudad de Santiago se encuentra hoy en estado de Alerta Ambiental Preventiva debido al *smog* que cubre la ciudad y constituye un riesgo para la salud de la población.

La intendencia (*city government*) ha decidido restringir (*restrict*) parcialmente el acceso de vehículos a la capital. Además de los vehículos cuyas patentes (*license plates*) terminan en los dígitos 5 y 6 —que no pueden circular en la capital los días martes—, debido al alerta tampoco podrán circular de 7.30 a 21 los vehículos con patentes terminadas en 9 y 0. Quedan exceptuados los vehículos que cuenten con el denominado "sello verde" (vehículos menos contaminantes con convertidor catalítico). Asimismo, queda prohibido encender estufas a leña (*wood stoves*) hasta las 23 horas.

También se recomienda a la población no realizar actividades deportivas. Se prevé una paulatina (*slow*) mejora de las condiciones para mañana.

1. ¿Qué otras ciudades conoces que tienen problemas de contaminación similares? ¿Cuáles son las causas? ¿Qué medidas se están tomando para reducir la contaminación?
2. ¿Qué opinan de las medidas tomadas por la intendencia de Santiago de Chile?
3. ¿Qué medidas alternativas o mejores pueden sugerir?
4. Las medidas tomadas apuntan a controlar la situación hasta que mejoren las condiciones. ¿Qué medidas se pueden tomar para que esta situación no se repita?

B. **Problemas ambientales e iniciativas ambientales** Lean esta lista de problemas e iniciativas ambientales. Cada integrante del grupo debe elegir un problema o iniciativa y hacer una búsqueda rápida en Internet para responder a estas preguntas. Pueden elegir también otros problemas o iniciativas que conozcan.

- ¿En qué consiste el problema? o ¿En qué consiste la iniciativa o tendencia?
- ¿Cuál es el origen del problema/de la iniciativa?

Problemas e iniciativas

- Contaminación del Río de la Plata en Argentina
- Deforestación en la cuenca (*basin*) del Amazonas
- 77 millones de personas sin agua potable en América Latina
- Contaminación atmosférica en México, D.F.
- Creación del Ministerio del Medio Ambiente en España (1996)
- Agrocombustibles (*biofuels*) en América Latina
- Programa "Cero Combustibles Fósiles" en las Islas Galápagos.
- "Proyecto Nacional de Bambú" (Costa Rica)

C. Van a preparar una presentación relacionada con uno de los problemas o iniciativas/ tendencias de la parte **B**.

Elección del tema

Repasen la información que encontraron sobre los temas elegidos en la parte B. ¿Prefieren hacer una presentación sobre un problema y sus posibles soluciones? ¿O prefieren hablar de un proyecto, tendencia o iniciativa ambiental? ¿Qué tema les interesa más? ¿Cuál quieren investigar en más detalle?

Preparación

Una vez elegido el tema, realicen una investigación en Internet, en enciclopedias, en diarios y revistas, o en la biblioteca. Seleccionen datos estadísticos importantes para presentar. Preparen también materiales audiovisuales para usar durante la presentación (gráficas, estadísticas, mapas, fotografías, etc.).

Si eligieron...	**Investiguen...**
• un problema	• las causas y la historia • la gravedad del problema y las consecuencias • las posibles soluciones • otros datos importantes
• una iniciativa/tendencia	• la historia o los antecedentes • la financiación/los costos • los proyectos específicos • los beneficios o resultados

Organización

Organicen la presentación en un esquema. La presentación deberá durar unos diez minutos. Decidan qué parte(s) presentará cada uno/a. Recuerden que todos los integrantes del grupo deben participar.

Estrategia de comunicación

Estadísticas y datos numéricos

- % se lee **por ciento**. Por ejemplo, "el 20% de la población" se lee "el 20 por ciento". En el caso del número 100, es correcto decir: **ciento por ciento** (Lat.), **cien por ciento** o **cien por cien** (Esp.).
- El número 1 seguido de nueve ceros es *one billion* en inglés, pero **mil millones** en español.
- **Expresiones útiles: la mayoría de** (*most*); **el promedio** o **la media** (*average*).

Presentación

Usen el esquema como guía para hacer la presentación, pero recuerden que deben hablar a la clase y no leer una presentación escrita. Después de la presentación, contesten las preguntas que puedan tener los integrantes del otro grupo y el resto de sus compañeros/as.

Tertulia

Los animales

1 5 min. La clase se divide en cinco grupos; cada uno tiene que pensar y anotar sus ideas sobre uno de estos temas.

Es una vergüenza que algunas personas gasten tanto dinero en sus mascotas.

Usar zapatos de cuero de vaca es lo mismo que usar un abrigo de visón (*mink*).

Los métodos que siguen algunas organizaciones ambientales son inaceptables.

Se debe permitir el ingreso de mascotas en restaurantes.

Deben construirse más zoológicos para que los niños conozcan la fauna del mundo.

Es bueno que muchas oficinas dejen que sus empleados lleven los perros al trabajo.

2 10 min. Cada grupo debe preparar una breve presentación explicando qué opinan sobre el tema elegido. ¿Están de acuerdo o en desacuerdo? ¿Por qué? En caso de que no todos opinen lo mismo sobre el tema, mencionen las distintas opiniones.

3 25 min. Los diferentes grupos presentan sus ideas a la clase, mientras todos toman nota.

4 10 min. Cuando todos los grupos hayan terminado de presentar sus ideas, toda la clase participa haciendo preguntas, expresando sus opiniones o defendiendo sus puntos de vista.

La tecnología y la ciencia

7

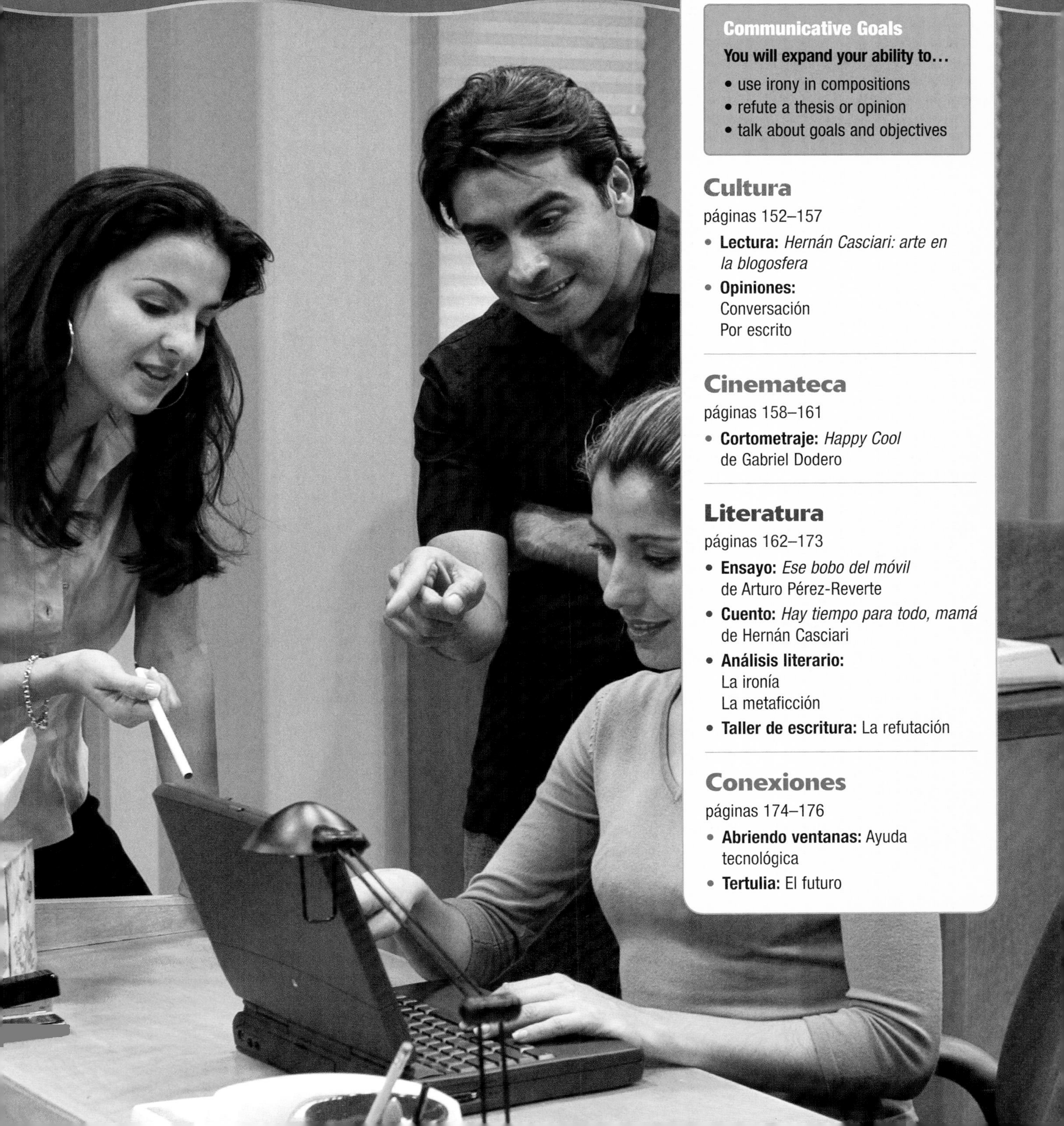

Communicative Goals

You will expand your ability to...

- use irony in compositions
- refute a thesis or opinion
- talk about goals and objectives

Cultura

Cinemateca

Literatura

Conexiones

Tres destinos, 1956.
Remedios Varo, España/México.

"Ciencia es todo aquello sobre
lo cual siempre cabe discusión."

—José Ortega y Gasset

Antes de leer

Vocabulario

a la vanguardia *at the forefront*	**el enlace** *link*
actualizar *to update*	**el/la novelista** *novelist*
la bitácora *travel log; weblog*	**el sitio web** *website*
la blogonovela *blognovel*	**el/la usuario/a** *user*
la blogosfera *blogosphere*	**la web** *the web*

Mi amigo periodista Completa las oraciones. No puedes usar la misma palabra más de una vez.

1. Mi amigo periodista entiende mucho de tecnología y prefiere utilizar la __________ para informarse y para publicar sus ideas.
2. Él no compra periódicos, sino que consulta varios __________ de noticias.
3. Después escribe sus comentarios sobre la política argentina en una __________ con __________ que conectan al lector a periódicos electrónicos.
4. Muchos __________ contemporáneos están interesados en incursionar en el nuevo fenómeno literario conocido como la __________.

Conexión personal ¿Con qué frecuencia te conectas a Internet? ¿Es fundamental para ti o podrías vivir sin estar conectado? ¿Para qué navegas por Internet?

	siempre	con frecuencia	casi nunca	nunca
banca electrónica				
comunicación				
diversión				
estudios				
noticias				
trabajo				

Contexto cultural

¿Qué hacía la gente antes de la existencia de Internet? Muchos nos hacemos esta pregunta en situaciones cotidianas como resolver un debate entre amigos con una búsqueda rápida en una base de datos (*database*) de cine, pagar una factura por medio de la banca electrónica o hablar con alguien a mil kilómetros de distancia con el mensajero instantáneo. Internet ha transformado la vida moderna, abriendo paso (*paving the way*) a múltiples posibilidades de comunicación, comercio, investigación y diversión. ¿Hay algo que sigue igual después de la revolución informática? ¿Qué ha pasado, por ejemplo, con el arte? ¿Cómo ha sido afectado por las innovaciones tecnológicas?

Hernán Casciari: arte en la blogosfera

En un lugar de mi casa de cuyo nombre no quiero acordarme

Si el medio artístico° del siglo XX fue el cine, ¿cuál será el nuevo medio del siglo XXI? El trabajo innovador del argentino Hernán Casciari sugiere la posibilidad de la blogonovela. Casciari ha desarrollado el nuevo género con creatividad, humor y una buena dosis de ironía. Las blogonovelas imitan el formato del blog —un diario electrónico, también llamado bitácora— pero los "autores" son o personajes de ficción o versiones apócrifas° de individuos reales. El uso de Internet permite que Casciari incorpore imágenes

artistic medium

fictitious

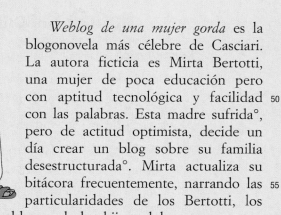

para que la lectura sea también una experiencia visual. Explica el escritor: "Vale más ilustrar un rostro con una fotografía o un dibujo, en lugar de hacer una descripción literaria". Sus sitios web incluyen enlaces para que la lectura sea activa. También invitan a hacer comentarios para que lectura y escritura sean interactivas.

La blogonovela rompe con varios esquemas° tradicionales y se hace difícil de clasificar°. Si Casciari prefiere a veces la fotografía a la descripción, ¿es la blogonovela literatura o arte visual? ¿Aspira a ser un arte serio o cultura popular? Si el autor es argentino pero vive en España, ¿la obra se debe considerar española o argentina? Por otra parte, si aparece primero en Internet, ¿sería realmente un arte global?

alters various patterns / *categorize*

Otros blogs de Hernán Casciari

El diario de Letizia Ortiz
Juan Dámaso, vidente
Klikowsky. El día a día de un argentino en Euskadi
Espoiler

Además, las blogonovelas juegan con niveles de realidad y con las reglas° de la ficción. El diario falso seduce al lector, que cree leer confesiones íntimas. Sin embargo, el autor de una blogonovela mantiene una relación inusual con su lector. La persona que abre una novela tradicional recibe información según el orden° de las páginas de un libro. Pero el usuario informado de un sitio web crea su propio orden. ¿Cuál es el comienzo° y cuál es el final de un blog? En *Weblog de una mujer gorda*, Casciari incluye muchos enlaces, que a veces introducen información antes de la bitácora. ¿Pero qué pasa si un individuo decide no abrir un enlace? El lector de una blogonovela es autor de su propio camino en zigzag, una lectura animada por ilustraciones gráficas y fotos.

rules / *according to the order* / *beginning*

Weblog de una mujer gorda es la blogonovela más célebre de Casciari. La autora ficticia es Mirta Bertotti, una mujer de poca educación pero con aptitud tecnológica y facilidad con las palabras. Esta madre sufrida°, pero de actitud optimista, decide un día crear un blog sobre su familia desestructurada°. Mirta actualiza su bitácora frecuentemente, narrando las particularidades de los Bertotti, los problemas de los hijos adolescentes y otros relatos° sobre los retos° de su vida. Mirta parece quejarse de su mala suerte, pero sus palabras revelan humor, cariño y fuerza interior°, una resistencia a los problemas muy modernos que afectan su vida.

long-suffering / *dysfunctional* / *stories/ challenges* / *inner strength*

Casciari desafía° nuestras expectativas, pero más que reírse del lector, le provoca risa y sorpresa. Sus experimentos de ficción y realidad —como solicitar comentarios auténticos en blogs de ficción— nos divierten; pero además nos introducen a un nuevo y amplio° mundo creativo posible ahora debido al encuentro entre el arte e Internet. ■

challenges / *wide*

Datos biográficos

Hernán Casciari nació en Buenos Aires en 1971 y vive en Barcelona. Es periodista y novelista, pero saltó a la fama con sus blogonovelas. *Weblog de una mujer gorda* fue seleccionado mejor blog del mundo por la cadena alemana *Deutsche Welle.* En 2005 se publicó en España en versión impresa bajo el título *Más respeto, que soy tu madre,* y luego se publicó en Argentina y en México. En 2007, en el blog *Yo y mi garrote*, Casciari "inventó" a un joven internado en un hospital psiquiátrico. Durante seis meses, los lectores de Elpaís.com creyeron que el personaje era real.

SUPERSITE

Después de leer

Hernán Casciari: arte en la blogosfera

1 **Comprensión** Responde a las preguntas con oraciones completas.

1. ¿De dónde es Hernán Casciari?
2. ¿Qué es una blogonovela?
3. ¿Además de ser blogonovelista, que profesión tiene Casciari?
4. ¿Por qué a veces prefiere usar una foto en vez de una descripción?
5. ¿Qué incluyen los sitios web de Casciari para que la lectura sea activa e interactiva?
6. ¿Cómo es la autora ficticia del *Weblog de una mujer gorda*?

2 **Interpretación** Contesta las preguntas utilizando oraciones completas.

1. ¿Cuáles son las diferencias entre un blog y una blogonovela? ¿Cuáles son las semejanzas?
2. ¿Cuáles son algunas de las novedades artísticas de la blogonovela?
3. ¿Cómo cambia la experiencia de un lector que lee una obra en Internet en vez de abrir un libro? ¿Qué prefieres tú? Explica tus razones.
4. ¿Estás de acuerdo con Casciari en que a veces es mejor "ilustrar un rostro con una fotografía o un dibujo"? ¿Por qué?

3 **Comunicación** En parejas, respondan a las preguntas y compartan sus respuestas con la clase.

1. Muchos de los problemas de la familia Bertotti son muy actuales, por ejemplo, las situaciones difíciles de los adolescentes de hoy día. ¿Prefieren un arte que represente la realidad contemporánea? ¿O les gusta un arte que introduzca otras épocas o temas lejanos?
2. Algunos lectores del blog *El diario de Letizia Ortiz* creían que el blog era el diario auténtico de la entonces futura princesa. ¿Qué piensan de esta situación? ¿Conoces otros ejemplos de este tipo de confusión entre el arte y la realidad?
3. ¿De qué manera ha cambiado el arte debido a las innovaciones tecnológicas de las últimas décadas? ¿Conocen ejemplos del mundo de la música?
4. ¿Qué actividades hacen ustedes en Internet que otras generaciones hacían de otra manera? ¿Cómo reaccionan las generaciones mayores (como sus padres y abuelos) frente a los avances tecnológicos?
5. *Klikowsky. El día a día de un argentino en Euskadi* es el blog que acompaña un programa de televisión español y permite que los seguidores lean los pensamientos de los personajes, envíen comentarios y organicen debates. ¿Qué programa de televisión puede mejorar con un blog? ¿Por qué?

4 **Escribir** Elige un personaje público, que aparece frecuentemente en la prensa, como la princesa española Letizia Ortiz en los días anteriores a su boda. Imagina los pensamientos íntimos de esta persona —las cosas que no pueden saber los periódicos o las revistas— y narra un día de su vida en forma de blogonovela. Escribe como mínimo diez oraciones.

SUPERSITE

Opiniones

1 Conversación En parejas, contesten estas preguntas.

1. Observa la imagen. ¿Qué muestra? ¿Qué significado tiene para ti? ¿Te sientes identificado/a? ¿Por qué?
2. ¿Te sientes incómodo/a cuando no tienes acceso a Internet?
3. Si no sabes cómo llegar a un lugar, ¿qué haces? ¿Qué hacías en la misma situación hace diez años?
4. Tienes que depositar un cheque por diez mil dólares. ¿Prefieres usar un cajero automático o ir a la ventanilla del banco? ¿Por qué?
5. ¿Nos hemos hecho dependientes de la tecnología? ¿De qué manera? Da ejemplos.
6. ¿La tecnología afecta la capacidad de las personas para relacionarse e interactuar con los demás? Da ejemplos.

2 Por escrito Elige uno de estos temas y escribe una composición de una página.

- ¿Crees que la tecnología siempre implica un avance o hay cosas que la tecnología no puede reemplazar? Usa estos pares de objetos como ejemplos.

  cámara fotográfica tradicional / cámara digital

  carta / correo electrónico

  regalo envuelto y entregado en persona / tarjeta de regalo electrónica (*electronic gift card*)

- Imagina que tienes todos los objetos de esta lista pero debes renunciar (*give up*) para siempre a tres de ellos. ¿Cuáles eliges? ¿Qué cambios habrá en tu vida por no tener cada uno de estos objetos? ¿Cuál es para ti el objeto más importante de la lista?

bicicleta	computadora de escritorio	lavarropas
cámara de fotos	computadora portátil	teléfono celular
carro	lavaplatos	televisor

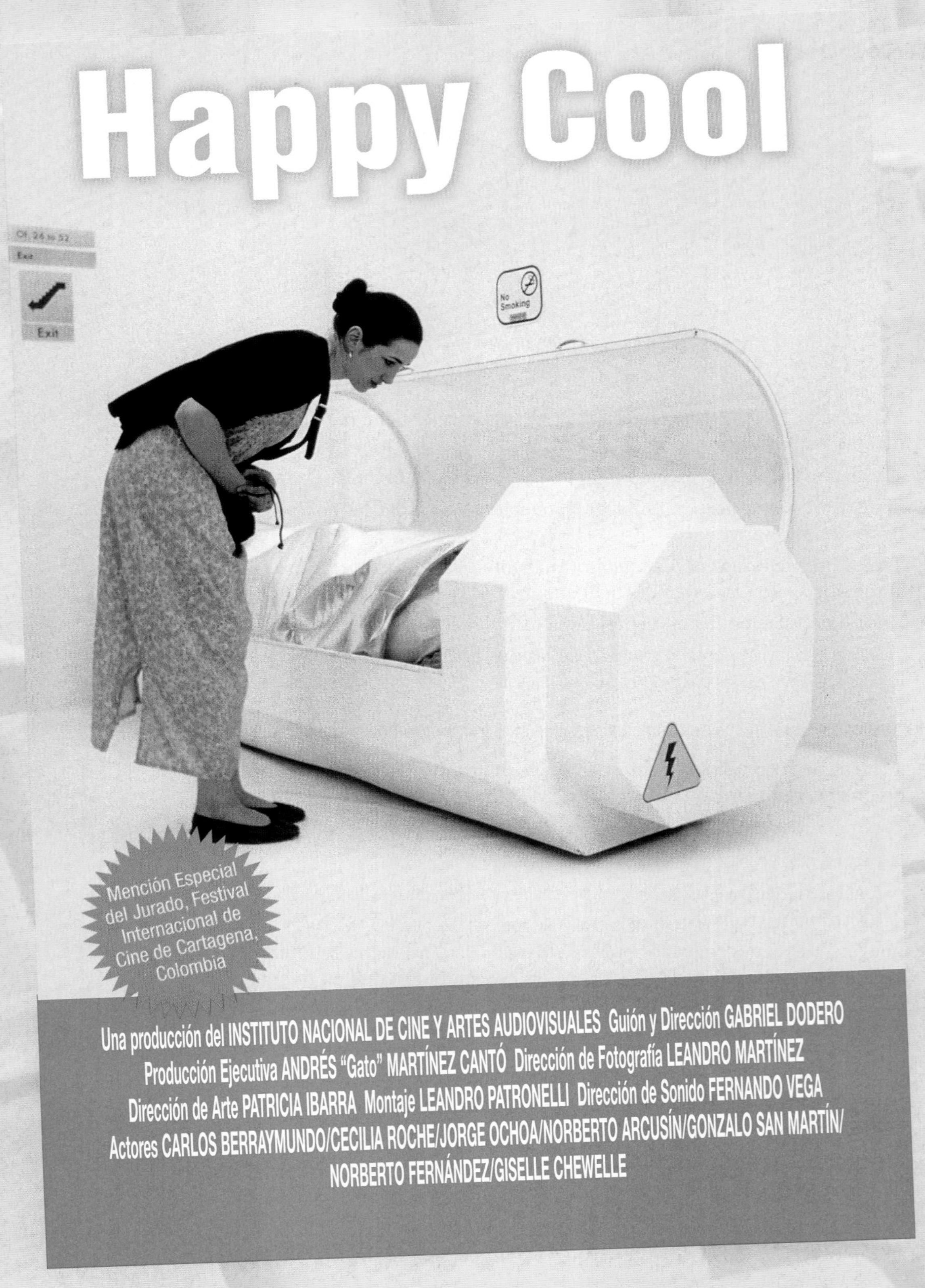
Happy Cool
Exit
No Smoking
Mención Especial del Jurado, Festival Internacional de Cine de Cartagena, Colombia
Una producción del INSTITUTO NACIONAL DE CINE Y ARTES AUDIOVISUALES Guión y Dirección GABRIEL DODERO
Producción Ejecutiva ANDRÉS "Gato" MARTÍNEZ CANTÓ Dirección de Fotografía LEANDRO MARTÍNEZ
Dirección de Arte PATRICIA IBARRA Montaje LEANDRO PATRONELLI Dirección de Sonido FERNANDO VEGA
Actores CARLOS BERRAYMUNDO/CECILIA ROCHE/JORGE OCHOA/NORBERTO ARCUSÍN/GONZALO SAN MARTÍN/
NORBERTO FERNÁNDEZ/GISELLE CHEWELLE

SUPERSITE

Antes de ver el corto

HAPPY COOL

país Argentina
duración 14 minutos
director Gabriel Dodero

protagonistas Julio, Mabel (esposa), Pablito (hijo), suegro, Daniel (amigo)

Vocabulario

al alcance de la mano *within reach*
al final de cuentas *after all*
congelar(se) *to freeze*
derretir(se) (e:i) *to melt*
descongelar(se) *to defrost*
duro/a *hard; difficult*
hacer clic *to click*
el interrogante *question; doubt*
la guita *cash; dough (Arg.)*
la plata *money (L. Am.)*
el/la vago/a *slacker*
vos *tú (Arg.)*

1 **Oraciones incompletas** Completa las oraciones con las palabras o las frases apropiadas.

1. Hoy día, gracias a Internet, todo parece estar __________. Sólo hay que escribir un par de palabras en un buscador, __________ y listo.
2. Mi hermana es una __________. Quiere ganar __________ sin trabajar.
3. Los científicos no pueden prever con exactitud cuánto tiempo tardarán en __________ los glaciares (*glaciers*).
4. Para preparar la cena esta noche, no quiero trabajar mucho. Simplemente voy a __________ la pasta que sobró (*was left over*) del otro día. __________, Juan Carlos llega a casa tan cansado del trabajo que no disfruta de la comida, así que no vale la pena que yo me pase horas cocinando.

2 **Preguntas** En parejas, contesten las preguntas y expliquen sus respuestas.

1. ¿Creen que la vida en el futuro va a ser mejor?
2. ¿Qué avances tecnológicos creen que existirán para el año 2050? Mencionen tres.
3. ¿De qué manera pueden la ciencia y la tecnología ayudar a resolver problemas sociales? Den tres ejemplos.
4. Observen el afiche del cortometraje. ¿Qué está mirando la mujer? ¿Dónde está?
5. Imaginen que se puede viajar en el tiempo. ¿Qué consecuencias puede tener esto?

Contexto cultural

"¿Qué decís? ¿Cómo podés pensar en una cosa así?", dice uno de los personajes del corto que vas a ver. Las conjugaciones **decís** y **podés** son ejemplos de **voseo**. La palabra **voseo** se refiere al uso de **vos** en lugar de **tú** y se utiliza en casi toda la Argentina y también en otras partes de América del Sur y América Central. En este uso, los verbos en presente en la segunda persona del singular se acentúan en la última sílaba. Los verbos irregulares se conjugan como si fueran regulares. Por ejemplo: **(tener) vos tenés = tú tienes / (querer) vos querés = tú quieres**. A medida que miras el corto, presta atención a los ejemplos de voseo.

Watch the short film at **ventanas.vhlcentral.com.**

Escenas

ARGUMENTO En Buenos Aires, el desempleo ha obligado a muchos a recurrir a la tecnología en busca de un futuro mejor.

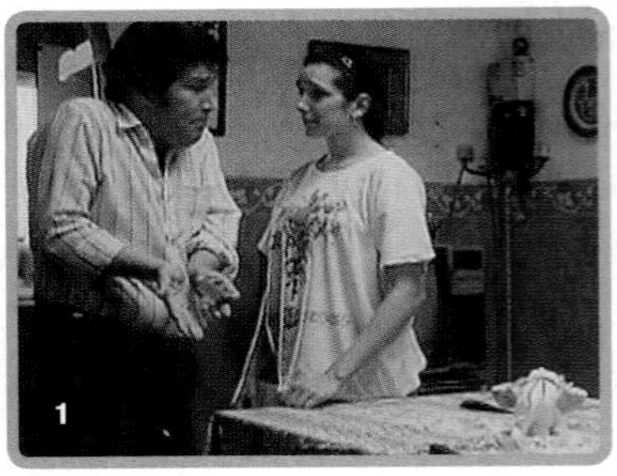

JULIO Yo vengo de buscar trabajo y no consigo nada, y encima tengo que ver esto. El chico me pierde el respeto a mí, yo ya no sé qué decirle a tu papá que nos está bancando° acá en su casa.

LOCUTOR No hay trabajo, pero hay una empresa que piensa en usted. *Happy Cool*, la tecnología que lo ayuda a esperar los buenos tiempos. [...] ¡Congélese!, y viva el resto de su vida en el momento oportuno.

JULIO Mirá°, Mabel, yo quizá me tenga que congelar. Un tiempito nomás. Yo creo que esto en uno o dos años se soluciona.
MABEL Pero, Julio, ¿qué decís°? ¿Cómo podés° pensar en una cosa así?

DANIEL ¿Vos te acordás° cuando éramos pibes° que pensábamos que en el 2000 la tecnología iba a ser tan poderosa que no iba a hacer falta laburar°?

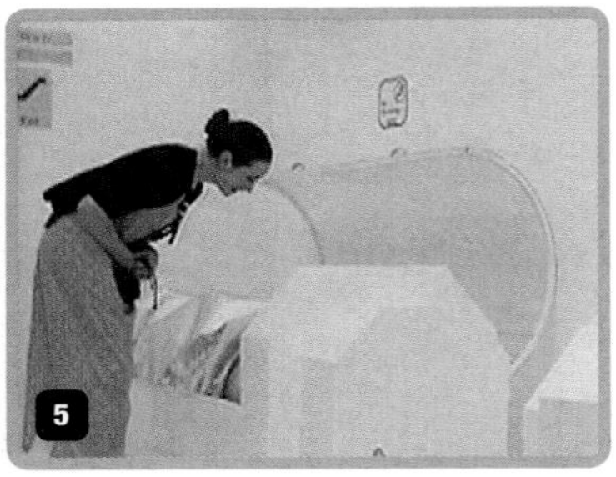

MABEL Ay, Julio, ¡qué tecnología!
JULIO Sí, sí... se ve que es gente seria... hay mucha plata invertida acá.
MABEL Ah... no sé qué voy a hacer. No sé si traerte flores como si estuvieras en un cementerio o qué.

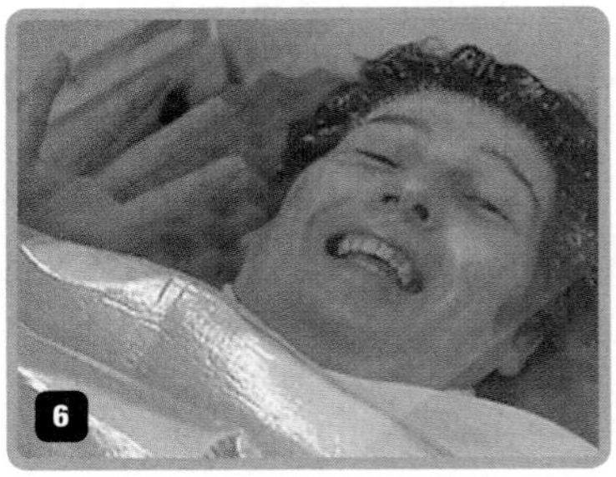

MABEL Volvé° pronto.
JULIO Ojalá que la situación económica mejore...
MABEL Ojalá...
JULIO Sí, así me descongelan cuanto antes.
MABEL Cuidáte°... te voy a extrañar.

nos... *he is putting us up* **Mirá** *Mira* **decís** *dices* **podés** *puedes* **acordás** *acuerdas* **pibes** *kids* **laburar** *work* **Volvé** *Vuelve* **Cuidáte** *Cuídate*

Después de ver el corto

1 **Comprensión** Contesta las preguntas con oraciones completas.

1. ¿De quién es la casa donde viven Julio y su familia?
2. ¿Cuánto tiempo lleva desempleado Julio?
3. ¿Qué opina al principio Julio de la congelación?
4. ¿Qué promete la empresa *Happy Cool*?
5. ¿Quién paga por la congelación de Julio?
6. ¿En qué año se descongela Julio?
7. ¿Qué pasó en su familia mientras él estaba congelado?
8. ¿Cómo soluciona Mabel la situación al final?

2 **Interpretación** En parejas, contesten las preguntas y expliquen sus respuestas.

1. ¿Para quiénes se destinan los servicios de *Happy Cool*? ¿Por qué?
2. ¿Por qué creen que Julio decide finalmente que sí quiere ser congelado?
3. ¿Es el regreso de Julio como él lo imaginaba? ¿Por qué?
4. ¿Por qué resulta irónico el comentario de Mabel: "Al final, lo casero es lo mejor"?

3 **Ampliación** En parejas, contesten las preguntas.

1. ¿Por qué piensan que la gente cree en la publicidad de *Happy Cool*?
2. Imaginen que están desempleados desde hace tres años. ¿Qué harían?
3. ¿Confían en las publicidades de productos o servicios que parecen demasiado buenos o demasiado baratos? Den ejemplos.
4. ¿Creen que en el futuro la ciencia y la tecnología van a estar tan avanzadas que no va a ser necesario trabajar?

4 **Viajeros** En el sueño de Julio hay una máquina para viajar en el tiempo. En grupos de tres, imaginen que ustedes la usaron tres veces. Escriban lo que hicieron en cada viaje y luego compartan sus viajes con la clase.

Fecha	Lugar	Actividades

5 **El regreso** Imagina que la congelación ha sido un éxito y Julio despierta en un futuro mejor. Escribe un párrafo explicando qué es lo que ocurre.

- ¿Cómo ha sido la vida de su esposa?
- ¿Cómo es su hijo y qué hace?
- ¿Cómo está su suegro? ¿Qué piensa ahora de su yerno?
- ¿Cómo es la situación económica?
- ¿Qué tipo de trabajo consigue Julio?
- ¿Son ahora todos más felices?
- ¿Fue una buena idea congelarse?

Composición Constructiva, 1938.
Joaquín Torres García, Uruguay.

"Ninguna ciencia, en cuanto a ciencia, engaña; el engaño está en quien no sabe."

— Miguel de Cervantes

SUPERSITE

Antes de leer

Ese bobo del móvil

Sobre el autor

Arturo Pérez-Reverte nació en Cartagena (España) en 1951. Comenzó su carrera como corresponsal de guerra en prensa, radio y televisión, y durante veinte años vivió la mayor parte de los conflictos internacionales prácticamente en la línea de fuego. Comenzó a escribir ficción en 1986 y a partir de 1994 se dedicó de lleno (*fully*) a la literatura, especialmente a la novela de aventuras. Ha publicado gran cantidad de novelas que se tradujeron a varios idiomas, y algunas fueron llevadas al cine, como *La tabla de Flandes, El Club Dumas* (dirigida por Roman Polanski con el título de *La Novena Puerta*) y *Alatriste*, basada en su serie de novelas de *El Capitán Alatriste*. Desde 1991 escribe una página de opinión en *El Semanal* que se ha convertido en una de las más leídas de España.

Vocabulario

ahorrarse *to save oneself*
apagado/a *turned off*
el auricular *telephone receiver*
el/la bobo/a *silly, stupid person*
la motosierra *power saw*
el móvil *cell phone*
el/la navegante *navigator*
sonar (o:ue) *to ring*
el vagón *carriage; coach*

Oraciones incompletas Completa las oraciones utilizando las palabras del vocabulario.

1. En España al teléfono celular lo llaman ______.
2. Antes, los aventureros eran ______ y viajaban de puerto en puerto.
3. Esperé durante horas una llamada, pero el teléfono nunca ______. Más tarde recordé que lo había dejado ______. ¡Qué ______ que soy!
4. Al llegar a la estación, el tren ya partía y apenas pude subir al último ______.

Conexión personal

¿Te gusta estar siempre conectado con tus amigos? ¿Tienes teléfono celular? ¿Lo usas mucho? Cuando hablas con alguien, ¿buscas tener un poco de privacidad, o no te importa que la gente te escuche?

Análisis literario: La ironía

La ironía consiste en un uso figurativo del lenguaje en el que se expresa lo contrario de lo que se piensa. Para eso se utiliza una palabra o frase que tiene la intención de sugerir el significado opuesto al enunciado. Por ejemplo, se puede señalar la avaricia (*greed*) de alguien con el comentario: "¡Qué generosidad!" Inventa el comentario irónico que podrías hacer en estas circunstancias.

- Regresas a tu casa y te encuentras con mucho ruido y problemas.
- Te das cuenta de que la fila en la que estás avanza lentamente.
- Tenías planes de pasar el día al aire libre y de repente empieza a llover.

Ese bobo del móvil

Arturo Pérez-Reverte

Mira, Manolo, Paco, María Luisa o como te llames. Me vas a perdonar que te lo diga aquí, por escrito, de modo más o menos público; pero así me ahorro decírtelo a la cara el próximo día que nos encontremos en el aeropuerto, o en el AVE°, o en el café. Así evito coger yo el teléfono y decirle a quien sea, a grito pelado°, aquí estoy, y te llamo para contarte que tengo al lado a un imbécil que cuenta su vida y no me deja vivir. De esta manera soslayo° incidentes.

AVE: Spanish fast train
a grito pelado: shouting at the top of one's voice
soslayo: elude; evade

Y la próxima vez, cuando en mitad de tu impúdica° cháchara° te vuelvas casualmente hacia mí y veas que te estoy mirando, sabrás lo que tengo en la cabeza. Lo que pienso de ti y de tu teléfono parlanchín°. Que también puede ocurrir que, aparte de mí, haya más gente alrededor que piense lo mismo; lo que pasa es que la mayor parte de esa gente no puede despacharse a gusto° cada semana en una página como ésta, y yo tengo la suerte de que sí. Y les brindo el toro°.

impúdica: immodest/ cháchara: chit-chat; idle talk
parlanchín: chattering
despacharse a gusto: to speak one's mind
brindo el toro: dedicate the bull (in a bullfight)

Estoy hasta la glotis° de tropezarme contigo y con tu teléfono. Te lo juro, chaval°. O chavala. El otro día te vi por la calle, y al principio creí que estabas majareta°, imagínate, un fulano° que camina hablando solo en voz muy alta y gesticulando° furioso con una mano arriba y abajo. Ése está para los tigres, pensé. Hasta que vi el móvil que llevaba pegado a la oreja, y al pasar por tu lado me enteré, con pelos y señales, de que las piezas de PVC° no han llegado esta semana, como tú esperabas, y que el gestor° de Ciudad Real es un indeseable. A mí, francamente, el PVC y el gestor de Ciudad Real me importan un carajo°; pero conseguiste que, a mis propias preocupaciones, sumara las tuyas. Vaya a cuenta de la solidaridad, me dije. Ningún hombre es una isla. Y seguí camino.

A la media hora te encontré de nuevo en un café. Lo mismo° no eras tú, pero te juro que tenías la misma cara de bobo mientras le gritabas al móvil. Yo había comprado un libro maravilloso, un libro viejo que hablaba de costas lejanas y antiguos navegantes, e intentaba leer algunas páginas y sumergirme en su encanto. Pero ahí estabas tú, en la mesa contigua, para tenerme al corriente° de que te hallabas en Madrid y en un café, cosa que por otra parte yo sabía perfectamente porque te estaba viendo, y de que no volverías a Zaragoza hasta el martes por la noche. Por qué por la noche y no por la mañana, me dije, interrogando inútilmente a Alfonso el cerillero°, que se encogía de hombros° como diciendo: a mí que me registren°. Tal vez tiene motivos poderosos o inconfesables, deduje tras cavilar° un rato sobre el asunto: una amante, un desfalco°, un escaño° en el Parlamento. Al fin despejaste la incógnita diciéndole a quien fuera que Ordóñez llegaba de La Coruña a mediodía, y eso me tranquilizó bastante. Estaba claro, tratándose de Ordóñez. Entonces decidí cambiar de mesa.

Al día siguiente estabas en el aeropuerto. Lo sé porque yo era el que se encontraba detrás en la cola de embarque, cuando le decías a tu hijo que la motosierra estaba estropeada°. No sé para qué diablos quería tu hijo, a su edad, usar la motosierra; pero durante un rato obtuve de ti una detallada relación° del uso de la motosierra y de su aceite lubricante. Me volví un experto en la maldita motosierra, en cipreses y arizónicas. El regreso lo hice en tren a los dos días, y allí estabas tú, claro, un par de asientos más lejos. Te reconocí por la musiquilla del móvil, que es la de Bonanza. Sonó quince veces y te juro que nunca he odiado tanto a la familia Cartwright. Para la ocasión te habías travestido de ejecutiva madura, eficiente y agresiva; pero te reconocí en el acto cuando informabas a todo el vagón sobre pormenores° diversos de tu vida profesional. Gritabas mucho, la verdad, tal vez para imponerte a las otras voces y musiquillas de tirurí tirurí que pugnaban° con la tuya a lo largo y ancho del vagón. Yo intentaba corregir las pruebas de una novela, y no podía concentrarme. Aquí hablabas del partido de fútbol del domingo, allá saludabas a la familia, acullá comentabas lo mal que le iba a Olivares en Nueva York. Me sentí rodeado°, como checheno° en Grozni. Horroroso. Tal vez por eso, cuando me levanté, fui a la plataforma del vagón, encendí el móvil que siempre llevo apagado e hice una llamada, procurando° hablar bajito° y con una mano cubriendo la voz sobre el auricular, la azafata del vagón me miró de un modo extraño, con sospecha. Si habla así pensaría, tan disimulado° y clandestino, algo tiene que ocultar (...). ■

Publicado en *El Semanal,* 5 de marzo de 2000

glotis: I've had it
chaval: dude
majareta: loony; nutty
fulano: so-and-so
gesticulando: gesticulating
PVC: plastic
gestor: solicitor
me importan un carajo: I couldn't care less
Lo mismo: Maybe
al corriente: up-to-date
cerillero: match-seller
se encogía de hombros: shrugged
registren: search
cavilar: to ponder
desfalco: embezzlement
escaño: seat
estropeada: damaged
relación: narration; account
pormenores: details
pugnaban: fought; struggled
rodeado: surrounded
checheno: Chechnyan
procurando: trying
bajito: softly
disimulado: hidden; concealed

Después de leer

Ese bobo del móvil

Arturo Pérez-Reverte

1 Comprensión Responde a las preguntas con oraciones completas.

1. ¿Qué sentimientos le provocan al narrador los que hablan por teléfono?
2. ¿En qué lugares se encuentra con estas personas?
3. ¿La gente que habla por teléfono celular está loca?
4. ¿Qué otras "musiquillas" escucha el narrador en el tren?
5. Además del teléfono, ¿qué tienen en común estas personas según el narrador?

2 Análisis Lee el relato nuevamente y responde.

1. El narrador utiliza la segunda persona (tú) en este relato. ¿Se dirige sólo a personas que se llaman Manolo, Paco y María Luisa?
2. El autor comienza el artículo con el pedido: "me vas a perdonar que te lo diga aquí". ¿Crees que el autor realmente se está disculpando?
3. Busca ejemplos de expresiones o palabras que indican o se relacionan con la forma de hablar por teléfono de estas personas. ¿Cómo contribuyen estas expresiones al tono del relato? ¿Qué dicen acerca de la opinión del autor?

3 Interpretación Responde a las preguntas con oraciones completas.

1. ¿Por qué crees que al narrador le molestan tanto las personas que hablan por su móvil? ¿Te parece que su reacción es exagerada?
2. Las personas del relato, ¿hablan de cosas importantes en sus móviles? ¿Qué te parece que los motiva a utilizar el teléfono celular?
3. ¿Crees que es cierto que todos los que hablan por su móvil tienen "la misma cara de bobo"? ¿Qué otras características encuentra el narrador en ellos?
4. ¿Te parece que el narrador se resiste a los avances tecnológicos? ¿Por qué?
5. ¿Crees que podría hablarse de "contaminación de ruido en un espacio público"? ¿Crees que es legítimo protestar contra eso?

4 Opiniones En parejas, lean estas afirmaciones y digan si están de acuerdo o no, y por qué. Después, compartan su opinión con la clase.

- El teléfono celular nos ayuda a mantenernos en contacto.
- En nuestra sociedad existe una dependencia obsesiva del teléfono celular que puede llegar a la adicción.

5 Escribir Elige uno de los temas y redacta una carta de opinión para un periódico. Elige un tono irónico marcadamente a favor o en contra.

- Responde al artículo de Pérez-Reverte.
- Escribe sobre el avance de algún otro objeto de la vida diaria.

SUPERSITE

Antes de leer

Hay tiempo para todo, mamá

Sobre el autor

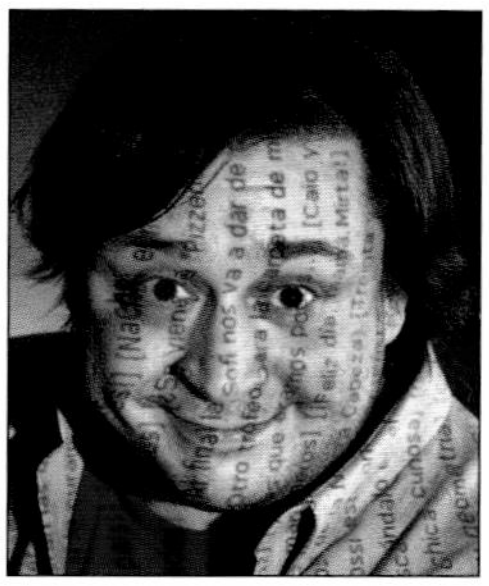

Como se explica en la sección **Cultura** (p. 155), **Hernán Casciari** es famoso como blogonovelista cómico por su humor provocador. Sus blogs de ficción divierten al lector y transforman los usos habituales de Internet tanto como las tradiciones literarias. Sin embargo, según Casciari, son los blogs los que nos transforman a nosotros. En un artículo publicado en la revista *20 minutos* afirma: "En un blog se suele mostrar el alma recién salida de la ducha, limpia. El blog es el espejo empañado (*foggy*) del alma." Sin embargo, al mezclar la realidad y la ficción, las blogonovelas de Hernán Casciari juegan con las expectativas del lector —incluso el lector típico de los blogs— y nos muestran también el alma auténtica de sus personajes.

Vocabulario

el adelanto *advance*	**la época** *period*	**el sueldo** *salary*
la casualidad *coincidence*	**el llanto** *cry*	**el taller** *workshop*
devolver *to return something*	**la multa** *fine*	**el weblog** *blog*

Vocabulario Completa las oraciones.

1. Por la noche oímos el _______ del bebé.
2. Todos los días yo mantengo un _______ personal en Internet.
3. Mi familia vivió una _______ muy difícil cuando mi madre perdió su trabajo y en la empresa donde trabajaba mi padre redujeron (*reduced*) todos los _______.
4. Mi amiga tiene dos trabajos para _______ el dinero que le prestó el banco.
5. Nicolás recibió un _______ por la novela que quiere escribir en los próximos meses.

Conexión personal

¿Cómo expresas tus pensamientos íntimos? ¿Mantienes un diario o un blog? ¿Compartes tus dudas y deseos en un sitio web como Facebook o Friendster?

Análisis literario: La metaficción

La metaficción es una ficción sobre la ficción; es decir, es una narrativa que reflexiona sobre su propia construcción. Una obra puede mostrar conciencia de su estado ficticio de diversas maneras: por ejemplo, en *Don Quijote de la Mancha* el narrador interrumpe el relato para hablar de sus fuentes (*sources*) y, más tarde, los personajes mismos hablan de una famosa obra que cuenta sus aventuras. Creando el efecto de un espejo frente a otro espejo que los refleja hasta el infinito, otras ficciones retratan (*portray*) a personajes que son escritores de ficción o a personajes que aprenden que son productos de la imaginación de un autor. Mientras lees el capítulo de esta blogonovela, piensa en las características de la metaficción y en cómo el autor usa esta estrategia.

Hay tiempo *para todo, mamá*

Hernán Casciari

"Como si nos costara poco° traer el pan, el Caio pasó un rojo y nos cayó una multa". Ésas fueron las primeras palabras en este cuadernito, el 26 de septiembre de 2003 (el archivo no me deja mentir). Fue una época horrible: dos días antes lo habían echado° al Zacarías de Plastivida y nos habíamos quedado sin nada. Nomás teníamos° la *tatadiós°* para que el Nacho fuera al puesto y nos trajera su sueldo. Y el pelotudo° del Caio sale [...] y le secuestran° la moto. Nos habíamos caído a un pozo°. Y yo no sabía qué hacer con mi vida.

La mañana de ese 26 de septiembre, que cayó viernes, el Nacho me encontró llorando bocabajo° en la cama grande. El llanto más humillante que existe es cuando llorás porque no hay plata°. Cuando no se te ocurre la manera de poner algo en la mesa. No es impotencia: es desesperación. Te das cuenta° de que sos capaz de lo que sea con tal de que tus hijos coman. Incluso si tenés un hijo como el Caio, que se merece el ayuno de por vida°. El Nacho llegó a la cama y me empezó a acariciar° la cabeza.

—Llorás como si fuera la primera vez que papá y vos° se quedan sin trabajo —me dice, con esa voz suavecita que tiene—. Siempre estuvimos en el medio de épocas malas. ¿Te acordás con Alfonsín?

—Lloro por eso —le puchereo°, con la almohada° en la boca—, porque no es la primera vez, ni va a ser la última. Lloro porque es siempre lo mismo, y yo ya no puedo más. No me dan los brazos de tanto remar°, nene°...

—Ahora no es lo mismo —me dice—. Ahora yo soy grande. Ustedes me educaron cuando había más miseria que ahora. Me mandaron al colegio en la época que el almacén no nos quería vender el aceite. Lo que pasa es que vos ya no te acordás...

—Sí que me acuerdo.

—Con más razón, viejita°... Me parece que es hora de que descanses. Ahí te dejé mi sueldo en la caja verde del té.

Me doy vuelta° y lo miro a los ojos:

—Esa plata es para el master°, Nacho —le digo—. ¡Ni se te ocurra° cambiar los planes ahora! Vos tenés que ahorrar para irte a Estados Unidos.

Hacía mucho que el Nacho trabajaba en un puesto de informática, y juntaba pesito° tras pesito para hacer un master en Boston.

As if it weren't hard enough to pay · *had been fired* · *All we had/* · *Lit. God; here: name given to the motorcycle* · *idiot* · *impound* · *pit* · *facedown* · *money* · *you realize* · *deserves to fast forever* · *to touch lightly* · *tú* · *I whimper* · *pillow* · *I am dead tired/ my boy* · *old lady (term of endearment)* · *I turn* · *master's degree* · *Don't even think about* · *saving his pennies*

Vos

El pronombre *vos* se usa en lugar de *tú* en muchos países de Latinoamérica, entre ellos Argentina, Uruguay y Costa Rica. En estos países, el uso de *vos* —o el *voseo*— para expresar la segunda persona informal es casi exclusivo. Por otro lado, en algunos países de Centroamérica se alterna entre *vos* y *tú* dependiendo de la situación, la persona o el contexto. En España el *voseo* era también común durante la Edad Media. Con poquísimas excepciones, para conjugar los verbos se toma el infinitivo, se reemplaza la **r** con **s** y se acentúa la última sílaba.

Ejemplos de *voseo* en "Hay tiempo para todo, mamá":

tener ⟶ vos tenés
pensar ⟶ vos pensás
ser ⟶ vos sos

Yo no podía permitir que le mandáramos otro sueño a la mierda.

—¿Y vos te pensás° que yo me puedo ir en medio de todo esto? —me dice— ¿Te pensás que no tengo sentimientos? Ahora lo que hay que hacer es salir adelante°. Boston no se va a morir si yo no voy a fin de año.

Nos abrazamos. Me sentí, por primera vez en muchos años, protegida. Es raro sentirse protegida por alguien que pariste°. Es como ponerse un tapado° de bisón caro. Es el calorcito verdadero. No abrazamos, pero yo no quería que él hiciera eso por nosotros.

—Cuando yo tenía tu edad —le dije—, o un poco antes, quería ser escritora. Incluso llegué a ir un tiempo a un taller literario.

—Ya lo sé.

—Entonces lo conocí a tu padre, que viste cómo es... Y cuando ya empezamos a ir en serio él no quiso saber nada con que yo me juntara con los melenudos° del taller literario. Y de a poco me fui acomodando° a esta vida, y después se me pasó el berretín° de ser escritora... ¿Sabés lo que te quiero decir, no?

—Sí.

—Nacho, corazón: yo no quiero que te pase eso, mi vida. Si vos tenés un sueño tenés que olvidarte de todo. Algo vamos a hacer nosotros, ya nos vamos a arreglar... Pero no dejés de irte a estudiar con los yanquis°. Porque cuando perdés el tren, perdés el tren. Te lo digo por experiencia.

—Hay tiempo para todo, mamá —me dice, y yo lo miro de nuevo porque es un hombre, no es un nene el que me habla: es un hombre—. Lo más probable es que si te hubieras dedicado a escribir cuando tenías veintipico° de años, yo no hubiera nacido. Ni el Caio, ni Sofía.

—Eso es verdad.

—¿Por qué no escribís ahora? ¿Por qué no descansás y hacés lo que tenés ganas de hacer, ahora que no vas más a la *boutique*? Quién te dice que tu momento no sea éste. Y que mi momento de Boston sea después.

Lo miro riéndome un poquito. Pero no por lo que está diciendo, sinó porque tiene la esencia optimista. Esa misma que tengo yo. Me gusta que sea así, me gusta que converse conmigo.

—¿A vos te parece, Nachito? —le digo, casi al mediodía del 26 de septiembre de 2003.

Y entonces él me dice:

—¿Sabés lo que es un weblog?

Esa misma noche escribí esa frase en la computadora vieja: *"Como si nos costara poco traer el pan, el Caio pasó un rojo y nos cayó una multa"*. Y desde entonces empezó a pasar algo en mí, muy despacio. No sé explicarlo, es como si adentro mío alguien hubiera empezado a cambiar todos los muebles de lugar. Me sentí la misma, pero redecorada.

pensás piensas
salir adelante get out of this mess
pariste gave birth
tapado overcoat
juntara con los melenudos hang out with those long-haired types
me fui acomodando I started to get used to
se me pasó el berretín got over my crazy idea
yanquis Americans (slang)
veintipico twenty something

Weblog de una mujer gorda

Weblog de una mujer gorda recibe miles de visitas al día. A veces los aficionados —imaginativos o confundidos— escriben a la ama de casa inventada Mirta Bertotti con preguntas, regalos o para expresar su solidaridad. Casciari explica que para provocar la risa de sus lectores ha creado una autora de blog que, al principio, es analfabeta digital (*computer illiterate*).

Es muy lindo hacer lo que te gusta, aunque la suerte te llegue de grande°. A mí me llegó junto con la menopausia, pero me llegó. Y no tenía [...] idea de que escribir fuera algo tan divertido. Cuando yo era joven quería ser escritora porque me pensaba que te ibas a codear° con gente inteligente... ¡pero nada que ver°! Escribir, al final, solamente sirve para ser feliz. Lo demás son boludeces°.

when you are old
you would get to rub elbows with
it was nothing like that
Everything else is worthless

Pasamos muchas épocas chotas° desde que abrí el cuadernito, pero en el momento que las pasaba a papel se iban convirtiendo en anécdotas. No. No fue casualidad que me sentara a escribir de vieja. Si lo hubiera hecho a los veinte años (me doy cuenta ahora) no habría tenido nada para decir. No existen las casualidades.

tough times

Por ejemplo: la presentación del libro que acaba de salir en España fue el lunes pasado. ¿Saben qué día era el lunes pasado? Hagan la cuenta. No; no existen las casualidades.

Con el Nacho nos levantamos tempranito, salimos del hotel, y nos fuimos disparando° a El Corte Inglés. Nos quedamos como dos boludones° esperando a que abrieran. Y entonces subimos al piso de los libros, y ahí estaban. Apilados°, uno arriba del otro. Preciosos. A mí me empezaron a temblar las patitas°. El Nacho me abrazaba.

we sprinted
idiots
stacked
my legs started shaking

"Más respeto, que soy tu madre", decían todos, con letras muy conchetas°, y con el empapelado idéntico que en el cuadernito. ¡Ay, qué plato°, casi me da una cosa acá!

exquisite
how funny

—¿Qué hacemos en España, nene? —le decía yo al Nacho, media llorando— ¿Qué hacen todos estos libros con mi nombre? ¿Qué corno° está pasando?

What the heck

El Nacho sonreía. Y yo me acordaba de estos dos años hermosos que pasé sentada en la compu de la piecita, escribiendo a la noche cosas para ustedes. *"Hay tiempo para todo, mamá"* me había dicho mi hijo exactamente dos años antes.

Al día siguiente, en medio del Atlántico, volviéndonos para casa, pasé por su asiento y me acerqué despacito:

—*Hay tiempo para todo, Ignacio* —le susurré en la oreja, y le dejé todos los euros del adelanto del libro para que se vaya a hacer el master con los yanquis.

Nunca en la vida devolver algo me había hecho tan feliz. ■

(Publicado en Weblog de una mujer gorda. *Los enlaces y otros elementos del formato fueron modificados para esta versión impresa.)*

Después de leer

Hay tiempo para todo, mamá

Hernán Casciari

1 Comprensión Responde a las preguntas con oraciones completas.

1. ¿Dónde escribió la madre (Mirta Bertotti) "Como si nos costara poco traer el pan, el Caio pasó un rojo y nos cayó una multa"?
2. ¿Qué día era cuando Nacho descubrió a su madre llorando?
3. ¿Por qué lloraba Mirta?
4. ¿Qué dejaba Nacho en la caja verde del té?
5. Cuando era joven, ¿qué quería ser Mirta?
6. ¿Qué le recomendó Nacho a su madre?
7. ¿Por qué fueron a España Nacho y su mamá?
8. ¿Qué le dio Mirta a Nacho cuando estaban en el avión?

2 Interpretación Contesta las preguntas con oraciones completas.

1. ¿Por qué escribe Mirta que "fue una época horrible"? Busca algunos ejemplos de la mala suerte de la familia.
2. ¿Por qué no quiere su madre que Nacho le deje el sueldo? ¿Qué significa para ella la metáfora de perder el tren?
3. ¿Cómo se siente ella cuando Nacho insiste en ayudar a la familia con su dinero?
4. ¿Por qué dejó de escribir Mirta cuando era joven?
5. Mirta dice que no es casualidad que el libro se haya publicado exactamente dos años después del primer día que escribió en el blog. ¿Qué otra cosa no es casualidad?

3 Análisis En parejas, contesten las preguntas.

1. ¿Por qué piensan que Nacho y su madre son muy unidos?
2. Expliquen el significado de la frase de Nacho: "Hay tiempo para todo, mamá."
3. ¿Cómo se construye una metaficción en esta obra? ¿Cuántos niveles de ficción encuentran en "Hay tiempo para todo, mamá"? ¿Quién escribió *"Más respeto, que soy tu madre"*?
4. ¿Creen que Casciari logra una representación verosímil (*credible*) de una ama de casa? Citen ejemplos del texto.
5. Observen las ilustraciones. ¿Creen que ayudan al lector o limitan su imaginación?

4 Mi blog Escribe la primera página de un weblog sobre una época difícil tu vida. Puedes describir eventos reales en tu propia voz o inventar un personaje con su familia y sus problemas. Mientras preparas tu weblog piensa en las palabras de Casciari y decide si vas a presentar tu alma "salida de la ducha" o como realmente es.

Taller de escritura

Preparación: La refutación

En la **Lección 4** (p. 71) se presentan distintas estrategias para escribir argumentos en defensa de una tesis. Una de ellas es la refutación, que consiste en defender nuestro punto de vista en forma indirecta examinando el punto de vista opuesto. En lugar de usar un argumento que prueba la tesis propia, el autor demuestra las falencias (*weaknesses*) de la tesis opuesta. En un buen ensayo, la refutación debe usarse sólo en combinación con otros tipos de argumentos. Nunca debe ser el único tipo de argumento utilizado.

Una buena refutación:

- nunca debe ser un ataque contra el punto de vista contrario.
- debe estar basada en evidencia o, en el caso de una opinión personal, basada en un razonamiento lógico que el autor puede expresar con lenguaje objetivo.

Ejemplo:

Tesis: Es apresurado (*too soon*) afirmar que la blogonovela es un nuevo género literario.

(**Tesis contraria:** La blogonovela es un nuevo género literario.)

Oración tema del segundo párrafo: Hay quienes argumentan que la blogonovela es un nuevo género literario; sin embargo, esta afirmación es demasiado apresurada.

Refutaciones que acompañan la oración tema: En primer lugar, no existe un número suficiente de blogonovelas escritas por autores conocidos. Además, tampoco hay mucha crítica literaria sobre este tema.

Práctica En parejas, relean las tesis de dos ensayos que escribieron en las lecciones anteriores. ¿Cuál es la tesis opuesta? ¿Qué argumentos se pueden usar para rechazar la tesis opuesta?

Ensayo Elige uno de estos temas y escribe un ensayo.

Requisitos

- Tu ensayo debe hacer referencia a por lo menos dos obras de las cuatro estudiadas en esta lección (cultura, cortometraje, dos obras literarias) o, en el caso del tercer tema, una de las obras puede ser de una lección anterior.
- Tu ensayo debe ser de por lo menos dos páginas.
- Tu ensayo debe incluir al menos dos ejemplos de refutación.

- En las obras de esta lección vemos el efecto de la tecnología sobre los protagonistas o narradores (y también sobre los lectores). ¿Tenemos control sobre el efecto que las nuevas tecnologías tienen sobre nosotros o simplemente podemos aspirar a adaptamos a la tecnología de la mejor manera posible?
- La cita de la página 162 dice: "Ninguna ciencia, en cuanto a ciencia, engaña; el engaño está en quien no sabe." ¿Se reafirma esta cita en las obras de esta lección?
- En muchas de las obras estudiadas, los personajes realizan acciones o toman decisiones poco habituales o tradicionales. ¿Tienen éxito al llevar adelante estas decisiones?

Abriendo ventanas

SUPERSITE

Ayuda tecnológica

Presentación Trabajen en grupos de cuatro o cinco. Cada grupo va a preparar una presentación sobre un proyecto de ayuda tecnológica.

A. Fundación Bip Bip Lean estos fragmentos extraídos del sitio web de la ONG (*NGO*) española Fundación Bip Bip y contesten las preguntas.

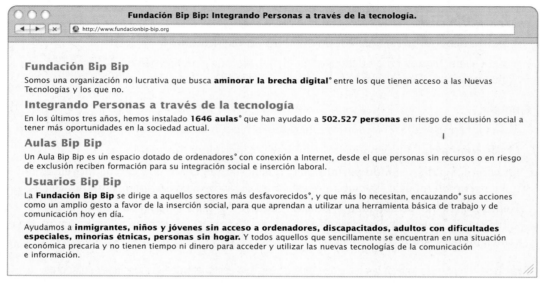

Fundación Bip Bip: Integrando Personas a través de la tecnología.

http://www.fundacionbip-bip.org

Fundación Bip Bip

Somos una organización no lucrativa que busca **aminorar la brecha digital**° entre los que tienen acceso a las Nuevas Tecnologías y los que no.

Integrando Personas a través de la tecnología

En los últimos tres años, hemos instalado **1646 aulas**° que han ayudado a **502.527 personas** en riesgo de exclusión social a tener más oportunidades en la sociedad actual.

Aulas Bip Bip

Un Aula Bip Bip es un espacio dotado de ordenadores° con conexión a Internet, desde el que personas sin recursos o en riesgo de exclusión reciben formación para su integración social e inserción laboral.

Usuarios Bip Bip

La **Fundación Bip Bip** se dirige a aquellos sectores más desfavorecidos°, y que más lo necesitan, encauzando° sus acciones como un amplio gesto a favor de la inserción social, para que aprendan a utilizar una herramienta básica de trabajo y de comunicación hoy en día.

Ayudamos a **inmigrantes, niños y jóvenes sin acceso a ordenadores, discapacitados, adultos con dificultades especiales, minorías étnicas, personas sin hogar.** Y todos aquellos que sencillamente se encuentran en una situación económica precaria y no tienen tiempo ni dinero para acceder y utilizar las nuevas tecnologías de la comunicación e información.

(Texto extraído de www.fundacionbip-bip.org)

aminorar... *breach the gap* **aulas** *classrooms* **dotado...** *that has computers* **desfavorecido** *disadvantaged* **encauzando** *guiding*

1. ¿Qué hace la fundación? ¿A quiénes ayuda?
2. ¿Qué opinan del objetivo de la fundación?
3. Piensen en los destinatarios de los servicios de la fundación. ¿Para qué creen que usan estas personas las computadoras?
4. ¿Están de acuerdo con que es necesario tener acceso a computadoras y a Internet actualmente para tener una situación económica digna (*decent*)?
5. ¿Conocen otras organizaciones que se dedican a la ayuda tecnológica?

B. Titulares Lean estos titulares de periódicos sobre necesidades y anoten sus ideas sobre cómo la tecnología puede ayudar o está ayudando en cada caso.

- Los niños ciegos tendrán acceso a los libros de Harry Potter
- Pueblito sin acceso a electricidad adquiere computadora portátil. ¿Cómo cargarán la batería?
- Pacientes internados en hospital ven a sus mascotas
- ¡Tan cerca del Amazonas y sin agua potable!

C. Van a preparar una presentación relacionada con uno de los titulares de la parte **B**.

Elección del tema

Repasen los titulares de la parte **B** y relean las notas que tomaron. ¿Sobre cuál de los temas tienen ideas más creativas? ¿O prefieren presentar otra situación que pueda resolverse con ayuda tecnológica? ¿Qué solución tecnológica les parece más útil?

Preparación

Una vez elegido el tema, describan la solución tecnológica que se utilizó o se va a utilizar. Investiguen en Internet acerca de proyectos similares para reunir ideas. También pueden recurrir a los conocimientos adquiridos en clases de ciencia y tecnología. La presentación debe incluir como mínimo estos puntos:

- necesidad o problema
- solución
- pasos para implementar la solución
- recursos necesarios
- perspectivas a largo plazo

Organización

Organicen la presentación en un esquema. El esquema debe resumir los puntos principales de la presentación y las fuentes de la información investigada. La presentación deberá durar unos diez minutos. Decidan qué parte(s) presentará cada uno/a. Recuerden que todos los integrantes del grupo deben participar.

Estrategia de comunicación

Objetivos y procesos

- La meta/El objetivo/La finalidad del proyecto es...
- El proyecto tiene como meta/finalidad/objetivo/fin...
- En primer/segundo/tercer lugar...
- La primera etapa/La primera fase/El primer paso consiste/consistirá en...

Presentación

Usen el esquema como guía para hacer la presentación, pero recuerden que deben hablar a la clase y no leer una presentación escrita. Después de la presentación, contesten las preguntas que puedan tener sus compañeros/as.

Tertulia

El futuro

1 (5 min.) La clase se divide en cuatro grupos. Cada uno tiene que pensar y anotar sus opiniones sobre uno de estos temas.

Clonación de animales
Algunos países están considerando permitir la comercialización de productos de animales clonados. ¿Cuál es su opinión al respecto? ¿Les importaría que la carne que comen sea de un animal clonado?

El futuro de los alimentos
Algunos científicos sospechan que muchos problemas de salud actuales pueden estar relacionados con el consumo de alimentos altamente procesados, pero esto no ha sido demostrado. ¿Creen que está bien que se presenten estas opiniones sin que existan pruebas convincentes? ¿Por qué?

¿Vida en Marte?
Algunos astrónomos creen que en algún momento hubo agua en Marte, lo cual sugiere la posibilidad de que en este planeta haya existido vida. ¿Qué piensan sobre la posibilidad de vida en otros planetas?

Sin cura
Existen muchas enfermedades que no tienen cura. Mientras tanto, los científicos se encuentran ante procesos de aprobación muy lentos requeridos por el gobierno y ante intereses, a veces conflictivos, de las compañías farmacéuticas. En su opinión, ¿qué se puede hacer para acelerar o facilitar las investigaciones médicas?

2 (10 min.) Cada grupo tiene que preparar una breve presentación sobre el tema asignado. En el caso de que no todos los miembros del grupo estén de acuerdo, pueden mencionar que dentro del grupo hay distintas opiniones.

3 (25 min.) Los diferentes grupos presentan sus ideas a la clase, mientras todos toman nota.

4 (10 min.) Cuando todos los grupos terminen sus presentaciones, toda la clase debe participar haciendo preguntas o expresando sus opiniones.

La economía y el trabajo

8

Communicative Goals

You will expand your ability to…

- discuss hypothetical situations
- use alternatives to the verb **decir**
- make concessions

Cultura

Cinemateca

Literatura

Conexiones

Manifestación, 1934.
Antonio Berni, Argentina.

"En la sociedad actual, si no puedo comprar no existo."

— Cristina Peri Rossi

Antes de leer

Vocabulario

adinerado/a *wealthy*	**la huella** *trace; mark*
el anfitrión/la anfitriona *host(ess)*	**el lujo** *luxury*
diseñar *to design*	**el privilegio** *privilege*
enérgico/a *energetic*	**tomar en serio** *to take seriously*

Balenciaga Completa el párrafo usando una vez cada palabra y frase.

Cristóbal Balenciaga nació en España en 1895. Ya de joven, Balenciaga comenzó a (1) ________ ropa. Para él la moda era algo que había que (2) ________. En 1937 abrió una tienda en París donde atendía a una clientela exclusiva y (3) ________. Tuvo el (4) ________ de vestir a muchos famosos. Jackie Kennedy lució (*wore*) sus diseños como (5) ________ de elegantes cenas y eventos. El estilo de este (6) ________ y creativo diseñador se caracterizaba por la discreción y la elegancia. En 1968 el (7) ________ y la elegancia del estilo Balenciaga casi desaparecen. El diseñador cerró su tienda porque se sentía desilusionado con la nueva moda *prêt-à-porter* (*ready-to-wear*). Sin embargo, el estilo Balenciaga dejó su (8) ________ para siempre en el mundo de la moda, y actualmente el Grupo Gucci sigue produciendo la línea Balenciaga.

Conexión personal ¿Te gusta vestirte a la moda o no te importa mucho la ropa? Llena esta encuesta personal y después compara tus respuestas con las de un(a) compañero/a.

	Siempre	A veces	Nunca
1. Voy a las tiendas de ropa.			
2. Todos los años cambio mi vestuario.			
3. Mis accesorios hacen juego con mi ropa.			
4. Salgo bien vestido/a de casa.			
5. Me compro ropa que veo en las revistas.			
6. Me gusta comprar ropa cara.			

Contexto cultural

Cuando pensamos en la moda, solemos pensar en Milán, París o Nueva York. Sin embargo, gracias a diseñadores como la venezolana Carolina Herrera o el dominicano Oscar de la Renta, los diseñadores latinoamericanos comenzaron a dejar su huella en el mundo de la moda.

Por iniciativa de Herrera, se estableció en 1999 el Consejo de Diseñadores de Moda Latinoamericanos. Esta organización sin fines de lucro (*nonprofit*) promueve a los diseñadores latinoamericanos y organiza la Semana de la Moda de las Américas, evento muy popular entre celebridades, empresarios de la moda y periodistas.

Carolina Herrera: una señora en su punto

Isabel Piquer

Carolina Herrera, 1979.
Andy Warhol, EE.UU.

Cuando cumplió los 40, Carolina Herrera decidió hacer algo inaudito°: empezar a trabajar. No tenía por qué. Vivía en Caracas en un mundo de lujo y privilegio. Pertenecía a una de las familias más antiguas y adineradas de Venezuela. Estaba felizmente casada, tenía cuatro hijos. Llevaba casi diez años en la lista de las mujeres más elegantes del mundo. Era la perfecta anfitriona, la reina de las fiestas de sociedad. Nadie se lo tomó muy en serio.

unheard of

De eso hace 22 años. "Nunca hubiera podido anticipar este éxito. Cuando empiezas, creo que nunca sabes muy bien adónde vas ni si vas a gustar, porque tampoco lo estás pensando. Y de repente llega. Luego, si tienes un poquito de éxito, es imposible parar porque es como una droga". Sentada en uno de los sillones de su oficina de la Séptima Avenida, en el Garment District de Nueva York, Herrera habla con la voz melosa° de su acento natal. Está perfecta. Ni una arruga°. Es la imagen de la distinción que ha sabido crear y vender desde su primer desfile, en un apartamento prestado de Park Avenue.

soft
wrinkle

Carolina Herrera tiene la pose y la elegancia de una mujer de mundo. En Caracas vivió las legendarias fiestas de su suegra, Mimi Herrera, amiga de Greta Garbo y de la duquesa de Windsor. En Nueva York fue la diseñadora de Jackie Kennedy en los últimos 12 años de su vida. Warhol le hizo tres retratos, todos iguales salvo por el color de la sombra de ojos. Y cuando *Vanity Fair* sacó el pasado abril una portada plegable° sobre estrellas y leyendas de Hollywood, no encontró mejor decorado que una réplica del salón victoriano de su casa del Upper East Side.

fold-out

Tenía 13 años cuando su abuela la llevó a París, a un desfile de Cristóbal Balenciaga. Fue su primera introducción a la alta costura°. Le gustó, pero no lo bastante como para pensar en dedicarse a la moda. "Yo no era de las que jugaban a vestir a sus muñecas°". Sin embargo, aquella experiencia dejó huella. Aún ahora asegura inspirarse en las líneas claras y sencillas del español que triunfó en Francia.

haute couture
dolls

Esta imagen elitista también ha jugado en su contra. A menudo se ha relegado a Carolina Herrera a la categoría de diseñadora para las *ladies who lunch* (las damas que almuerzan). "Si yo sólo hubiera hecho colecciones para mis amigas habría cerrado hace veinte años, porque una compañía no se puede basar en eso. Es imposible. En aquel momento decidieron ponerme esa etiqueta°, pero mi moda no sólo ha sido para ellas".

label

El tiempo le ha dado la razón. El Park Avenue chic, las faldas por debajo de la rodilla, lo clásico, lo caro llenan las páginas de las revistas. Todo el mundo quiere parecerse a la adinerada minoría neoyorquina. "La moda es algo que cambia, pero ciertos elementos son constantes: la sofisticación, la elegancia y, por supuesto, el lujo", dice la diseñadora. "La moda es una fantasía, una locura, un misterio. ¿Qué es la moda? Es algo que necesitas todos los días porque te vistes todos los días. Cuando la gente está combinando lo que se va a poner por las mañanas, ya está haciendo moda. Moda es historia, es civilización, es arte, es un negocio".

Carolina Herrera, hija, sigue la huella de su famosa madre. Además de trabajar junto a su madre en el negocio de la moda, es quien se encarga de los perfumes que llevan la marca Carolina Herrera. También es portavoz (*spokesperson*) de la marca CH Carolina Herrera, línea de tono más informal lanzada en 2005 que incluye ropa y accesorios para hombres y mujeres.

"Cuando empecé, tenía 40 años. Acababa de nacer mi primer nieto. A menudo me han preguntado por qué se me ocurrió meterme en esta aventura. Creo que hay un momento en la vida de todo el mundo en el que debes hacer lo que realmente quieres". ■

Publicado en El País *(España)*
el 28 de septiembre de 2001.

Después de leer

Carolina Herrera: una señora en su punto

1 Comprensión Indica si las oraciones son **ciertas** o **falsas**. Corrige las falsas.

Cierto	Falso	
☐	☐	1. Carolina Herrera comenzó a diseñar ropa a los cuarenta años.
☐	☐	2. Carolina Herrera vive ahora en París.
☐	☐	3. De pequeña, Carolina Herrera vestía a sus muñecas.
☐	☐	4. Carolina Herrera viene de una familia muy rica.
☐	☐	5. Según Carolina, la moda es arte y negocio.
☐	☐	6. Carolina siempre recibe muy buenas críticas.
☐	☐	7. Jackie Kennedy sólo le encargó algunos vestidos.
☐	☐	8. Andy Warhol hizo tres retratos de Carolina Herrera.

2 Interpretación Contesta las preguntas con oraciones completas.

1. ¿Era común que las mujeres de la clase social de Carolina trabajaran? ¿Ha cambiado esto con el paso de los años?
2. ¿Pensaba Carolina que iba a tener un gran éxito cuando empezó a diseñar ropa? Explica tu respuesta.
3. ¿Crees que Carolina es una buena mujer de negocios? Explica tu respuesta y cita ejemplos del texto.
4. ¿Cómo describe la moda Carolina? ¿Con qué cosas la compara? ¿Qué opinas sobre esta definición de la moda?

3 Diseñadores En grupos, imaginen que van a comenzar un negocio como diseñadores (de ropa, de interiores o de jardines). ¿Qué necesitarían para comenzarlo? Preparen una lista de cinco cosas que tendrían que tener para comenzar.

MODELO Necesitaríamos dos diseñadores/as de moda.

4 La moda Elige una de las afirmaciones y escribe un párrafo con tu opinión.

MODELO **Se puede rechazar a un(a) candidato/a para un puesto de trabajo si se presenta mal vestido/a para una entrevista.**

No estoy de acuerdo. Si no estuvieras capacitado para el puesto, te podrían rechazar; pero si no les gusta tu ropa, ése no es un buen motivo para rechazarte.

- La moda promueve la superficialidad y es responsable de muchos trastornos de la alimentación (*eating disorders*) entre las mujeres jóvenes.
- Para tener éxito en el mundo empresarial, hay que lucir (*appear*) siempre elegante.
- En otros países la gente se viste mejor para ir a trabajar.
- Se puede rechazar a un(a) candidato/a para un puesto de trabajo si se presenta mal vestido/a para una entrevista.

SUPERSITE

Opiniones

1 Conversación En parejas, lean estas citas sobre el dinero y el trabajo y contesten las preguntas.

¿Satisfacción personal o bolsillos llenos?

Le hicimos esta pregunta a cuatro personas: ¿Es más importante tener un trabajo que dé satisfacción personal o tener un trabajo que pague bien?

Carlos Marín (54)
Asunción, Paraguay
Para mí, lo importante siempre ha sido tener un trabajo en el que me paguen bien y que me permita llevar una vida cómoda con mi familia. La verdadera satisfacción personal no proviene del trabajo sino de los buenos momentos compartidos fuera del trabajo con la familia y los amigos.

Carmen Gómez Prado (25)
Sevilla, España
Creo que es esencial tener un trabajo en el que pueda realizar todo mi potencial. ¿De qué me serviría el dinero si me pasara 40 horas por semana haciendo algo que no es lo que dicta mi corazón? Si es necesario, tendré un trabajo de tiempo parcial un par de noches o los fines de semana para pagar las cuentas.

Malena Irigoyen (42)
Ponce, Puerto Rico
En este asunto, como en todo en la vida, lo importante es el equilibrio. El dinero no hace la felicidad, pero tampoco puedo trabajar en algo que me gusta si no me alcanza para pagar las cuentas todos los meses. No quiero ser ni esclava de mi carrera profesional ni esclava del dinero.

Rodrigo Vaccaro (73)
Tegucigalpa, Honduras
Para mí, siempre fue más importante tener un trabajo en el que me pagaran bien. Me jubilé hace ocho años y soy totalmente independiente. Si no me hubiera preocupado por el dinero de joven, hoy me tendrían que mantener mis hijos.

1. ¿Qué importancia tiene el dinero para los entrevistados?
2. ¿Qué es importante para cada entrevistado con respecto al trabajo?
3. ¿Creen que hay factores que influyen en las opiniones? ¿Cuáles?
4. ¿Con cuál de estas personas se sienten más identificados? ¿Por qué?

Estrategia de comunicación

Más allá del verbo *decir*

Al hablar o escribir acerca de lo que ha dicho otra persona, existen muchos otros verbos además de **decir**. Algunos son sinónimos, mientras que otros presentan matices diferentes. Algunos verbos útiles son:

afirmar/manifestar (*to state*), **asegurar** (*to assure*), **comentar, contar** (*to tell*), **explicar, expresar, opinar** (*to think*)

2 Por escrito Elige una de las opciones y escribe una composición de una página.

- Elige una de las citas de la actividad anterior con la que no estés de acuerdo y explica tu opinión.
- Vuelve a leer la pregunta que se les hizo a los entrevistados en la actividad anterior y respóndela con respecto a las decisiones/opciones de una persona mayor en tu familia.

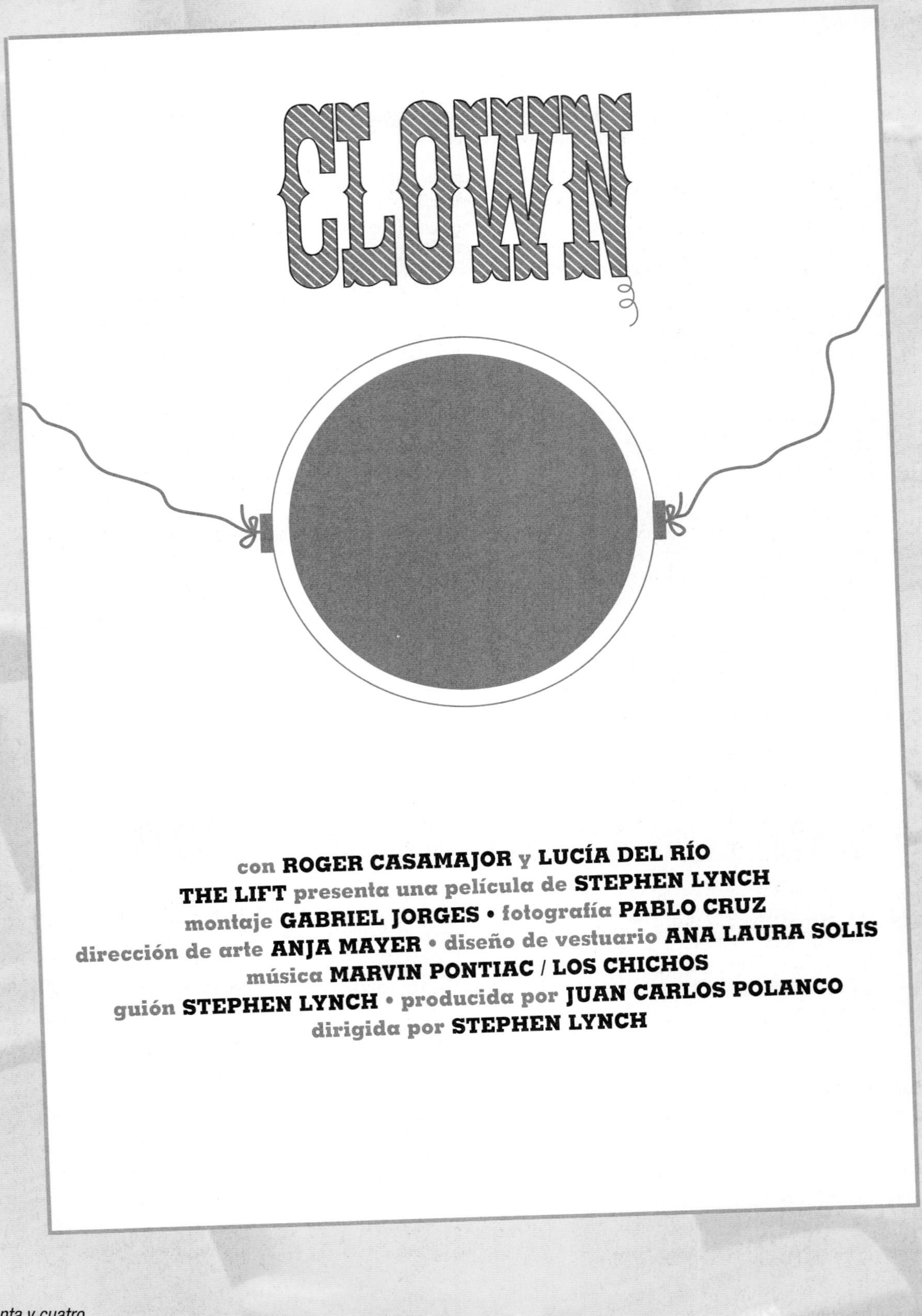
CLOWN
con ROGER CASAMAJOR y LUCÍA DEL RÍO
THE LIFT presenta una película de STEPHEN LYNCH
montaje GABRIEL JORGES • fotografía PABLO CRUZ
dirección de arte ANJA MAYER • diseño de vestuario ANA LAURA SOLIS
música MARVIN PONTIAC / LOS CHICHOS
guión STEPHEN LYNCH • producida por JUAN CARLOS POLANCO
dirigida por STEPHEN LYNCH

SUPERSITE

Antes de ver el corto

CLOWN

país España
duración 11 minutos
director Stephen Lynch
protagonistas el payaso, Luisa, el jefe

Vocabulario

la amenaza *threat*
el/la cobrador(a) *debt collector*
cumplir *to carry out*
deber *to owe*
dejar en paz *to leave alone*
humillar *to humiliate*
el/la moroso/a *debtor*
el/la payaso/a *clown*
el sueldo fijo *base salary*
tozudo/a *stubborn*

1 **Oraciones incompletas** Completa las oraciones.

1. Alguien que no paga sus deudas es un ________.
2. Además del ________, la empresa me paga comisiones.
3. Una persona ________ nunca quiere cambiar de opinión.
4. Un ________ trabaja en el circo.
5. Cuando alguien no paga, algunas empresas contratan a un ________.

2 **Preguntas** En parejas, contesten las preguntas.

1. ¿Has tenido alguna vez un trabajo que no te gustaba? ¿Cuál?
2. Imagina que necesitas trabajar con urgencia. ¿Dónde buscarías trabajo? ¿Por qué?
3. ¿Eres capaz de hacer cosas que no te gustan para ganar dinero? Explica tu respuesta.
4. ¿Qué empleo crees que nunca harías? ¿Por qué?
5. Cuando eras niño/a, ¿qué trabajo soñabas con tener de grande?

3 **¿Qué sucederá?** En parejas, miren el fotograma e imaginen lo que va a ocurrir en la historia. Preparen una lista de adjetivos que podrían usarse para describir la personalidad del payaso. Compartan sus ideas con la clase.

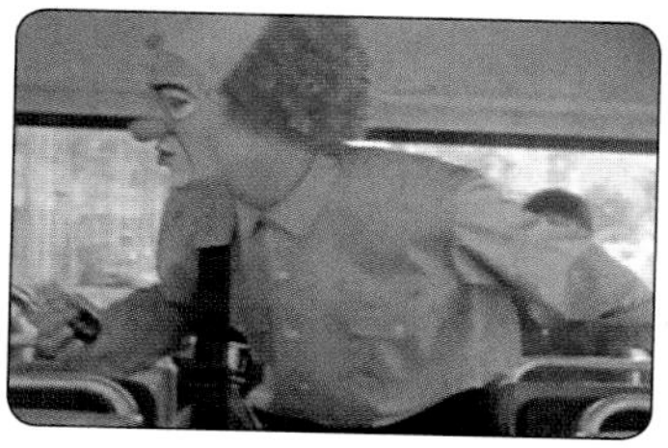

SUPERSITE Watch the short film at **ventanas.vhlcentral.com.**

Escenas

ARGUMENTO Un hombre comienza su primer día como cobrador vestido de payaso.

PAYASO ¿Luisa River? ¿Luisa River?
LUISA Sí.
PAYASO Debe usted 771 euros a Telefónica. Vengo a cobrar.
LUISA ¿Y tú quién eres?
PAYASO Soy de los cobradores del circo.

LUISA No tengo teléfono. Ni trabajo. Así que les dices a tus clientes que o me encuentran trabajo o que me dejen en paz.
PAYASO Mire Luisa, se lo voy a explicar para que lo entienda. Mi trabajo consiste en humillarla y seguirla hasta que nos pague.

LUISA Llega tarde tu amenaza. Debo tres meses de alquiler, y ya he vendido el coche, y la tele y todo, y tengo dos hijos y su padre no pasa un duro°. Así que tu factura me la suda° en este momento. Lo siento, payaso, me encantaría pagarte, pero esto es lo que hay°.

PAYASO ¿Estás orgullosa? ¿No te avergüenza? ¿No tienes vergüenza, Luisa? Yo llevo la nariz roja, ¿pero quién hace aquí el payaso?
LUISA ¿Quieres una respuesta? Pues sí, estoy orgullosa de no tener que ganarme la vida humillando a la gente.

PAYASO ¿Tú crees que yo me quería dedicar a esto? Pues no. Pero si tengo que hacerlo para mantener a mi mujer y a mi bebé, pues lo haré. Es patético, pero lo haré.
LUISA ¿Tienes un bebé?
PAYASO Una niña, de siete meses.

JEFE ¿Y cómo ha ido?
PAYASO Bueno, pues... bien.
JEFE ¿Pero cobraste o no?
PAYASO No, cobrar, cobrar no, pero...
JEFE ¿Fuiste tozudo?
PAYASO ¡Muy tozudo!

duro *five-peseta coin* **me la suda** *I don't give a damn* **esto es lo que hay** *take it or leave it*

Después de ver el corto

1 Comprensión Contesta las preguntas con oraciones completas.

1. ¿En qué consiste el trabajo del payaso?
2. ¿Por qué sigue a Luisa?
3. ¿Qué razones le da Luisa al payaso para no pagar?
4. ¿Adónde van después de bajar del autobús?
5. ¿Tiene familia el payaso?
6. ¿Qué razones le da el payaso a su jefe para explicar que Luisa no puede pagar?
7. ¿Qué le dice el jefe al payaso?
8. ¿Por qué se enoja el payaso con Luisa?

2 Ampliación Contesta las preguntas con oraciones completas.

1. ¿Por qué está nervioso el payaso al principio?
2. ¿Piensas que le gusta su trabajo? ¿Por qué?
3. Explica qué ocurre al final del corto.
4. ¿Crees que Luisa actuó bien? ¿Por qué? Explica tu respuesta.
5. Imagina que no tienes dinero y te ofrecen este puesto de trabajo. ¿Lo tomarías? Explica tu respuesta.

3 Opiniones En parejas, lean la cita. ¿Están de acuerdo con lo que se expresa en ella? Compartan su opinión con la clase.

> **“Pues sí, estoy orgullosa de no tener que ganarme la vida humillando a la gente como haces tú. No tengo nada, muy bien, pero tengo mi dignidad.”**

4 Entrevistas de trabajo En parejas, imaginen la entrevista de trabajo entre el hombre y el jefe de la empresa de cobradores.

A. Conversen acerca de estas preguntas.

- ¿Qué preguntas le hizo el jefe antes de ofrecerle el trabajo?
- ¿Qué contestó el hombre?
- ¿Cómo reaccionó cuando le dijeron que tenía que vestirse de payaso?

B. Ensayen la entrevista de trabajo entre el hombre y el jefe. Luego, actúen la entrevista frente a la clase.

Mercado de flores, 1949.
Diego Rivera, México.

"Cuando llegue la inspiración, que me encuentre trabajando."

— Pablo Picasso

SUPERSITE

Antes de leer

Entre la piedra y la flor (IV poema)

Sobre el autor

Octavio Paz (1914–1998) es uno de los pensadores y poetas mexicanos más destacados (*outstanding*) del siglo XX. Miembro de la Vanguardia, movimiento importante de renovación poética, empezó a escribir poesía en los años 30. Una de sus publicaciones centrales es "Piedra de sol" (1957), largo poema cíclico en el que expresa sus ideas sobre el hombre, la historia, el tiempo y el amor. En 1962, Paz fue nombrado embajador (*ambassador*) en la India, y su tiempo en ese país lo llevó a escribir obras como *El mono gramático* (especie de poema en prosa), y *Ladera Este* (poesía). En 1968, con motivo de la famosa masacre de estudiantes por parte de tropas militares mexicanas en la Plaza de Tlatelolco, Paz renunció a (*resigned from*) su cargo diplomático. En un ensayo titulado *Postdata,* dio una interpretación histórica a aquel acto de violencia del gobierno. En 1990, recibió el premio Nobel de literatura.

Vocabulario

el analfabetismo *illiteracy*	**la mosca** *fly*	**la piedra** *stone*	**el sueño** *dream*
la araña *spider*	**el oro** *gold*	**la plata** *silver*	**volar** *to fly*
la escalera *ladder*	**la pena** *sorrow*	**la sabiduría** *wisdom*	**volverse** *to become*

Vocabulario Completa las oraciones.

1. Las ________ atrapan ________ para alimentarse.
2. Ana siente mucha ________ desde que su mejor amiga se mudó a Guatemala.
3. Mi bisabuelo nunca pudo ir a la escuela. Sin embargo, a pesar de su ________, sus consejos siempre mostraban gran ________.
4. El ________ de Jaime es ser piloto para ________ sobre las montañas de su país.

Conexión personal

¿Crees que la percepción y el valor del dinero son diferentes en distintas culturas? En tu entorno, ¿crees que la gente le da demasiada importancia al dinero? ¿Por qué?

Análisis literario: El paralelismo

El paralelismo es una figura retórica que da estructura y ritmo a los versos poéticos. En versos cercanos se repite una expresión, cláusula o estructura. Un paralelo complejo asocia no sólo términos o gramática, sino también conceptos de una composición. El paralelismo puede anunciar la intensificación de acciones, como en las palabras tan citadas de Julio César, "Veni. Vidi. Vici." (*I came. I saw. I conquered.*). El paralelismo también puede poner de relieve la relación o asociación entre varios elementos o puede usarse para expresar un contraste o marcar diferencias. Cuando leas "Entre la piedra y la flor", presta atención a las múltiples repeticiones, sobre todo en la estructura de los versos. ¿Crees que el paralelismo del poema se usa para mostrar asociaciones o destacar (*emphasize*) diferencias?

Entre la piedra y la flor

Octavio Paz

Contexto histórico

El poema extenso **"Entre la piedra y la flor"** trata de la situación del campesino mexicano que sufre en una sociedad capitalista, dominada por ricos terratenientes (*landowners*). El poema fue inspirado por un viaje que hizo Paz a Yucatán en 1937.

IV

El dinero y su rueda°,
el dinero y sus números huecos°,
el dinero y su rebaño de espectros°.

El dinero es una fastuosa° geografía:
montañas de oro y cobre°,
ríos de plata y níquel°,
árboles de jade
y la hojarasca° del papel moneda°.

Sus jardines son asépticos°,
su primavera perpetua está congelada°,
son flores son piedras preciosas sin olor°,
sus pájaros vuelan en ascensor°,
sus estaciones giran° al compás del reloj.

El planeta se vuelve dinero,
el dinero se vuelve número,
el número se come al tiempo,
el tiempo se come al hombre,
el dinero se come al tiempo.

La muerte es un sueño que no sueña el dinero.
El dinero no dice *tú eres:*
el dinero dice *cuánto.*

Más malo que no tener dinero
es tener mucho dinero.

Saber contar no es saber cantar.

Alegría y pena
ni se compran ni se venden.

La pirámide niega al dinero,
el ídolo niega al dinero,
el brujo° niega al dinero,
la Virgen, el Niño y el Santito
niegan al dinero.

El analfabetismo es una sabiduría
ignorada por el dinero.

El dinero abre las puertas de la casa del rey,
cierra las puertas del perdón.

El dinero es el gran prestidigitador°.
Evapora todo lo que toca:
tu sangre y tu sudor°,
tu lágrima° y tu idea.
El dinero te vuelve ninguno.

Entre todos construimos
el palacio del dinero:
el gran cero.

No el trabajo: el dinero es el castigo.
El trabajo nos da de comer y dormir:
el dinero es la araña y el hombre la mosca.
El trabajo hace las cosas:
el dinero chupa la sangre° de las cosas.
El trabajo es el techo°, la mesa, la cama:
el dinero no tiene cuerpo ni cara ni alma.

El dinero seca° la sangre del mundo,
sorbe el seso° del hombre.

Escalera de horas y meses y años:
allá arriba encontramos a nadie.

Monumento que tu muerte levanta a la muerte.

Mérida, 1937/México, 1976. ■

rueda *circle* **huecos** *hollow* **espectros** *ghosts* **fastuosa** *splendid* **cobre** *copper* **níquel** *nickel* **hojarasca** *fallen leaves* **papel moneda** *paper money* **asépticos** *sterile* **congelada** *frozen* **olor** *smell* **ascensor** *elevator* **giran** *revolve* **brujo** *sorcerer* **prestidigitador** *magician* **sudor** *sweat* **lágrima** *tear* **chupa la sangre** *sucks the blood* **techo** *ceiling* **seca** *dries* **seso** *brain*

SUPERSITE

Después de leer

Entre la piedra y la flor

Octavio Paz

1 Comprensión Indica si las oraciones son **ciertas** o **falsas**. Corrige las falsas.

1. Al comienzo de la obra, el dinero se asocia con la vitalidad y la vida.
2. La segunda estrofa compara elementos naturales con piedras y metales preciosos.
3. En una de las imágenes, el poeta describe pájaros que vuelan libremente.
4. El hombre se come al dinero.
5. El poema presenta una visión equilibrada de los aspectos positivos y negativos del dinero.
6. La voz poética opina que es peor tener mucho dinero que no tener nada.
7. Según "Entre la piedra y la flor", el dinero puede abrir puertas, pero también causar muchos problemas.
8. En el poema la araña se identifica con el hombre.

2 Interpretación Contesta las preguntas con oraciones completas.

1. ¿Qué versos del poema respaldan estas afirmaciones?
   - El dinero es despreciable (*despicable*).
   - El dinero es poderoso.
   - Lo sagrado no cae en la trampa del dinero.
2. ¿Dónde se expresa desprecio (*contempt*) hacia el dinero? Busca tres ejemplos.
3. Explica el juego de palabras: "Saber contar no es saber cantar".
4. Según el poema, ¿cuál es la diferencia entre el dinero y el trabajo?
5. ¿Qué representan la araña y la mosca en el poema? ¿Qué relación tienen?

3 Análisis En parejas, contesten las preguntas.

1. ¿Con qué se compara al dinero en la segunda y tercera estrofas (*stanzas*)? ¿Qué quiere decir la voz poética con estas imágenes?
2. Describe el paralelismo de la cuarta estrofa. Compara el final de cada verso con el comienzo del verso siguiente. ¿Dónde se rompe el paralelo? De acuerdo con esta estrofa, ¿cuál es la situación del hombre?
3. ¿A qué o quién critica el poema? Deben basar su argumento en ejemplos del texto.
4. Describe el paralelismo de estos dos versos: "El trabajo hace las cosas: / el dinero chupa la sangre de las cosas." ¿Qué imagen se destaca con la estructura paralela?

4 Discusión Este poema retrata la situación desigual del campesino mexicano. ¿Hay situaciones similares en tu país? ¿Hay grandes diferencias entre distintos grupos sociales? ¿Tienen todos los habitantes el mismo acceso al trabajo, a la educación y al avance social?

5 Mi opinión Elige un tema relacionado con la economía o el trabajo que sea importante para ti. Escribe un párrafo sobre este tema dando tu opinión. Repasa los ejemplos de paralelismo de "Entre la piedra y la flor" e incluye al menos tres ejemplos de paralelismo en tu composición.

SUPERSITE

Antes de leer

La abeja haragana

Sobre el autor

Horacio Quiroga nació en Salto, Uruguay, el 31 de diciembre de 1878. En su juventud practicó ciclismo, fotografía, mecánica y carpintería. Fue un trabajador compulsivo y pionero de la escritura profesional. En 1898 viajó a Argentina y allí se quedó. Vivió en San Ignacio, Misiones, donde cultivaba orquídeas y vivía en estrecho (*close*) contacto con la naturaleza en la selva, de clima favorable para sus problemas de salud. Su interés por la literatura comenzó por la poesía y su primer libro fue *Los arrecifes de coral* (1901), al que siguieron, entre otros, *Cuentos de amor, de locura y de muerte* (1917) y la colección de relatos para niños titulada *Cuentos de la selva* (1918).

Vocabulario

la advertencia *warning*	**el descanso** *rest*	**la miel** *honey*
el aprendizaje *learning*	**la experiencia** *experience*	**el polen** *pollen*
la colmena *beehive*	**la fatiga** *fatigue; weariness*	**trabajador(a)** *industrious; hard-working*
el deber *duty*	**haragán/haragana** *lazy; idle*	**volar (o:ue)** *to fly*

El valor del trabajo Completa este párrafo sobre los consejos que un abuelo da a su nieto sobre el valor del trabajo.

La persona (1) ________ no llega a ningún lado en este mundo: se necesita mucho esfuerzo para lograr algo en la vida, sin hacerle caso a la (2) ________ que uno pueda sentir. El (3) ________ llegará después. Esta (4) ________ proviene de mi propia (5) ________. Es un largo (6) ________ que se hace durante toda la vida pero, al final, la persona (7) ________ puede estar satisfecha de haber cumplido con su (8) ________.

Conexión personal

¿Crees que las cosas con esfuerzo valen más? ¿O es mejor cuando se obtienen por buena suerte o ingenio (*ingenuity*)? ¿Qué te parece más justo?

Análisis literario: La fábula

La fábula es un breve relato dialogado que suele incluir una moraleja (*moral*) extraída de los eventos relatados. La conducta de las personas se compara con el comportamiento típico de ciertos animales que son los protagonistas de las fábulas y encarnan (*embody*) vicios y virtudes humanas. Por ejemplo: la hormiga (*ant*) representa la laboriosidad (*hard work*) y la previsión (*foresight*). ¿Qué virtudes representan estos animales?

la serpiente

el perro

el gato

el caballo

Horacio Quiroga

La abeja haragana

Había una vez en una colmena una abeja que no quería trabajar, es decir, recorría los árboles uno por uno para tomar el jugo de las flores; pero en vez de conservarlo para convertirlo en miel, se lo tomaba del todo.

Era, pues, una abeja haragana. Todas las mañanas, apenas el sol calentaba el aire, la abejita se asomaba° a la puerta de la colmena, veía que hacía buen tiempo, se peinaba con las patas, como hacen las moscas, y echaba entonces a volar, muy contenta del lindo día. Zumbaba° muerta de gusto de flor en flor, entraba en la colmena, volvía a salir, y así se lo pasaba todo el día mientras las otras abejas se mataban trabajando para llenar la colmena de miel, porque la miel es el alimento de las abejas recién nacidas°.

stuck her head out
She buzzed
newborn

Como las abejas son muy serias, comenzaron a disgustarse con el proceder° de la hermana haragana. En la puerta de las colmenas hay siempre unas cuantas abejas que están de guardia° para cuidar que no entren bichos° en la colmena. Estas abejas suelen ser muy viejas, con gran experiencia de la vida y tienen el lomo° pelado° porque han perdido todos los pelos de rozar° contra la puerta de la colmena.

behavior
on duty
bugs
back / hairless
pass lightly over

Un día, pues, detuvieron a la abeja haragana cuando iba a entrar, diciéndole:

—Compañera: es necesario que trabajes, porque todas las abejas debemos trabajar.

La abejita contestó:

—Yo ando todo el día volando, y me canso mucho.

—No es cuestión de que te canses mucho

—respondieron—, sino de que trabajes un poco. Es la primera advertencia que te hacemos.

Y diciendo así la dejaron pasar.

Pero la abeja haragana no se corregía. De modo que a la tarde siguiente las abejas que estaban de guardia le dijeron:

—Hay que trabajar, hermana.

Y ella respondió en seguida:

—¡Uno de estos días lo voy a hacer!

—No es cuestión de que lo hagas uno de estos días —le respondieron— sino mañana mismo.

Y la dejaron pasar.

Al anochecer siguiente se repitió la misma cosa. Antes de que le dijeran nada, la abejita exclamó:

—¡Sí, sí hermanas! ¡Ya me acuerdo de lo que he prometido!

—No es cuestión de que te acuerdes de lo prometido —le respondieron—, sino de que trabajes. Hoy es 19 de abril. Pues bien: trata de que mañana, 20, hayas traído una gota° siquiera de miel. Y ahora, pasa.

Y diciendo esto, se apartaron para dejarla entrar.

Pero el 20 de abril pasó en vano como todos los demás. Con la diferencia de que al caer el sol el tiempo se descompuso y comenzó a soplar° un viento frío.

La abejita haragana voló apresurada° hacia su colmena, pensando en lo calentito que estaría allá dentro. Pero cuando quiso entrar, las abejas que estaban de guardia se lo impidieron.

—¡No se entra! —le dijeron fríamente.

—¡Yo quiero entrar! —clamó° la abejita—. Ésta es mi colmena.

—Ésta es la colmena de unas pobres abejas trabajadoras —le contestaron las otras—. No hay entrada para las haraganas.

—¡Mañana sin falta voy a trabajar! —insistió la abejita.

—No hay mañana para las que no trabajan —respondieron las abejas. Y esto diciendo la empujaron° afuera.

drop
to blow
in a hurry
cried out
pushed

La abejita, sin saber qué hacer, voló un rato aún; pero ya la noche caía y se veía apenas. Quiso cogerse° de una hoja°, y cayó al suelo. Tenía el cuerpo entumecido° por el aire frío, y no podía volar más.

Arrastrándose° entonces por el suelo, trepando° y bajando de los palitos° y piedritas°, que le parecían montañas, llegó a la puerta de la colmena, a tiempo que comenzaban a caer frías gotas de lluvia.

—¡Perdón!—gimió° la abeja—. ¡Déjenme entrar!

—Ya es tarde —le respondieron.

—¡Por favor, hermanas! ¡Tengo sueño!

—Es más tarde aún.

—¡Compañeras, por piedad! ¡Tengo frío!

—Imposible.

—¡Por última vez! ¡Me voy a morir! Entonces le dijeron:

—No, no morirás. Aprenderás en una sola noche lo que es el descanso ganado con el trabajo. Vete.

Y la echaron.

Entonces, temblando de frío, con las alas mojadas° y tropezando°, la abeja se arrastró, se arrastró hasta que de pronto rodó° por un agujero°; cayó rodando, mejor dicho, al fondo de una caverna°.

Creyó que no iba a concluir nunca de bajar. Al fin llegó al fondo, y se halló° bruscamente ante una víbora°, una culebra° verde de lomo color ladrillo°, que la miraba enroscada° y presta a lanzarse° sobre ella.

En verdad, aquella caverna era el hueco° de un árbol que habían trasplantado hacía tiempo, y que la culebra había elegido de guarida°.

Las culebras comen abejas, que les gustan mucho. Por esto la abejita, al encontrarse ante su enemiga°, murmuró cerrando los ojos:

—¡Adiós mi vida! Ésta es la última hora que yo veo la luz.

Pero con gran sorpresa suya, la culebra no solamente no la devoró sino que le dijo:

—¿Qué tal, abejita? No has de ser° muy

to hold on to/ leaf
numb
Crawling climbing/ little sticks/ little stones
groaned
wet/stumbling
rolled
hole
cave
found herself
viper/snake
brick
curled up/ throw itself
hollow
lair
enemy
You must not be

trabajadora para estar aquí a estas horas.

—Es cierto —murmuró la abejita—. No trabajo, y yo tengo la culpa°.

I'm to blame
added 130
mockingly

—Siendo así —agregó° la culebra, burlona°—, voy a quitar del mundo a un mal bicho como tú. Te voy a comer, abeja.

—¡No es justo eso, no es justo! No es justo que usted me coma porque es más fuerte que yo. Los hombres saben lo que es justicia.

135

—¡Ah, ah! —exclamó la culebra, enroscándose° ligero°—. ¿Tú conoces bien a los hombres? ¿Tú crees que los hombres, que les quitan la miel a ustedes, son más justos, grandísima tonta?

coiling up/
fast

140

—No, no es por eso que nos quitan la miel —respondió la abeja.

—¿Y por qué, entonces?

—Porque son más inteligentes.

145

Así dijo la abejita. Pero la culebra se echó a reír, exclamando:

—¡Bueno! Con justicia o sin ella, te voy a comer; apróntate°.

get ready

Y se echó atrás, para lanzarse sobre la abeja. Pero ésta exclamó:

150

—Usted hace eso porque es menos inteligente que yo.

—Pues bien —dijo la culebra—, vamos a verlo. Vamos a hacer dos pruebas. La que haga la prueba más rara, ésa gana. Si gano yo, te como.

155

—¿Y si gano yo? —preguntó la abejita.

—Si ganas tú —repuso su enemiga—, tienes el derecho de pasar la noche aquí, hasta que sea de día. ¿Te conviene°?

Does that 160
work for you?

—Aceptado —contestó la abeja.

La culebra se echó a reír de nuevo, porque se le había ocurrido una cosa que jamás podría hacer una abeja. Y he aquí lo que hizo:

165

Salió un instante afuera, tan velozmente que la abeja no tuvo tiempo de nada. Y volvió trayendo una cápsula° de semillas° de eucalipto, de un eucalipto que estaba al lado de la colmena y que le daba sombra.

capsule/
seeds

170

Los muchachos hacen bailar como trompos° esas cápsulas, y les llaman trompitos de eucalipto.

spinning tops

—Esto es lo que voy a hacer —dijo la culebra—. ¡Fíjate bien, atención!

Y arrollando° vivamente la cola alrededor del trompito como un piolín° la desenvolvió a toda velocidad, con tanta rapidez que el trompito quedó bailando y zumbando como un loco.

175 *coiling up*
string

La culebra reía, y con mucha razón, porque jamás una abeja ha hecho ni podrá hacer bailar a un trompito. Pero cuando el trompito, que se había quedado dormido zumbando, como les pasa a los trompos de naranjo, cayó por fin al suelo, la abeja dijo:

180

185

—Esa prueba es muy linda, y yo nunca podré hacer eso.

—Entonces, te como —exclamó la culebra.

—¡Un momento! Yo no puedo hacer eso; pero hago una cosa que nadie hace.

190

—¿Qué es eso?

—Desaparecer.

—¿Cómo? —exclamó la culebra, dando un salto de sorpresa—. ¿Desaparecer sin salir de aquí?

195

—Sin salir de aquí.

—Pues bien, ¡hazlo! Y si no lo haces, te como en seguida —dijo la culebra.

El caso es que mientras el trompito bailaba, la abeja había tenido tiempo de examinar la caverna y había visto una plantita que crecía allí. Era un arbustillo°, casi un yuyito°, con grandes hojas del tamaño de una moneda de dos centavos.

200

shrub
weed

La abeja se arrimó° a la plantita, teniendo cuidado de no tocarla, y dijo así:

205 *came closer to*

—Ahora me toca a mí, señora Culebra. Me va a hacer el favor de darse vuelta, y contar hasta tres. Cuando diga "tres" búsqueme por todas partes, ¡ya no estaré más!

210

Y así pasó, en efecto. La culebra dijo rápidamente: "uno..., dos..., tres", y se volvió y abrió la boca cuan grande era, de sorpresa: allí no había nadie. Miró arriba, abajo, a todos lados, recorrió los rincones°, la plantita, tanteó° todo con la lengua. Inútil: la abeja había desaparecido.

215 *corners; nooks*
she felt out

La culebra comprendió entonces que si su

prueba del trompito era muy buena, la prueba de la abeja era simplemente extraordinaria. ¿Qué se había hecho? ¿Dónde estaba?

Una voz que apenas se oía —la voz de la abejita— salió del medio de la cueva.

—¿No me vas a hacer nada? —dijo la voz—. ¿Puedo contar con tu juramento?

—Sí —respondió la culebra—. Te lo juro. ¿Dónde estás?

—Aquí —respondió la abejita, apareciendo súbitamente° de entre una hoja cerrada de la plantita.

suddenly

¿Qué había pasado? Una cosa muy sencilla: la plantita en cuestión era una sensitiva°, muy común también en Buenos Aires, y que tiene la particularidad de que sus hojas se cierran al menor contacto. Solamente que esta aventura pasaba en Misiones°, donde la vegetación es muy rica, y por lo tanto muy grandes las hojas de las sensitivas. De aquí que al contacto de la abeja, las hojas se cerraron, ocultando° completamente al insecto.

mimosa pudica or sensitive plant

province in Argentina

hiding

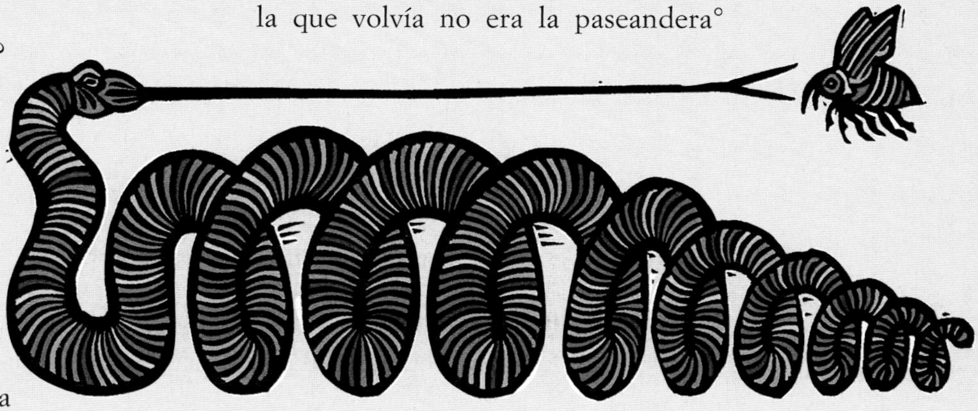

La inteligencia de la culebra no había alcanzado nunca a darse cuenta de este fenómeno; pero la abeja lo había observado, y se aprovechaba de él para salvar su vida.

La culebra no dijo nada, pero quedó muy irritada con su derrota°, tanto que la abeja pasó toda la noche recordando a su enemiga la promesa que había hecho de respetarla.

defeat

Fue una noche larga, interminable, que las dos pasaron arrimadas contra° la pared más alta de la caverna, porque la tormenta se había desencadenado°, y el agua entraba como un río adentro.

against

had broken out

Hacía mucho frío, además, y adentro reinaba la oscuridad más completa. De cuando en cuando la culebra sentía impulsos de lanzarse sobre la abeja, y ésta creía entonces llegado el término de su vida.

Nunca jamás creyó la abejita que una noche podría ser tan fría, tan larga, tan horrible. Recordaba su vida anterior, durmiendo noche tras noche en la colmena, bien calentita, y lloraba entonces en silencio.

Cuando llegó el día, y salió el sol, porque el tiempo se había compuesto, la abejita voló y lloró otra vez en silencio ante la puerta de la colmena hecha por el esfuerzo° de la familia. Las abejas de guardia la dejaron pasar sin decirle nada, porque comprendieron que la que volvía no era la paseandera° haragana, sino una abeja que había hecho en sólo una noche un duro aprendizaje de la vida.

effort

wanderer

Así fue, en efecto. En adelante, ninguna como ella recogió tanto polen ni fabricó tanta miel. Y cuando el otoño llegó, y llegó también el término de sus días, tuvo aún tiempo de dar una última lección antes de morir a las jóvenes abejas que la rodeaban°:

surrounded her

—No es nuestra inteligencia, sino nuestro trabajo quien nos hace tan fuertes. Yo usé una sola vez mi inteligencia, y fue para salvar mi vida. No habría necesitado de ese esfuerzo, si hubiera trabajado como todas. Me he cansado tanto volando de aquí para allá, como trabajando. Lo que me faltaba era la noción del deber, que adquirí aquella noche.

Trabajen, compañeras, pensando que el fin a que tienden° nuestros esfuerzos —la felicidad de todos— es muy superior a la fatiga de cada uno. A esto los hombres llaman ideal, y tienen razón. No hay otra filosofía en la vida de un hombre y de una abeja. ■

work towards

SUPERSITE

Después de leer

La abeja haragana

Horacio Quiroga

1 Comprensión Enumera los acontecimientos en el orden en que aparecen en el cuento.

____ a. La abeja haragana gana la prueba.
____ b. Las guardianas dejan que la abeja haragana entre en la colmena pero le advierten que será la última vez.
____ c. Una culebra le anuncia que la va a devorar.
____ d. Las guardianas dejan pasar a la abeja que ya no es haragana.
____ e. La abeja promete cambiar pero no cumple.
____ f. La culebra hace su prueba con éxito.
____ g. La abeja regresa a la colmena después de pasar la noche afuera.
____ h. Las guardianas le prohíben entrar en la colmena.
____ i. La culebra le propone hacer dos pruebas.
____ j. La abeja cae por un hueco en un árbol.

2 Análisis Lee el relato nuevamente y responde las preguntas.

1. ¿Qué características podrías señalar de la abeja haragana? ¿En qué se diferenciaba de las otras abejas?
2. ¿Qué te parece que puede representar la víbora?
3. En el relato, ¿qué es lo que salva a la abeja de la víbora?
4. ¿Cuál es la moraleja de la fábula?

3 Interpretación En parejas, respondan las preguntas.

1. En el relato se contraponen claramente dos lugares: la colmena y el exterior. ¿Puedes encontrar una palabra que caracterice a cada uno?
2. Las guardianas advierten a la abeja varias veces antes de impedirle la entrada. ¿Te parece bien lo que hacen? ¿Crees que tienen razón?
3. ¿Por qué es tan importante que todas colaboren con la tarea de recoger el polen? ¿Para qué sirve la miel que hacen las abejas? ¿Qué sentido tiene eso para la comunidad?
4. ¿Qué crees que hizo recapacitar a la abeja haragana?
5. ¿Estás de acuerdo con la moraleja de la fábula?
6. ¿Te parece que la abeja fue feliz al aceptar las reglas de la colmena?

4 Tu propia fábula Elige una de las comparaciones de la lista y escribe una fábula breve sobre el animal y la cualidad o vicio. Si lo prefieres, puedes elegir otro animal y otra cualidad o vicio. No olvides concluir el relato con una moraleja.

- inocente como un cordero (*lamb*)
- fuerte como un león
- astuto (*sly*) como un zorro (*fox*)
- terco (*stubborn*) como una mula

Taller de escritura

Preparación: Hacer concesiones

En la **Lección 7** nos referimos a la refutación como estrategia argumentativa. Sin embargo, también es posible que el desacuerdo con el punto de vista opuesto sea sólo parcial. Una estrategia muy común en los ensayos argumentativos consiste en refutar la idea opuesta pero al mismo tiempo hacer algunas concesiones, es decir, otorgar validez a ciertos aspectos del punto de vista contrario. A veces, existen marcas textuales que indican el uso de esta estrategia; entre ellas, las conjunciones **si bien, aunque, no obstante, sin embargo, a pesar de,** etc.

Ejemplos:

- Si bien estoy de acuerdo con el punto de vista del narrador con respecto a la importancia del trabajo, creo que su crítica de la vagancia (*laziness*) es excesiva. En primer lugar, ...
- La voz poética realiza una crítica muy eficaz de la avaricia. Sin embargo, la crítica es poco objetiva porque...

Práctica En parejas, relean la actividad de práctica de la **Lección 7** (p. 173). Escriban refutaciones parciales de las tesis contrarias usando algunas de las conjunciones sugeridas.

Ensayo Elige uno de estos temas y escribe un ensayo.

Requisitos

- Tu ensayo debe hacer referencia a por lo menos dos obras de las cuatro estudiadas en esta lección (cultura, cortometraje, dos obras literarias) o, en el caso del último tema, una de las obras puede ser de una lección anterior.
- Tu ensayo debe ser de por lo menos dos páginas.
- Tu ensayo debe incluir al menos dos refutaciones parciales de ideas contrarias.

- ¿Qué puntos de encuentro hay entre las obras de esta lección con respecto al rol y el valor del trabajo?
- ¿Cuál de las obras estudiadas presenta lo que tú consideras que es la actitud correcta hacia al trabajo? ¿Por qué?
- *La abeja haragana,* como toda fábula, tiene una moraleja. ¿Se puede afirmar que otras obras de esta lección también tienen una moraleja?
- Piensa en las figuras retóricas (*figures of speech*) estudiadas hasta ahora y compara el uso de estos recursos en el poema de Paz y en un poema estudiado anteriormente. Puedes concentrarte en una de estas figuras o en varias. ¿Qué efecto tiene el uso de esta(s) figura(s) en los poemas?

personificación	metáfora
comparación	paralelismo

Abriendo ventanas

La publicidad y el mercado hispano

Presentación Trabajen en grupos de cuatro o cinco. Cada grupo va a preparar una presentación sobre un proyecto publicitario para el mercado hispano.

A. Contesten las preguntas.

1. ¿Qué canales de televisión en español conocen? ¿Qué tipos de programación y publicidad tienen?
2. ¿Han observado carteles y publicidades para hispanohablantes en la vía pública y en las tiendas? ¿De qué tipos?
3. ¿Es posible hablar de un solo mercado latino o hispano homogéneo o creen que existen varios mercados latinos?¿Por qué?
4. ¿Han observado más presencia hispana en publicidad que está destinada al público en general y no sólo al público hispanohablante?

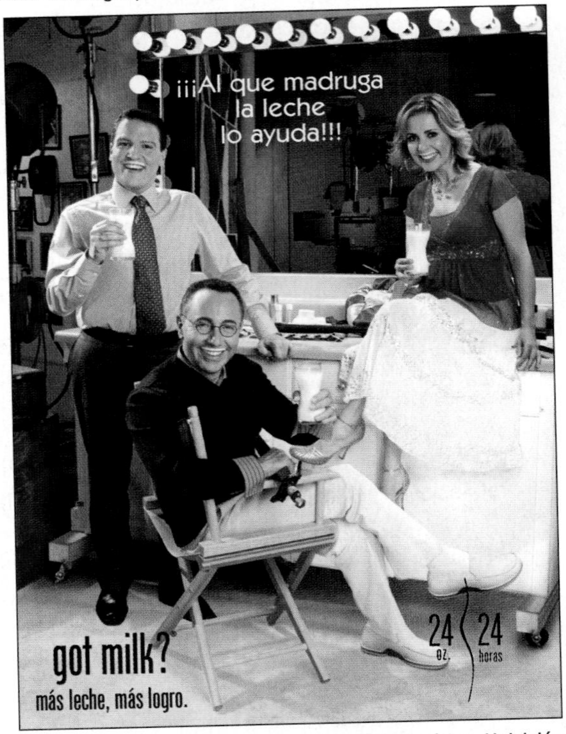

Conductores del programa Despierta América, Univisión

B. Lean las estadísticas del recuadro. Luego miren la lista de productos y escojan un medio para promocionar cada uno: televisión, radio o correo.

- El 49% de los hispanos que miran televisión en horario central, miran programación en español.
- El 40% de los hispanos que hablan español mejor que inglés miran televisión en inglés en forma habitual.
- Las familias hispanas escuchan radio un promedio de 26 a 30 horas por semana. Esto constituye un 13% más que el público en general.
- Es 3,5 veces más probable que los hogares hispanos respondan a campañas publicitarias por correo que los hogares no hispanos.
- Para el año 2015, un tercio de la población estadounidense menor de 19 años será de origen latino.*

(Fuente: Revista *Advertising & Marketing Review*. Abril de 2004 / *US Census Bureau)

carro	refresco
jeans	reproductor de MP3
ollas y sartenes (*pots and pans*)	teléfono celular

C. Van a preparar una campaña publicitaria para el mercado hispano para uno de los productos de la parte **B** u otro producto que les parezca interesante.

Elección del tema

Repasen las estadísticas y los productos de la parte **B** (u otros productos). ¿Para qué producto les gustaría preparar una campaña publicitaria?

Preparación

Una vez elegido el producto, decidan qué medio(s) van a utilizar. Además de las estadísticas de la parte **B**, pueden realizar su propia investigación prestando atención a la publicidad en diarios, revistas, diarios y televisión tanto en español como en inglés.

La propuesta publicitaria debe incluir:

- el/los medio(s) que van a utilizar
- el eslogan de la campaña
- una descripción general de la campaña
- información sobre el público a quien está dirigida

También pueden incluir materiales audiovisuales como logotipos, pósteres, tablas con estadísticas, etc.

Organización

Organicen la presentación de la campaña publicitaria en un esquema. El esquema debe resumir los puntos principales de la presentación. La presentación deberá durar unos diez minutos. Decidan qué parte(s) presentará cada uno/a. Recuerden que todos los integrantes del grupo deben participar.

Estrategia de comunicación

Publicidad — Palabras útiles

- Vía pública: cartel/afiche/póster (*poster*)
- Publicidad gráfica: aviso/anuncio (*ad*), página entera (*whole page*), contratapa (*back cover*)
- Publicidad en radio o televisión: anuncio/aviso/comercial/propaganda (*ad, commercial*)
- Publicidad por correo: mercadeo directo (*direct marketing*), correo directo (*direct mail*), folleto (*flyer*), cupón (*coupon*)

Presentación

Usen el esquema como guía para hacer la presentación, pero recuerden que deben hablar a la clase y no leer una presentación escrita. Después de la presentación, contesten las preguntas que puedan tener los integrantes del otro grupo y el resto de sus compañeros/as.

Tertulia

El poder del dinero

1 (5 min.) La clase se divide en cinco grupos; cada uno tiene que pensar y anotar sus ideas sobre uno de estos temas.

El dinero es la fuerza que mantiene al planeta en movimiento.

El dinero no hace la felicidad, ¡pero ayuda!

La avaricia (*greed*) es el peor de los males que afecta a la humanidad.

Hoy en día, la ambición monetaria es parte de nuestro instinto de supervivencia.

Si a mí me sobra dinero, esto significa que a alguien, en algún lugar del mundo, le falta.

Los profesionales de la salud y los educadores deberían cobrar los sueldos más altos.

2 (10 min.) Cada grupo debe preparar una breve presentación explicando qué opinan sobre el tema elegido. ¿Están de acuerdo o en desacuerdo? ¿Por qué? En caso de que no todos opinen lo mismo sobre el tema, mencionen las distintas opiniones.

3 (25 min.) Los diferentes grupos presentan sus ideas a la clase, mientras todos toman nota.

4 (10 min.) Cuando todos los grupos hayan terminado de presentar sus ideas, toda la clase participa haciendo preguntas, expresando sus opiniones o defendiendo sus puntos de vista.

La cultura popular y los medios de comunicación

9

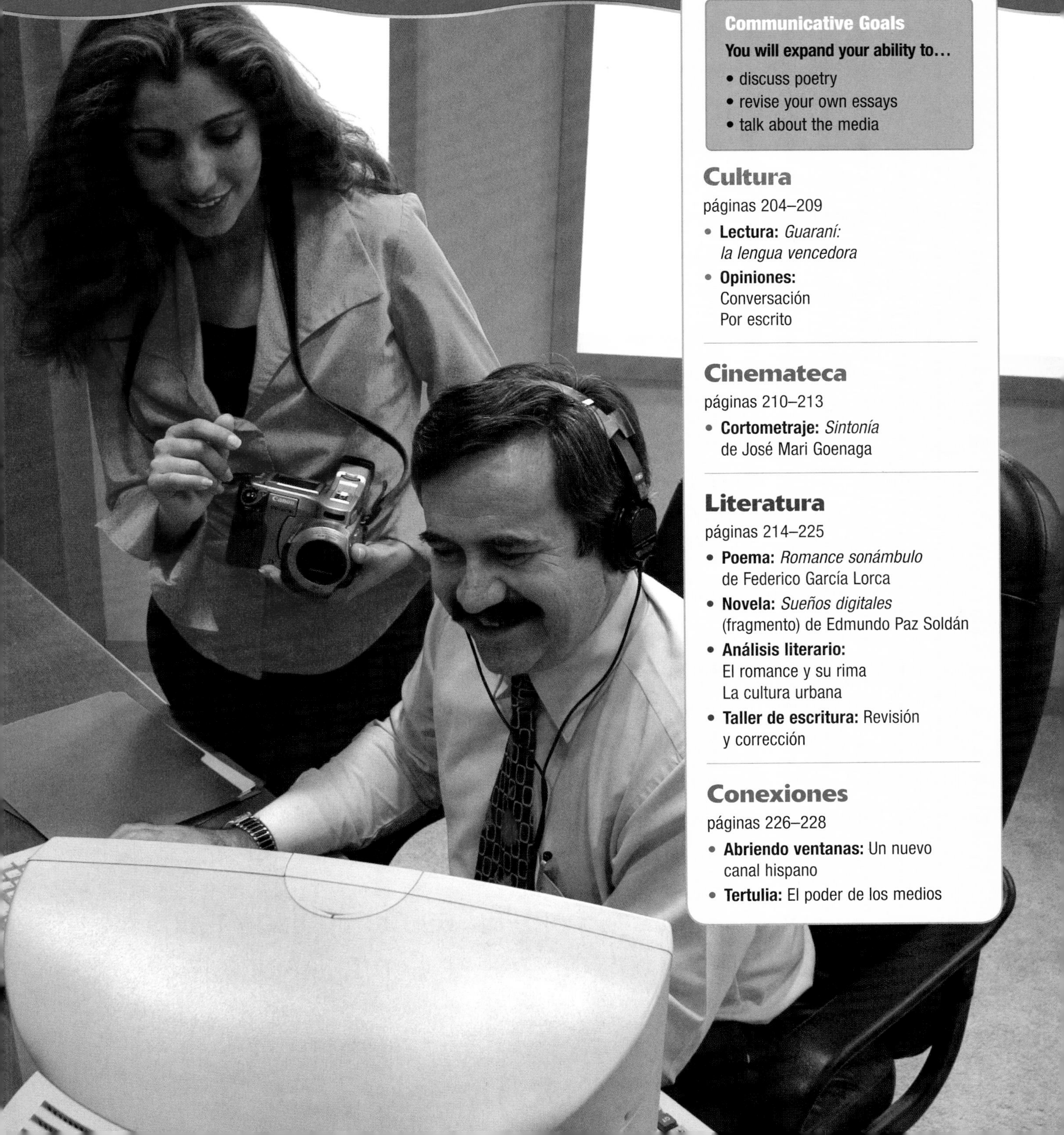

Communicative Goals

You will expand your ability to...

- discuss poetry
- revise your own essays
- talk about the media

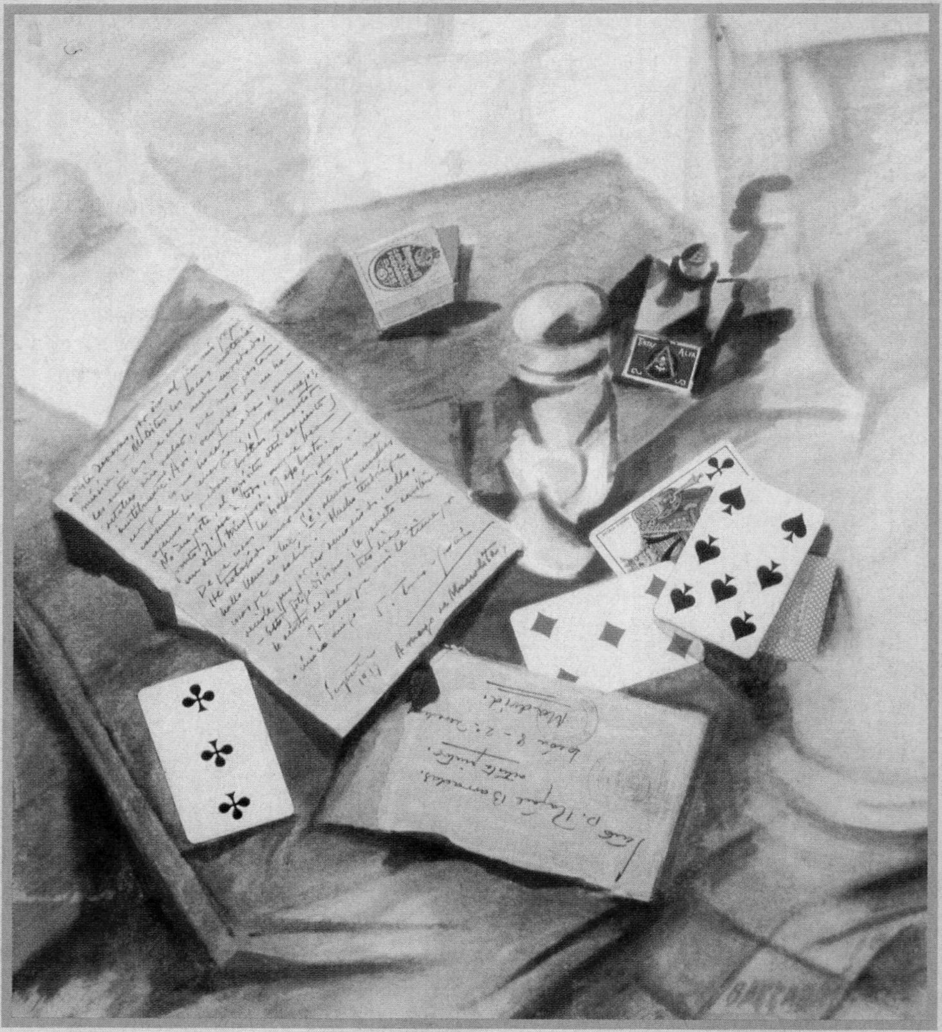

Naturaleza muerta con carta de Torres García, 1919.
Rafael Barradas, Uruguay.

"El concepto de lo 'popular' es manipulado todos los días por los medios de comunicación."

—Liliana Herrero

Antes de leer

Vocabulario

aislar *to isolate*	**el idioma** *language*
bilingüe *bilingual*	**la lengua** *language; tongue*
el guaraní *Guarani*	**monolingüe** *monolingual*
el/la hablante *speaker*	**vencer** *to conquer*

Idiomas de Bolivia Completa las oraciones.

1. Gran parte de los ciudadanos de Bolivia son ________ de español.
2. Aunque los conquistadores españoles trataron de imponer el ________ de su tierra, no se puede decir que los habitantes de Bolivia son ________.
3. La ________ materna de muchos bolivianos no viene de los españoles, sino de los indígenas que son nativos del lugar.
4. Hay muchos bolivianos ________ que se comunican en español y quechua o en español y aymara.

Conexión personal ¿De dónde vienen tus antepasados? ¿Han preservado algo de otra cultura? ¿Qué cosas? ¿Te identificas con esa(s) cultura(s)?

Contexto cultural

Los ríos, las montañas y la historia se han juntado (*come together*) para aislar a algunos pueblos de Latinoamérica y, en el proceso, permitir la supervivencia (*survival*) de cientos de idiomas indígenas. Suramérica manifiesta una diversidad lingüística casi incomparable. De hecho, en la época anterior a la conquista europea, existían más de 1.500 idiomas. En la actualidad, suramericanos bilingües y monolingües conversan en más de 350 lenguas de raíces (*roots*) no relacionadas. Entre las más de 500 lenguas que se calcula que existen en Latinoamérica, se encuentran 56 familias lingüísticas y 73 idiomas aislados, es decir, idiomas sin relación aparente. En comparación, los idiomas de Europa provienen de (*come from*) tres familias lingüísticas y hay sólo un idioma aislado, el vasco.

Algunas lenguas indígenas disponen de pocos hablantes y están en peligro de extinción, pero muchas otras prosperan y mantienen un papel central. Por ejemplo, el quechua, idioma de los incas, tiene diez millones de hablantes, sobre todo en el Perú y Bolivia y también en zonas de Colombia, el Ecuador, la Argentina y Chile. En Bolivia, el Paraguay y el Perú, por lo menos una lengua indígena comparte con el español el puesto (*position*) de lengua oficial del país.

Guaraní: la lengua vencedora

Es más probable que un habitante de Asunción, capital del Paraguay, salude a un amigo con las palabras **Mba'éichapa reiko?** que con la pregunta *¿Qué tal?* Lo más lógico es que el compañero responda **Iporânte ha nde?** en vez de *Bien, ¿y tú?* También es más probable que un niño paraguayo comience la escuela (o **mbo'ehao**) sin hablar español que sin saber comunicarse en guaraní.

Hay cientos de idiomas en Latinoamérica pero el caso del guaraní en el Paraguay es único. Más que una lengua oficial, el guaraní es la lengua del pueblo paraguayo. Cuando los españoles invadieron lo que ahora se conoce como Latinoamérica, trajeron e impusieron° su lengua como parte de la conquista cultural. Aunque muchas personas se resistieron a aprenderlo, el español se convirtió° en lengua del gobierno y de las instituciones oficiales en casi todas partes. En la actualidad, el hecho de conversar en español o en uno de los múltiples idiomas indígenas depende frecuentemente del origen de un individuo, de su contexto social, de sus raíces familiares y de muchos factores más. El uso de una lengua autóctona° típicamente se limita a las poblaciones indígenas, sobre todo a las que viven aisladas. En el Paraguay, aunque la mayoría de la población es mestiza°, actualmente las comunidades indígenas de origen guaraní son una minoría sumamente° pequeña. Sin embargo, el guaraní se ha adoptado universalmente como lengua oral de todas las personas y en todos los lugares.

El conocido escritor uruguayo Eduardo Galeano afirma que no hay otro país más que el Paraguay en el que "la lengua de los vencidos se haya convertido en lengua de los vencedores". Las estadísticas cuentan una historia impresionante: casi el 40% de la población paraguaya es monolingüe en guaraní, más del 50% es bilingüe y sólo el 5% es monolingüe en español. Es decir, la lengua de la minoría nativa ha conquistado el país. Casi todos los hablantes del guaraní se expresan en *jopara*, una versión híbrida del idioma que toma prestadas° palabras del español.

Aunque la predominancia° del guaraní es innegable°, los defensores de la lengua han observado que el español ha mantenido hasta hace poco una posición privilegiada en el gobierno y en la educación. La falta de equilibrio se debe a una variedad de razones complejas, incluyendo algunos factores sociales, oportunidades económicas y el uso del español para comunicarse con la comunidad global. No obstante, en las últimas décadas se reconoce cada vez más la importancia del guaraní y su prestigio aumenta°. En 1992 se cambió la constitución paraguaya para incluir la declaración: "El Paraguay es un país pluricultural y bilingüe. Son idiomas oficiales el castellano y el guaraní". El guaraní prospera también en las artes y en los medios de comunicación. Existe una larga tradición popular de narrativa oral que en las últimas décadas se ha incorporado a la escritura e inspirado a jóvenes poetas. El célebre novelista paraguayo Augusto Roa Bastos (1917–2005) ha introducido expresiones y sonidos del guaraní en sus cuentos. Aunque la presencia en los medios escritos aún es escasa, los nuevos medios de comunicación de los siglos XX y XXI ayudan a promover el idioma, y permiten, por ejemplo, que se estudie guaraní y que se publiquen narrativas en Internet.

¿Cómo logró una lengua indígena superar al español y convertirse en el idioma más hablado del Paraguay? ¿Se debe a alguna particularidad del lenguaje? ¿O es la consecuencia de factores históricos, como la decisión de los jesuitas de predicar° el catolicismo en guaraní? ¿Qué papel tiene el aislamiento del Paraguay, ubicado en el corazón del continente y sin salida al mar? Nunca se podrá identificar una sola razón, pero es evidente que con su capacidad de supervivencia y adaptación a los nuevos tiempos, el guaraní comienza a conquistar el futuro. ■

imposed
became
native
of Spanish and native American descent
extremely
borrows
prevalence
undeniable
is growing
preach

El guaraní

- En el Paraguay más del 90% de la población se comunica en guaraní. Junto con el español, es lengua oficial del país.
- También se habla guaraní en partes de Brasil, Bolivia y la Argentina.
- La moneda del Paraguay se llama guaraní.

Después de leer

Guaraní: la lengua vencedora

1 **Comprensión** Indica si las oraciones son **ciertas** o **falsas**. Corrige las falsas.

Cierto	Falso	
☐	☐	1. Suramérica manifiesta poca variedad lingüística.
☐	☐	2. Por lo general, en Suramérica sólo las poblaciones indígenas hablan una lengua indígena.
☐	☐	3. La mayoría de la población paraguaya es de origen guaraní.
☐	☐	4. El 50% de la población del Paraguay es monolingüe en español.
☐	☐	5. La Constitución de 1992 declaró que el Paraguay es un país pluricultural y bilingüe.
☐	☐	6. Existe una larga tradición popular de narrativa oral en guaraní.

2 **Análisis** Contesta las preguntas con oraciones completas.

1. ¿Cuáles son algunas de las señales de que una lengua prospera?
2. ¿De qué manera es especial el caso del guaraní?
3. ¿Por qué se dice que el guaraní es el lenguaje del pueblo paraguayo?
4. ¿A quiénes se refiere Eduardo Galeano cuando habla de los "vencedores" y los "vencidos"?
5. ¿Qué es el *jopara* y quiénes lo utilizan?

3 **Reflexión** Un ejemplo de la tradición de narrativa oral en guaraní son los dichos populares. En grupos de tres, expliquen el significado y el posible contexto de los tres dichos del recuadro. ¿Hay algún dicho en español o en inglés que tenga un mensaje similar? ¿Qué elementos característicos de la cultura local se hacen evidentes en los dichos?

Dichos populares en guaraní

Hetárõ machu kuéra, mbaipy jepe nahatãi.
Si hay muchas cocineras, ni la polenta se puede hacer.

Ñande rógape mante japytu'upa.
Sólo descansamos bien en nuestra casa.

Ani rerovase nde ajaka ava ambue akã ári.
No pongas tu canasto en la cabeza de otra persona.

4 **Ensayo** ¿Por qué crees que el gobierno del Paraguay cambió su constitución en 1992? ¿El cambio protege a una minoría o refleja la realidad de la mayoría? ¿Cuáles son las ventajas de vivir en un país pluricultural y bilingüe? ¿Hay alguna complicación? Escribe una composición de por lo menos tres párrafos dando tu opinión sobre estas preguntas.

Opiniones

1 Conversación En parejas, contesten estas preguntas.

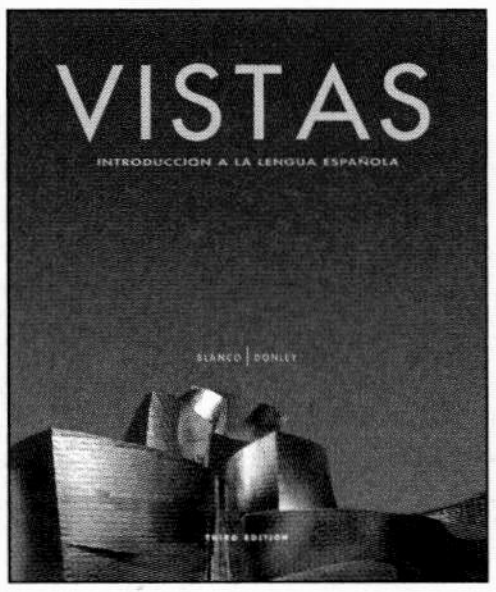

1. ¿Qué idiomas extranjeros han estudiado? ¿En qué grado de la escuela comenzaron a estudiarlos? ¿Creen que se debería comenzar antes? ¿Por qué?
2. Si tuvieran que estudiar otro idioma además de español, ¿cuál estudiarían? ¿Por qué?
3. ¿Cuáles son las ventajas de ser bilingüe?
4. El hecho de que una sociedad sea bilingüe, ¿ofrece más ventajas o desventajas? ¿Por qué?
5. ¿Se debe exigir que los inmigrantes sepan inglés? ¿Se debe permitir que ingresen al país sin hablar inglés pero exigir que lo aprendan como condición para adquirir la residencia o la ciudadanía? ¿Por qué?
6. ¿Están de acuerdo en que el gobierno destine fondos (*allocate funds*) a las comunicaciones en otros idiomas (carteles en lugares públicos, folletos, servicios de traducción, etc.)?

Palabras y expresiones útiles

el idioma ⟷ la lengua
la lengua materna (*mother tongue*)
bilingüe ⟶ bilingüismo
el/la hablante nativo/a (*native speaker*)

2 Por escrito Elige una de estas citas y escribe una composición de una página dando tu opinión. ¿Estás de acuerdo o en desacuerdo? ¿Por qué?

- "A la larga, el auge (*boom*) del idioma inglés a nivel mundial pone en desventaja a aquéllos que hablan sólo inglés."
- "La educación bilingüe, aunque pone énfasis en enseñar dos idiomas distinos, une a las personas en lugar de dividirlas."
- "Para tener éxito en el siglo XXI, hay que hablar por lo menos dos idiomas."

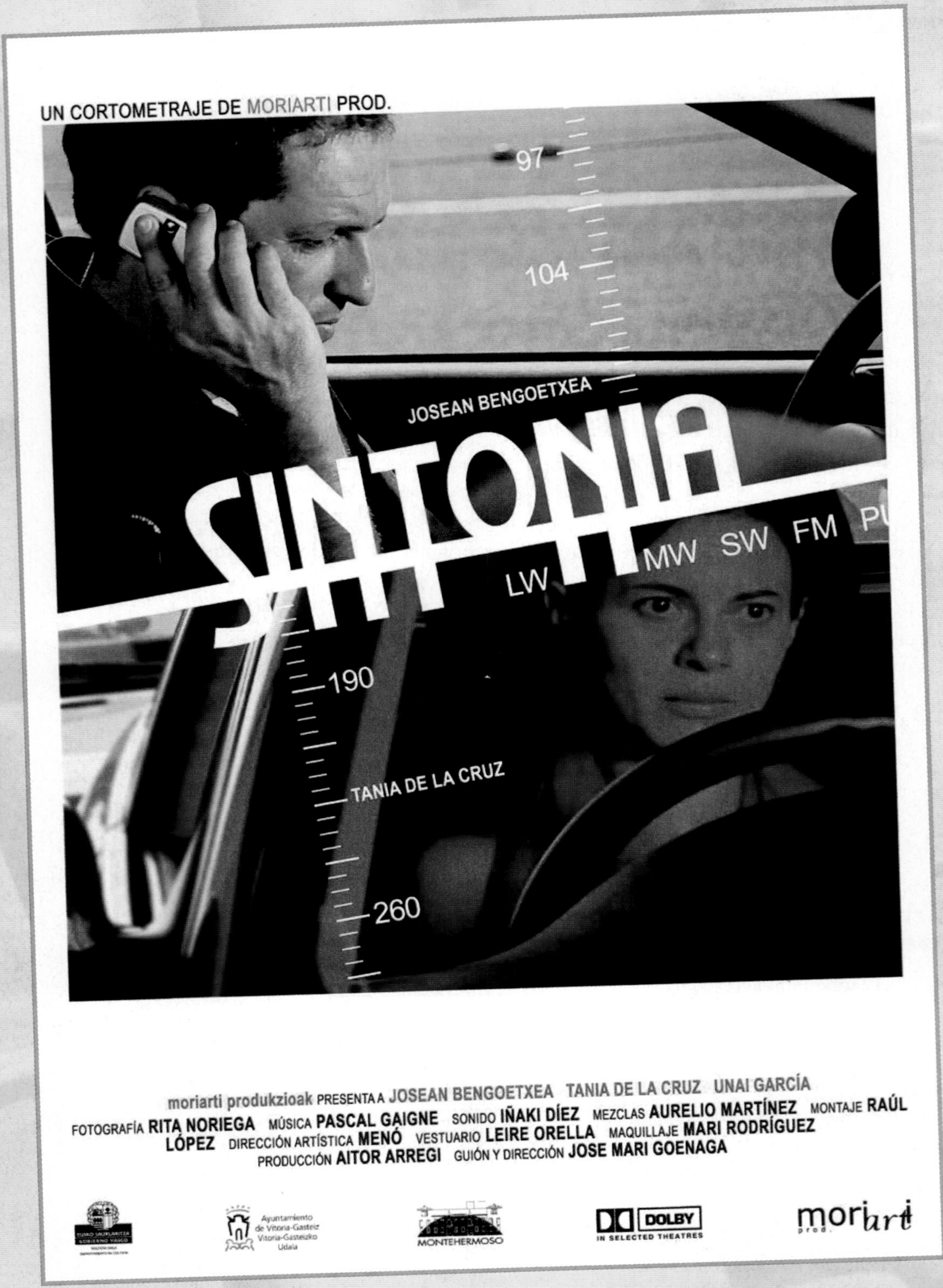
UN CORTOMETRAJE DE MORIARTI PROD.
97
104
JOSEAN BENGOETXEA
SINTONIA
LW MW SW FM
190
TANIA DE LA CRUZ
260
moriarti produkzioak PRESENTA A JOSEAN BENGOETXEA TANIA DE LA CRUZ UNAI GARCÍA
FOTOGRAFÍA RITA NORIEGA MÚSICA PASCAL GAIGNE SONIDO IÑAKI DÍEZ MEZCLAS AURELIO MARTÍNEZ MONTAJE RAÚL LÓPEZ DIRECCIÓN ARTÍSTICA MENÓ VESTUARIO LEIRE ORELLA MAQUILLAJE MARI RODRÍGUEZ
PRODUCCIÓN AITOR ARREGI GUIÓN Y DIRECCIÓN JOSE MARI GOENAGA
EUSKO JAURLARITZA GOBIERNO VASCO
Ayuntamiento de Vitoria-Gasteiz Vitoria-Gasteizko Udala
MONTEHERMOSO
DOLBY IN SELECTED THEATRES
moriarti prod.

Antes de ver el corto

SINTONÍA

país España
duración 9 minutos
director Jose Mari Goenaga
protagonistas el hombre, la mujer, el locutor

Vocabulario

aclarar *to clarify*
dar la gana *to feel like*
darse cuenta (de) *to realize*
darse por aludido/a *to realize or assume that one is being referred to*
embalarse *to go too fast*
fijarse *to notice*
el maletero *trunk*
la nuca *nape*
parar el carro *to hold your horses*
pillar *to get (catch)*
la sintonía *synchronization; tuning; connection*

1 Definiciones Escribe la palabra adecuada para cada definición.

1. la parte del carro en la que guardas las compras ________
2. la parte de atrás de la cabeza ________
3. el hecho de explicar algo para evitar confusiones ________
4. comprender o entender algo ________
5. ir demasiado deprisa ________

2 Preguntas Contesta las preguntas.

1. Cuando vas en autobús o en carro, ¿prefieres escuchar sólo música o programas de radio en los que habla un(a) locutor(a)?
2. Si tuvieras un problema que no supieras solucionar, ¿llamarías a un programa de radio o de televisión? ¿Por qué?
3. Imagina que te sientes atraído/a por alguien que ves en la calle. ¿Le pedirías una cita?
4. Si escuchas a dos personas que parecen hablar de ti sin decir tu nombre, ¿te das por aludido/a enseguida o tardas en darte cuenta?

3 ¿Qué sucederá? En parejas, miren los fotogramas e imaginen lo que va a ocurrir en la historia. ¿Cuál es la relación entre el locutor y las personas que esperan para pagar el peaje (*toll*)? Compartan sus ideas con la clase. Incluyan tres o cuatro datos o especulaciones sobre cada fotograma.

SUPERSITE Watch the short film at **ventanas.vhlcentral.com.**

Escenas

ARGUMENTO Un joven, atrapado en un atasco en la carretera, se siente atraído por la chica que maneja el carro de al lado.

LOCUTOR Última oportunidad para llamar... No os cortéis° y decidle a quien queráis lo que os dé la gana y no lo dejéis para otro momento. El número, el número es el 943365482... Tenemos una nueva llamada. Hola, ¿con quién hablamos?

HOMBRE Manuel Ezeiza. Manolo, Manolo de Donosti.
LOCUTOR Muy bien, Manolo de Donosti. ¿Y a quién quieres enviar tu mensaje?
HOMBRE La verdad es que no lo sé, pero sé que nos está oyendo.

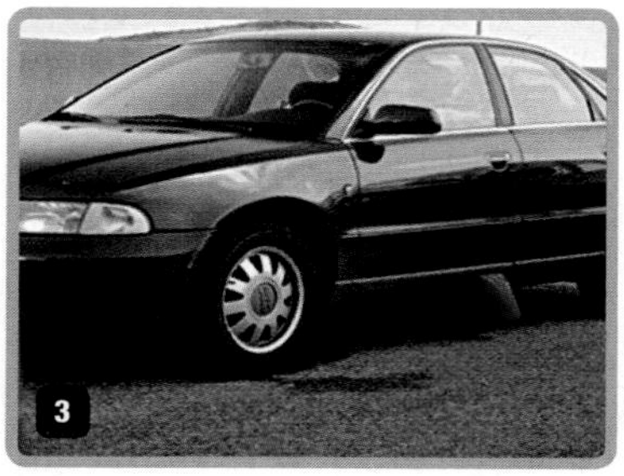

LOCUTOR Bueno, igual el mensaje puede darnos alguna pista°.
HOMBRE Sí, bueno, llamaba porque me he fijado que te has dejado parte del vestido fuera del coche. Y, bueno, yo no te conozco pero... te he visto cantando y querría, quedar contigo... o tomar algo...

LOCUTOR Bueno, para el carro... Esto es un poco surrealista. Le estás pidiendo una cita a una cantante que va en un coche con el abrigo fuera. ¿Y cómo sabe que te diriges a ella?
HOMBRE Todavía no lo sabe. Está sonriendo, como si esto no fuera con ella.

LOCUTOR Pues dale una pista para que se aclare. ¿Cómo es ella? ¿Qué hace?
HOMBRE Pues lleva algo rojo... ahora se toca la nuca con su mano y ahora el pelo... que es muy oscuro. Y ahora parece que empieza a darse cuenta. Sí, sí, definitivamente se ha dado cuenta.

LOCUTOR A ver, ¿quién le dice a ella que tú no eres, no sé, un psicópata?
HOMBRE ¿Y quién me dice a mí que no es ella la psicópata? Se trata de asumir riesgos. Yo tampoco te conozco. Pensaba que estaría bien quedar contigo.

cortéis *get shy* **pista** *clue*

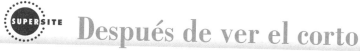

Después de ver el corto

1 Comprensión Contesta las preguntas con oraciones completas.

1. ¿Dónde está el hombre?
2. ¿A quién llama por teléfono?
3. ¿Qué tipo de programa de radio es?
4. ¿Por qué llama el hombre al programa de radio?
5. ¿Cómo sabe que la mujer está escuchando esa radioemisora?
6. ¿Por qué le dice el locutor al hombre que la mujer a lo mejor no quiere salir con él?
7. ¿Dónde se conocen el hombre y la mujer en persona?
8. ¿Qué le dice la mujer al hombre?

2 Ampliación Contesta las preguntas con oraciones completas.

1. ¿El hombre le habla siempre al locutor o le habla también a la mujer directamente? Explica tu respuesta.
2. ¿Qué harías tú si vieras que alguien en el carro de al lado se ha pillado la ropa en la puerta?
3. En un momento la mujer apaga la radio pero después la vuelve a encender. ¿Qué crees que está pensando en ese momento?
4. ¿Por qué crees que la mujer para en la gasolinera?

3 Imagina

A. En parejas, preparen la conversación entre el hombre y la mujer en la gasolinera. Cada uno debe tener por lo menos tres intervenciones en la conversación. Luego, representen la conversación frente a la clase.

B. Imaginen qué ocurre después. ¿Siguen en contacto? ¿Tienen una cita? ¿Qué ocurre en sus vidas? Compartan su final con la clase.

4 Relaciones mediáticas En parejas, inventen una historia de amor sobre dos personas que se conocen a través de uno de los medios de la lista. Incluyan detalles sobre cómo se conoció la pareja, por qué fue a través de ese medio específico y cuál fue el desenlace (*outcome*) de la historia. Después, cuenten su historia a la clase.

una revista	un programa de radio
un programa de televisión	Internet

Autómovil vestido, 1941.
Salvador Dalí, España.

"Modestamente, la televisión no es culpable de nada. Es un espejo en el que nos miramos todos, y al mirarnos nos reflejamos."

— Manuel Campo Vidal

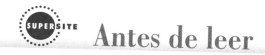

SUPERSITE

Antes de leer

Romance sonámbulo

Sobre el autor

Federico García Lorca, el poeta y dramaturgo español más famoso del siglo XX, nació cerca de Granada en 1898. García Lorca fue miembro de la llamada "Generación del 27", un brillante grupo de poetas españoles. La obra poética de Lorca se caracteriza por su profundo sentido trágico, por la belleza de las imágenes y la riqueza (*richness*) de los símbolos y por el misterioso ambiente gitano. Además de escritor, García Lorca fue dibujante y pianista, y compuso muchos arreglos (*arrangements*) de canciones populares españolas. La participación de García Lorca en la política de su tiempo lo llevó a afiliarse a la causa de la República durante la Guerra Civil española. En agosto de 1936 fue arrestado y fusilado (*executed by firing squad*).

Vocabulario

la baranda *railing*	**mecer(se)** *to rock*	**el/la sonámbulo/a** *sleepwalker*
gitano/a *gypsy*	**la rama** *branch*	**la sombra** *shade*
herir (e: ie) *to hurt*	**la sangre** *blood*	**el trato** *deal*

Vocabulario Completa las oraciones.

1. El ________ camina por su casa sin despertarse.
2. Desde la ________ de su casa la mujer observaba como el huracán agitaba las ________ de los árboles.
3. Hagamos un ________: yo te enseño español y tú me enseñas francés.
4. La madre ________ al bebé que duerme en una cuna (*cradle*) a la ________ de un árbol.

Conexión personal

¿Alguna vez tuviste que separarte de una persona que es muy importante para ti? ¿Podías comunicarte con la persona cuando estaba lejos de ti? Describe la experiencia.

Análisis literario: El romance y su rima

El romance es un poema de versos de ocho sílabas que proviene de la tradición oral y musical y se ha usado en la poesía española desde el siglo XV. El romance presenta una variedad de personajes en un escenario (*setting*) particular y narra una historia con un conflicto y una resolución. El número de versos es indefinido y los versos pares (*even*) tienen rima asonante. En la rima asonante se repiten las vocales a partir de (*starting from*) la última sílaba acentuada, mientras que en la rima consonante se repiten todos los sonidos, vocales y consonantes. Por ejemplo, observa la rima asonante de "ramas" y "montaña" o "barandas" y "plata" en la primera estrofa de *Romance sonámbulo*. Cuando leas el poema de Lorca, toma nota de la rima en los versos pares del poema. ¿Qué vocales se repiten? ¿Cuál es el efecto de la rima asonante?

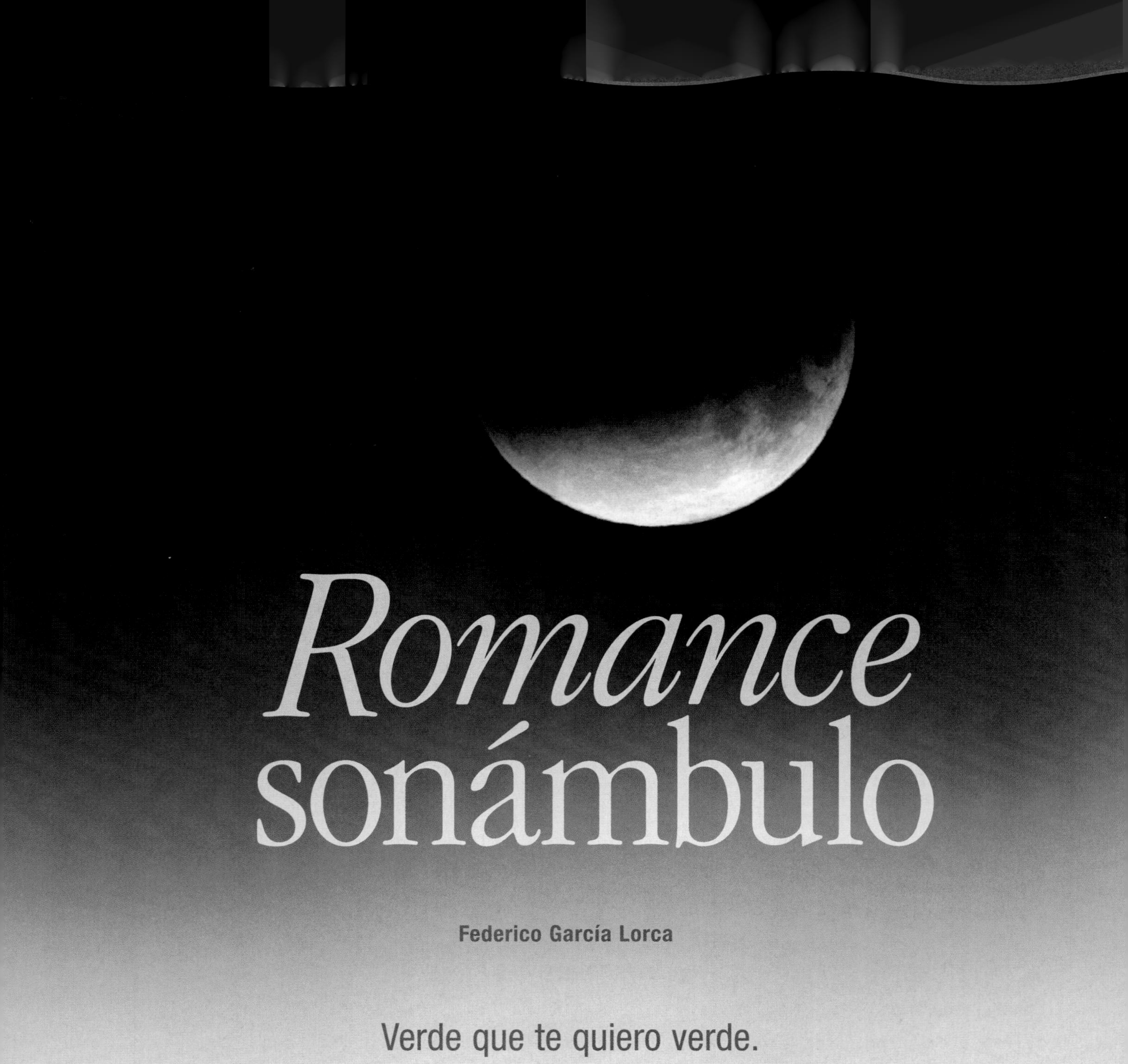

Romance sonámbulo

Federico García Lorca

Verde que te quiero verde.
Verde viento. Verdes ramas.
El barco sobre la mar
y el caballo en la montaña.

waist Con la sombra en la cintura°
ella sueña en su baranda,
skin verde carne°, pelo verde,
silver con ojos de fría plata°.
Verde que te quiero verde.
Bajo la luna gitana,
las cosas la están mirando
y ella no puede mirarlas.

Verde que te quiero verde.
frost stars Grandes estrellas de escarcha°,
vienen con el pez de sombra
dawn que abre el camino del alba°.
fig tree/rubs La higuera° frota° su viento
sandpaper con la lija° de sus ramas,
sly y el monte, gato garduño°,
bristles its hair eriza sus pitas agrias°.
¿Pero quién vendrá? ¿Y por dónde?
Ella sigue en su baranda,
verde carne, pelo verde,
bitter soñando en la mar amarga°.

friend —Compadre°, quiero cambiar
mi caballo por su casa,
saddle/mirror mi montura° por su espejo°,
blanket mi cuchillo por su manta°.
bleeding Compadre, vengo sangrando°,
mountain passes desde los puertos° de Cabra.
my boy —Si yo pudiera, mocito°,
este trato se cerraba.
Pero yo ya no soy yo,
ni mi casa es ya mi casa.
—Compadre, quiero morir,
decentemente en mi cama.
steel De acero°, si puede ser,
sheets con las sábanas° de holanda.
wound ¿No ves la herida° que tengo
desde el pecho a la garganta?
—Trescientas rosas morenas
shirt lleva tu pechera° blanca.
oozes/smells Tu sangre rezuma° y huele°
sash alrededor de tu faja°.
Pero yo ya no soy yo,
ni mi casa es ya mi casa.
—Dejadme subir al menos
hasta las altas barandas,
¡dejadme subir!, dejadme
hasta las verdes barandas.
Barandales° de la luna *railings*
por donde retumba° el agua. *thunders*

Ya suben los dos compadres
hacia las altas barandas.
Dejando un rastro° de sangre. *trace*
Dejando un rastro de lágrimas°. *tears*
Temblaban° en los tejados° *trembled/rooftops*
farolillos de hojalata°. *tin lanterns*
Mil panderos° de cristal *tambourines*
herían la madrugada°. *injured the dawn*

Verde que te quiero verde,
verde viento, verdes ramas.
Los dos compadres subieron.
El largo viento dejaba
en la boca un raro gusto° *taste*
de hiel°, de menta° y de albahaca°. *bile/mint/basil*
—¡Compadre! ¿Dónde está, dime?
¿Dónde está tu niña amarga?
¡Cuántas veces te esperó!
¡Cuántas veces te esperara°, *she would wait*
cara fresca, negro pelo,
en esta verde baranda!

Sobre el rostro del aljibe° *cistern*
se mecía la gitana.
Verde carne, pelo verde,
con ojos de fría plata.
Un carámbano° de luna *icicle*
la sostiene sobre el agua.
La noche se puso íntima
como una pequeña plaza.
Guardias civiles borrachos° *drunken civil guards*
en la puerta golpeaban°. *were pounding*
Verde que te quiero verde,
verde viento, verdes ramas.
El barco sobre la mar.
Y el caballo en la montaña. ■

Después de leer

Romance sonámbulo

Federico García Lorca

1 Comprensión Responde a las preguntas con oraciones completas.

1. ¿Qué elementos de la primera estrofa son de color verde?
2. ¿Dónde está "ella", la mujer del poema?
3. ¿Qué quiere cambiar el joven que habla con su compadre?
4. ¿El compadre acepta el trato del joven?
5. ¿Adónde van los dos hombres después de su conversación?
6. ¿Qué rastros dejan los compadres?
7. ¿A quién busca el joven?
8. ¿Quién llama a la puerta al final del poema?

2 Interpretación Contesta las preguntas con oraciones completas.

1. ¿A quién espera la mujer gitana en su baranda?
2. ¿Cómo indica el poeta que es de noche?
3. ¿Quién está herido en el poema?
4. ¿Qué relación hay entre los tres protagonistas?
5. ¿Qué le pasa a la mujer gitana en la última estrofa?
6. ¿Qué palabras contribuyen al tono melancólico del poema?

3 Análisis En parejas, contesten las preguntas.

1. ¿Qué versos indican que el joven quiere cambiar su estilo de vida? ¿Qué tipo de vida desea en el futuro?
2. ¿Qué cambio de color ocurre en la penúltima estrofa? ¿Qué puede indicar el cambio?
3. ¿Cuál es el efecto de las repeticiones y la rima asonante en el poema?
4. *Romance sonámbulo* está lleno de imágenes bellas pero a veces difíciles de comprender. Busquen tres imágenes complejas y exploren sus connotaciones. ¿Qué sugiere el poema con estas imágenes? ¿Qué ambiente crea el poeta con las imágenes?

4 Imaginar En parejas, imaginen en detalle la historia de la mujer gitana y el hombre herido del poema. ¿Cómo es su relación? ¿Por qué viven separados? ¿Cómo tolera cada uno la separación? ¿Por qué decide volver el hombre? ¿Qué pasa al final? Deben basar su historia en los versos del poema.

5 La cultura popular Con su ritmo hipnótico y rima asonante, los romances de Lorca han quedado grabados (*recorded*) en la memoria de los españoles y son un elemento central de su cultura popular. Piensa en un poema, mito o cuento que sea parte de tu cultura popular o sea conocido universalmente y nárralo o descríbelo en tus propias palabras.

Antes de leer

Sueños digitales (fragmento)

Edmundo Paz Soldán

Sobre el autor

Edmundo Paz Soldán nació en 1967 en Cochabamba, Bolivia; estudió Ciencias Políticas y más tarde se doctoró en Lengua y Literatura Hispanas en Berkeley. Actualmente vive en los EE.UU., donde enseña literatura latinoamericana en la Universidad de Cornell. Su novela *El delirio de Turing* recibió el Premio Nacional de Novela 2002 de Bolivia. Paz Soldán forma parte de una nueva corriente narrativa latinoamericana que hace hincapié (*lays emphasis*) en la cultura urbana, con constantes referencias a los medios de comunicación y a las nuevas tecnologías, lejos ya de los rasgos mágicos característicos de la generación anterior de narradores. Según explicó el autor en una entrevista: "Aquí no se trata tanto de reemplazar el realismo mágico como de mostrar otro lado en el que no se concentró, que es la cultura urbana."

Vocabulario

el/la columnista *columnist*	**la oferta** *offer; proposal*
denunciar *to denounce*	**el organismo público** *government agency*
el informativo *news bulletin*	**el/la periodista** *journalist*
manipular *to manipulate*	**la propaganda** *advertisement*

Sinónimos Busca en el vocabulario sinónimos para estas palabras.

1. acusar ____________
2. programa de noticias ____________
3. reportero ____________
4. aviso publicitario ____________
5. propuesta ____________
6. institución del gobierno ____________

Conexión personal

¿Alguna vez te encontraste en una situación en la que no estabas de acuerdo con algo pero tuviste que hacerlo igual porque era tu trabajo? ¿Cómo te sentiste?

Análisis literario: La cultura urbana

Una nueva generación de narradores latinoamericanos, que incluye nombres como Rodrigo Fresán, Edmundo Paz Soldán y Naief Yehya, entre otros, quiere romper con el realismo mágico. Prefieren ocuparse de criaturas urbanas de clase media alta que se mueven en un mundo globalizado y comparten los mismos códigos de todas las grandes ciudades del mundo. Al leer este relato, presta atención para ver si logras encontrar alguno de los aspectos que crees que son típicos de Latinoamérica. Al terminar, responde: ¿resulta obvio que la historia transcurre en Latinoamérica o podría desarrollarse (*take place*) en algún otro lugar del mundo? ¿Por qué?

Sebastián es un talentoso diseñador gráfico que trabaja para un periódico en la capital boliviana. Es conocido en el ambiente del diseño por su especial talento para la manipulación de imágenes digitales. Está a punto de recibir una visita inesperada en su oficina cuyas consecuencias pueden cambiar el curso de la historia de su país.

Sueños digitales

(fragmento)

Edmundo Paz Soldán

Un jueves por la mañana, sonó el teléfono en el Cuarto Iluminado y una mujer pidió hablar con Sebastián. Braudel, que dibujaba con CorelDraw en la computadora (una plaza desierta y llena de restos de columnas, un obvio homenaje a Chirico para ser utilizado en una propaganda de una compañía de seguros°), le dijo que esperara. Le preguntó a Píxel si había visto a Sebastián. —¿De parte de quién?

insurance

—De una revista de La Paz. Queremos entrevistarlo.

—Está por ahí. Lo vi hace un rato.

Sebastián apareció con una Hola en la mano. Píxel lo miró moviendo la cabeza de arriba a abajo, impresionado. Había creado un monstruo: no pasaba mucho tiempo desde aquel día en que Sebastián había aparecido en la oficina con la petulancia° de sus años, quejándose de alguna tontería. Tampoco pasaba mucho tiempo desde que la cabeza del Che y el cuerpo de la Welch se habían impreso en el imaginario citadino como partes inseparables de un todo. Ahora a Sebastián lo buscaba la fama, mientras él, sin cuya imaginación visionaria los Seres Digitales no hubieran abandonado una computadora y comenzado a adquirir vida propia, era ignorado sin misericordia. Había creado un monstruo que creaba monstruos.

petulance

—¿Algo interesante? —preguntó con tono casual, apenas Sebastián colgó.

—Nada —respondió Sebastián—. Le dije que no quería publicidad.

Lo cierto era que la llamada lo había intrigado. La mujer le dijo que no se trataba de una entrevista, sino de una «oferta muy interesante». Había quedado° en encontrarse con ella esa misma tarde, en un café alejado del centro°. No perdería nada escuchándola.

had agreed to / *downtown*

Píxel se dijo que hasta los monstruos podían terminar siendo devorados. Eso lo había aprendido jugando Pac-Man.

Al salir, Sebastián se cruzó con Alissa y Valeria Rosales. Discutían. La Rosales era una columnista que tenía la costumbre de meterse en líos° por pasársela denunciando la corrupción de las juntas vecinales, el comité cívico, los sindicatos, la alcaldía y la prefectura, todos los organismos públicos susceptibles° de corrupción (que eran todos los organismos públicos).

to get into trouble / *liable*

A Sebastián se le había ocurrido pedirle a Alissa un aumento de sueldo. Ella podría convencer a Junior. La vio tan metida en su discusión°, que siguió su camino sin decir nada.

argument

El Mediterráneo tenía las paredes llenas de fotos de artistas de la época dorada de Hollywood. Era pequeño, y se respiraba un olor a granos frescos de café y a cigarrillo. Había poca gente, y Sebastián supo quién era la mujer apenas entró. Se acercó a su mesa en el fondo.

—Isabel Andrade —dijo ella extendiendo la mano. Tenía una minifalda° negra y botines° de gamuza°, un agitado escote en ve en la camisa azul marino. Sebastián percibió que tenía las mismas cejas finas y oblicuas de Nikki°. Ella se levantó y le extendió la mano.

miniskirt / *ankle boots/ suede* / *Sebastián's wife*

—Bond. James Bond —dijo él con una mueca° burlona, no había podido evitar la broma. El pelo rubio recogido en un moño, el pañuelo en el cuello: azafata o ejecutiva de cuentas. Otros la hubieran encontrado linda; él no, o sí, pero de manera inofensiva.

expression

Sebastián resopló —a veces le faltaba aire, era raro, no fumaba mucho y de vez en cuando iba al gimnasio, debía hacerse chequear—, y tomó asiento. Pidió una limonada al mozo°. Isabel pidió un café con leche.

waiter

—Usted dirá —dijo Sebastián.

Isabel miró alrededor suyo, como cerciorándose° de que no la espiaban°. Sacó

making sure/ were spying

unas fotos de su cartera° y las puso sobre la mesa. Eran las fotos de una parrillada°. Sebastián vio rostros satisfechos de políticos conocidos, las cervezas en la mano y las mesas llenas de platos de asados con papas y soltero° y llajwa°. Se le abrió el apetito, pediría un sandwich de jamón y queso. ¿Lo estaría esperando en su computadora un email de Nikki? Jugueteó° con la rosa de plástico en el florero al centro de la mesa. ¿Soñaban los androides con rosas artificiales?

—¿Y?

Isabel tenía una foto en la mano. Se la mostró con cuidado, sin soltarla°. Había sido tomada en la misma ocasión. En ella, el presidente Montenegro brindaba con Ignacio Santos, alias el Tratante° de Blanca.° Los ojos saltones°, la nariz como rota por un puñetazo°, la mandíbula° de Pepe Cortisona, la barriga° del ejecutivo sin tiempo para hacer ejercicios y con el poder suficiente para no importarle. Era él, era el Tratante. Y ésa era la famosa foto de la que hablaban los periódicos y los informativos en la tele: la foto del Narcogate (los periodistas eran la gente menos creativa del planeta; desde Watergate que habían entrado en una parálisis mental a la hora de bautizar crisis políticas). La foto que probaba los vínculos° entre Montenegro y el narcotráfico°, la que confirmaba que él había financiado su campaña con el dinero de las arcas del Tratante, y que le servía a Willy Sánchez, dirigente máximo de los Cocaleros, para montar una campaña acusando al presidente de hipócrita, con una mano erradicando cocales° para complacer a los yanquis° y con la otra abrazándose con los narcos°.

Sebastián la tocó como si se tratara de una reliquia°: ésa era la foto original. Pero no, en realidad lo que debía tocar era el negativo, sólo los negativos eran únicos, era suficiente uno

para permitir la multiplicación de los panes.

Isabel jugaba con una hebra° suelta de su cabello. —¿Podría... —dijo—, podría hacer que el General desapareciera?

—De poder, puedo. Claro que sí, es lo más fácil del mundo. Es más, es tan fácil que no veo por qué se toma la molestia de buscarme.

—No crea que no lo hemos intentado. Hemos conseguido una que otra muy buena,

handbag · *barbecue* · *salad* · *hot sauce from Bolivia* · *played with* · *letting go of it* · *slave trader/cocaine* · *bulging* · *blow with the fist/jaw* · *belly* · *ties* · *drug trafficking* · *coca plantations* · *Yankees (Americans)* · *short for* ***narcotraficantes*** · *relic* · *strand* pero en general hay colores que no cuajan°, o se nota la sombra que deja la figura desaparecida. Entonces se nos ocurrió, hay que darle al César lo que es del César. Si podemos contratar a Picasso, ¿para qué conformarnos con un pintor de brocha gorda°?

cuajan: match exactly
brocha gorda: a house painter

Isabel sonrió. Sebastián debía reconocer que cualquier persona que elogiara° su arte le caía bien y podía llegar lejos con él (así lo había conquistado Nikki). Y era muy cierto que cualquiera podía manipular una imagen en la computadora, pero eran los mínimos detalles los que separaban al verdadero artista–técnico de la multitud. Las expresiones y las capas de colores que uno manipulaba en la pantalla debían definirse con números para cuya precisión a veces se necesitaban hasta seis decimales. Y el juego de luces y sombras, la forma en que éstas caían en la imagen... Parecía fácil, pero no lo era.

elogiara: praised

—¿Quiénes me quieren contratar?

—Todo esto es confidencial, por supuesto.

—No se preocupe.

—El Ministerio de Informaciones. Trabajo en la Ciudadela.

Así que era cierto que la Ciudadela se había vuelto a poner en marcha, y que ahora estaba en manos del gobierno.

Se le ocurrió que esa mujer le estaba pidiendo de manera inocente algo nada inocente. La desfachatez° de los tiempos, la corrupción no explicada a los niños. Acaso la culpa la tenía Elizalde: todos sabían que era un asalariado° del Ministro de la Presidencia —el Salmón Barrios—, que éste le pagaba una mensualidad para defender su política agresiva de erradicación° de cocales en sus mediocres editoriales en Fahrenheit 451. Junior lo sabía, pero decía que no podía hacer nada porque los periodistas eran muy mal pagados y a veces no les quedaba otro recurso que la corrupción.

desfachatez: nerve
asalariado: salaried employee
erradicación: eradication

Prometía que apenas pudiera pagarle mejor a Elizalde, lo despediría. Y esta mujer que trabajaba para el gobierno seguro sabía de Elizalde y compañía y pensaba que cualquiera que trabajaba en el periódico estaba al alcance de las arcas del gobierno, siempre abiertas cuando se trataba de ese tipo de cosas.

Isabel dijo una cifra° y Sebastián, molesto, debió reconocer que le atraía la idea. ¿O debía pensarlo un poco más? Era un trabajo muy fácil para el Picasso de la fotografía digital. Nadie se enteraría, y tendría unos pesos extra para pagar algo de sus deudas, para sorprender a Nikki con una ida a un restaurante de lujo y ropa interior y perfumes. ¿O debía pensarlo un poco más?

cifra: number

—Esto, por supuesto —dijo ella—, queda entre usted y yo.

—¿Y qué va a hacer con la foto?

—Usted ocúpese de su trabajo, yo del mío.

—¿Y el negativo? Por más que yo haga mil cosas con la foto, mientras exista el negativo...

—Ocúpese de su trabajo, yo del mío.

—Veré qué hago.

—Ya comenzamos a entendernos. Volveré mañana a esta misma hora.

—No le prometí nada. Sólo le dije que lo vería.

La mujer dejó unos pesos en la mesa y se levantó.

Sebastián se quedó con la foto entre las manos, pensando sin querer pensarlo que había corrupciones y corrupciones, que lo suyo no se comparaba a lo de Elizalde, sería una sola vez, pensando sin querer hacerlo que de ese encuentro ya desvanecido en el tiempo —pero no en ese rectángulo— no quedaría rastro alguno una vez que él lo manipulara con talento y cariño y perfidia°. ■

perfidia: treachery

SUPERSITE

Después de leer

Sueños digitales (fragmento)

Edmundo Paz Soldán

1 Comprensión Indica si las oraciones son **ciertas** o **falsas**. Corrige las falsas.

1. El apellido de Sebastián es Píxel.
2. La historia transcurre en Bolivia.
3. Sebastián cree que la mujer quiere hacerle una entrevista para una revista.
4. Las fotos prueban la corrupción del presidente Montenegro.
5. Isabel le propone algo inocente.
6. Sebastián dice que no acepta la propuesta.

2 Interpretación En parejas, respondan a las preguntas.

1. ¿En qué época piensas que se desarrolla el relato?
2. La mujer cita a Sebastián en un café alejado del centro. ¿Les parece que lo hace por alguna razón?
3. ¿Cuáles crees que pueden ser las tareas específicas del Ministerio de Informaciones?
4. ¿Qué prueban las fotos que Isabel le muestra a Sebastián?
5. ¿Qué factores piensas que lo impulsan a tomar la decisión de hacer o no el trabajo? ¿Crees que hará el trabajo?

3 Análisis Lee el relato nuevamente y responde a las preguntas.

1. ¿Qué características podrías señalar de Sebastián?¿Podría ser un joven profesional de otro lugar? ¿O es, para ti, un típico latinoamericano?
2. En el relato se mencionan el programa CorelDraw, el pintor De Chirico, la revista Hola, Raquel Welch, el Che Guevara, el juego de Pac-Man y James Bond. ¿Qué tienen en común? ¿Qué te dicen acerca del punto de vista del autor?
3. Relee la descripción del café. ¿Piensas que podrías encontrarlo en cualquier lugar del mundo o sólo en una ciudad de América del Sur?
4. ¿Te parece que la historia podría estar basada en eventos reales? ¿Por qué?

4 Situaciones éticas En grupos de tres, lean estas situaciones y decidan si lo que hizo el personaje es ético o no y expliquen por qué.

- Juan va por la calle y encuentra tirado un reloj. Decide quedárselo.
- Una persona sale en carro del estacionamiento de un supermercado y María observa que la persona olvidó una caja de latas de refresco. María espera unos diez minutos y, como la persona no regresa, se lleva la caja de latas.

5 La verdad Imagina que eres un(a) periodista que logra apoderarse de las fotos y decide escribir un artículo exponiendo el complot del Ministerio de Informaciones para ocultar la verdad. Escribe un titular y un artículo de tres párrafos.

Taller de escritura

Preparación: Revisión y corrección

Para escribir un buen ensayo, debes aprender a revisar y corregir tu propio trabajo. Al terminar la primera versión, usa estas preguntas como guía para revisar tu ensayo y haz los cambios necesarios.

- **Contenido:** ¿Respondiste al tema asignado? ¿Faltan ejemplos o argumentos? ¿Hay partes que se repiten o que no son pertinentes?
- **Organización:** ¿Es clara la organización? ¿Hay una buena introducción y conclusión? ¿Existe una conexión lógica entre los párrafos?
- **Ortografía, gramática y estilo:** ¿Están bien conjugados los verbos? ¿Concuerdan los adjetivos con los sustantivos? ¿Hay errores de ortografía? Lee cada oración dos veces y revísala en detalle. Asegúrate de que tu lenguaje sea preciso y específico.

Piensa en tu ensayo como si lo hubiera escrito otra persona. ¿Te convence? ¿Qué problemas tiene? Al evaluar tus propias ideas objetivamente, podrás anticipar las objeciones de tus lectores.

Práctica Revisen los comentarios que han recibido de su instructor(a) hasta el momento. ¿A cuál de las tres categorías anteriores deben prestar más atención?

Ensayo Elige uno de estos temas y escribe un ensayo.

Requisitos

- Tu ensayo debe hacer referencia a por lo menos dos de las cuatro obras estudiadas en esta lección (cultura, cortometraje, dos obras literarias). En el caso de la última opción, también puede hacer referencia a obras de lecciones anteriores.
- Tu ensayo debe ser de por lo menos dos páginas.
- Cuando termines, revisa y corrige el ensayo usando la lista de las páginas 312–313. Explica brevemente los cambios que tuviste que hacer.

- ¿Piensas que los medios de comunicación permiten un mayor contacto entre la gente, o que en realidad son medios de incomunicación? ¿Los medios de comunicación reflejan la realidad o la manipulan?
- ¿Qué relación hay entre los medios de comunicación y la política? ¿Nos abren los ojos a lo que ocurre en el mundo, o nos ciegan? ¿Nos permiten cambiar la realidad? Piensa en *Sueños digitales* y en la difusión del guaraní.
- Varias obras de esta lección tienen un final abierto. ¿Hay suficientes detalles en el texto para reconstruir la historia completa, incluso el desenlace (*outcome*)?
- Piensa en las obras que has visto y leído hasta ahora. ¿Crees que hay cosas que pueden comunicarse mejor con un medio artístico que con otro? ¿Pueden distintos géneros transmitir el mismo mensaje con el mismo efecto?

Abriendo ventanas

SUPERSITE

Un nuevo canal hispano

Presentación Trabajen en grupos de cuatro o cinco.

A. **Televisión para hispanos** Contesten las preguntas.

1. ¿Qué tipo de programación ofrecen las cadenas de televisión hispanas?
2. ¿Por qué es importante ofrecer a las comunidades de inmigrantes programación de radio y televisión en su propio idioma?
3. ¿Qué tipo de programación les gustaría ver en un canal hispano? ¿Por qué?
4. Lean esta lista de objetivos de un canal de televisión hispano y ordénenlos del 1 al 6 empezando por el más importante. ¿Por qué los ordenaron de esa manera? ¿Les parece que falta algún objetivo importante?

_____ a. Ofrecer a los hispanos programación para mantener su idioma.

_____ b. Brindar acceso a programación popular de España y América Latina.

_____ c. Ofrecer versiones dobladas de programas populares en inglés.

_____ d. Ofrecer a los anunciantes un medio para llegar al público latino.

_____ e. Ofrecer programación educativa en inglés para ayudar a los hispanos a aprender el idioma.

_____ f. Mantener informada a la comunidad latina sobre las noticias y los deportes de sus países de origen.

B. **Programación importada** Cada uno debe hacer una breve investigación en Internet sobre un par de programas de la lista o de las fotos y compartir la información con el grupo. ¿Qué programas importarían a los EE.UU.?

Aló Presidente (*talk show*; Venezuela)

Montecristo (telenovela; Argentina)

- Laura en América (*talk show*; Perú)
- Amarte así (telenovela; México)
- Los peques (animación; Argentina)
- Operación triunfo (*reality show*; España)
- Nada más que la verdad (*reality show*; Colombia)
- Hasta que la plata nos separe (telenovela/comedia; Colombia)
- Caiga quien caiga (humor/política; Argentina/España/Chile)
- Científicos Industria Argentina (*divulgación científica*; Argentina)
- Los Serrano (comedia; Argentina)
- El observador (noticias; Venezuela)
- Latin American Idol (*reality show*; EE.UU. para el mercado latinoamericano)

C. Van a preparar una propuesta para la creación de un nuevo canal de televisión hispano.

Elección del tema

Repasen las respuestas de la parte **A** y la investigación de la parte **B,** y piensen en estas preguntas: ¿Qué objetivos tendrá el canal? ¿A qué audiencia estará dirigido? ¿Qué tipo de programación quieren ofrecer? ¿Qué programas pueden importar? ¿Qué nombre tendrá el canal?

Preparación

Una vez definida la identidad del canal, preparen la propuesta para presentar a la clase. Debe incluir como mínimo esta información sobre el canal:

- nombre
- eslogan
- los tres objetivos principales
- información general (audiencia, mercado, porcentaje de programación nueva y programación comprada, etc.)
- dos programas importados de países hispanohablantes
- dos propuestas de programas nuevos

También pueden incluir materiales audiovisuales como logotipos, afiches con detalles de la programación, etc.

Estrategia de comunicación

Televisión—Palabras útiles

- Televisión: abierta (Arg. *network TV*); pública; satelital; por cable
- Tipos de programas: comedia; drama; programa de juegos; miniserie; serie; telenovela; programa deportivo/infantil/musical; *talk show; reality show*

Organización

Organicen la presentación de la propuesta en un esquema. La presentación deberá durar unos diez minutos. Decidan qué parte(s) presentará cada uno/a. Recuerden que todos los integrantes del grupo deben participar.

Presentación

Usen el esquema como guía para presentar su propuesta, pero recuerden que deben hablar a la clase y no leer una presentación escrita. Después de la presentación, contesten las preguntas de sus compañeros/as.

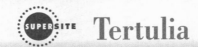

Tertulia

El poder de los medios

1 5 min. La clase se divide en cinco grupos. Cada uno tiene que pensar y anotar sus ideas sobre uno de estos temas.

1. Los medios de comunicación surgieron hace muchos años con el objetivo de informar. ¿Creen que hoy en día los medios de comunicación siguen teniendo el mismo objetivo?
2. Al final de cuentas, los medios de comunicación son empresas que necesitan vender sus productos. ¿Es el público culpable de la pobreza del contenido de los medios de comunicación? ¿Es cierto que buscamos el amarillismo?
3. ¿Creen que el papel de los medios de comunicación en los procesos electorales políticos es importante? ¿Consideran que los medios de comunicación influyen en los resultados de las elecciones? ¿Creen que es justo?
4. Con la llegada de Internet, ¿consideran que está en peligro la vida de los medios de comunicación tradicionales como la televisión o el periódico?
5. ¿Creen que hay que censurar el contenido de los programas y noticias para proteger a los niños y jóvenes?

2 10 min. Cada grupo tiene que preparar una breve presentación sobre uno de los temas. En el caso de que no todos opinen lo mismo, pueden mencionar que dentro del grupo hay distintas opiniones.

3 25 min. Los diferentes grupos presentan sus ideas a la clase, mientras todos toman nota.

4 10 min. Cuando todos los grupos han terminado de presentar sus ideas, toda la clase debe participar haciendo preguntas o expresando sus opiniones.

La literatura y el arte 10

Communicative Goals

You will expand your ability to...

- talk about art
- compare genres
- write different kinds of essays

10 CULTURA

El libro, 1913.
Juan Gris, España.

"Si un libro les aburre, déjenlo. No lo lean porque es famoso, porque es moderno, porque es antiguo. La lectura debe ser una de las formas de la felicidad."

—Jorge Luis Borges

Antes de leer

Vocabulario

la alusión *allusion*	**la narrativa** *narrative work*
el canon *literary canon*	**el relato** *story; account*
editar *to publish*	**transcurrir** *to take place*
el estereotipo *stereotype*	**tratar (sobre/acerca de)** *to be about; to deal with*
estético/a *aesthetic*	

La muerte y la doncella Completa las oraciones.

1. El argentino-chileno Ariel Dorfman se considera miembro del ________ literario de Latinoamérica, en parte por el éxito de su obra de teatro *La muerte y la doncella*.
2. La ________ de Dorfman incluye géneros como la novela y el ensayo.
3. *La muerte y la doncella* ________ los efectos de la tortura en una mujer, que cree encontrarse con su torturador.
4. La obra es interesante porque ninguno de los personajes es un ________, sino un individuo complejo.
5. La acción ________ en un lugar que no se identifica, pero podría ser el Chile de Pinochet.
6. En 1994, este ________ fue llevado al cine por el famoso director Roman Polanski.

Conexión personal ¿Puede haber estereotipos positivos? ¿O son todos, por definición, negativos? ¿Cómo puede un estereotipo aparentemente positivo limitar a un individuo?

Contexto cultural

En 1967, **Gabriel García Márquez** escribió una obra que ha dejado una huella (*mark*) profunda en la literatura de América Latina. *Cien años de soledad* es uno de los ejemplos mayores del *realismo mágico* y nos transporta al pueblo mítico de Macondo, donde objetos comunes como el hielo (*ice*) se presentan como maravillosos mientras las cosas más sorprendentes —como una lluvia de flores que caen del cielo— se narran como si fueran normales. Incluso en el siglo XXI las obras de García Márquez dominan el mercado literario y se siguen estudiando como ejemplos de un género creativo y comprometido (*politically engaged*). Más notable aún, han conseguido definir un estilo que se reconoce mundialmente como latinoamericano y que todavía inspira a nuevos escritores. Isabel Allende y Laura Esquivel son dos escritoras destacadas que en los años ochenta iniciaron una vuelta, que continúa hasta el día de hoy, al mundo del realismo mágico con las muy exitosas novelas *La casa de los espíritus* (1982) y *Como agua para chocolate* (1989).

De Macondo a McOndo

En Santiago de Chile, ¿es típico observar una tormenta de flores? ¿Es sorprendente encontrar un cubito de hielo° en una Coca-Cola en Buenos Aires? Un grupo de jóvenes escritores, encabezado° por el chileno Alberto Fuguet, responde rotundamente° que no. Estos escritores afirman que tienen más en común con la generación estadounidense que creció con los videojuegos y MTV que con el mundo mágico y mítico de Macondo. Por eso, transformando el nombre del pueblo ficticio de las novelas de García Márquez, el grupo tomó el nombre "McOndo" en un guiño de ojo° al

cubito de hielo°: ice cube
encabezado°: led
rotundamente°: emphatically
guiño de ojo°: wink

omnipresente McDonald's, a las pioneras computadoras Macintosh y a los *condos*.

El grupo McOndo escribe una literatura intensamente personal, urbana y llena de alusiones a la cultura popular. Fuguet describe a su grupo como apolítico, adicto a la televisión por cable y aficionado a Internet. La televisión, la radio, el cine e Internet infiltran sus obras e introducen temas globales y muy corrientes°. Las obras de Fuguet revelan más huellas de Hollywood que de García Márquez o Borges, y mayor influencia de videos musicales estadounidenses que de *Cien años de soledad*.

current

¿Qué hay de latinoamericano en las obras de McOndo?, se preguntan algunos lectores que identifican América Latina con el realismo mágico. ¿No podrían transcurrir en cualquier sitio?, es otra pregunta habitual. Justamente, el editor de una revista literaria estadounidense muy prestigiosa le hizo esta pregunta a Fuguet. La revista rechazó° uno de sus cuentos. Las novelas de Isabel Allende y Laura Esquivel, por ejemplo, llevan al lector a un lugar exótico cuyos olores y colores son a la vez extraños y familiares. ¿Pueden tener éxito en el mercado literario relatos en los que nada es exótico para los lectores acostumbrados a la vida urbana de la gran ciudad?

rejected

Los escritores de McOndo tampoco se identifican con los productos de sus contemporáneos más realistas como, por ejemplo, Sandra Cisneros, Julia Álvarez y Esmeralda Santiago, que cuentan la difícil experiencia de los latinos en los Estados Unidos. Los personajes de McOndo son latinos en un mundo globalizado. Esto se ve como un hecho normal y no como una experiencia especial o traumática. Según los jóvenes de McOndo, su literatura es tan latinoamericana como las otras porque sus obras tratan acerca de la realidad de muchas personas: una existencia moderna, comercial, confusa y sin fronteras. En su opinión, la noción de que la realidad latinoamericana está constituida por hombres de fuerza descomunal°, tormentas de flores y muchachas que suben al cielo no sólo es estereotípica sino empobrecedora°. Fuguet escribe en un ensayo muy conocido de salon.com que se ha convertido en el manifiesto de los escritores de McOndo: "Es una injusticia reducir la esencia de América Latina a hombres con ponchos y sombreros, zares de la droga° que portan armas° y señoritas sensuales que se menean° al ritmo de la salsa". Fuguet prefiere representar el mundo reconocible de los videoclubes, la comida rápida y la música popular. Sólo con el tiempo sabremos si su propuesta° estética tendrá la presencia duradera°, la influencia y la importancia indiscutida del realismo mágico. ■

massive

impoverishing

drug lords / gun-toting
swing

proposal
long-lasting

Los escritores de McOndo

Algunos escritores que se identifican con **Alberto Fuguet** y el mundo de McOndo son: Rodrigo Fresán y Martín Rejtman de Argentina, Jaime Bayly del Perú, Sergio Gómez de Chile, Edmundo Paz Soldán de Bolivia y Naief Yehya de México. En 1997 Sergio Gómez y Alberto Fuguet editaron una antología de cuentos titulada *McOndo*, que incluía relatos de escritores latinoamericanos menores de treinta y cinco años.

Después de leer

De Macondo a McOndo

1 Comprensión Responde las preguntas con oraciones completas.

1. En el siglo XXI, ¿tienen éxito las obras de realismo mágico?
2. ¿De dónde viene el nombre McOndo?
3. ¿Cuáles son algunas de las influencias importantes en la literatura de Fuguet?
4. ¿Cuáles son algunas de las críticas que reciben los escritores de McOndo?
5. ¿Por qué se identifican más los escritores de McOndo con algunos jóvenes estadounidenses que con García Márquez u otros escritores?

2 Reflexión En parejas, respondan las preguntas.

1. ¿Qué opinan los jóvenes de McOndo de las representaciones de hombres con ponchos y de las señoritas sensuales que bailan salsa?
2. ¿Qué opinas del uso de estereotipos en la literatura y en el cine?
3. ¿Crees que el estilo de los escritores de McOndo es incompatible con el realismo mágico? ¿Se podrían combinar en una obra? ¿Cuál sería el resultado?

3 Comparación En grupos de tres, comparen las dos citas. La primera es de la lectura de García Márquez de la **Lección 5** y la segunda de Paz Soldán de la **Lección 9**. Las dos narran un cambio clave dentro de cada historia.

> Un chorro (*spurt*) de luz dorada y fresca como el agua empezó a salir de la bombilla (*light bulb*) rota, y lo dejaron correr hasta que el nivel llegó a cuatro palmos. Entonces cortaron la corriente (*current*), sacaron el bote, y navegaron a placer (*at their pleasure*) por entre las islas de la casa.

> Y era muy cierto que cualquiera podía manipular una imagen en la computadora, pero eran los mínimos detalles los que separaban al verdadero artista-técnico de la multitud. Las expresiones y las capas de colores que uno manipulaba en la pantalla debían definirse con números para cuya precisión a veces se necesitaban hasta seis decimales.

1. ¿Qué es lo que puede suceder después de cada uno de estos fragmentos? ¿Cuál de los sucesos que pueden ocurrir es más "maravilloso"?
2. ¿Qué diferencias pueden observar en el estilo de los dos escritores? ¿Cuál es más directo? ¿Cuál usa más recursos literarios, por ejemplo metáforas?
3. ¿Qué estilo prefieren y por qué?

4 Realismo mágico tecnológico Elige una de las situaciones y escribe el primer párrafo de un cuento en el que el autor decide recurrir al realismo mágico para describir objetos y situaciones que se relacionan con la tecnología, la vida urbana y la cultura pop.

- un virus infectó la computadora
- tu celular hace llamadas por sí solo
- no recuerdas dónde estacionaste el carro nuevo

Opiniones

1 Conversación En parejas, lean la información del recuadro y contesten las preguntas.

Selección de arte efímero de Marta Minujín (artista plástica argentina)

El Partenón de Libros

Década del 60: ***Minu-phone***, cabina de teléfono electrónica que produce distintos efectos sensoriales según el número discado.

Década del 70: ***El Obelisco de Pan Dulce***, réplica del obelisco de Buenos Aires de 36 metros (118 pies) de altura recubierta de pan dulce (*panettone*). El pan dulce fue repartido luego entre el público.

Década del 80: ***El Partenón de Libros***, réplica del Partenón recubierta con libros prohibidos durante la última dictadura militar en la Argentina.

1. ¿Cuál de las obras del recuadro les parece más original? ¿Por qué?
2. ¿Por qué este tipo de arte se llama "arte efímero"? ¿Son la danza, el teatro y el cine artes efímeros? ¿Por qué?
3. ¿Creen que la permanencia es una de las características principales del arte? ¿Tiene el arte efímero el mismo valor artístico que el arte permanente?
4. ¿Qué prefieren de cada uno de estos pares? ¿Por qué?
   - cine comercial / cine independiente
   - esculturas tradicionales / esculturas modernas
   - literatura tradicional / literatura experimental
   - pintura realista / pintura abstracta
5. ¿Estas disciplinas o formas de expresión son o pueden ser formas de arte? Den ejemplos.
   - Arquitectura
   - Cocina
   - Diseño interactivo
   - Diseño gráfico
   - Grafitis
   - Moda

2 Por escrito Elige una de estas opciones y escribe una composición de una página.

- Piensa en las obras literarias que has estudiado en la escuela o universidad. ¿Qué estilos y géneros agregarías? ¿Qué obras reemplazarías?
- Te gustan las obras de Marta Minujín y quieres hacerle una sugerencia para una obra efímera. Escríbele una carta para contarle tu idea.
- El museo de arte de tu ciudad está solicitando sugerencias de estudiantes para una nueva exposición titulada "El arte de nuestra generación". Escribe una propuesta para enviar al museo.

master cluster
presenta
ROBERTO ÁLVAREZ
JOSÉ MARÍA POU
Las Viandas
(Viands)
un film de/a film by
JOSE ANTONIO BONET
PEDRO CASABLANC
MIGUEL DEL ARCO
JOSÉ RAMÓN PARDO
SARA ILLÁN
LOLA LEMOS MARGARITA LASCOITI JORGE SUQUET ANNE CAILLON JEAN-MARIE MONDINI JOSE TORIJA ISABEL GALVEZ ANDREA RAMIREZ CLAUDIA ALVAREZ
Productor Ejecutivo/Executive Producer PEDRO PALACIOS Productor Asociado/Associate Producer CHRISTOPHE BOUFFIL-CANTONI Fotografía/Director of Photography ALFONSO POSTIGO
Casting JOSÉ CARLOS RUIZ Director de Arte/Art Director HÉCTOR G. BERTRAND Música/Music NACHO CABELLO Montaje/Editing ADORACIÓN G. ELIPE
Vestuario/Costumes JOSÉ MARÍA DE COSSÍO Sonido Directo/Sound Recording SOUNDERS CREACIÓN SONORA Postproducción de Sonido/Sound Postproduction DAVID RODRÍGUEZ
basado en un argumento de/based on a story by SANTIAGO G. AGULLÓ & JOSÉ ANTONIO BONET con la participación de/with the collaboration of JAVIER F. VALLADO
Escrita y Dirigida por/Written and Directed by JOSÉ ANTONIO BONET
CANAL+ ESPAÑA
Cinema JCVE
Kodak
Copyright © MASTER CLUSTER S.L. 2004

Antes de ver el corto

LAS VIANDAS

país España
duración 19 minutos
director José Antonio Bonet

protagonistas Papandreu (chef), el comensal, empleados del restaurante, otros comensales

Vocabulario

acompañar *to come with*
la barbaridad *outrageous thing*
el cochinillo *suckling pig*
el/la comensal *dinner guest*
el compromiso *awkward situation*
contundente *filling; heavy*
el jabalí *wild boar*
la ofensa *insult*

1 **Definiciones** Completa las oraciones.

1. Cuando un plato es muy caro, podemos decir que cuesta una ______.
2. Si un plato te llena inmediatamente, significa que es un plato ______.
3. Alguien que está invitado a comer es un ______.
4. Un ______ es una especie de cerdo salvaje.
5. En algunas culturas, rechazar la comida es una ______.
6. Meter a alguien en un ______ significa ponerlo en una situación incómoda.

2 **Preguntas** En parejas, contesten las preguntas.

1. ¿Te gusta cocinar? ¿Crees que cocinar es un arte?
2. ¿Qué profesiones consideras que son arte? ¿Por qué?
3. ¿Conoces a alguien que sea o que se considere un(a) artista? ¿Cómo es?
4. Según tu opinión, ¿tienen los artistas una personalidad diferente a las personas que no son artistas? Explica tu respuesta.

3 **¿Qué sucederá?** En parejas, miren el fotograma e imaginen lo que va a ocurrir en la historia. Compartan sus ideas con la clase.

SUPERSITE Watch the short film at **ventanas.vhlcentral.com.**

Escenas

ARGUMENTO Un hombre va a un restaurante perdido en las montañas donde probará los platos de un chef extranjero muy especial.

COMENSAL Buenas tardes. ¿Todavía se puede comer?
MAÎTRE Por supuesto. Leonora, el abrigo del señor… ¿Me acompaña, por favor?

MAÎTRE El primer plato del menú: sopa de judiones°, con tocino° y salchicha vienesa°. El señor Papandreu, nuestro chef, ganó un premio con este plato.
COMENSAL ¿No le parece un poco contundente?

(Murmullos)
CHEF ¿El nuevo devuelve [la] comida?
CAMARERO Sí, sí, sí.
CHEF ¡Esto es una ofensa! ¡Nadie devuelve nunca [la] comida a Papandreu! ¡Papandreu es un artista! ¡Papandreu es [el] número uno! (*gritos*) Un artista.

(Después de varios platos más, no puede seguir comiendo.)
MAÎTRE Señor, nos está poniendo a todos en un serio compromiso. Debe comerse el cochinillo de inmediato.
COMENSAL ¿Pero es que no lo entiende? ¡No puedo más!

COMENSAL Perdóneme, señor, pero ¡tengo que pedirle ayuda! Bueno, usted mismo lo está viendo. ¡Quieren que me coma un cochinillo! ¿Pero están locos?
HOMBRE No se preocupe. Lo he visto todo y tiene razón. Le comprendo. Confíe en mí. Hablaré con Papandreu.

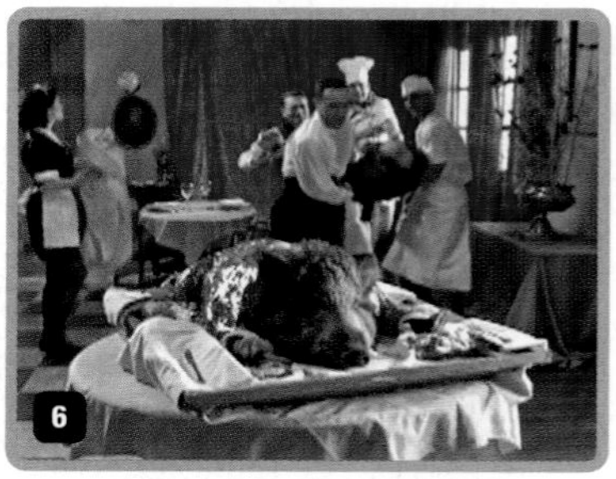

COMENSAL *(gritando)* ¡No quiero comer más! ¡No quiero comer este jabalí!
CHEF ¡Quieto! ¡Vas a comer jabalí como [un] niño bueno! ¡Come!
(Después de que el cliente come el jabalí.)
CHEF ¡El postre! ¡Papandreu artista genial!

judiones *butter beans* **tocino** *bacon* **salchicha vienesa** *frankfurter*

SUPERSITE Después de ver el corto

1 Comprensión Contesta las preguntas con oraciones completas.

1. ¿Dónde está el restaurante?
2. ¿Por qué pregunta el comensal si el primer plato es contundente?
3. ¿Qué ocurre cuando el cliente dice que no puede comer más sopa?
4. ¿Por qué se enoja el chef cuando regresa el camarero a la cocina?
5. ¿Para qué va el comensal al servicio *(restroom)*?
6. En el servicio, ¿qué le promete el otro comensal al protagonista?
7. ¿Qué hace el protagonista al ver que el otro comensal no lo ha ayudado?
8. ¿Qué hacen los camareros y el chef cuando lo detienen?

2 Ampliación Contesta las preguntas con oraciones completas.

1. ¿Por qué dice el chef que todo el mundo debe probar su comida?
2. ¿Por qué crees que los otros clientes no ayudan al protagonista?
3. ¿Qué temas se tratan en *Las viandas* además de la cocina?
4. ¿Crees que Papandreu es un artista? ¿Por qué? ¿Es común que los artistas se comporten así?
5. ¿Qué sucede al final de la historia? ¿Podrá el protagonista irse del restaurante? ¿Y los demás comensales?

3 Los comensales En parejas, elijan un fotograma y describan la vida del personaje o los personajes. Escriban por lo menos cinco oraciones. Usen las preguntas como guía.

- ¿Cómo son?
- ¿Por qué están en el restaurante?
- ¿Cómo son sus vidas?
- ¿Qué opinan estas personas de Papandreu?

4 ¡Soy un artista! En parejas, imaginen que se encuentran con un artista un poco especial, como el chef de *Las viandas*. La escena, sin embargo, se desarrolla en otro ambiente. Elijan uno de los lugares y personajes sugeridos, u otro que prefieran, y escriban un párrafo contando la historia. Después, compartan la historia con la clase.

- **un quirófano (*operating room*) y un cirujano de gran renombre**
- **una pasarela (*runway*) y una supermodelo**
- **un estudio de diseño y un diseñador premiado**
- **una peluquería y un estilista famoso**

Cantata, 1985.
Armando Barrios, Venezuela.

"La literatura nace del paso entre lo que el hombre es y lo que quisiera ser."

— Mario Vargas Llosa

SUPERSITE

Antes de leer

Continuidad de los parques

Sobre el autor

A pesar de vivir muchos años fuera de la Argentina, **Julio Cortázar** siempre se mostró interesado en la realidad sociopolítica de América Latina. En sus textos, representa al mundo como un gran laberinto del que el ser humano debería escapar. Cortázar nació en Bruselas, Bélgica, en 1914. Llegó a la Argentina cuando tenía cuatro años. En 1932 se graduó como maestro de escuela y comenzó sus estudios en la Universidad de Buenos Aires, los cuales no pudo terminar por motivos económicos. Desde 1951 hasta su muerte en 1984 vivió en París. Su obra, en la que se destacan (*stand out*) la novela *Rayuela* (1963) y libros de cuentos como *Historias de cronopios y de famas* (1962), se caracteriza por el uso magistral (*masterful*) del lenguaje y el juego constante entre la realidad y la fantasía. Por esta última característica se lo considera uno de los creadores del "realismo fantástico".

Vocabulario

acariciar *to caress*	**la coartada** *alibi*	**el repaso** *revision; review*
al alcance *within reach*	**la mejilla** *cheek*	**el/la testigo** *witness*
el arroyo *stream*	**el pecho** *chest*	**la trama** *plot*

Oraciones incompletas Completa las oraciones con la palabra apropiada.

1. Antes del examen hicimos un ________.
2. La niña ________ la ________ de su hermanito.
3. Decidimos acampar junto al ________.
4. El otro día fui ________ de un hecho extraordinario.

Conexión personal

¿Leíste alguna vez un libro tan interesante y fascinante que simplemente no lo podías dejar de leer? ¿Cuál? ¿Tuviste una experiencia similar con una película o serie de televisión?

Análisis literario: El realismo fantástico

Entretejer la ficción y la realidad se ha convertido en un recurso recurrente en la literatura latinoamericana. Este recurso es particularmente común en la obra de escritores argentinos como Jorge Luis Borges y Julio Cortázar. A diferencia del realismo mágico, que se caracteriza por mostrar lo maravilloso como normal, en el realismo fantástico se confunden realidad y fantasía, se presenta un hecho real y se le agrega un elemento ilusorio o fantástico sin nunca marcar claramente los límites entre uno y otro. Esto lleva a historias dentro de historias y el lector debe darse cuenta, o a veces elegir conscientemente, en qué historia está o qué está sucediendo. A medida que leas *Continuidad de los parques,* busca elementos del realismo fantástico.

Continuidad

Julio Cortázar

de los parques

Había empezado a leer la novela unos días antes. La abandonó por negocios urgentes, volvió a abrirla cuando regresaba en tren a la finca°; se dejaba interesar lentamente por la trama, por el dibujo de los personajes. Esa tarde, después de escribir una carta a su apoderado° y discutir con el mayordomo° una cuestión de aparcerías°, volvió al libro en la tranquilidad del estudio que miraba hacia el parque de los robles°. Arrellanado° en su sillón favorito, de espaldas a la puerta que lo hubiera molestado como una irritante posibilidad de intrusiones, dejó que su mano izquierda acariciara una y otra vez el terciopelo° verde y se puso a leer los últimos capítulos. Su memoria retenía sin esfuerzo los nombres y las imágenes de los protagonistas; la ilusión novelesca lo ganó casi enseguida. Gozaba del placer casi perverso de irse desgajando° línea a línea de lo que lo rodeaba, y sentir a la vez que su cabeza descansaba cómodamente en el terciopelo del alto respaldo°, que los cigarrillos seguían al alcance de la mano, que más allá de los ventanales danzaba el aire del atardecer bajo los robles. Palabra a palabra, absorbido por la sórdida disyuntiva° de los héroes, dejándose ir hacia las imágenes que se concertaban y adquirían color y movimiento, fue testigo del último encuentro en la cabaña del monte°.

Primero entraba la mujer, recelosa°; ahora llegaba el amante, lastimada la cara por el chicotazo° de una rama°. Admirablemente restañaba° ella la sangre con sus besos, pero él rechazaba sus caricias, no había venido para repetir las ceremonias de una pasión secreta, protegida por un mundo de hojas secas y senderos furtivos. El puñal° se entibiaba° contra su pecho y debajo latía° la libertad agazapada°. Un diálogo anhelante° corría por las páginas como un arroyo de serpientes, y se sentía que todo estaba decidido desde siempre. Hasta esas caricias que enredaban° el cuerpo del amante como queriendo retenerlo y disuadirlo, dibujaban abominablemente la figura de otro cuerpo que era necesario destruir. Nada había sido olvidado: coartadas, azares, posibles errores. A partir de esa hora cada instante tenía su empleo minuciosamente atribuido. El doble repaso despiadado° se interrumpía apenas para que una mano acariciara una mejilla. Empezaba a anochecer.

Sin mirarse ya, atados rígidamente a la tarea que los esperaba, se separaron en la puerta de la cabaña. Ella debía seguir por la senda° que iba al norte. Desde la senda opuesta él se volvió un instante para verla correr con el pelo suelto. Corrió a su vez, parapetándose° en los árboles y los setos°, hasta distinguir en la bruma malva del crepúsculo° la alameda° que llevaba a la casa. Los perros no debían ladrar°, y no ladraron. El mayordomo no estaría a esa hora, y no estaba. Subió los tres peldaños° del porche y entró. Desde la sangre galopando° en sus oídos le llegaban las palabras de la mujer: primero una sala azul, después una galería, una escalera alfombrada°. En lo alto, dos puertas. Nadie en la primera habitación, nadie en la segunda. La puerta del salón, y entonces el puñal en la mano, la luz de los ventanales, el alto respaldo de un sillón de terciopelo verde, la cabeza del hombre en el sillón leyendo una novela. ■

country house
agent
butler
sharecropping
oak trees / Settled
velvet
tearing off
back (of chair or sofa)
dilemma
the cabin in the woods
suspicious(ly)
lash / branch
staunched
dagger / was becoming warm
was beating
crouched (in wait) / yearning
were entangling
pitiless
trail
taking cover
hedges
twilight / cotton-wood-lined path
bark
steps
pounding
carpeted

SUPERSITE

Después de leer

Continuidad de los parques

Julio Cortázar

1 **Comprensión** Ordena de forma cronológica lo que sucede en el cuento.

____ a. Sentado en su sillón de terciopelo verde, volvió al libro en la tranquilidad del estudio.
____ b. Finalmente, ella se fue hacia el norte y él llegó hasta la casa del bosque.
____ c. Un hombre regresó a su finca después de terminar unos negocios urgentes.
____ d. Llegó hasta el salón y se dirigió hacia el hombre que, sentado en el sillón de terciopelo verde, estaba leyendo una novela.
____ e. Ese día los perros no ladraron y el mayordomo no estaba.
____ f. En la novela, una mujer y su amante se encontraban en una cabaña.
____ g. Él subió los tres peldaños del porche y entró en la casa.
____ h. Se habían reunido allí para terminar de planear un asesinato.

2 **Interpretación** Contesta las preguntas.

1. Según se deduce de sus costumbres, ¿cómo crees que es la personalidad del hombre que estaba sentado en el sillón? Explica con ejemplos del cuento.
2. ¿Quiénes se reúnen en la cabaña del monte y para qué?
3. ¿Por qué crees que el mayordomo no trabajaba ese día?
4. ¿Qué relación hay entre la pareja que se encuentra en la cabaña y el hombre que está leyendo la novela?
5. ¿Quién crees que es la víctima? Haz una lista de las claves que se presentan en el cuento.
6. ¿Cómo logra el escritor mantener la atención de sus lectores?

3 **Análisis** En "Continuidad de los parques", Julio Cortázar mezcla la realidad con la ficción. En parejas, conversen sobre estas preguntas.

1. ¿Qué habría pasado si el hombre del sillón hubiera cerrado el libro antes?
2. Imaginen que la novela que está leyendo el hombre es de otro género: humor, romance, ciencia ficción, etc. ¿Cuál hubiera sido el final en ese caso? Escríbanlo y luego compártanlo con la clase.
3. Expliquen por qué creen que este cuento se titula "Continuidad de los parques".

4 **Un nuevo final** Escribe un párrafo que describa lo que sucede después del final del cuento. ¿Sobre cuál de las dos historias vas a escribir? ¿La historia del hombre que lee la novela o la segunda historia dentro de la primera?

Antes de leer

Llamo a los poetas

Sobre el autor

El poeta español **Miguel Hernández** nació en Orihuela en 1910, en una familia humilde. Fue a la escuela hasta los quince años, ayudando al mismo tiempo a su padre con las labores del campo. Mientras cuidaba el ganado (*livestock*), leía todo cuanto podía, y así comenzó su interés por la poesía. En 1933 publicó *Perito en lunas*, su primer libro de poemas, y en 1936 se trasladó a Madrid donde conoció a Pablo Neruda y a los grandes poetas de la célebre Generación del 27, quienes lo introdujeron al surrealismo y a la poesía de contenido social. Ese año comenzó la Guerra Civil española. Hernández tomó partido (*took sides*) por la República de forma activa, combatió en el frente (*battle front*) y escribió poemas militantes como *Viento del pueblo.* Al terminar la guerra con la derrota (*defeat*) del lado republicano, y ya enfermo, Miguel Hernández fue encarcelado (*jailed*). Murió en prisión en 1942.

Vocabulario

acallarse *to keep quiet*	**el brillo** *shine*	**postizo/a** *false*
agredir *to assault*	**cercano/a** *close*	**rozar** *to touch*
arraigar *to take root*	**la cosecha** *harvest*	**la semilla** *seed*

Vocabulario Completa las oraciones.

1. La protesta a favor de los derechos humanos debe continuar; no debe ____________.
2. Cuando hay una tormenta, el árbol más ____________ a mi casa ____________ la ventana de mi habitación.
3. El agricultor piensa plantar muchas ____________ para conseguir una buena ____________.
4. Perdió tres dientes en un accidente. Por eso, ahora tiene dientes ____________.

Conexión personal

¿Con qué personas te identificas más? ¿En qué se basa la relación entre ustedes? Para ti, ¿es importante que las personas con quienes te relacionas compartan tus opiniones y creencias?

Análisis literario: La literatura comprometida

La literatura comprometida (*politically engaged*) nace más de una postura (*attitude*) ideológica que de un estilo propio. Latinoamérica y España comparten una larga tradición de escritores que se involucran (*become involved*) en los problemas sociales y políticos del momento, en vez de evadir (*evading*) la realidad con obras con un fin puramente artístico. Al combinar lo ético y lo estético, la literatura comprometida quiere abrir los ojos del lector, quiere provocarlo e incitarlo a la participación política. Cada artista lo hace de manera individual, pero muchos han optado por componer obras que premian (*favor*) la claridad de su mensaje por encima de la ambigüedad y complejidad literarias. Mientras lees el poema, piensa en por qué Miguel Hernández decide "llamar a los poetas". ¿Qué tipo de poesía les propone? ¿En qué sentido "Llamo a los poetas" es a la vez un homenaje (*tribute*) y una crítica de los poetas mencionados?

Llamo *a los* poetas

Miguel Hernández

Jóvenes republicanos se manifiestan en las calles de Madrid, 1939.

CONTEXTO HISTÓRICO

Los poetas

En *"Llamo a los poetas"* (1939), **Miguel Hernández** menciona una lista de varios de los grandes poetas del siglo XX y de la Generación del 27. Algunos de ellos utilizan un lenguaje claro y simple para expresar sus ideas; otros se distancian del lenguaje hablado con una poesía más experimental.

Entre todos vosotros, con Vicente Aleixandre
y con Pablo Neruda tomo silla en la tierra:
tal vez porque he sentido su corazón cercano
cerca de mí, casi rozando el mío.

profound Con ellos me he sentido más arraigado y hondo°,
y además menos solo. Ya vosotros sabéis
lo solo que yo voy, por qué voy yo tan solo.
Walking Andando° voy, tan solos yo y mi sombra.

Alberti, Altolaguirre, Cernuda, Prados, Garfias,
Machado, Juan Ramón, León Felipe, Aparicio,
Oliver, Plaja, hablemos de aquello a que aspiramos:
drive us crazy por lo que enloquecemos° lentamente.

Hablemos del trabajo, del amor sobre todo,
spider web/scorpion donde la telaraña° y el alacrán° no habitan.
dealing with Hoy quiero abandonarme tratando° con vosotros
de la buena semilla de la tierra.

classroom Dejemos el museo, la biblioteca, el aula°
sin emoción, sin tierra, glacial, para otro tiempo.
will shiver Ya sé que en esos sitios tiritará° mañana
frozen mi corazón helado° en varios tomos.

Quitémonos el pavo real° y suficiente,
la palabra con toga, la pantera de acechos°.
Vamos a hablar del día, de la emoción del día.
Abandonemos la solemnidad.

peacock · *crouching panther*

Así: sin esa barba° postiza, ni esa cita
que la insolencia pone bajo nuestra nariz,
hablaremos unidos, comprendidos, sentados,
de las cosas del mundo frente al hombre.
Así descenderemos de nuestro pedestal,
de nuestra pobre estatua. Y a cantar entraremos
a una bodega°, a un pecho, o al fondo de la tierra,
sin el brillo del lente polvoriento°.

beard · *wine cellar* · *dusty*

Ahí está Federico: sentémonos al pie
de su herida°, debajo del chorro° asesinado,
que quiero contener como si fuera mío,
y salta°, y no se acalla entre las fuentes°.

wound/spurt · *jumps/fountains*

Siempre fuimos nosotros sembradores de sangre°.
Por eso nos sentimos semejantes° del trigo°.
No reposamos° nunca, y eso es lo que hace el sol,
y la familia del enamorado.

sowers of blood · *close to/wheat* · *we do not rest*

Siendo de esa familia, somos la sal del aire.
Tan sensibles al clima como la misma sal,
una racha° de otoño nos deja moribundos
sobre la huella° de los sepultados°.

spell · *footprint/buried*

Eso sí: somos algo. Nuestros cinco sentidos
take root en todo arraigan°, piden posesión y locura.
We assault/cicada Agredimos° al tiempo con la feliz cigarra°,
we encourage con el terrestre sueño que alentamos°.

Hablemos, Federico, Vicente, Pablo, Antonio,
Luis, Juan Ramón, Emilio, Manolo, Rafael,
Arturo, Pedro, Juan, Antonio, León Felipe.
Hablemos sobre el vino y la cosecha.

reservoir Si queréis, nadaremos antes en esa alberca°,
longs to en ese mar que anhela° transparentar los cuerpos.
Veré si hablamos luego con la verdad del agua,
clears things up/lip que aclara° el labio° de los que han mentido. ■

Generación del 27 - De izquierda a derecha: Alberti, García Lorca, Chabás, Bacarisse, J. M. Platero, B. Garzón, J. Guillén, J. Gergamín, D. Alonso y G. Diego.

SUPERSITE

Después de leer

Llamo a los poetas

Miguel Hernández

1 Comprensión Indica si las oraciones son **ciertas** o **falsas**. Corrige las falsas.

1. Hernández se identifica especialmente con Neruda y Aleixandre.
2. No le interesa discutir las ideas con otros poetas.
3. Hernández sugiere que los poetas hablen de su trabajo.
4. El poema critica una poesía adornada y distanciada de la realidad.
5. Para el autor, los poetas siempre han sido sensibles a lo que observan.
6. Según "Llamo a los poetas", es inapropiado usar los cinco sentidos en la poesía.

2 Interpretación Contesta las preguntas con oraciones completas.

1. En "Llamo a los poetas", Hernández expresa sus ideas sobre la poesía. ¿Cómo indica su preferencia por una temática cotidiana? ¿Qué sugiere al decir "tomo silla en la tierra"?
2. ¿Cómo expresa el estilo de poesía que no le gusta? ¿Qué actividades hacen los escritores en bibliotecas y museos? ¿Por qué insiste Miguel Hernández que los poetas abandonen estos lugares?
3. ¿Cómo es un pavo real? ¿Por qué es un ejemplo negativo de estilo para Hernández? ¿Qué más sugiere Hernández que se quiten los poetas?
4. Según "Llamo a los poetas", ¿de qué temas debe hablar la poesía? ¿En qué versos se refiere el poema explícitamente a esta cuestión?

3 Análisis En parejas, contesten las preguntas.

1. Según lo que han leído en "Llamo a los poetas", ¿en qué se diferencian las obras de Alberti y Neruda de las de los otros poetas?
2. ¿Hasta qué punto aprecia Miguel Hérnandez a los poetas que menciona en la larga lista? ¿Tiene una opinión más positiva o negativa de ellos?
3. ¿Qué indica el poeta con los versos: "Así descenderemos de nuestro pedestal/ de nuestra pobre estatua"? ¿A quién se debe, según él, dirigir la poesía?
4. El poema sugiere que en cuanto los poetas se bajen del pedestal, entrarán a cantar en varios lugares. ¿Qué lugares son? ¿Cuál es el significado de esta afirmación?
5. En su opinión, ¿usa el autor un lenguaje con imágenes poéticas difíciles de comprender? ¿Se entiende de forma clara el mensaje que ofrece? ¿Cómo se relacionan el tema y el estilo del poema?

4 La guerra de los poetas Elige uno de los poetas que menciona Miguel Hernández en "Llamo a los poetas" e investiga cuál fue su participación en la Guerra Civil española. Escribe una breve reseña biográfica.

- ¿Combatió en el frente?
- ¿Escribió poesía comprometida?
- ¿Se quedó en España o se refugió en el exilio?
- ¿Pagó algún precio por su posición política?

Taller de escritura

Preparación: Tipos de ensayo

Al escribir un ensayo debes tomar en cuenta tu público y tu intención, ya que de eso dependen la estructura y el tipo de lenguaje que puedes utilizar. En las lecciones anteriores, te has enfocado en el ensayo argumentativo, que tiene como propósito defender una tesis original con argumentos. Existen también otros tipos de ensayos, por ejemplo:

- **Informativo** La intención es explicar un tema. Lo esencial es ser objetivo y no presentar una opinión personal. Debes proveer la información y el contexto necesario para que el lector comprenda con plena claridad.
- **Persuasivo** A diferencia de un ensayo argumentativo, el fin no es defender una tesis original sino convencer al lector para que tome una posición sobre una controversia o tema conocido. Debes presentar argumentos a favor y en contra y demostrar que tu posición es la correcta.
- **Narrativo** La intención es contar una historia o evento. Debes usar una secuencia lógica que describa el suceso de comienzo a fin.

Nunca olvides las dos preguntas clave: ¿A quién le escribes? ¿Con qué intención?

Práctica En parejas, escriban tres o cuatro oraciones informativas, persuasivas y narrativas a partir de esta oración tema: "Aprender español es difícil, pero importante". Indiquen en cada caso qué tipo de oración es.

Ensayo Elige uno de estos temas y escribe un ensayo.

Requisitos

- Tu ensayo debe hacer referencia a por lo menos dos de las cuatro obras estudiadas en esta lección (cultura, cortometraje, dos obras literarias) o, en el caso del último tema, una de las obras puede ser de una lección anterior.
- Tu ensayo debe ser de por lo menos dos páginas.

- El arte puede representar la realidad que nos rodea o hechos fantásticos. ¿Cómo emplean o rechazan la fantasía las obras de esta lección? ¿Es la fantasía un escape o un espejo de la realidad? ¿Es importante que el arte sea "realista"?
- En general pensamos en el arte como algo bueno. Sin embargo, en algunas de estas obras, el arte tiene un lado oscuro. ¿Por qué crees que un artista criticaría el arte? ¿Es necesario, como sugiere Hernández, dejar de ser "artista" para ser una persona común?
- *Las viandas* y *Continuidad de los parques* son historias cautivantes. ¿Cuáles son las técnicas y características de una historia atrapante? Puedes hablar de la estructura, el lenguaje, los personajes o cualquier otro elemento que te haya gustado.
- La metaficción está presente como recurso en varias de las obras literarias estudiadas hasta ahora. ¿Qué obras presentan recursos metaficcionales? ¿Qué efecto tienen estos recursos sobre el lector?

Abriendo ventanas

SUPERSITE

Un creador hispano

Presentación Trabajen en grupos de cuatro o cinco.

A. Intereses artísticos Contesten las preguntas.

1. ¿Les gusta visitar museos de arte? ¿Qué museos han visitado?
2. ¿Qué tipo de literatura prefieren leer?
3. ¿Qué tipo de música prefieren escuchar? ¿Por qué?
4. ¿Quiénes son sus artistas y escritores favoritos?
5. ¿Es importante conocer la biografía y el contexto de un artista para entender su obra?
6. ¿Leen críticas o reseñas antes de elegir un libro o una película?

B. Preferencias En forma individual, ordenen estos diez géneros del 1 al 10. Un 1 significa "mi preferido" y un 10 significa "el que menos me interesa". Luego comparen sus respuestas con el resto del grupo. ¿Hay coincidencias? ¿Qué factores determinan los géneros artísticos preferidos de una persona?

____ ballet	____ cine independiente	____ escultura	____ música popular	____ pintura
____ cine comercial	____ diseño	____ literatura	____ ópera	____ teatro

C. En **VENTANAS** se presentan muchas obras artísticas y literarias. Elijan sus cinco o seis obras preferidas del libro (obras literarias, cortometrajes y pintura). ¿Por qué las han elegido? ¿Sobre cuáles de los artistas o autores les gustaría aprender más? ¿O prefieren aprender más sobre algún artista mencionado en una obra estudiada?

D. Van a preparar una presentación sobre un(a) artista famoso/a que aparece en el libro de texto o se menciona en alguna obra del libro.

Elección del tema

Repasen las respuestas de las partes A, B y C. ¿Qué artista les interesa más o les despierta más curiosidad?

Preparación

Relean la información que aparece en el libro de texto sobre el artista elegido y úsenla como guía para hacer una investigación por Internet: ¿qué palabras clave pueden usar en un buscador? También pueden buscar materiales sobre el artista en la biblioteca. La presentación debe incluir como mínimo:

- datos biográficos
- razones para elegirlo
- contexto histórico
- influencias
- obras principales
- opiniones de críticos
- detalles sobre una obra en particular

Estrategia de comunicación

Cómo hablar de arte

- No habríamos elegido a este/a artista si su obra no fuera...
- Se hizo famoso/a gracias a...
- Uno de los rasgos que caracteriza a este/a artista es....
- A veces, los temas que trata son...
- En esta obra podemos ver ciertos rasgos del movimiento cubista/surrealista/indigenista...
- Actualmente, sus obras...

Organización

Organicen la presentación en un esquema que resuma los puntos principales. La presentación deberá durar unos diez minutos. Decidan qué parte(s) presentará cada uno/a. Recuerden que todos los integrantes del grupo deben participar.

Presentación

Usen el esquema como guía para la presentación. Recuerden que deben hablar a la clase y no leer una presentación escrita. Después de la presentación, contesten las preguntas de sus compañeros/as.

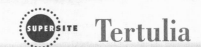

Tertulia

La importancia del arte

1 La clase se divide en cinco grupos. Cada uno tiene que pensar y anotar sus ideas sobre uno de estos temas.

Todos los estudiantes deben tomar clases de arte.

El arte es para los ricos.

Muchos artistas no son más que bohemios perezosos.

La literatura enseña más sobre una cultura que un libro de historia o una enciclopedia.

Los libros buenos no venden mucho.

2 (10 min.) Cada grupo tiene que preparar una breve presentación con sus opiniones sobre el tema elegido. En el caso de que no todos opinen lo mismo, mencionen todas las opiniones de los integrantes del grupo.

3 (25 min.) Los diferentes grupos presentan sus opiniones a la clase, mientras todos toman nota.

4 (10 min.) Cuando todos los grupos han terminado de presentar sus ideas, toda la clase debe participar haciendo preguntas o expresando sus opiniones.

La política y la religión 11

Communicative Goals

You will expand your ability to...

- talk about politics
- identify generalizations and logical gaps

Tercer Mundo, 1966.
Wifredo Lam, Cuba.

"Las fronteras políticas son para los nómadas una forma de locura."

— Rafael Argullol

Antes de leer

Vocabulario

el altiplano *high plateau*	**marítimo/a** *maritime*
árido/a *arid*	**la pérdida** *loss*
ceder *to give up*	**reclamar** *to claim; to demand*
el límite *border*	**el territorio** *territory*

El Salar de Uyuni Completa el párrafo.

El Salar de Uyuni, uno de los lugares más impresionantes de Bolivia, se encuentra a una altura de 3.650 metros (11.975 pies) en un (1) ________ en el suroeste de Bolivia, no muy lejos del (2) ________ con Chile. Es un lugar (3) ________, de poca lluvia, donde se secó un lago prehistórico. Este (4) ________ tan blanco impresiona a los turistas porque parece nieve. El Salar de Uyuni es un desierto de sal, en vez de arena.

Conexión personal ¿Has perdido alguna vez una cosa que significaba muchísimo para ti? Explica lo que ocurrió y cómo reaccionaste.

Contexto cultural

El **Desierto de Atacama** está ubicado en un altiplano al borde del océano Pacífico. Es uno de los desiertos más áridos del mundo: sólo recibe tres milímetros de lluvia al año. El paisaje de Atacama es tan impresionante y peculiar que la revista estadounidense *Science* lo ha comparado con el planeta Marte. Parece vacío (*empty*), pero Atacama es muy rico en algunos minerales que dependen de la sequía. En el siglo XIX se descubrió que en el territorio había abundante salitre y guano. El salitre (o nitrato de sodio) es un tipo de sal y el guano (del quechua *wanu*) consiste en excrementos de pájaros marinos y murciélagos (*bats*). El valor principal de los dos es como ingredientes para fertilizantes y explosivos. Estos recursos naturales, tan atractivos por su precio en el mercado internacional de la época, hicieron del desierto un oasis económico.

Cómo Bolivia perdió su mar

Mapa antiguo de Bolivia.

Lago Titicaca, Bolivia.

Hay países que se asocian indiscutiblemente° con un paisaje natural. Algunos son Nepal con las montañas blancas del Himalaya, Arabia Saudita con el desierto, y Bolivia con... ¿el mar? Así debería ser, piensan muchos bolivianos con nostalgia y mucho anhelo° desde que Bolivia —durante la Guerra del Pacífico (1879)— cedió a Chile el Desierto de Atacama con su costa, el único acceso al océano que tenían los bolivianos.

indisputably

longing

La guerra no surgió° por el acceso al mar, sino por cuestiones económicas y por el control de los depósitos de minerales en el Desierto de Atacama. Sin embargo, es la desaparición de la salida al mar lo que ha dejado una cicatriz° profunda. Cuenta el escritor peruano Mario Vargas Llosa, quien vivió de niño en la ciudad boliviana de Cochabamba, que todas las semanas los estudiantes de su escuela cantaban un himno reclamando el mar. Muchos bolivianos siguen sin aceptar la pérdida de hace más de cien años. Se sienten mutilados porque se creen legítimamente un país marítimo. Así lo había decidido su fundador, Simón Bolívar, al fijar los límites del país en 1825.

surgió° didn't arise; cicatriz° scar

> **Se sienten mutilados porque se creen legítimamente un país marítimo. Así lo había decidido su fundador, Simón Bolívar...**

Al establecer las fronteras de Bolivia, Bolívar incluyó parte del Desierto de Atacama que llegaba hasta al mar. Chile tenía ya el control económico de la región y, a pesar de los deseos de Bolívar, lo siguió manteniendo. Cuando se descubrieron los ricos recursos naturales del Desierto de Atacama, Chile comenzó a explotar° las minas de salitre y guano. La tensión sobre las exportaciones chilenas y los impuestos que Bolivia quería cobrar por la extracción de estos productos provocó un conflicto inevitable en 1878. Las fuerzas armadas de Bolivia —a pesar de la ayuda de su aliado, el Perú— no pudieron contender ni en tierra ni en mar con la moderna armada° chilena. La guerra terminó en 1883 con la concesión° de varios territorios a Chile. En 1904, Bolivia abandonó permanentemente el control del Desierto de Atacama, con sus depósitos de minerales y su única salida al Pacífico. A cambio, Chile construyó un ferrocarril° para que Bolivia tuviera acceso al mar.

explotar° work; drill; armada° navy; concesión° granting; ferrocarril° railroad

No obstante, Bolivia no dio por finalizada la cuestión°. En el centenario de 2004, el presidente Carlos Mesa pidió de nuevo el acceso marítimo durante una reunión en la Cumbre de las Américas. Aunque le fue negado en aquella ocasión, en julio de 2006 los dos países decidieron reanudar las negociaciones°. Sea cual sea el resultado de las negociaciones, algo está claro: los bolivianos quieren su mar y su costa, no un viaje en tren. ■

no dio por finalizada la cuestión° did not think that the matter was over; reanudar las negociaciones° to resume talks

La batalla de Arica

La batalla de Arica de 1880 fue una de las más duras para los dos bandos. Las tropas chilenas subieron a una colina escarpada (*steep hill*), el Morro de Arica, para atacar al enemigo que esperaba. Los dos lados perdieron muchas vidas, incluyendo un coronel peruano que se tiró al mar desde un acantilado (*cliff*) con su caballo en un intento fallido (*failed*) de engañar a las tropas chilenas, invitándolas a caer al Pacífico.

¿Una armada en Bolivia?

A pesar de su distancia al Pacífico, Bolivia mantiene una armada desde 1963 a la espera del día en que vuelvan a tener salida al mar. La Fuerza Naval Boliviana cuenta con doscientas embarcaciones (*boats*) y un buque de guerra (*warship*). Se entrena en el agua dulce del inmenso lago Titicaca.

SUPERSITE

Después de leer

Cómo Bolivia perdió su mar

1 **Comprensión** Indica si las oraciones son **ciertas** o **falsas**. Corrige las falsas.

1. No hay ningún recurso natural de valor en el Desierto de Atacama.
2. Bolivia no ha tenido nunca acceso al mar.
3. La causa de la guerra fue el conflicto económico relacionado con el control de los depósitos de minerales.
4. La armada chilena era más potente que las fuerzas de Bolivia y su aliado (*ally*), el Perú.
5. Después de la guerra, Bolivia construyó un ferrocarril para tener acceso al mar.
6. Bolivia ya no tiene armada.

2 **Interpretación** Contesta las preguntas con oraciones completas.

1. ¿Qué valor tenía el Desierto de Atacama para Chile? ¿Y para Bolivia?
2. ¿Por qué sienten muchos ciudadanos que Bolivia es legítimamente un país marítimo? ¿Crees que tienen razón?
3. ¿De qué maneras muestran algunos bolivianos su deseo de volver a tener salida al mar?
4. ¿Crees que es importante tener salida directa al mar? ¿Por qué?
5. ¿Ha traído el ferrocarril tranquilidad a los bolivianos?

3 **Debate** En parejas, imaginen que representan los intereses de Bolivia y de Chile en la Cumbre (*summit*) de las Américas. Los dos países son conscientes de la disputa histórica entre ellos, pero están abiertos a la negociación. Chile necesita gas y Bolivia tiene gas en abundancia. Organicen un debate entre el/la representante de Bolivia y el/la representante de Chile.

4 **Festejos** En parejas, imaginen que las negociaciones con Chile tienen éxito y Bolivia recupera su terreno perdido y su acceso al mar. Ustedes son responsables de organizar una celebración. ¿Cómo y dónde sería la fiesta? ¿A quiénes invitarían? ¿Qué eventos organizarían?

5 **Opiniones** Imagina que recientemente los periódicos han publicado artículos sobre las negociaciones entre Chile y Bolivia sobre una salida al Pacífico para Bolivia. Elige una de las dos situaciones y escribe una carta a un periódico dando tu opinión.

1. Eres boliviano/a pero crees que, como Bolivia perdió la guerra, ya no tiene derecho a la salida al mar. En tu opinión, el resultado de la guerra quitó validez a la vieja distribución de tierras de Simón Bolívar, y Chile es el dueño legítimo del Desierto de Atacama.
2. Eres chileno/a pero crees que Chile está usurpando tierras que no le corresponden. Crees que la decisión de Simón Bolívar debe respetarse y que parte del Desierto de Atacama, con salida al mar, debe pertenecer a Bolivia.

Opiniones

1 **Conversación** En parejas, contesten las preguntas.

1. Además de lo que leyeron sobre Bolivia y Chile, ¿qué otros conflictos limítrofes entre países conocen? ¿Conocen casos de países que hayan tenido cambios en sus fronteras en los últimos cien o doscientos años?
2. ¿Cómo deben resolverse los conflictos limítrofes entre países?
3. Costa Rica no tiene fuerzas armadas, por lo que no podría resolver conflictos por la vía militar. ¿Qué opinan de esto?
4. Varios países de América Latina tienen banderas similares, por ejemplo El Salvador y Nicaragua. ¿A qué creen que se debe esto?
5. Lean algunas reglas comunes relacionadas con las elecciones en algunos países hispanoamericanos. ¿Están de acuerdo con ellas? ¿Por qué? ¿Existen reglas similares en su país?

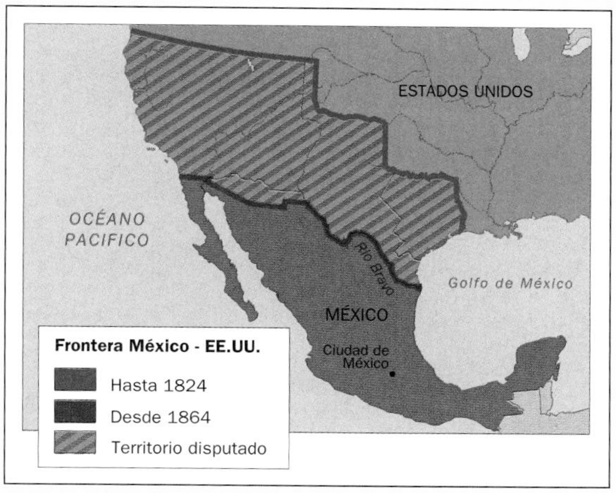

Mapa del conflicto limítrofe entre Estados Unidos y México

Voto obligatorio—En algunos países, por ejemplo Costa Rica, es obligatorio votar.

Veda electoral—En algunos países, como Ecuador, rige una veda (*a restriction is in force*) electoral: desde unos días antes de las elecciones, los políticos y los medios de comunicación deben abstenerse de hablar de política.

Requisitos para ser presidente—Todos los países tienen requisitos específicos para ser presidente. Ejemplos: en México, el presidente debe ser hijo de madre o padre mexicano; en Chile y Guatemala, el presidente debe ser mayor de cuarenta años.

2 **Por escrito** Elige una de estas opciones y escribe una composición de una página.

- ¿Crees que comprar tierras a otro país es una buena opción para evitar conflictos limítrofes y guerras? ¿Por qué?
- ¿Crees que en tu país el voto debe ser obligatorio? Escribe un breve editorial para el periódico estudiantil explicando tu posición.

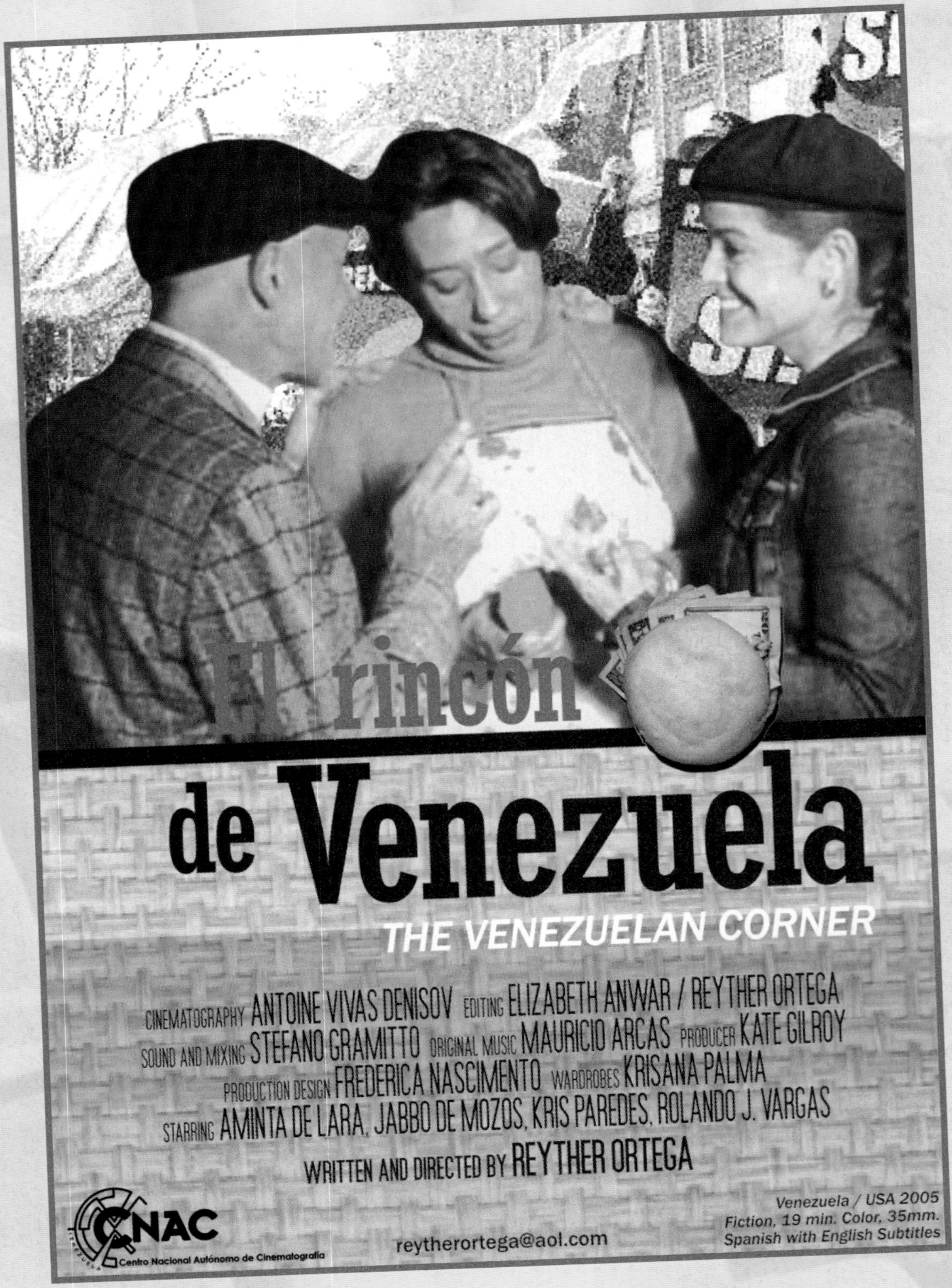
El rincón
de Venezuela
THE VENEZUELAN CORNER
CINEMATOGRAPHY ANTOINE VIVAS DENISOV EDITING ELIZABETH ANWAR / REYTHER ORTEGA
SOUND AND MIXING STEFANO GRAMITTO ORIGINAL MUSIC MAURICIO ARCAS PRODUCER KATE GILROY
PRODUCTION DESIGN FREDERICA NASCIMENTO WARDROBES KRISANA PALMA
STARRING AMINTA DE LARA, JABBO DE MOZOS, KRIS PAREDES, ROLANDO J. VARGAS
WRITTEN AND DIRECTED BY REYTHER ORTEGA
CNAC Centro Nacional Autónomo de Cinematografía
reytherortega@aol.com
Venezuela / USA 2005
Fiction, 19 min. Color, 35mm.
Spanish with English Subtitles

Antes de ver el corto

EL RINCÓN DE VENEZUELA

país Venezuela/EE.UU.
duración 19 minutos
directora Reyther Ortega

protagonistas Gloria (madre), Alberto (padre), Rosario (hija), Mingo (empleado)

Vocabulario

la arepa *cornmeal cake*
asaltar *to rob*
el consulado *consulate*
la embajada *embassy*
la firma *signature*
el panfleto *pamphlet*
el rincón *corner; nook*
el secuestro *kidnapping*
subsistir *to survive*
útil *useful*

1 **Definiciones** Escribe la palabra apropiada para cada definición.

1. un delito (*crime*) en el que se retiene a alguien contra su voluntad ____________
2. oficina que representa a un país en un país extranjero ____________
3. papel publicitario con contenido político ____________
4. comida típica venezolana ____________
5. nombre de una persona que se pone en los documentos para que éstos tengan valor oficial ____________

2 **Preguntas** En parejas, contesten las preguntas.

1. ¿Hablas de política con tus amigos/as o con tu familia? ¿De qué asuntos hablan? ¿Por qué?
2. ¿Piensas que es posible ser amigo/a de alguien que tiene diferente ideología política? ¿Tienes algún amigo/a que tenga otra ideología?
3. ¿Crees que es importante participar en movimientos políticos? ¿Por qué?
4. ¿Te irías de tu país si la situación política fuera muy difícil o conflictiva? Explica tu respuesta.

3 **¿Qué sucederá?** En parejas, miren el fotograma del cortometraje e imaginen lo que va a ocurrir en la historia. Compartan sus ideas con la clase.

SUPERSITE

Watch the short film at **ventanas.vhlcentral.com.**

Escenas

ARGUMENTO La difícil situación política venezolana lleva a una familia a empezar una nueva vida en Nueva York. Allí tienen que luchar para sacar adelante su restaurante y adaptarse a las nuevas circunstancias.

GLORIA Mi amor, ¿y si nosotros vendemos esto y nos vamos para Venezuela?
ALBERTO ¿A qué vamos a regresar? ¿Para que nos vuelvan a asaltar? Toda la gente está tratando de irse.
ROSARIO Hay otro grupo de gente que está tratando de hacer algo útil por el país.

GLORIA Aquí lo que hay que hacer es pensar cómo es que vamos a sacar este restaurante adelante, ¡y todos!
ALBERTO Pero que quede bien claro que yo no regreso al país hasta que esos imbéciles se vayan de allí, se vayan del gobierno.

GLORIA Yo creo que ella tiene razón, ¿sabes? Nosotros somos como las arepas de tofu esas que yo estoy haciendo: queriendo ser lo que no somos. Ay, caramba, chico, francamente ¿habrá sido buena idea venirnos para acá? Aquí nadie nos conoce. Lo dejamos todo... ¡la familia!

MANIFESTANTES ¡Referéndum!
GLORIA Tenemos un restaurante venezolano. Tenemos arepas, cachapas°...
MANIFESTANTE Señora, ¿usted ya firmó para el nuevo referéndum? Mire que están diciendo que las firmas anteriores son ilegales.

GLORIA El dinero que teníamos en Caracas no existe más. Se lo presté a mi prima Chela cuando la botaron° de PVSA. Como no tenía prestaciones ni seguro, no tenía como para el colegio de los muchachos ni el alquiler tampoco. Como es obvio, pues no tiene cómo pagarnos.

CLIENTE ¿Qué hacen los chavistas° por aquí?
ALBERTO Gloria, ¿tú no habrás invitado a esta gente?
GLORIA Bueno, mi amor, nosotros mandamos invitación, *email*.

cachapas *cornmeal pancakes* **botaron** *laid (her) off* **chavistas** *Chávez supporters*

SUPERSITE

Después de ver el corto

1 Comprensión Contesta las preguntas con oraciones completas.

1. ¿Qué tipo de comida se sirve en el restaurante?
2. ¿Cuándo dice Alberto que regresará a Venezuela?
3. ¿Qué contesta Rosario cuando su padre dice que toda la gente se quiere ir de Venezuela?
4. ¿Con quién quiere salir Rosario por la noche?
5. ¿Para qué va Gloria a la manifestación?
6. ¿Qué pide la gente que está en la manifestación?
7. Después de unos días, ¿qué le dice Gloria a su hija sobre su amistad con Mingo?
8. ¿Por qué se enojan algunos clientes del restaurante al final del corto?

2 Ampliación Contesta las preguntas con oraciones completas.

1. ¿Qué temas se tratan en *El Rincón de Venezuela*?
2. ¿Por qué se fue la familia de Venezuela?
3. ¿Por qué habla Gloria del *American Way of Management*? ¿En qué consiste?
4. ¿Crees que tendrían éxito las arepas de tofu? ¿Por qué?
5. ¿Por qué se opone Gloria al principio a que su hija salga con Mingo? ¿Por qué cambia luego de opinión?

3 Escenas

A. En parejas, describan lo que ocurre en estas dos escenas del corto. ¿Sobre qué están hablando los personajes? Luego, improvisen la conversación entre ellos.

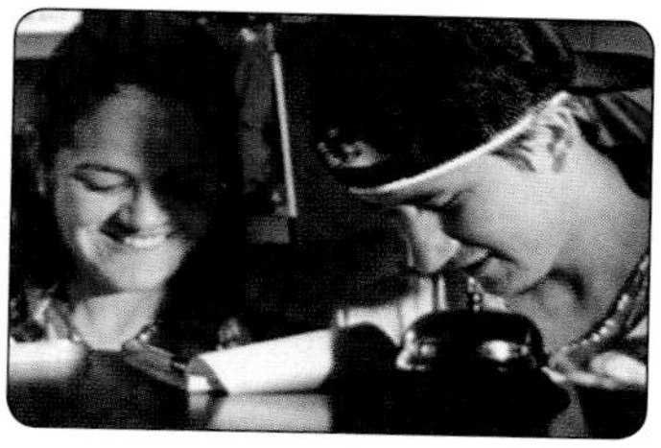

B. Elijan una de las escenas e imaginen qué sucederá con los dos personajes después del final del corto. Compartan su historia con la clase.

4 ¡Ni un paso atrás! En parejas, imaginen que son enemigos políticos. Uno/a de ustedes tiene que plantear uno de los temas políticos de la lista desde el punto de vista de la oposición y la otra persona tiene que defender la postura del gobierno. Preparen tres o cuatro argumentos desde su punto de vista y después presenten su debate delante de la clase.

- impuestos
- llamamiento a filas (*draft*)
- política internacional
- servicios sociales

San Antonio de Oriente, 1957.
José Antonio Velásquez, Honduras.

"Yo no sé si Dios existe, pero si existe, sé que no le va a molestar mi duda."

— Mario Benedetti

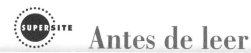

Antes de leer

Los emigrantes

Sobre la autora

Marjorie Agosín (1955) nació en Maryland y se crió en Chile. Tras el golpe de estado ocurrido en Chile en 1972, la familia decidió radicarse (*settle*) en los Estados Unidos. En la actualidad es profesora de español y de literatura latinoamericana en Wellesley College. Su obra, escrita en español y en inglés, es muy amplia y comprende libros de poesía y de ficción, ensayos literarios, ediciones de antologías literarias y artículos de prensa. La familia, el judaísmo, los textos autobiográficos, el papel de la mujer, los derechos humanos, el compromiso social y la literatura latinoamericana son temas centrales de su trabajo. Agosín ha ganado varios premios literarios, como el Letras de Oro de poesía en 1995, en reconocimiento por su importante labor en el desarrollo (*growth*) del idioma español en los Estados Unidos. En 2007, recibió el Latino Book Award por su libro *El ángel de la memoria*.

Vocabulario

ajeno/a *belonging to others*	**errar** *to wander*	**la lejanía** *distance*
cruzar *to cross*	**el hospedaje** *lodging*	**las pertenencias** *belongings*
el desencanto *disenchantment*	**la huida** *flight*	**la sospecha** *suspicion*

Vocabulario Completa las oraciones.

1. Marcos dejó atrás todas sus ________ para ________ la frontera de México.
2. Se debe enseñar a los niños a respetar las cosas ________.
3. Las montañas se veían cada vez más pequeñas en la ________.
4. Pedro me miró con ________ cuando dije que no sabía donde estaba su dinero.

Conexión personal

¿Cuándo llegaron tus parientes a este país? ¿Desde dónde vinieron? ¿Sabes por qué emigraron y si la transición fue difícil para ellos?

Análisis literario: La literatura en su contexto

La literatura no surge (*arise out of*) ni existe en un vacío (*vacuum*). Por eso, es tan importante el ejercicio intelectual de contextualizarla. Se puede estudiar la biografía del artista, la literatura del momento o los acontecimientos de la historia contemporánea para ayudar a entender una obra y profundizar el significado de cada palabra. El estudio de la literatura en su contexto a veces funciona también a la inversa. El texto literario puede ayudar a entender aspectos del entorno cultural, que un libro de historia omite, ilustrando detalles desconocidos o reflexionando sobre detalles particulares. ¿Qué detalles de la biografía de Marjorie Agosín ayudan a comprender el poema? ¿Cómo profundiza "Los emigrantes" algunos de los temas mencionados en la biografía?

Los emigrantes

Marjorie Agosín

I.
smart Fuimos hábiles°
en preparar la huida,
frágiles en nuestras
pertenencias
pieces/fresh Mamá trajo pedazos° de tierra fresca°
piedras para recordar a los
muertos que dejábamos
una que otra fotografía
suspendida en la dispersión
de nuestras genealogías
candles un candelabro de siete velas°
to light para alumbrar° la oscuridad
de los emigrantes.

II.
Nos fuimos
winged steps con pasos alados°
repitiendo la historia de ellos
ahora, nosotros
nos recibieron
como se recibe a los
extranjeros
minimal con parca° cortesía
con sutiles sospechas

III.
Aprendimos a vivir entre lo ajeno
bouganville (flowering plant) a soñar con las buganvillas°
el balcón de la casa junto al mar
ningún cuaderno de la memoria
lessened/wells amenguó° esas tristezas, como pozos° oscuros
vivimos
con nuestras manos
extendidas a la posibilidad del
horizonte
al agua, al cielo que no era nuestro,
sin preguntas ni respuestas
tal vez éramos
esa fotografía en sepia
suspendida en un calendario
sin horas ni estaciones
errando por ciudades inhóspitas
buscando hospedajes
en los jardines del invierno.

IV.
Los emigrantes
cruzando intrépidas fronteras
imaginando gestos de ausencia° en *absence*
la lejanía
hoy después del día extendido
en las tierras de hielo° oscuro *ice*
aprenden otro modo de ser
en otra lengua
repiten las correctas preposiciones
la dimensión del odio y la mesura° *moderation*
aprenden de la prisa
y del desencanto
solos, ajenos
en mesas vacías° *empty*
la memoria es una sílaba nueva
una voz por hacerse
solos repiten en voz baja
el inglés los hace más fuertes
y diminutas en sus nostalgias
perdidos, sueñan con la raíz del otoño
las hojas° vacilantes *leaves*
la fragilidad de las huidas. ■

Después de leer

Los emigrantes

Marjorie Agosín

1 Comprensión Responde a las preguntas con oraciones completas.

1. Cuando la familia prepara el viaje, ¿lleva muchas posesiones?
2. ¿Por qué trae la madre piedras?
3. ¿Estos emigrantes son los primeros que conoce la poeta?
4. ¿Cómo es la recepción cuando llegan a su destino?
5. ¿Qué aprenden los emigrantes en su nuevo país?
6. ¿Se adapta la protagonista fácilmente a su nueva vida?
7. ¿Considera la protagonista que el inglés es beneficioso para los emigrantes?
8. ¿Se integran los emigrantes en la sociedad una vez que aprenden el idioma?

2 Interpretación Contesta las preguntas con oraciones completas.

1. ¿Por qué lleva la madre un candelabro y siete velas?
2. ¿Qué indica la poeta cuando dice que escaparon con "pasos alados"?
3. ¿Qué emociones sienten los emigrantes en su nuevo destino? En tu respuesta, cita versos específicos.
4. Según el poema, ¿con qué sueñan los emigrantes?
5. En tu opinión, ¿es un poema triste? Explica tu respuesta con frases utilizadas por la autora.

3 Análisis En parejas, contesten las preguntas.

1. La protagonista no explica el motivo del viaje. ¿Cuál puede ser ese motivo?
2. Agosín utiliza numerosas imágenes poéticas. Busquen tres ejemplos y explíquenlos.
3. Según el poema, ¿qué problemas descubre el emigrante en sus nuevas tierras?
4. ¿En qué partes del poema se indica un deseo de preservar la memoria? ¿Por qué piensan ustedes que esto es tan importante para los emigrantes?

4 Imaginar Si tuvieran que abandonar su casa y su tierra, con muy pocas cosas y sin saber si será posible volver, ¿qué llevarían en el viaje? En parejas, elijan cinco objetos y expliquen por qué preservarían cada uno. ¿Qué cosas imposibles de llevar serían las más difíciles de abandonar?

5 Composición Elige una de estas opciones y escribe una composición de una página.

- Escribe la historia de alguien que tuvo que empezar una vida nueva en un lugar desconocido. Puede ser la historia de emigración de un pariente o antepasado, por ejemplo, o puede ser tu relato (*tale*) personal del primer día en una escuela nueva. Describe las emociones de la transición, de la recepción, las dificultades y las alegrías de la experiencia.
- ¿Qué opinas de los inmigrantes que llegan a tu país? ¿Es un acto de valentía? ¿O están quitándoles puestos de trabajo a los ciudadanos de tu país y abandonando a su familia y sus raíces?

Antes de leer

El alba del Viernes Santo

Sobre la autora

Emilia Pardo Bazán fue una de las escritoras españolas más famosas del siglo XIX. Nació en una familia aristocrática en La Coruña (Galicia) en 1851 y murió en Madrid en 1921. Escribió más de 500 obras cultivando gran variedad de géneros, pero fue más conocida como novelista con títulos como *Los pazos de Ulloa*. Propagó el naturalismo en España, movimiento caracterizado por la descripción detallada y muy precisa de una parte de la vida representativa de la existencia social. Como feminista pionera, escribió artículos que denunciaban el sexismo dominante en España y sugirió cambios a favor de la mujer, como el derecho de obtener una educación semejante a la del hombre.

Vocabulario

el alba *dawn; daybreak*	**culpable** *guilty*	**el milagro** *miracle*
la capilla *chapel*	**devoto/a** *pious; devout*	**el remordimiento** *remorse*
el claustro *cloister*	**el fraile** *friar*	**venerar** *to worship*

Definiciones Escribe la palabra adecuada para cada definición.

1. iglesia pequeña ___________
2. responsable de un delito ___________
3. sentimiento de culpa ___________
4. muy religioso ___________
5. hecho inexplicable ___________
6. adorar ___________

Conexión personal

¿Te pasó alguna vez que, tratando de hacer el bien, todo haya salido mal? ¿Cuál fue la consecuencia?

Análisis literario: La voz narrativa

Toda historia tiene por lo menos un narrador. El narrador puede ser uno de los personajes o puede ser una voz que cuenta la historia pero no participa de ella. A veces, la voz narrativa es omnisciente, es decir que sabe absolutamente todo sobre los personajes y los acontecimientos (*events*). En otros casos, el narrador nos relata sólo la parte de la historia que conoce o la parte que elige contar. Aunque el autor puede reflejar su pensamiento en las palabras del narrador, no se debe identificar al autor con el narrador. Una escritora puede contar una historia desde el punto de vista narrativo de un hombre, y un adulto puede hacerlo a través de la voz narrativa de un niño. A veces existen muchas voces narrativas que añaden complejidad y textura al relato. Cuando leas el cuento de Pardo Bazán, presta atención a los distintos niveles de voces narrativas. ¿Cuántos narradores hay? ¿Qué efecto tiene?

El alba del Viernes Santo

Emilia Pardo Bazán

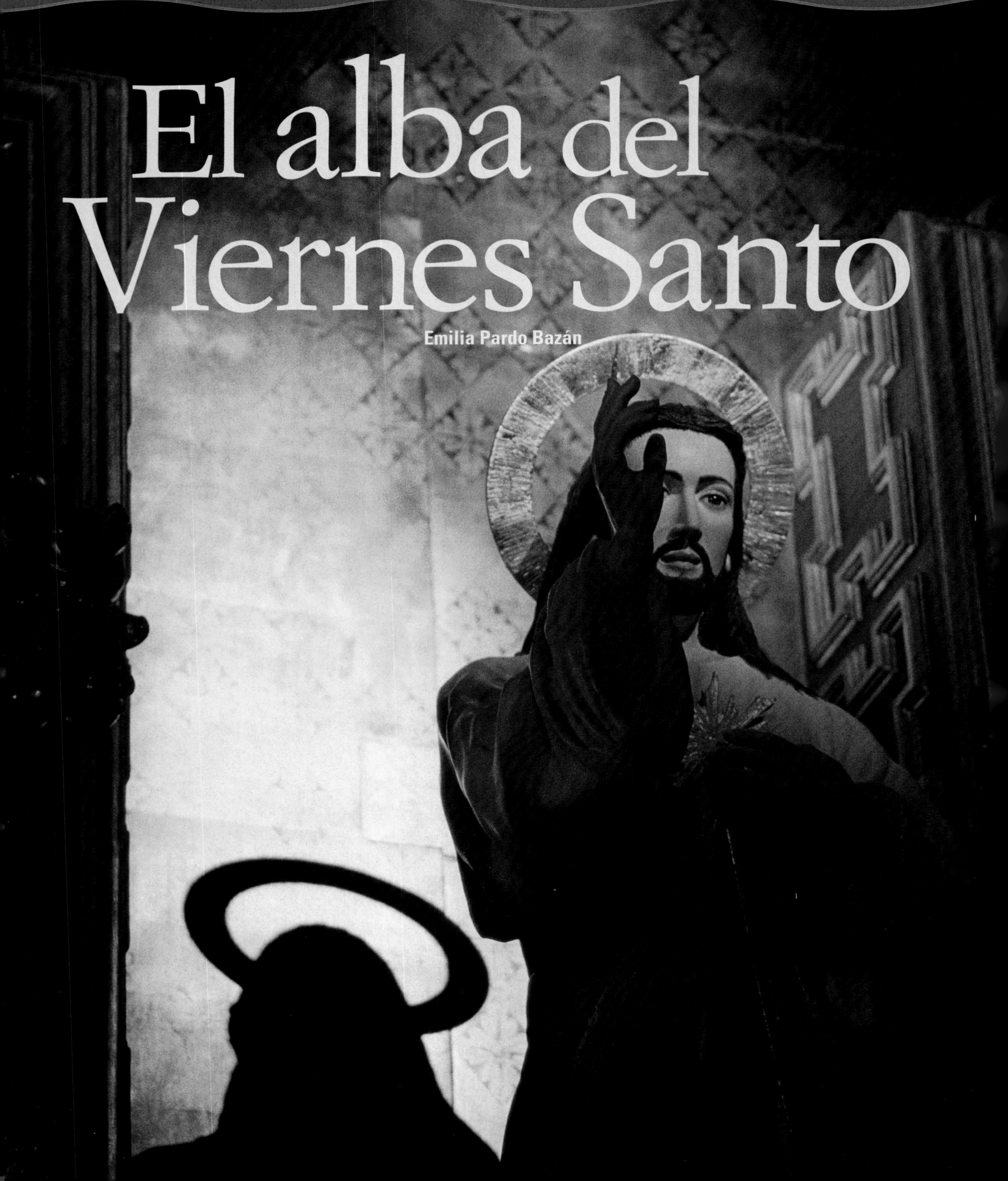

Cuando creyendo hacer bien hacemos mal —dijo Celio—, el corazón sangra°, y nos acordamos de la frase de una heroína de Tolstoi: «No son nuestros defectos, sino nuestras cualidades, las que nos pierden.» Cada Semana Santa experimento mayor inquietud° en la conciencia, porque una vez quise atribuirme° el papel de Dios. Si algún día sabéis que me he metido a fraile, será que la memoria de aquella Semana Santa ha resucitado en forma aguda°, de remordimiento. Así que me hayáis oído, diréis si soy o no soy tan culpable como creo ser.

Es el caso que —por huir de días en que Madrid está insoportable, sin distracciones ni comodidades, sin coches ni teatros y hasta sin grandes solemnidades religiosas— se me ocurrió ir a pasar la Semana Santa a un pueblo donde hubiese catedral, y donde lo inusitado° y pintoresco de la impresión me refrescase el espíritu. Metí ropa en una maleta y el Miércoles Santo me dirigí a la estación; el pueblo elegido fue S***, una de las ciudades más arcaicas de España, en la cual se venera un devotísimo Cristo, famoso por sus milagros y su antigüedad y por la leyenda corriente de que está vestido de humana piel°.

En el mismo departamento que yo viajaba una señora, con quien establecí, si no amistad, esa comunicación casi íntima que suele crearse a las pocas horas de ir dos seres sociables juntos, encerrados en un espacio estrecho°. La corriente de simpatía se hizo más viva al confesarme la señora que se dirigía también a S*** para detenerse allí los días de Semana Santa.

No empiecen ustedes a suponer que amaga° algún episodio amoroso, de esos que en viaje caminan tan rápidos como el tren mismo. No me echó sus redes° el amor, sino algo tan dañoso como él: la piedad. Era mi compañera de departamento una señora como de unos cuarenta y pico° de años, con señales de grande y extraordinaria belleza, destruida por hondísimas° y lacerantes° penas°, más que por la edad. Sus perfectas facciones estaban marchitas° y adelgazadas; sus ojos, negros y grandes, revelaban cierto extravío° y los cercaban cárdenas ojeras°; su boca mostraba la contracción de la amargura° y del miedo. Vestía de luto°. Para expresar con una frase la impresión que producía, diré que se asemejaba° a las imágenes de la Virgen de los Dolores; y apenas me refirió su corta y terrible historia, la semejanza° se precisó, y hasta creí ver sobre su pecho anhelante° brillar los cuchillos; seis hincados° en el corazón, el séptimo ya a punto de clavarse° del todo.

—Yo soy de S*** —declaró con voz gemidora°—. He tenido siete hijos, ¡siete!, a cuál más guapo, a cuál más bueno, a cuál más propio° para envanecer° a una reina. Tres eran niñas, y cuatro, niños. Nos consagramos a ellos por completo mi marido y yo, y logramos criarlos sanos de cuerpo y alma. Llegado el momento de darles educación, nos trasladamos a Madrid, y ahí empiezan las pruebas inauditas° a que Dios quiso someternos°. Poco a poco, de

- *bleeds*
- *restlessness*
- *to attribute to myself*
- *sharp; acute*
- *unusual*
- *skin*
- *narrow; tight*
- *threatens to be*
- *nets*
- *forty-something*
- *very deep/ distressing*
- *sorrows*
- *withered*
- *loss/purple bags under the eyes*
- *bitterness*
- *mourning*
- *she resembled*
- *resemblance*
- *yearning*
- *nailed; driven (into)*
- *to drive in*
- *moaning*
- *suitable/ to make vain*
- *outrageous; unprecedented*
- *submit us to*

Santiago de Compostela, Galicia, España

El catolicismo en España

El catolicismo ocupa un papel central en la vida religiosa, social y cultural de los españoles. La Semana Santa (*Holy Week*) es una de las principales celebraciones, caracterizada tanto por la solemnidad religiosa como por los festejos populares.

El lugar de peregrinación más famoso de España es Santiago de Compostela, en Galicia. Se dice que allí yacen los restos del apóstol Santiago (*St. James, the apostle*). Miles de peregrinos de España y de otros países recorren todos los años el Camino de Santiago, que termina frente a la imponente catedral de Santiago.

enfermedades diversas, fueron muriéndose seis de mis hijos..., ¡seis!, ¡seis!, y al cabo, mi marido, que más feliz que yo sucumbió al dolor, porque su mal fue un padecimiento° del hígado°, de esos que la melancolía engendra° y agrava°. ¿Comprende usted mi situación moral? ¿Se da usted cuenta de lo que seré yo, después de asistir, velar°, medicinar a siete; de presenciar siete agonías, de secar siete veces el sudor de la muerte en las heladas sienes°, de recoger siete últimos suspiros° que eran el aliento° de mi vida propia, y de amortajar° siete rígidos cuerpos que habían palpitado de cariño bajo mis besos y mis ternezas°? Pues bien: lo acepté todo, ¡todo!, porque me lo enviaba Dios; no me rebelé, y sólo pedí que me dejasen al hijo que me quedaba, al más pequeño, una criatura como un ángel, que, estoy segura de ello, no ha perdido la inocencia bautismal. Así se lo manifesté a Dios en mis continuos rezos: ¡que no me quite a mi Jacinto y conservaré fuerzas para conformarme y aceptar todo lo demás, en descargo de mis culpas!... Y ahora... Al llegar aquí, la madre dolorosa se cubrió los

suffering
liver/generates
makes worse
to keep watch
icy temples
sighs
breath/to shroud
expressions of tenderness

ojos con el pañuelo y su cuerpo se estremeció° convulsivamente al batir° de los sollozos° que ya no salían afuera.

—Y ahora, caballero..., figúrese usted que también mi Jacinto se me muere.

Salté en el asiento; la lástima° me exaltaba° como exaltan las pasiones.

—Señora, ¡no es posible! —exclamé sin saber lo que decía.

—¡Sí lo es! —repitió ella, fijándome los ojos secos ya, por falta de lágrimas—. Jacinto, creen los médicos, tiene un principio de tisis°; me voy a quedar sola..., es decir, ¡no, quedarme no!, porque Dios no tiene derecho a exigir que viva, si me arrebata° lo único que me dejó. ¡Ah! ¡Si Dios se me lleva a Jacinto..., he sufrido bastante, soy libre! ¡No faltaba otra cosa! —añadió sombríamente—. ¡A la Virgen sólo se le murió uno!

—Dios no se lo llevará —afirmé por calmar a la infeliz°.

—Así lo creo —contestó ella con serenidad que encontré asombrosa°—. Así le creo, así lo espero y a eso voy a mi pueblo, donde está el Santo Cristo, del que nunca debí apartarme°. El Santo Cristo fue siempre mi abogado° y protector y a Él vengo, porque Él puede hacerlo, a pedir el milagro: la salud de mi hijo, que allá queda en una cama, sin fuerzas para levantarse. Cuando yo me eche a los pies del Cristo, ¡veremos si me lo niega!

Transfigurada por la esperanza, irradiando luz sus ojos, encendido su rostro°, la señora había recobrado°, momentáneamente, una belleza sublime. —¿Usted no ha oído del Santo Cristo de mi pueblo? Dicen que es antiquísimo, y que lo modelaron sobre el propio cuerpo sagrado del Señor, cubriéndolo con la piel de un santo mártir, a quien se la arrancaron° los verdugos°. Su pelo y su barba crecen; su frente suda°; sus ojos lloran, y cuando quiere conceder la gracia que se le pide, su cabeza, moviéndose, se inclina en señal de asentimiento° al otro lado...

No me atreví° a preguntar a la desolada señora si lo que afirmaba tenía fundamento y prueba. Al contrario: la fuerza sugestiva de la fe es tal, que me puse a desear creer, y, por consecuencia, a creer ya casi, toda aquella leyenda dorada de los primitivos siglos. Ella prosiguió, entusiasta, exaltadísima:

—Y dicen que cuando se le implora al amanecer del día de Viernes Santo, no se niega nunca... Iré, pues, ese día, de rodillas°, arrastrándome, hasta el camarín del Cristo°.

Así terminó aquella conversación fatal. Prodigué° a la viajera, lo mejor que supe, atenciones y cuidados, y al bajarnos en S*** nos dirigimos a la misma fonda° —tal vez la única del pueblo—. Dejando ya a la desdichada° madre, fui a visitar la catedral, que es de las más características del siglo XII: entre fortaleza e iglesia, y con su ábside° rodeado de capillas obscuras, misteriosas, húmedas, donde el aire es una mezcla de incienso y frío sepulcral, parecido al ritmo, ya solemnemente tranquilo, de las generaciones muertas. Una de estas capillas era la del Cristo, y naturalmente despertó mi curiosidad. Di generosa propina° al sacristán°, que era un jorobado° bilioso y servil°, y obtuve quedarme solo con la efigie°, a horas en que los devotos no se aparecían

trembled
shaking/sobs
pity; compassion/ excited
tuberculosis
snatches
the poor woman
amazing
separate myself
advocate
face
recovered
pulled out
executioners
sweats
consent
I didn't dare
on one's knees
chapel
I provided in abundance
inn
unfortunate
apse
tip
sexton/ hunchback
servile/image

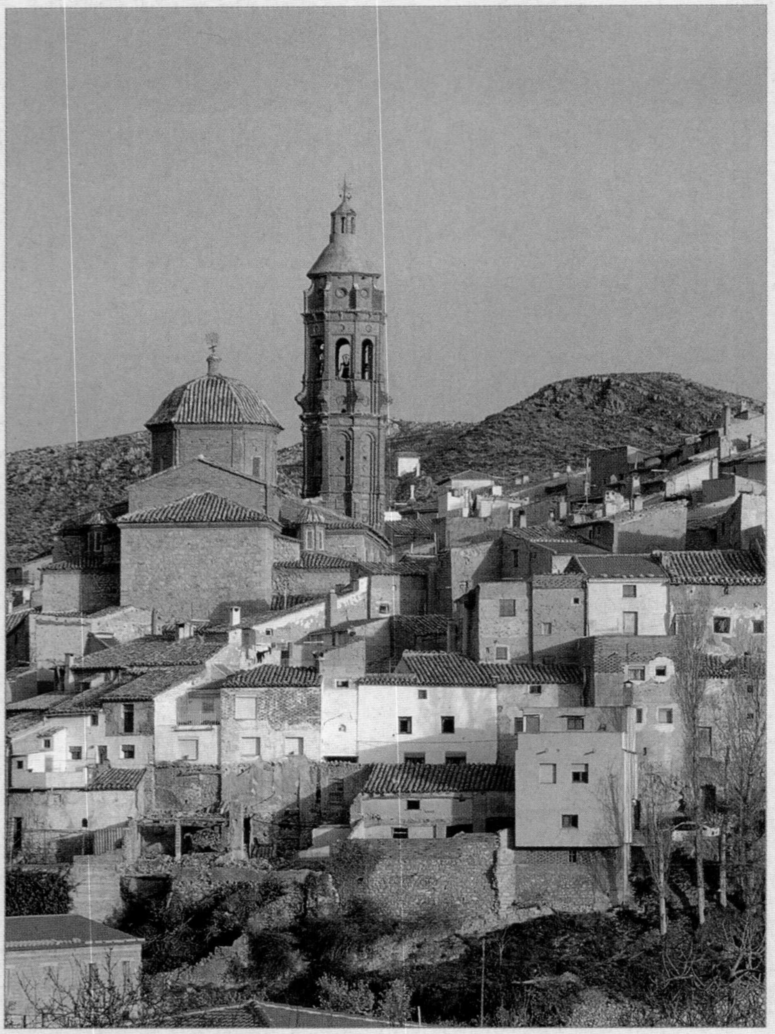

por allí y podía, sin irreverencia ni escándalo, contemplarla y hasta tocarla, mirándola de cerca. Era una escultura mediocre, defectuosa°, que no debía de haber sido modelada sobre ningún cuerpo humano. Poseía, no obstante, como otros muchos Cristos legendarios, cierta peculiar belleza, una sugestión romántica indudable. Sus melenas lacias° caían sobre el demacrado° pecho; sus pupilas de vidrio parecían llorar efectivamente. Lo envolvía una piel gruesa, amarillenta, flexible, de poros anchos°, que sin ser humana podía parecerlo. Bajo los pies contraídos y enclavados°, tres huevos de avestruz° atestiguaban° la devoción de algún navegante. Su enagüilla° era de blanca seda°, con fleco de oro. Registrando bien, armado de palmatoria°, vi que el altar donde campea° el Cristo, destacándose sobre un fondo de rojo damasco, está desviado° de la pared, y que, por detrás, queda un hueco° en que puede caber una persona. Carcomida° escalerilla sube hasta la altura de las piernas de la efigie, y encaramándose° por ella, noté que el paño de damasco tenía una abertura°, un descosido° entre dos lienzos°, y que por él asomaba la punta de un cordel° recio°, del cual

defective
straight hair
emaciated
wide
nailed

ostrich/bore witness to
garment
silk
candlestick
stands out
offset
hollow
Decayed
climbing up
opening; gap
open seam/linen cloth
thin rope/sturdy

tiré maquinalmente°. Al bajar de nuevo a la capilla y mirar al Cristo, observé con asombro, al pronto, con terror, que su cabeza, antes inclinada a la derecha, lo estaba a la izquierda ahora. Sin embargo, casi inmediatamente comprendí: subí la escalera de nuevo, tiré otra vez, bajé, y me cercioré° de que la cabeza había girado° al lado contrario. ¡Vamos, entendido! Había un mecanismo, el cordel lo ponía en actividad, y el efecto, para quien, ignorándolo, estuviese de rodillas al pie de la efigie, debía de ser completo y fulminante°.

Creo que ya entonces germinó° en mí la funesta° idea que luego puse por obra. No lo puedo asegurar, porque no es fácil saber cómo se precisa y actúa sobre nosotros un propósito, latente en la voluntad. Acaso no me di cuenta de mi inspiración (llamémosle así) hasta que mi compañera de viaje me advirtió, la noche del Jueves Santo, que pensaba salir a las tres, antes de amanecer, a la capilla del Cristo, y me encargó de sobornar° al sacristán para que abriese la catedral a una hora tan insólita.

—Yo deseaba más aún —advirtió ella—. Deseaba quedarme en la capilla toda la noche velando y rezando. Pero tengo miedo a desmayarme. ¡Estoy tan débil! ¡Se me confunden tanto las ideas!

Cumplí el encargo, y cuando todavía las estrellas brillaban, nos dirigimos hacia la catedral. Nos abrieron la puerta excusada del claustro, luego otra lateral que comunica con las dos primeras capillas absidales°, y pretextando° que me retiraba para dejar en libertad a la señora —cuyo brazo sentí temblar sobre el mío todo el camino—, aproveché la obscuridad y un momento favorable para deslizarme detrás de la efigie, en lo alto de la escalera, donde aguardé palpitándome el corazón. Dos minutos después entró la señora y se arrodilló, abismándose° en rezos silenciosos. El alba no lucía aún.

Transcurrió media hora. Poco a poco una claridad blanquecina empezó a descubrir la forma de los objetos, y vi la hendidura°, y vi el cordoncito, saliente, al alcance de mi mano. Al mismo tiempo escuché elevarse una voz, ¡qué voz!... Ardiente, de intensidad sobrehumana, clamando, como si se dirigiese no a una imagen, sino a una persona real y efectiva:

—¡No me lo lleves! Prométélo... ¡Es lo único que me queda, es mi solo amor, Jesús! ¡Dios mío! ¡Promete! ¡No me lo lleves!

Trastornado°, sin reflexionar, tiré pausadamente del cordoncito... Hubo un gran silencio, pavoroso°; después oí un grito ronco°, terrible, y la caída de un cuerpo contra el suelo... Me precipité...

—¿Se había desmayado? —preguntamos a Celio todos.

—Eso sería lo de menos... Volvió en sí..., ¡pero con la razón enteramente perdida! Nos burlamos° de las locuras° repentinas en novelas y comedias... ¡Y existen! Cierto que aquélla venía preparada de tiempo atrás, y sólo esperaba para mostrarse un choque, un chispazo°.

—¿Y el hijo? ¿Se murió al fin?

—El hijo salvó, para mayor confusión y vergüenza mía —murmuró Celio. ■

unconsciously · *I made sure* · *turned* · *crushing; devastating* · *germinated* · *ill-fated; fatal* · *to bribe* · *chapels located in the apse* · *under the pretext* · *immersing herself* · *crack* · *Troubled* · *frightful* · *hoarse* · *We make fun/ insanities* · *spark*

Después de leer

El alba del Viernes Santo

Emilia Pardo Bazán

1 **Comprensión** Contesta las preguntas con oraciones completas.

1. ¿Quiénes son los personajes del relato?
2. ¿Por qué decide Celio pasar la Semana Santa en un pueblo?
3. ¿Cuál es la historia de la mujer?
4. ¿Celio cree en la leyenda del Cristo?
5. ¿Qué significa lo que él descubre al visitar a solas la catedral?
6. ¿Por qué la historia se llama *El alba del Viernes Santo*?

2 **Análisis** Lee el relato nuevamente y responde las preguntas.

1. ¿Cómo es la mujer que Celio encuentra en el tren? ¿A quién le recuerda?
2. Relee la descripción de la catedral. ¿Qué sensación te produce?
3. Tras conocer a la mujer, Celio señala: "Así terminó aquella conversación fatal"; y, más tarde, después de descubrir el mecanismo del cordel: "Creo que ya entonces germinó en mí la funesta idea que luego puse por obra". ¿Por qué te parece que utiliza las palabras "fatal" y "funesta"?
4. Relee la sección **Análisis literario** (p. 271). ¿Cuántos narradores tiene este cuento? ¿Quiénes son? Da ejemplos de los distintos puntos de vista narrativos.

3 **Interpretación** En parejas, contesten las preguntas.

1. El narrador viaja a la ciudad buscando distracciones; ¿las encuentra?
2. ¿Qué es lo que atrae al narrador hacia la mujer del tren?
3. ¿Por qué piensas que decide involucrarse accionando el mecanismo del Cristo? ¿Lo hace conscientemente? ¿Cuál era su propósito?
4. ¿Te parece que Celio realmente es culpable del final trágico de la mujer? ¿O crees que la mujer ya tenía problemas mentales? Explica tu respuesta.
5. ¿Por qué dice Celio al comienzo del relato que algún día podría "meterse a fraile"? ¿Cómo se siente Celio por lo sucedido?
6. ¿Crees que esta historia tiene una moraleja? Si tu respuesta es sí, ¿cuál es la moraleja? Si tu respuesta es no, explica por qué.

4 **El juicio** Imagina que Celio es arrestado por causar la locura de la mujer. En grupos de cinco o seis, organicen el juicio oral a Celio. Repartan los papeles: juez(a), Celio, abogado/a defensor(a), fiscal (*prosecutor*) y uno/a o dos testigos. Ensayen una parte del juicio. Después, representen la escena delante de la clase.

5 **Remordimiento** Imagina que eres Celio, quien, lleno de remordimiento, y antes de entrar a un monasterio, ha decidido enviarle una carta a Jacinto, el hijo de la mujer, explicándole las circunstancias reales que desencadenaron (*triggered*) la locura de su madre.

Taller de escritura

Preparación: Generalizaciones y brechas lógicas
Dos problemas comunes al escribir un ensayo son las generalizaciones y las brechas lógicas. Una generalización no toma en cuenta posibles excepciones que el lector podría notar. Una brecha lógica es cuando faltan pasos en el argumento. Para evitarlas, lee cada párrafo y oración que escribas con estas preguntas en mente:

- **¿Es cierto lo que estoy diciendo en todos los casos?** Si se te ocurren excepciones, debes tenerlas en cuenta para no cometer una generalización excesiva.
- **¿Se entiende cómo paso de una idea a la siguiente?** Si la transición no es clara, debes agregar las ideas que faltan para no cometer una brecha lógica.

Estas preguntas son útiles no sólo para escribir un ensayo más convincente sino para desarrollar tus ideas. Los mejores argumentos se van descubriendo al escribir.

Práctica Escribe una oración en la que haya una brecha lógica o una generalización. Intercámbiala con la de un(a) compañero/a y pídele que la corrija, agregando los pasos que faltan o definiendo el argumento con más cuidado.

MODELO
Generalización: Los videojuegos son una pérdida de tiempo.
Corrección: Aunque algunos videojuegos ejercitan la inteligencia, la gran mayoría no requiere ningún esfuerzo mental. Además, aíslan a la gente y le quitan tiempo que podría ser empleado de manera más productiva.
Brecha lógica: Al final decidimos no viajar a Chile porque era agosto.
Corrección: Queríamos viajar a Chile, pero nos dimos cuenta de que en agosto en Chile es invierno. Preferimos no viajar, ya que odiamos el frío.

Ensayo Elige uno de estos temas y escribe un ensayo.

Requisitos

- Tu ensayo debe hacer referencia a por lo menos dos de las cuatro obras estudiadas en esta lección (cultura, cortometraje, dos obras literarias) o, en el caso del último tema, una de las obras puede ser de una lección anterior.
- Tu ensayo debe ser de por lo menos dos páginas.
- Revisa tu ensayo. Busca posibles brechas lógicas o generalizaciones y corrígelas.

- ¿Es importante para los individuos y para los países mantener vivo el pasado? ¿O llega un momento en que es mejor olvidar y mirar sólo hacia el futuro?
- Vivimos en una época de grandes movimiento migratorios. ¿Cómo es la experiencia de los emigrantes en estas obras? ¿Qué ganan? ¿Qué pierden? Si tú estuvieras pensando en emigrar, ¿estas obras te inspirarían a hacerlo o te darían inquietud?
- La religión y la política crean grandes controversias que dividen y unen a la gente. ¿Cómo tratan estas obras temas tan explosivos? ¿Con humor? ¿Con una visión trágica? ¿Presentan una visión optimista o pesimista de las creencias religiosas y las convicciones políticas?
- Piensa en *El rincón de Venezuela* y en otros cortos que tratan temas sociales y políticos. ¿Cómo transmiten su mensaje? ¿Con humor? ¿Con drama? ¿Crees que el cine es un medio más eficaz para el cambio social o político que la literatura? ¿Por qué?

Abriendo ventanas

Política contemporánea

Presentación Trabajen en grupos de cuatro o cinco.

A. Encuesta Sin consultar ninguna fuente, completen esta encuesta sobre política latinoamericana.

César Chávez

Juan Domingo Perón

Fidel Castro

1. César Chavez fue ____.
   a. un activista latino de los EE.UU. b. presidente de Bolivia
   c. el libertador de México
2. Augusto Pinochet fue un dictador que gobernó ____ durante 16 años.
   a. Uruguay b. Chile
   c. Argentina
3. El presidente venezolano Hugo Chávez ____.
   a. nacionalizó muchas empresas b. prohibió la exportación de petróleo
   c. es amigo de George W. Bush
4. Vicente Fox fue presidente de ____.
   a. Costa Rica b. México
   c. El Salvador
5. Sendero Luminoso fue un grupo armado que actuó en ____.
   a. Colombia b. Venezuela
   c. Perú
6. La Revolución iniciada por ____ en Cuba derrocó al dictador Fulgencio Batista.
   a. Fidel Castro b. Ernesto "Che" Guevara
   c. Rafael Videla
7. El arzobispo ____ fue asesinado en El Salvador por su activismo por los derechos humanos.
   a. Roberto D'Aubuisson b. Óscar Romero
   c. José Napoleón Duarte
8. ____, tercera esposa de Juan Domingo Perón, fue vicepresidenta de Argentina hasta la muerte de su esposo y luego presidenta hasta 1976.
   a. Eva Duarte (Evita) b. María Estela Martínez
   c. María Tizón

B. Contextos Cada integrante del grupo debe escoger un acontecimiento o a una persona de la parte **A**, investigarlo en una enciclopedia o en Internet y compartir tres datos interesantes o importantes con el resto del grupo.

C. Van a preparar una presentación sobre un personaje o acontecimiento político hispanoamericano.

Elección del tema

Repasen las partes **A** y **B**. ¿Les gustaría hacer una presentación sobre uno de estos personajes o acontecimientos o prefieren elegir otro que les interese más o sobre el que han escuchado en las noticias?

Preparación

Hagan una investigación sobre el personaje o acontecimiento en Internet o en la biblioteca. En el caso de personas y hechos contemporáneos también pueden consultar diarios y revistas. La presentación debe incluir como mínimo:

- datos biográficos, fechas importantes y contexto histórico
- razones para elegirlo
- detalles importantes
- repercusión o legado (*legacy*)
- controversias
- citas de protagonistas u opiniones de expertos
- opinión del grupo sobre el personaje o acontecimiento

Estrategia de comunicación

Política—Palabras útiles

- Partidos: conservador / socialista / comunista / de derecha / de izquierda / de centro
- Elecciones: internas (*party primaries*) / reelección / balotaje (*second round*)
- Otras palabras útiles: oposición / partido / líder opositor / golpe de estado (*coup d'état*)

Organización

Organicen la presentación en un esquema que resuma los puntos principales. La presentación deberá durar unos diez minutos. Decidan qué parte(s) presentará cada uno/a. Recuerden que todos los integrantes del grupo deben participar.

Presentación

Usen el esquema como guía para la presentación. Recuerden que deben hablar a la clase y no leer una presentación escrita. Después de la presentación, contesten las preguntas de sus compañeros/as.

SUPERSITE Tertulia

La política y los políticos

1 (5 min.) La clase se divide en cinco grupos; cada uno tiene que pensar y anotar sus ideas sobre uno de estos temas.

Acto de campaña de Felipe Calderón previo a las elecciones presidenciales mexicanas de 2006.

Todos los políticos son iguales.

La democracia es la dictadura de la mayoría.

La religión y la política deben estar separadas.

Es mejor una mala democracia que una buena dictadura.

Los políticos trabajan para defender a los ciudadanos.

2 (10 min.) Cada grupo tiene que preparar una breve presentación con sus opiniones sobre la frase elegida. En el caso de que no todos opinen lo mismo sobre el tema, pueden mencionar que dentro del grupo no todos piensan lo mismo.

3 (25 min.) Los diferentes grupos presentan sus ideas a la clase, mientras todos toman nota.

4 (10 min.) Cuando todos los grupos hayan terminado de presentar sus ideas, toda la clase debe participar haciendo preguntas o expresando sus opiniones.

La historia y la civilización

12

Communicative Goals

You will expand your ability to...

- talk about history
- express relations between ideas
- write successful essays

Cultura

páginas 284–289

- **Lectura:** *El Inca Garcilaso: un puente entre dos imperios*
- **Opiniones:**
  Conversación
  Por escrito

Cinemateca

páginas 290–293

- **Cortometraje:** *Un pedazo de tierra* de Jorge Gaggero

Literatura

páginas 294–307

- **Ensayo:** *Hernán Cortés* de Carlos Fuentes
- **Cuento:** *Mis recuerdos de Tibacuí* de Josefa Acevedo de Gómez
- **Análisis literario:**
  El ensayo
  El costumbrismo
- **Taller de escritura:** Claves para un buen ensayo

Conexiones

páginas 308–310

- **Abriendo ventanas:** Pasado, presente y futuro
- **Tertulia:** La historia

El indio alcalde de Chincheros: Varayoc, 1925.
José Sabogal, Perú.

"Los que no creen en la inmortalidad creen en la historia."

— José Martí

SUPERSITE

Antes de leer

Vocabulario

aristocrático/a *aristocratic*	**el/la mestizo/a** *person of mixed ethnicity (part indigenous)*
el/la descendiente *descendent*	**el puente** *bridge*
el dominio *rule*	**la traición** *betrayal*
erudito/a *learned*	**el/la traidor(a)** *traitor*
heroico/a *heroic*	**el vínculo** *family tie; connection*
la lealtad *loyalty*	

Naufragios Completa el párrafo.

El increíble viaje del conquistador Álvar Núñez Cabeza de Vaca al territorio que ahora forma parte de los Estados Unidos tuvo más momentos trágicos que (1) ________. (2) ________ de una familia (3) ________ de la nobleza española, Cabeza de Vaca salió para Florida en 1527. Algunos de sus compañeros murieron muy pronto en huracanes, mientras que otros cayeron como esclavos bajo el (4) ________ de un pueblo indígena. Durante ocho años Cabeza de Vaca vivió entre los indígenas de Florida y del territorio que es ahora Texas, a veces como esclavo, sufriendo hambre, sed y más huracanes. La vida de los sobrevivientes mejoró cuando Cabeza de Vaca, el más (5) ________ del grupo porque tenía conocimientos médicos, se hizo curandero. Cabeza de Vaca, uno de los sólo cinco sobrevivientes de este viaje, mostró su (6) ________ al rey regresando en 1537 a España, donde escribió el libro *Naufragios* sobre las poblaciones indígenas del continente americano.

Conexión personal ¿Cuáles son las mayores influencias en tu vida? ¿Tus padres, tus amigos/as, tu comunidad? ¿Un(a) político/a o alguien de la cultura popular? ¿De qué manera han afectado otras personas tus decisiones y tu estilo?

Contexto cultural

En 1532, el conquistador español Francisco Pizarro llegó a Cajamarca en el norte de Perú con unos veinticinco caballos y menos de 200 soldados para reunirse con **Atahualpa**, el emperador inca. Hijo del anterior emperador Huayna Cápac, Atahualpa había tomado la soberanía de los incas de su hermano, Huáscar, en una guerra civil. Pizarro y los españoles trataron de convertirlo al cristianismo pero cuando Atahualpa se negó, tirando una Biblia al suelo, Pizarro le declaró la guerra. Pizarro ejecutó al emperador inca a pesar de su consiguiente conversión al cristianismo y del legendario soborno (*bribe*) del cuarto de rescate (*ransom room*), donde Atahualpa quiso comprar su libertad llenando una habitación de oro y plata. A pesar de atreverse (*daring*) a una lucha tan desigual numéricamente, los engaños y traiciones de Pizarro frente a la valentía de Atahualpa le han traído al conquistador un nombre sombrío (*dark*) en la historia de la conquista.

El Inca Garcilaso: un puente entre dos imperios

Durante esta época de conquista y choque de culturas, existía una persona con un pie en cada mundo, un miembro de dos familias aristocráticas pero muy distintas, una figura dividida. Brillante escritor, el Inca Garcilaso de la Vega nació en 1539 con el nombre de Gómez Suárez de Figueroa. Era hijo ilegítimo del capitán Sebastián Garcilaso de la Vega, conquistador español de sangre noble de la facción de Pizarro, y de la princesa inca Isabel Chimpu Ocllo.

El Inca Garcilaso de la Vega, como quiso llamarse más tarde, combinando en su nombre sus dos vínculos, fue miembro de la primera generación de mestizos del Perú. Aprendió a hablar primero en quechua y después en español. Sintió un gran amor por la cultura y la herencia de los incas, ya que se crió entre descendientes de los emperadores, escuchando sus relatos y fábulas°. Su madre era sobrina del emperador Huayna Cápac.

> **"El Inca Garcilaso sirvió de puente entre las dos culturas, la materna y la paterna, y de modelo para gran parte de la generación que le siguió."**

Su libro más famoso, los *Comentarios reales*, tiene la intención de corregir a los historiadores españoles en muchos puntos. Desde su posición privilegiada, el Inca Garcilaso aprovechó° su conocimiento íntimo para aclarar° cuestiones sobre la lengua y cultura incaicas. El orgullo° y la inteligencia del Inca, y su identificación cultural, se revelan abiertamente en esta obra, donde hace referencia a sí mismo diciendo "como indio que soy".

No obstante, el Inca fue marcado° por no una, sino dos familias. La cultura de su madre forma sólo una parte, muy significativa por cierto, de la identidad compleja del hombre, que también sentía una enorme lealtad hacia su padre. A pesar de describir y explicar las creencias de los incas cuidadosamente, el Inca Garcilaso fue un ferviente católico que llamaba "vana religión" a aquellas creencias. También consideraba a los conquistadores españoles valientes y heroicos. A los veintiún años, salió para España para continuar sus estudios y se hizo° militar. Participó en la guerra de Granada contra los musulmanes y llegó a ser capitán como su padre. En España escribió obras literarias de gran mérito. También se presentó en la Corte del rey para defender el nombre y el honor de su padre ante las acusaciones de que era un traidor.

Sus puntos de vista y acciones hacen del Inca un sujeto contradictorio e inusual en su época. Comprendía muy bien que los incas habían perdido su dominio y que padecían° profunda nostalgia. Cuenta que algunos de sus parientes decían con lágrimas° en los ojos: "trocósenos el reinar en vasallaje"°. Sin embargo, el Inca Garcilaso también aceptaba como suya la cultura española. La segunda parte de los *Comentarios reales*, conocida como *Historia general del Perú*, está dedicada a la Virgen María.

No ha quedado evidencia de las dificultades personales que su doble lealtad le pudo costar o de una preferencia íntima por una de ellas. El Inca Garcilaso sirvió de puente entre las dos culturas, la materna y la paterna, y de modelo para gran parte de la generación que lo siguió. Vivió, como él mismo declaró, "obligado a ambas° naciones". ■

relatos y fábulas: *tales and legends*
aprovechó: *made the most of*
aclarar: *clarify*
orgullo: *pride*
marcado: *marked*
se hizo: *he became*
padecían: *suffered*
lágrimas: *tears*
trocósenos el reinar en vasallaje: *our dominance has turned into servitude*
ambas: *both*

Figura literaria

La obra del Inca es diversa y enormemente erudita. Consiste en tres libros mayores: una traducción de los *Diálogos de amor* de León Hebreo, que el Inca tradujo del italiano al español (1590); *La Florida* (1605), que relata las exploraciones españolas en el sureste de América del Norte, principalmente la expedición de Hernando de Soto; y los *Comentarios reales*, una descripción minuciosa del imperio y de la cultura de los incas, y también de la conquista española del Perú (1609, 1617).

SUPERSITE

Después de leer

El Inca Garcilaso: un puente entre dos imperios

1 **Comprensión** Responde a las preguntas con oraciones completas.

1. ¿Quiénes eran los padres del Inca Garcilaso de la Vega?
2. ¿Cómo aprendió tanto el Inca Garcilaso sobre la cultura de su madre?
3. ¿Qué opinaba el Inca sobre los conquistadores españoles?
4. ¿Cuál es la intención del libro *Comentarios reales*?
5. ¿Qué temas trata el libro *Comentarios reales*?

2 **Interpretación** En parejas, respondan a las preguntas.

1. ¿Por qué tiene Pizarro un nombre sombrío en la historia de la conquista?
2. ¿Por qué prefirió Gómez Suárez de Figueroa llamarse el Inca Garcilaso de la Vega?
3. ¿Qué evidencia sugiere que el Inca se sentía miembro de dos culturas?
4. ¿Por qué es la obra literaria del Inca inusual y muy importante?
5. ¿Qué significa la frase "trocósenos el reinar en vasallaje"?

3 **Entre dos culturas** En parejas, elijan una de las dos situaciones. Imaginen que uno/a de ustedes es el Inca Garcilaso cuando tenía veintiún años y partió rumbo a (*headed for*) España para estudiar y la otra persona es la madre o la tía paterna. Preparen la conversación entre los dos personajes y represéntenla delante de la clase.

- El Inca habla con su madre para explicarle su decisión de ir a España y su lealtad a la Corte, religión y cultura españolas. Al principio, la madre no está muy segura de la decisión de su hijo y le hace muchas preguntas.
- El Inca habla con una tía paterna en España y le explica su deseo de llamarse "Inca" y su orgullo por la cultura de su madre. La tía no sabe nada sobre los incas y tiene muchas preguntas.

4 **Multiculturalismo** El Inca Garcilaso de la Vega vivió inmerso en dos culturas. Hoy, más que nunca, ésa es la realidad de muchas personas.

A. Prepara una lista con tus opiniones sobre las ventajas y desventajas del multiculturalismo.

B. En parejas, debatan sus opiniones. Después del debate, resuman los puntos que tienen en común y compártanlos con la clase.

MODELO

ESTUDIANTE 1 El multiculturalismo es bueno pero también puede tener efectos negativos. Si se mezclan demasiado las culturas, terminan desapareciendo.

ESTUDIANTE 2 No estoy totalmente de acuerdo. Cuando las culturas se mezclan, la cultura en general se enriquece.

C. Utiliza las ideas surgidas en el debate para escribir un breve ensayo describiendo tu experiencia personal con el multiculturalismo, ya sea que se trate de una experiencia que te afecta personalmente o una experiencia de la que eres testigo en tu comunidad.

Opiniones

1 Conversación En parejas, contesten las preguntas.

1. ¿Qué período histórico les interesa más? ¿Por qué?
2. ¿Crees que los libros de historia son objetivos? ¿Es importante leer materiales de varias fuentes al estudiar hechos históricos? ¿Por qué?
3. En 1992 se cumplieron 500 años de la llegada de los españoles al continente americano. ¿Crees que el "quinto centenario" es motivo de celebración o de duelo (*mourning*)? ¿Por qué?
4. ¿Cómo sería hoy el continente americano si no lo hubieran colonizado los europeos?
5. ¿Cuáles son los cinco principales hechos históricos del siglo XX? ¿Por qué? ¿Hay más de una interpretación de alguno de estos hechos?

Plaza Colón, Barcelona

Manifestantes derriban estatua de Colón en Caracas

2 Por escrito Elige una de estas opciones y escribe una composición de una página.

- "A la república solo ha de salvarla pensar en grande, sacudirse de lo pequeño y proyectar hacia lo porvenir." (José Ortega y Gasset).

  ¿Crees que la reflexión histórica es válida en sí misma o sólo cuando se usa para proyectar hacia el futuro? ¿A qué refiere Ortega y Gasset con "sacudirse de lo pequeño"?

- "Es la historia madre de la verdad, émula (*imitator*) del tiempo, depósito de las acciones, testigo de lo pasado, ejemplo y aviso de lo presente, advertencia de lo porvenir." (Cervantes)

  ¿Crees que la historia que se enseña en los libros cumple siempre con esta lista de características?

- "La historia es una forma más de ficción." (Jorge Luis Borges)

  ¿Estás de acuerdo en que la historia es ficción?

UN PEDAZO DE TIERRA
PRIMER PREMIO: Academy of Television Arts & Sciences College Television Awards
MEJOR CORTO: Festival Internacional de Cortometrajes de Bilbao
PREMIO AL MEJOR CORTOMETRAJE: San Francisco Latino Film Fest
Una producción de KOO KOO PRODUCTIONS Guión y Dirección JORGE GAGGERO Fotografía HILDA MERCADO
Montaje JOSE PULIDO Música XAVIER ASALI/MARCELO BERESTOVOY
Actores RUBÉN MORENO/ROBERTO ENTIQUE/ERICK CARRILLO/ART BONILLA

Antes de ver el corto

UN PEDAZO DE TIERRA

país México/Argentina
duración 24 min.
director Jorge Gaggero

protagonistas don Aurelio (tatarabuelo), Irene (madre), Ramiro y Agustín (hijos), Pedro

Vocabulario

el cura *priest*
engañar *to betray*
enterrar (e:ie) *to bury*
jurar *to promise*
el rancho *ranch*
reconocer *to recognize*
sepultar *to bury*
el/la tatarabuelo/a *great-great-grandfather/great-great-grandmother*

1 **Mis antepasados** Completa el párrafo.

Mi (1) __________ está enterrado cerca del (2) __________ donde nació. Antes de morir, le hizo (3) __________ a mi (4) __________ que lo iban a (5) __________ allí. Tuvieron dos hijos en esa vieja casa de campo. El mayor fue mi bisabuelo. El menor decidió ser (6) __________.

2 **Preguntas** En parejas, contesten las preguntas.

1. ¿Dónde pasaron la infancia y la juventud tus abuelos y tus padres? ¿Cómo fue su infancia y juventud?
2. ¿Recuerdas algún lugar de tu infancia (por ejemplo, una casa o un parque) que haya cambiado o ya no exista? ¿Cómo te sentiste al darte cuenta de que este lugar había cambiado?
3. ¿Escribirías un testamento (*will*)? ¿Qué instrucciones dejarías en tu testamento?
4. ¿Alguna vez ayudaste a alguien a cumplir un deseo? ¿Qué hiciste?

3 **Otros países** En parejas, imaginen que tienen que ir a vivir a otro país. Hagan una lista de tres países en los que creen que les gustaría vivir. Expliquen por qué han elegido esos países y digan qué aspectos positivos y negativos tiene vivir allí. Compartan su lista con la clase.

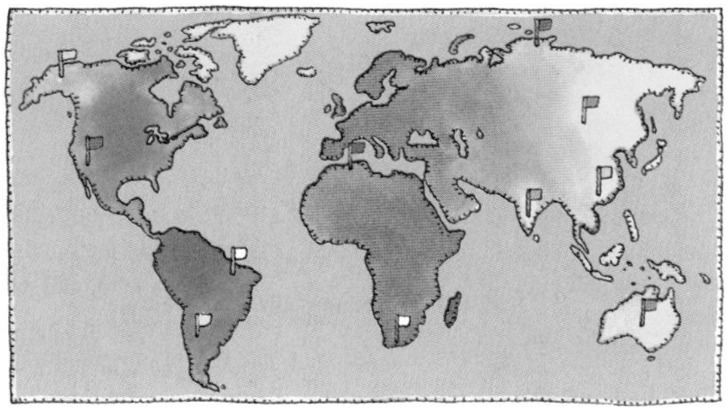

SUPERSITE Watch the short film at **ventanas.vhlcentral.com.**

Escenas

ARGUMENTO Don Aurelio, muy enfermo, le pide a su familia que lo entierren en el mismo lugar donde está enterrada su esposa.

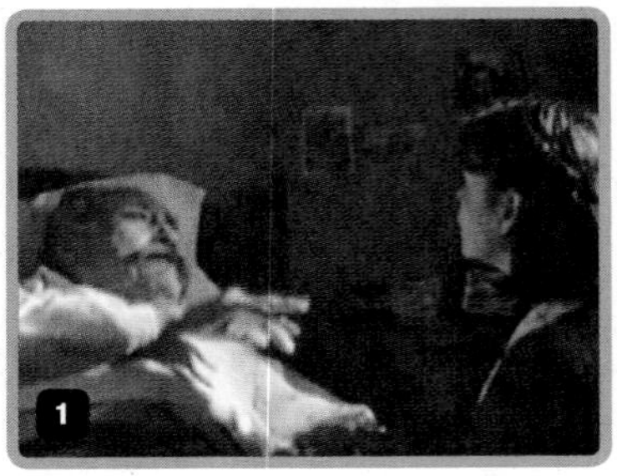

DON AURELIO Palos Verdes...
IRENE Sí.
DON AURELIO ...quiero que me entierren en Palos Verdes.
IRENE Se lo juramos. Tranquilo, tranquilo, abuelo. Ya viene el cura.

RAMIRO Oye, ¿tú crees que llegue? Son como 400 kilómetros.
AGUSTÍN Sí, le cambié las bujías°, los cables, tapa del distribuidor. Sí, quedó como nuevo.
RAMIRO ¿Y el abuelo?
AGUSTÍN Sólo Dios sabe.

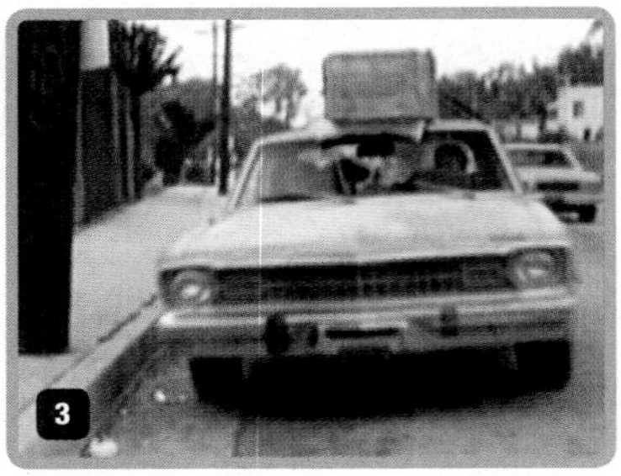

DON AURELIO Esto no es Palos Verdes, no. Ustedes me quieren engañar.
RAMIRO Sí, es Palos Verdes, abuelo.
DON AURELIO No hay ranchos. Aquí no hay ranchos.

DON AURELIO Aquí mismo me casé con tu tatarabuela. Fue una linda ceremonia. Merceditas bajó del carro con su largo vestido blanco. Dos meses tardaron con las puntillas° y esas bobadas°.

PEDRO No reconozco ningún lugar.
AGUSTÍN ¿No?
PEDRO No, nada. A ver, a ver, a ver, espérenme tantito... ¡este lugar yo lo conozco! Digo, conozco el árbol. Sí, es de los más viejos de acá.
RAMIRO Ahí nació el abuelo y está sepultada la abuela Mercedes.

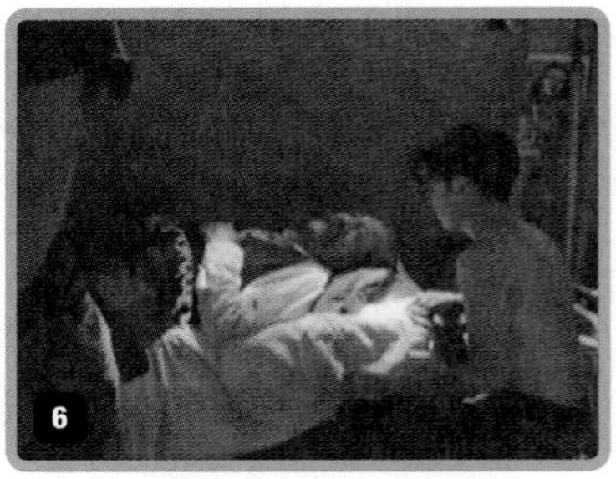

(Ramiro se acerca por el pasillo° al cuarto que está con la puerta abierta. Puede ver a su hermano de espaldas°. Al entrar, encuentra al abuelo recostado° con los ojos entreabiertos° y una sonrisa.)
AGUSTÍN Está muerto.

bujías *spark plugs* **puntillas** *lace trim* **bobadas** *silly things* **pasillo** *hallway* **de espaldas** *from behind* **recostado** *lying down* **entreabiertos** *half-open*

SUPERSITE

Después de ver el corto

1 Comprensión Contesta las preguntas con oraciones completas.

1. ¿Por qué está en la cama don Aurelio?
2. ¿Adónde van en el carro? ¿Por qué?
3. ¿Dónde está enterrada Merceditas, la esposa de don Aurelio?
4. ¿En qué trabaja Pedro?
5. ¿Qué le ocurre al abuelo mientras duerme?
6. ¿Dónde lo entierran?

2 Interpretar Contesta las preguntas y explica tus respuestas.

1. ¿Cuál es la actitud de Irene hacia don Aurelio al comienzo del corto? ¿Crees que la actitud inicial de los jóvenes está influenciada por Irene?
2. ¿Cambia la actitud de los jóvenes hacia su tatarabuelo?
3. ¿Por qué crees que Ramiro se quiere quedar en Palos Verdes?
4. En tu opinión, ¿por qué se titula el corto *Un pedazo de tierra*?

3 El pasado y el futuro En parejas, hablen de las citas. Expliquen la importancia que tienen dentro de la historia. ¿Cuál es la actitud de cada uno de los personajes hacia el pasado? ¿Y hacia el futuro?

"Ándele, don Aurelio, déjese ir… déjese ir…" *Irene*

"Si se nos va antes, pues lo dejamos acá y con la platita que nos dieron pues disfrutamos de las playas de California." *Ramiro*

"Mire, don Aurelio, Palos Verdes cambió. Ya no es territorio mexicano y su rancho ya no existe. Mírese usted en las fotos, no es igual. Ya nada es igual." *Agustín*

" ¡Quién hubiera dicho que le arreglaría la tumba en cada cambio de estación! " *Agustín*

4 Postal Imagina que eres Ramiro. Tu hermano regresó a México y tú te quedaste en Palos Verdes. Escribe un mensaje de correo electrónico a un amigo contándole cómo es tu experiencia en Palos Verdes. Cuéntale qué cosas te gustan de vivir en los Estados Unidos, qué cosas extrañas de la vida en México, cómo va tu trabajo y qué vínculos (*connections*) estás formando con nuevas personas. Explica cómo te sientes con respecto a tu decisión de no volver a México con tu hermano.

Desembarco de los españoles en Veracruz, 1951.
Diego Rivera, México.

"Historia es, desde luego, exactamente lo que se escribió, pero ignoramos si es exactamente lo que sucedió."

— Enrique Jardiel Poncela

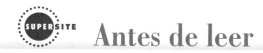

SUPERSITE

Antes de leer

Hernán Cortés

Sobre el autor

Carlos Fuentes, una de las voces más influyentes de la literatura latinoamericana, nació en México en 1928. Parte de la llamada generación del "boom", junto con otros magníficos novelistas como Gabriel García Márquez, Julio Cortázar y Mario Vargas Llosa, Fuentes ha escrito cuentos, novelas, ensayos y obras de teatro. La novela *La muerte de Artemio Cruz* (1963) explora la complejidad de la sociedad mexicana y las traiciones del poder. Su cuento largo *Aura* (1962) ha tenido una gran difusión y representa una contribución al realismo mágico. Además de escritor, Fuentes ha sido diplomático y profesor universitario y ha recibido numerosos premios literarios.

Vocabulario

el azar *fate*	**el criollo** *Latin American born of European parents*	**el dominio** *control*	**la huella** *sign*
la corona *crown*	**derrotar** *to defeat*	**la gesta** *saga of heroic feats*	**traicionar** *to betray*
		el homenaje *tribute*	**el virrey** *viceroy*

Vocabulario Completa las oraciones.

1. Durante la conquista española, las colonias eran gobernadas por los ________.
2. El monumento se construyó en ________ a los soldados que murieron en la guerra.
3. En las guerras de independencia los ________ se liberaron de la ________ española.
4. ¿Crees que la muerte de Romeo y Julieta es un producto del ________ o el resultado de sus acciones?

Conexión personal

En una familia puede haber diferencias étnicas, religiosas, de nivel económico o educación. Describe la composición de tu familia. ¿Son las diferencias una fuente (*source*) de conflicto? ¿De riqueza cultural? ¿De diversión?

Análisis literario: El ensayo

El ensayo puede ser un género literario engañoso (*deceptive*). Al tener una finalidad práctica —la de presentar al lector el punto de vista subjetivo del autor— el ensayo suele ocultar sus estrategias literarias. Muchas veces se escribe en un lenguaje claro y transparente para presentar ideas de forma lógica y convincente. Sin embargo, son precisamente las decisiones narrativas, sean conceptuales o estilísticas, las que consiguen convencer al lector. El lenguaje, la repetición de palabras particulares, los paralelismos estructurales, la organización, las comparaciones y contrastes son sólo algunos ejemplos. Cuando leas el ensayo sobre Hernán Cortés, piensa en las decisiones estilísticas del autor: por ejemplo, ¿qué repeticiones o paralelos utiliza? ¿En qué contradicciones se concentra el autor y con qué finalidad?

HERNÁN CORTÉS

Carlos Fuentes

Los mexicanos no hemos escatimado° homenajes a nuestra cultura colonial. Los misioneros Gantes, Motolinia y Bartolomé de las Casas, los escritores Bernardo de Balbuena y Sor Juana Inés de la Cruz, incluso los virreyes de la Nueva España, que cuentan con barrio propio° y toda la cosa en las Lomas de Chapultepec°, certifican que México es consciente del proceso histórico y cultural que, entre 1519 y 1810, forjó eso que podemos llamar «la nacionalidad» mexicana.

El gran ausente° de estas nomenclaturas es el conquistador Hernán Cortés. Un palacio en Cuernavaca, un busto y una calle secretos, marcan un paso que se diría invisible si no estuviese° estigmatizado por las huellas de la sangre, el crimen y la destrucción. Hernán Cortés, en México, ha sido tradicionalmente olvidado o execrado° aunque a veces, también, elogiado. La tradición liberal abjura° de él, la conservadora lo exalta, pero el justo medio historiográfico es obra de un eminente escritor contemporáneo, José Luis Martínez, quien en 1990 publicó la más equilibrada biografía del conquistador.

A pesar de todo ello, Hernán Cortés sigue siendo un personaje vivo; la censura no logra matarlo y, acaso, el odio lo vivifica. Cortés es parte de nuestro trauma nacional. Lo execramos porque venció a los indios, destruyó una cultura y demostró, sobradamente°, la violenta crueldad de su carácter. Pero, en el fondo, nos identificamos —criollos y mestizos— con la sociedad indohispana fundada por el extremeño°. Voy más allá; los mexicanos modernos veneramos a los indios en los museos, donde no nos pueden hacer daño. Pero al indio de carne y hueso lo despreciamos con crueldad más severa, por engañosa°, que la batalla abierta librada por Cortés contra el imperio de Moctezuma Xocoyotzin.

Sin embargo, nos cuesta mucho, así sea a regañadientes°, no admirar la épica encarnada por un hombre que, al frente de once navíos°, quinientos soldados, dieciséis caballos y varias piezas de artillería, logró someter un imperio indígena que se extendía del centro de México a la América Central. La quema de las naves, la decisión de marchar hasta Tenochtitlán, la inteligencia política para advertir° las fisuras° del imperio azteca y sumar descontentos en contra del autócrata Moctezuma, todo ello identifica a Hernán Cortés con su tiempo, el renacimiento europeo, y su psicología, la del Príncipe maquiavélico. Realmente, la gesta mexicana de Cortés puede leerse como si el extremeño hubiese° leído al florentino°. Claro que El Príncipe no es publicado hasta 1531, después de consumada la conquista de México. Pero que la figura del político maquiavélico ya estaba presente en el aire del tiempo, lo prueba, como nadie, Hernán Cortés.

escatimado: skimped on
barrio propio: have a neighborhood named after them
Lomas de Chapultepec: privileged area of Mexico City
ausente: omission
estuviese: were it not
execrado: cursed
abjura: renounces
sobradamente: only too well
extremeño: person from the Spanish province of Extremadura
engañosa: deceptive
regañadientes: reluctantly
navíos: ships
advertir/fisuras: detect/splits
hubiese: had he
florentino: individual from Florence

Virtud, Fortuna y Necesidad; los tres términos capitales de la política maquiavélica encarnan soberanamente° en Cortés. La fortuna de Cortés es que su desembarco en Veracruz coincide con la profecía del regreso del dios blanco, barbado° y bienhechor°, Quetzalcóatl. El asombro° y el temor° paralizan, por principio de cuentas, al adversario indígena. La necesidad, dice Maquiavelo, puede limitar la capacidad política, pero también acicatearla°. En el caso de Cortés, la necesidad de vencer a Moctezuma lo estimula como a un jugador de ajedrez°. El extremeño supera constantemente los azares de la fortuna haciendo —literalmente— de tripas corazón°. Si no persuade, traiciona. Si no traiciona, combate. Si no combate, asesina. Las matanzas° de Cholula son la más negra página de la biografía de Cortés. La virtud, en fin, lo mueve a asumir la paradoja de amar lo que ha combatido, de destruir una civilización pero de fundar una nueva. La necesaria alianza con la traductora indígena, doña Marina, la Malinche, se traduce, a su vez, en el símbolo del mestizaje, base de la comunidad mexicana y augurio°, hoy mismo, de lo que será el siglo XXI.

La conquista de México fue una catástrofe. Pero una catástrofe sólo es catastrófica, advierte María Zambrano, si de ella no nace nada que la redima. De la conquista de México nacimos todos nosotros, ya no aztecas, ya no españoles, sino indo hispano americanos, mestizos. Hablamos castellano. Adaptamos, sincréticamente, la religión católica a nuestro universo sagrado. Nos apropiamos, a través de España, de las costumbres helénicas, latinas, musulmanas y hebreas de la cuenca° del Mediterráneo. Somos los que somos porque Hernán Cortés, para bien y para mal, hizo lo que hizo.

Hay un tema final que quisiera tocar. Hernán Cortés era un «hombre nuevo», un producto de la naciente° civilización urbana post feudal de España. Ignoro° si era portador° de ese impulso democratizador que fue brutalmente arrestado en Villalar en 1521. No deja de ser llamativo° que ese mismo año 1521, Cortés conquista la capital del imperio azteca y Carlos V derrota a las comunidades de Castilla. ¿Perdieron las burguesías postmedievales españolas en Villalar y ganaron en México? Si así fue, si el hijo del molinero° de Medellín y pasajero alumno de Salamanca venció con su genio político y militar al imperio del Gran Tlatoani Moctezuma, no cabe duda de que, también, Cortés fue derrotado por la corona española. Cualquier veleidad° democrática o independentista en estos hombres de Andalucía y Extremadura que le dieron al Habsburgo° el dominio del mundo sin necesidad de que se desplazara° de Flandes y de Castilla fue rápidamente aplastada° por el poder real. Cortés mismo no puede consolidar poder alguno en México. Los emisarios del rey lo acusan, lo humillan, lo desplazan y lo condenan a un melancólico ocaso°.

Pero los dos hijos de Cortés, los dos Martines, el Martín criollo hijo de Juana de Zúñiga y el Martín mestizo hijo de la Malinche, serán los protagonistas, en 1566, de la primera intentona° independentista de México. Es como si los hijos hubiesen querido° cumplir el imposible destino del padre, Hernán Cortés, el Príncipe que no fue, el buen burgués condenado a esperar su hora histórica. Pero si ésta tardó en llegarle a Hernán Cortés y los «hombres nuevos» de España, momento épico sí les perteneció; la virtud, la necesidad y la fortuna sí les sonrieron y si al cabo° las tres les dieron la espalda, ¿quién, como escribió Bernal Díaz del Castillo, podría quitarles la memoria de aquellas jornadas° de gloria? ■

supremely · *bearded/ benefactor* · *astonishment* · *fear* · *stimulate it* · *chess* · *plucking up courage* · *slaughters* · *omen* · *basin*

incipient · *I know not* · *proponent* · *striking* · *miller* · *whim* · *Spanish king Carlos V* · *that he leave* · *crushed* · *decline* · *attempt* · *had wanted* · *in the end* · *days; times*

SUPERSITE

Después de leer

Hernán Cortés

Carlos Fuentes

1 Comprensión Indica si las oraciones son **ciertas** o **falsas**. Corrige las falsas.

1. Según Fuentes, el proceso histórico y cultural que forjó la nacionalidad mexicana empezó en el siglo XIX.
2. Hay muchos monumentos en homenaje a Cortés en México.
3. Cortés ha sido tradicionalmente olvidado o execrado, aunque a veces elogiado.
4. Los mestizos y criollos se identifican exclusivamente con los indígenas de México.
5. Cortés observó la falta de unión del imperio azteca.
6. Los emisarios de Carlos V celebraron a Cortés después de la conquista.

2 Interpretación Contesta las preguntas con oraciones completas.

1. ¿Qué quiere decir Fuentes cuando escribe que Cortés es parte del "trauma nacional" de México?
2. Según Fuentes, ¿por qué es condenado Cortés?
3. Por otra parte, ¿por qué es admirado, aunque sea a regañadientes (*reluctantly*)?
4. Describe el papel de la "Fortuna" en las hazañas (*deeds*) de Cortés.

3 Análisis En parejas, contesten las preguntas.

1. ¿En qué sentido dio origen Hernán Cortés a la nación mexicana?
2. ¿Qué sentimientos contradictorios señala Fuentes con respecto a los indígenas?
3. Según la lógica del ensayo, ¿qué redime la conquista de México?
4. ¿El ensayo hizo que cambiaran su opinión sobre Cortés? ¿De qué manera?

4 La Malinche En parejas, lean este párrafo sobre La Malinche y la referencia a ella que aparece en el ensayo. Luego contesten las preguntas.

Doña Marina El papel de la indígena doña Marina (1496–1529) —también conocida como la Malinche— en la conquista de México es muy polémico. Fue la intérprete de Cortés y también su amante, la figura intermediaria que hizo posible la comunicación de los españoles con los indígenas. Algunos consideran su acto de traducción como una traición a sus raíces; otros ven en ella a una mujer capaz e inteligente que consiguió sobrevivir en situaciones muy difíciles. Al tener un hijo con Cortés, se convirtió para otros en la madre simbólica del pueblo mestizo de México.

1. ¿Qué importancia tiene la figura de la Malinche en la cultura mexicana?
2. Teniendo en cuenta el punto de vista de Fuentes sobre Cortés, ¿creen que Fuentes la considera una traidora? ¿Por qué?

5 Otra perspectiva Elige una figura polémica de la historia o de la cultura popular y escribe un ensayo de una página. Explica la impresión pública de este individuo, en particular los factores que influyen en la percepción negativa. Toma una postura y trata de convencer al lector.

Antes de leer

Mis recuerdos de Tibacuí

Sobre la autora

Josefa Acevedo de Gómez fue la primera mujer escritora de Colombia después de la época colonial. Además, fue la primera escritora laica (*lay*), ya que durante la colonia las únicas escritoras colombianas eran religiosas. Nació en Bogotá el 23 de enero de 1803 y murió en Pasca el 19 de enero de 1861. Provenía de una familia de fortuna y con una importante participación en la vida política y militar de la flamante (*brand-new*) república. Recibió una educación que no era común para las mujeres de su época, tuvo dos hijos y se ganó un lugar en las letras de su país como poetisa y escritora moralista y costumbrista. Sus obras incluyen ensayos sobre temas como los deberes de los casados y la economía doméstica, que permiten conocer los usos y costumbres de la época. También escribió numerosos cuentos, poesías y biografías.

Vocabulario

la aldea *village*	**el/la mayor** *elder*
el cementerio *cemetery*	**la parroquia** *parish*
la choza *hut*	**la procesión** *procession*
esclavizar *to enslave*	**la raza** *race*

Palabras relacionadas Elige la palabra que no corresponda al grupo.

1. cura – parroquia – choza
2. raza – procesiones – descendientes
3. choza – casa – monarca
4. esclavizar – liberar – independencia
5. aldeas – pueblos – mayores

Conexión personal

¿Conoces alguna aldea o pueblo en el campo? ¿Qué diferencias notas con respecto a una gran ciudad o capital? ¿Cómo es la gente? ¿Te parece que las tradiciones de un país se preservan mejor en el campo que en las grandes ciudades?

Análisis literario: El costumbrismo

El costumbrismo narra las costumbres de una región o país determinado, buscando una expresión nacional. En general se trata de composiciones breves (ensayos o cuentos); el elemento más importante es la descripción detallada, y puede incluir algún tipo de crítica. Presta atención a las descripciones de usos, costumbres, modos de vida y personajes típicos en el relato que vas a leer.

Mis *recuerdos* de Tibacuí

Josefa Acevedo de Gómez

A mediados° del año de 1836 me hallaba yo en las inmediaciones° de la parroquia de Tibacuí, en el cantón de Fusagasugá, y recibí una atenta y expresiva invitación del cura, el alcalde y los principales vecinos, para que concurriese° a la fiesta de Corpus°, que se celebraba el domingo inmediato. Jamás he gustado de fiestas ni de reuniones bulliciosas°, por lo cual pensé excusarme; mas° al recordar la pequeñez de aquella parroquia y la pobreza del vecindario, comprendí que no sería aquella fiesta de la clase de la que siempre he evitado, porque producen disipación en el espíritu y dejan vacío° en el corazón. Fui, pues, a Tibacuí y llegué a las siete de la mañana.

mediados halfway through
inmediaciones vicinity
concurriese attend
Corpus feast to commemorate the institution of the Holy Eucharist
bulliciosas boisterous
mas but
vacío emptiness

Compónese° aquella población de una o dos docenas de casas pajizas°, sumamente° estrechas y pobres, esparcidas° aquí y acullá° por la pendiente que forma la falda° prolongada de una alta y espesa montaña. Hay en el lugar más llano una pequeña iglesia de teja°, pobre y aseada°, a cuya izquierda se ve la casa del cura, también de paja, como las demás del pueblo, pero menos pequeña que las otras habitaciones. Entre éstas hay algunas que no pudieron cubrirse con paja a causa de la pobreza de sus dueños, y sólo les sirven de techado° algunas anchas° y verdes hojas de fique°. La plaza no es sino la continuación de una colina° cubierta de verde yerba°, cuyo cuadro lo forman cuatro ermitas° de tierra y en sus costados° solamente se ven la cárcel° y cinco o seis chozas miserables. A la derecha de la iglesia, paralela a un costado de la plaza, hay una hondonada° verde y llena de árboles silvestres°, por la cual corre en invierno un hermoso torrente°, pero que en verano está seca y cubierta de mullida grama°. Esta hondonada se prolonga como trescientas varas° hasta el pie de la Plaza, y los naturales° la llaman la calle de la Amargura por ser aquél el camino por donde suelen llevar las procesiones de semana santa. Estas pocas chozas, sombreadas° por verdes platanares°, elevados aguacates° y aromáticos chirimoyos°, y rodeadas por algunas gallinas, patos, perros, cerdos y otros animales domésticos, presentan un aspecto pintoresco e interesante para quien no busca allí el lujo y las comodidades de la vida. El vecindario se compone de dos razas perfectamente marcadas: algunos blancos, en quienes se descubre desde luego el origen europeo; el resto, indios puros, descendientes de los antiguos poseedores de la América. Todos son labradores°; todos pobres, y, casi puedo decir, todos honrados y sencillos, hospitalarios y amables. Allí no ha penetrado todavía la civilización del siglo XIX.

Cuando yo llegué, me rodeó la mayor parte del vecindario. Unos querían que fuese a alojarme a su casita, otros que admitiese su almuerzo, otros que les permitiese cuidar de mi caballo. Procuré manifestar mi agradecimiento a todos, y fui a desmontarme en la casa del cura, digno pastor de aquella inocente grey°. Luego que conversamos un rato, salí a tomar chocolate en casa del alcalde y a dar un paseo por la plaza. Jamás olvidaré ni la obsequiosa° bondad° con que se me dio un decente y abundante desayuno, ni la grata° impresión que recibí al dar aquel paseo matutino°.

Con palmas y árboles floridos cortados en la montaña vecina se había formado una doble calle de verdura por los cuatro lados de la plaza. Esta calle estaba cortada en varios puntos por vistosos arcos, cubiertos de flores y de todas las frutas que brinda° la sierra caliente en aquella estación: era el mes de junio. Aquí se veía un hermoso racimo° de mararayes°; allí dos o tres de amarillos y sazonados plátanos; más allá un grupo de aromáticas chirimoyas°; después una multitud de lustrosos aguacates, de una magnitud poco común; acá un extraño tejido de guamas° de diversas especies y figuras; en otra parte, yucas° extraordinarias y gran variedad de raíces, legumbres y hortalizas°.

Se compone
made of straw/extremely
scattered
here and there/slope
roof tile/neat
roofing/wide
agave leaves
hill/grass
hermitages
sides/jail
dale; glen
wild
stream
soft grass
yards/natives
shaded/banana groves
avocados/cherimoya (tree)
peasants
flock
attentive; obliging/kindness
pleasant
morning
offers
bunch/fruit of the ruffle palm
cherimoya (fruit)
tropical tree
yucca; manioc
vegetables

Figura humana hecha con fruta en el Festival de las frutas y las flores durante Corpus Christi en Anolaima, Colombia.

Otros arcos ostentaban° los productos de la caza: conejos, comadrejas, zorros, ulamáes, armadillos y otros animales silvestres. Más allá se veían pendientes, doradas roscas° de pan de maíz°, sartas° de huevos de diversos colores, cogidos por aquellos montes, y muchos pajarillos vivos y muertos, cuya vistosa variedad atraía y encantaba la vista. Sería difícil decir detalladamente la multitud de objetos naturales que se habían reunido para adornar aquellos arcos de triunfo erigidos° en obsequio del Santísimo Sacramento. Una inmensa profusión de animales, frutas y flores, formaba la ofrenda campestre que ofrecía aquel puñado° de cristianos sencillos al Dios cuya misericordia° se celebra en esta solemne, misteriosa y sagrada fiesta. ¡Cuánto más bellos y dignos del Criador son estos rústicos y hermosos adornos, que aquellas inmensas fuentes de plata, aquella multitud de espejos, cintas, flecos° y retazos de seda° y gasa° que se ostentan en esta fiesta, en la capital de la República! Yo gozaba con delicia de este espectáculo, y las risas, cantos y alegría de este pueblo inocente, alejaban de mí las tristes impresiones que casi siempre dejan en mi alma las reuniones en numerosas concurrencias°. Mezcléme° con los hijos de Tibacuí, y tuve el placer de ayudarles a componer sus ermitas, altares y arcos, procurando que los menos pobres no dañasen con adornos heterogéneos el gusto sencillo y campestre que allí reinaba.

Las campanas repicaban° sin cesar, y todo el mundo se manifestaba alegre, activo y oficioso°. De repente oí el ruido de un tamboril° y un pito°. Entonces vino a bailar delante de mí la danza del pueblo. Componíase ésta de doce jóvenes indígenas de 15 a 18 años, sin más vestido que unas enaguas° cortas y unos gorros hechos de pintadas y vistosas plumas°. Llevaban también plumas en las muñecas y las gargantas de los pies°, y un carcaj° lleno de flechas° sobre la espalda. El resto de sus cuerpos desnudos estaba caprichosamente pintado de varios colores. Presidía a estos muchachos un anciano de más de setenta años, vestido como lo están siempre aquellos infelices indios, es decir, sin camisa, con unos calzoncillos cortos de lienzo° del país muy ordinario, y una ruanita° de lana que les cubre un poco más abajo de la cintura. Este viejo estaba sin sombrero, y llevaba colgado del cuello el tamboril, al cual daba golpes acompasados° con la mano izquierda,

exhibited
ring-shaped biscuit or bread
corn bread/ strings
erected
handful
mercy
fringe/silk/gauze
with lots of participants
Me mezclé
bells pealed
diligent
small drum/ whistle
petticoats
feathers
tops of the feet
quiver/arrows
canvas
poncho
regular; rhythmic

mientras con la derecha sostenía y tocaba el pito. Con esta extraña música bailaban los jóvenes una danza graciosa, llena de figuras y variaciones, arrojando° y recogiendo° sus flechas con asombrosa agilidad. Yo los miré un rato con ternura° y complacencia, les di algunas monedas y me retiré.

throwing/ gathering up
tenderness

CONTEXTO CULTURAL

Mis recuerdos de Tibacuí fue publicado en 1861 en el libro titulado *Cuadros de la vida privada de algunos granadinos*. En el texto original se pueden apreciar algunas particularidades ortográficas. Por ejemplo, la autora no usa nunca la letra **y** cuando suena como la vocal **i** (por ejemplo, escribe "hai" en lugar de "hay"). También omite algunos acentos pero les pone acento a palabras de una sola sílaba que normalmente no lo llevan (por ejemplo, escribe "fuí" en lugar de "fui"). Estas particularidades no son errores sino que nos muestran el español americano en las épocas posteriores a la colonia, que no era uniforme en su ortografía y su vocabulario.
El texto original comienza así: "A mediados del año de 1836 me hallaba yo en las inmediaciones de la parroquia de Tibacuí, en el cantón de Fusagasugá, i recibí una atenta i expresiva invitacion del cura, el alcalde i los principales vecinos, para que concurriese a la fiesta de Corpus, que se celebraba el domingo inmediato".

Salió bien pronto la procesión. El pueblo se prosternó° respetuosamente, y ya no se oía sino el canto sagrado, el alegre tañido° de las campanas y el tamboril y el pito de la danza que iba bailando delante del Santo Sacramento. Entonces empezó a arder° un castillo de pólvora°, preparado para la primera estación. Dos indios de la danza fingieron° terror, estrecharon sus arcos° contra el pecho y se dejaron caer con los rostros° contra la tierra. Al cesar el ruido de la pólvora, volvieron a levantarse y continuaron ágiles y alegres su incansable danza. Pero cuantas veces se quemaron castillos o ruedas, ellos repitieron aquella expresiva pantomima. Confieso que no pude ya resistir la impresión que me causó aquella escena. Mis lágrimas corrieron al ver la inocente y cándida alegría con que los descendientes de los antiguos dueños del suelo americano renuevan en una pantomima tradicional la imagen de su destrucción, el recuerdo ominoso y amargo° del tiempo en que sus abuelos fueron casi exterminados y vilmente° esclavizados por aquellos hombres terribles que, en su concepto, manejaban el rayo°. En el trascurso de más de tres siglos estos hijos degenerados de una raza valiente y numerosa, ignorantes de su origen, de sus derechos y de su propia miseria, celebran una fiesta cristiana contrahaciendo° momentáneamente los usos de sus mayores, y se ríen representando el terror de sus padres en aquellos días aciagos° en que sus opresores los aniquilaban para formar colonias europeas sobre los despojos° de una grande y poderosa nación.

kneeled or bowed
peal
to burn
gunpowder
feigned
bows
faces
bitter
despicably
lightning
imitating
unfortunate; fateful
remains

II

Miguel Guzmán se llamaba el respetable indio que conducía la danza de Tibacuí el día de la fiesta del Sacramento, que acabo de pintar. Era este anciano de mediana estatura, y tenía el color y las facciones de un indio sin mezcla de sangre europea. Sus pequeños y negros ojos estaban siempre animados de

Vista panorámica de Tibacuy en el año 1998.

una expresión de benevolencia: su amable sonrisa hacía un notable contraste con las hondas y prolongadas arrugas° que surcaban° su frente y sus mejillas: sus cabellos y escasa° barba eran blancos como la nieve; y la edad había destruido la mayor parte de sus dientes, a pesar de que casi todos los indios conservan blanca y sana la dentadura, aunque vivan un siglo.

Después del día de la fiesta, Guzmán y Mariana su esposa venían frecuentemente a mi casa. Yo les daba algunos socorros°, les compraba sus chirimoyas, y con más frecuencia admitía el obsequio° que de ellas me hacían. Jamás tuve ocupación bastante grave que me impidiese recibir a aquellos honrados ancianos. Me contaban sus miserias y sus prosperidades; me referían las tradiciones de la aldea, los acontecimientos notables que habían presenciado° en su larga vida; solicitaban mi aprobación o mis consejos sobre los pequeños negocios de sus parientes y amigos, y jamás salían de casa sin haber comido y sin llevar pan para dos nietos que los acompañaban. Ya hacía más de catorce meses que yo veía semanalmente aquella virtuosa pareja, y jamás la oí quejarse de su suerte, pedirme cosa alguna, ni murmurar de su prójimo°.

Una mañana vino Mariana a decirme que Miguel estaba enfermo, y que ella pensaba sería de debilidad, porque hacía muchos días que no comía carne. Hice que le dieran unas dos gallinas y algunos otros víveres°, y le encargué que si la enfermedad de su esposo se prolongaba viniese a avisarme. El día 16 de octubre de 37 llegó un indio llamado Chavista, y me dijo: «Esta madrugada murió Miguel Guzmán, y su viuda me encargó que viniera a decírselo a su merced.» No pude rehusar° algunas lágrimas a la memoria del anciano; envié un socorro a la viuda, y le mandé a decir que cuando pudiera viniese a verme.

A los cinco días estuvo en casa Mariana. Esta mujer distaba mucho de° tener la fisonomía° franca, risueña° y expresiva de Guzmán. Su cara era larga, sus ojos empañados° y hundidos, su tez° negra y acartonada°. Era también muy vieja; pero su cabello no estaba enteramente cano°. En fin, ella no inspiraba simpatías en su favor, a pesar de sus modales bondadosos y del cariño que su esposo la tenía. Yo la hice sentar y le dije:

—Ya supongo, Mariana, que usted habrá estado muy triste.

—Sí, su merced, pero mi Dios lo ha dispuesto así.

—Ésa es la vida, dije, debemos conformarnos°.

—Sí, yo estoy conforme y vengo a darle a su merced las gracias por todo el bien que nos ha hecho.

wrinkles/creased · *scant* · *help; aid* · *gift* · *seen* · *fellow man* · *supplies; provisions* · *refuse* · *was far from* · *face/smiling* · *cloudy/complexion* · *wizened* · *gray* · *be content*

Al decir esto su voz era firme, su aspecto perfectamente impasible, y ninguna marca de dolor se pintaba en aquella cara negra y arrugada, que me recordaba la idea que en mi infancia me daban de las brujas°. Sin embargo, recordé que era la viuda de Guzmán, que tenía reputación de ser una buena mujer, y le dije:

—Mire usted, Mariana, aquí tengo un cuarto donde usted puede vivir: véngase a casa y no tendrá que pensar más en el pan de cada día; si se enferma, aquí la cuidaremos, y si tiene frío yo le daré con qué abrigarse°.

Guardó ella un instante de silencio y después me dijo:

—¡No, su merced, jamás!

—¿Y por qué no?

Entonces exclamó:

—¡Qué! ¿Yo comería buenos alimentos de que no podría guardarle a él un bocadito°? ¿yo dormiría en cuarto y cama abrigados cuando él está debajo de la tierra? ¡Que Dios me libre de eso! Mire su merced, más de cuarenta y cinco años hemos vivido los dos en ese pobre rancho. Cuando él iba a la ciudad a vender el hilo° que yo hilaba y las chirimoyas, yo lo esperaba junto al fogón° y ya tenía algo que darle. Llegaba, me abrazaba siempre, me entregaba el real o la sal que traía, y juntos nos tomábamos el *calentilto* (aguamiel), la arepa o la yuca asada que le tenía. Si era yo la que iba a lavar al río, él me esperaba junto al fogón, y si no tenía qué darme, siquiera atizaba° la lumbre°, y me decía: esta noche no hay qué cenar, pero tengo bastante leña° y nos calentaremos juntos. ¡No; jamás dejaré ese ranchito! ¡Ya nadie se sienta en él junto al fogón! ¡Ya no estará allí ese ángel! Pero su alma no estará lejos, y se afligiría si yo abandonara nuestra casita.

Al decir esto, Mariana cruzó sus manos sobre el pecho con un dolor convulsivo. Dos torrentes de lágrimas corrieron sobre sus acartonadas mejillas, y por más de media hora escuché su silencioso llanto° y sus sollozos ahogados°. ¡Cuán mal había yo juzgado a Mariana por su fisonomía! ¡Ah! ¡Jamás había yo visto un dolor más elocuente y sublime; jamás había comprendido tanto amor en un discurso tan corto y sencillo! ¡Pobre anciana! Yo lloré con ella y no traté de consolarla. Cuando su llanto se calmó le dije:

—Mariana, mi ofrecimiento subsiste, aunque conozco que usted tiene razón en no aceptarlo por ahora. Pero algún día, cuando usted pueda, recuerde que ésta es su casa y venga aquí a vivir más tranquila.

—No, su merced, me dijo, eso no será jamás, porque yo sé que él no se amañará° sin mí en el cielo.

Diciendo esto dio un profundo suspiro°, y al propio tiempo que sonrió con cierto aire de calma e indiferencia. Apenas le di un corto socorro, temiendo que uno más abundante la hiciese sentir con más amargura° su viudedad. Al despedirse besó dos veces mi mano e hizo tiernas caricias a mi pequeña familia. La insté° que volviese, y no me respondió.

Seis días después, Mariana descansaba en el cementerio de la aldea, al lado del venerable Miguel. ■

witches
to bundle up
bite
thread
stove
poked/fire
firewood
weeping
muffled sobs
will not manage
sigh
bitterness
I urged

Después de leer

Mis recuerdos de Tibacuí

Josefa Acevedo de Gómez

1 **Comprensión** Ordena los acontecimientos del cuento.

_______ a. Miguel Guzmán y su esposa, Mariana, visitan a la narradora.
_______ b. Cambia la opinión de la narradora sobre la esposa de Miguel.
_______ c. Junto con los pobladores, la narradora arma los adornos de la fiesta.
_______ d. La narradora recibe una invitación a la fiesta de Corpus de Tibacuí.
_______ e. La narradora toma chocolate en casa del alcalde.
_______ f. Mariana muere seis días después.
_______ g. Comienza la procesión de Corpus.
_______ h. Miguel se enferma y muere días después.

2 **Análisis** Lee el relato nuevamente y responde a las preguntas.

1. ¿Qué porcentaje del cuento es descripción? ¿Qué te dice esto sobre el estilo de la autora?
2. En la fiesta se destacan los elementos naturales de la zona de Tibacuí: animales, frutos, árboles, etc. ¿Por qué te parece que ocupan un lugar tan destacado?
3. ¿La narradora vive habitualmente en Tibacuí? ¿Cuál es el punto de vista que tiene al mirar y describir a las personas de la aldea?
4. Vuelve a leer las descripciones de Manuel y Mariana. ¿Qué elementos destaca la narradora: los rasgos exteriores (fisonomía, rasgos físicos) o los interiores (personalidad, actitud)? ¿Por qué sucede esto según tu opinión?

3 **Interpretación** En parejas, contesten las preguntas.

1. ¿Cómo es la narradora? ¿Qué piensa de las fiestas en general?
2. ¿Por qué crees que es tan importante la fiesta para la gente de Tibacuí?
3. ¿Cuál te parece que es la razón de las lágrimas de la narradora al ver la fiesta?
4. "Mezcléme con los hijos de Tibacuí", dice la narradora. ¿Te parece que llega realmente a mezclarse con los pobladores de Tibacuí?

4 **Historias para la posteridad** En grupos de tres, elijan un acontecimiento o un objeto contemporáneo y preparen una descripción que sea clara para alguien que escuche la historia dentro de cien años. Compartan sus historias con el resto de la clase.

MODELO ¡Qué emoción el día que me regalaron mi primer iPod! Este artefacto, cuyo nombre se pronunciaba "ai pod", te permitía guardar miles de canciones que antes hubieran requerido muchísimos CD, que son unos disquitos que se usaban para grabar música e información.

5 **Contrastes** En el relato, la narradora, que viene de una ciudad grande, visita Tibacuí, una aldea pequeña. Imagina que vives en Tibacuí o en otro pueblo pequeño. Acabas de visitar una gran ciudad por primera vez. Escribe una carta a una persona de tu pueblo. Describe tu primera impresión de la gran ciudad y saca conclusiones: ¿Dónde se vive mejor? ¿Por qué? ¿Dónde preferirías vivir?

Taller de escritura

Preparación: Claves para un buen ensayo

No existe una fórmula infalible para un buen ensayo: es algo que aprenderás con la práctica y leyendo buenos modelos. Sin embargo, presta especial atención a estos elementos:

- **Concisión** Evita la redundancia tanto en el lenguaje como en las ideas. No repitas lo que ya dijiste. Quita las palabras que no sean necesarias y simplifica lo más posible la estructura de cada oración.
- **Tono** Usa el tono adecuado dependiendo de tu público e intención. No seas excesivamente informal, pero tampoco uses un tono demasiado pretensioso.
- **Lenguaje** Usa palabras definidas y concretas. Al revisar, concéntrate en las palabras principales de cada oración y hazte esta pregunta: ¿Sé lo que significa esta palabra y el tipo de asociaciones que le sugerirá al lector?
- **Fluidez** El argumento debe fluir claramente de principio a fin. Si hay oraciones o párrafos que distraen demasiado, cámbialos de posición o sácalos. Es bueno variar las ideas y sorprender al lector, pero nunca al grado de confundirlo.

Práctica Lee este párrafo. Corrige el tono, el lenguaje, la fluidez y la redundancia.

Me súper fascina el ajedrez. Ha habido muchos grandes jugadores, pero uno de los más grandes es el cubano Capablanca. El vivió de 1888 a 1942. Él aprendió a jugar viendo jugar a su padre a los 4 años, y él se convirtió en campeón de todo el mundo. Yo juego al ajedrez todos los domingos y soy cubano, por eso Capablanca es mi héroe idolatrado.

Ensayo Elige uno de estos temas y escribe un ensayo.

Requisitos

- Tu ensayo debe hacer referencia a por lo menos dos de las cuatro obras estudiadas en esta lección (cultura, cortometraje, dos obras literarias) o, en el caso del último tema, una de las obras puede ser de una lección anterior.
- Tu ensayo debe ser de por lo menos dos páginas.
- Al terminar, revisa que tu ensayo sea conciso, tenga fluidez y que el tono y el lenguaje sean adecuados.

- Estas obras hablan del "mestizaje" o mezcla de civilizaciones. ¿Qué ventajas tiene pertenecer a dos culturas distintas? ¿Qué problemas psicológicos o culturales genera? Da ejemplos específicos de las lecturas y el corto.
- La memoria es la base de la identidad cultural, pero los recuerdos tanto de los individuos como de las culturas suelen ser un poco selectivos. ¿Qué cosas prefieren olvidar o reprimir los personajes en estas obras? ¿Qué cosas recuerdan?
- El escritor irlandés James Joyce dice en una obra: "la historia es una pesadilla de la cual intento despertar". ¿Concuerdan las obras de esta lección con esta cita? ¿Cómo proponen que escapemos, o lleguemos a comprender, el peso de la historia?
- Vas a participar en el programa de televisión *Survivor*, y debes elegir cuatro personajes de las obras de este libro para tu equipo. ¿A quién es elegirías?

Abriendo ventanas

Pasado, presente y futuro

Presentación Trabajen en grupos de cuatro o cinco.

A. **Números y estadísticas** Lean estas estadísticas y contesten las preguntas.

- El 36 % de los extranjeros que residen legalmente en España son latinoamericanos.
- Latinoamérica recibió el 69,5% de las remesas° que salieron de España en 2005.
- Para Bolivia los envíos de remesas desde España representaron en 2005 el 5,6% del PIB (*gross domestic product*) del país.
- Cada 24 horas, los inmigrantes latinos en Estados Unidos envían a sus familias en sus países de origen unos US $69,45 millones.
- Dos tercios de los 25 millones de latinoamericanos que viven en el exterior envían periódicamente dinero a sus familiares en sus países de origen.
- En 2004, las remesas recibidas por América Latina y el Caribe ascendieron a US $45.800 millones.

remesas *money sent by immigrants to their families in their home country*

Fuente: BBC

1. ¿Cuál de estos datos les llama más la atención? ¿Por qué?
2. ¿Las remesas familiares enviadas a América Latina tienen un efecto negativo o positivo en el país desde el cual se envían? ¿Por qué?
3. ¿Los nietos de inmigrantes deben tener derecho a la nacionalidad de sus abuelos? ¿Por qué?

B. **Migraciones** Lean estas opiniones. ¿Están de acuerdo? ¿Por qué?

Muchos países occidentales son países de inmigrantes. Los nuevos inmigrantes están repitiendo la historia de los primeros colonos y las primeras olas de inmigración. ¡Nadie calificó de ilegales a quienes viajaron en el Mayflower!

Muchos grupos indígenas fueron desplazados o masacrados por los colonizadores. Las naciones contemporáneas fundadas por los europeos tienen una deuda pendiente con los pueblos indígenas.

Los latinoamericanos de hoy son quienes son gracias a los europeos y por culpa de los europeos. Lo positivo y lo negativo de la historia son prácticamente inseparables.

C. Van a preparar una presentación sobre uno de estos temas:

- El pasado, el presente y el futuro de un grupo indígena latinoamericano
- La situación actual de un grupo inmigratorio hispano
- La "contrainmigración" latinoamericana (hijos y nietos de inmigrantes que emigran a Europa)
- La situación actual de los grupos indígenas en EE.UU. o Canadá en comparación con América Latina

Elección del tema

Repasen las respuestas de las partes **A** y **B**. De acuerdo con las respuestas y opiniones del grupo, ¿qué tema les interesa más?

Preparación

Hagan una investigación sobre el tema elegido en Internet o en la biblioteca. Busquen fotos y datos estadísticos para acompañar la presentación. También pueden realizar entrevistas para reunir información y opiniones. La presentación debe incluir como mínimo:

- datos históricos
- descripción de la situación actual
- perspectivas futuras
- conclusión con opinión crítica del grupo

También pueden incluir materiales audiovisuales como logotipos, afiches con detalles de la programación, etc.

Estrategia de comunicación

Conectores Éstos son algunos términos y expresiones que pueden usar para expresar relaciones entre ideas.

- **adversativos:** pero, no obstante, sin embargo, a pesar de
- **concesivos:** aunque, si bien, por más que
- **copulativos:** y, ni, además, también, tampoco
- **condicionales:** si, con tal (de) que, siempre que
- **causales:** ya que, porque, pues, debido a
- **consecutivos:** por lo tanto, por eso
- **explicativos:** es decir, esto es, mejor dicho, o sea, por ejemplo
- **comparativos:** tan...como, al igual que, a diferencia de, tanto... como
- **finales:** a fin de (que), con el objeto de, para que

Organización

Organicen la presentación en un esquema que resuma los puntos principales. La presentación deberá durar unos diez minutos. Decidan qué parte(s) presentará cada uno/a. Recuerden que todos los integrantes del grupo deben participar.

Presentación

Usen el esquema como guía para la presentación. Recuerden que deben hablar a la clase y no leer una presentación escrita. Después de la presentación, contesten las preguntas de sus compañeros/as.

Tertulia

La historia

1 5 min. La clase se divide en cinco grupos. Cada uno tiene que pensar y anotar sus ideas sobre uno de estos temas.

¿Creen que el tipo de colonización determina el futuro de las naciones?

¿Se debe usar el pasado para justificar los problemas actuales?

¿Creen que los grupos indígenas deben tener sus propias leyes? ¿Por qué?

¿Qué piensan de las personas que reniegan de su propia cultura, pero se maravillan con las extranjeras?

¿Es importante el estudio de restos arqueológicos? ¿Por qué?

2 10 min. Cada grupo tiene que preparar una breve presentación sobre uno de los temas. En el caso de que no todos opinen lo mismo, pueden mencionar que dentro del grupo hay distintas opiniones.

3 25 min. Los diferentes grupos presentan sus ideas a la clase, mientras todos toman nota.

4 10 min. Cuando todos los grupos han terminado de presentar sus ideas, toda la clase debe participar haciendo preguntas o expresando sus opiniones.

Lista de revisión para ensayos

Para corregir tu propio trabajo, debes tomar distancia de tus ideas y adquirir un buen ojo crítico. Intenta leer tu ensayo como si lo hubiera escrito otra persona. ¿Te convence? ¿Hay cosas que te molestan o te aburren? ¿Qué cambiarías? Esta lista te ayudará a cubrir todos los aspectos del ensayo, desde las características globales hasta los pequeños detalles.

Primer paso: una visión panorámica

Tema

¿Responde el ensayo a la pregunta o el tema asignado?

Tesis

¿Has comunicado claramente tu tesis?

- La tesis no es lo mismo que el tema: es un argumento específico que determina la estructura del ensayo.
- La tesis debe aparecer en el primer párrafo, no debe perderse de vista en ningún momento del ensayo y debe resumirse, pero no simplemente repetirse, en la conclusión.

Lógica y estructura

Lee el ensayo de principio a fin, concentrándote en la organización de las ideas.

- ¿Se relaciona cada idea con la siguiente? Elimina cualquier brecha lógica.
- ¿Hay secciones irrelevantes o que debas cambiar de posición?
- ¿Has respaldado tu tesis con suficientes argumentos o faltan ejemplos?

Audiencia

El ensayo debe adecuarse al tipo de lector.

- Si el lector no está informado sobre el tema, asegúrate de incluir suficiente **contexto** para que pueda seguir tu razonamiento. Explica los términos que puedan confundirlo.
- Adapta el **tono** y el **vocabulario** a la audiencia. Siempre ten en mente un lector inteligente y escéptico que no aceptará tus ideas a menos que lo convenzas. El tono nunca debe ser demasiado coloquial, pretensioso o frívolo.

Intención

Si quieres informar o explicar un tema, debes ser preciso y meticuloso. Un ensayo argumentativo debe caracterizarse por la objetividad; evita las opiniones personales subjetivas. Si buscas persuadir al lector puedes expresar opiniones personales o juicios de valor, siempre y cuando los defiendas con argumentos lógicos.

Segundo paso: el párrafo

Luego concéntrate en cada párrafo con estas preguntas en mente.

Párrafos

- ¿Hay una oración tema en cada párrafo? La idea central no sólo debe darle coherencia y unidad al párrafo, sino también vincularlo a la tesis principal del ensayo.
- ¿Cómo es la transición entre un párrafo y otro? Si es clara, el ensayo tendrá fluidez. Si es demasiado abrupta, puede confundir o irritar al lector.
- ¿Cómo empieza y cómo termina el ensayo? La introducción debe ser interesante y debe identificar la tesis. La conclusión no debe limitarse a repetir lo que ya dijiste: como cualquier otro párrafo, debe presentar una idea original.
- Lee el párrafo, de ser posible en voz alta, y presta atención al ritmo del lenguaje. Si todas las oraciones son iguales, la lectura se vuelve monótona y aburrida. Trata de variar la longitud y el ritmo de las oraciones.

Tercer paso: la oración

Por último, lee detalladamente cada oración.

Oraciones

- Busca la palabra ideal para cada situación. Considera posibles sinónimos. Usa siempre un lenguaje directo, preciso y concreto.
- Evita la redundancia. Elimina toda oración o palabra que sea una distracción o repita algo que ya dijiste.
- Revisa la **gramática**. Asegúrate que haya concordancia entre el sujeto y el verbo, entre los sustantivos y los adjetivos, y entre los pronombres y sus antecedentes. Asegúrate de usar las preposiciones correctas.
- Revisa la ortografía. Presta especial atención a los acentos.

Evaluación y progreso

Revisión

De ser posible, intercambia tu ensayo con el de un(a) compañero/a y háganse sugerencias para mejorar su trabajo. Menciona lo que cambiarías pero también lo que te gusta.

Correcciones

Cuando tu profesor(a) te devuelva un ensayo, lee sus comentarios y correcciones. En una hoja aparte, escribe el título **Notas para mejorar la escritura** y haz una lista de tus errores más comunes. Guárdala junto con el ensayo en una **Carpeta de trabajos** y consúltala regularmente. Así podrás evaluar tu progreso y evitar caer siempre en los mismos errores.

Estrategias de comunicación

Al hacer presentaciones orales o al escribir ensayos, usa frases y expresiones que sirvan de guía para tu audiencia y le permitan comprender la estructura de tu argumento. En los recuadros de **Estrategias de comunicación** ya has aprendido muchas expresiones útiles (pp. 23, 31, 55, 73, 81, 97, 105, 131, 149, 175, 183, 253, 309). Éstas son otras frases y palabras que puedes utilizar.

Para introducir un tema
El propósito de este ensayo es... *The purpose of this essay is to...*
Este ensayo examinará/estudiará/analizará... *This essay will examine/study/analize...*

Para explicar causa y efecto
Es por esto que... *It is for this reason that...*
Esto se debe a... *This is due to...*
Por lo tanto, ... *Therefore, ...*

Para hacer concesiones o expresar desacuerdo
Si bien... *Although...*
Aunque... *Although...*
A pesar de (que)... *Despite...*

Para dar un ejemplo
ilustrar *to illustrate*
ejemplificar *to exemplify*

Para cambiar de tema
Por otra parte... *On the other hand...*
También hay que tener en cuenta que... *One must also take into account that...*
Además, ... *Furthermore, ...*
Lo que es más, ... *What's more, ...*

Para resumir y concluir un argumento
En breve, ... *In brief...*
En resumen, ... *To summarize...*
Para terminar/finalizar/concluir, ... *To conclude...*

Discurso indirecto

El discurso indirecto comunica las palabras que dijo o escribió otra persona, convirtiéndolas en una cláusula subordinada.

Si el verbo que introduce el discurso indirecto está en el presente, no hay cambio en la forma verbal de la cláusula subordinada. La única excepción es el imperativo, que se convierte en subjuntivo.

DISCURSO DIRECTO	DISCURSO INDIRECTO
"Caminante no hay camino, se hace camino al andar." (Antonio Machado)	Machado dice que no hay camino sino el que se hace al andar.
"Quítame el pan si quieres... pero no me quites tu risa." (Pablo Neruda)	Neruda le dice a su amada que le quite el pan pero no su risa.

Si el verbo que introduce el discurso indirecto está en el pasado, la forma del verbo de la cláusula subordinada puede cambiar. Éstos son algunos ejemplos.

DISCURSO DIRECTO	DISCURSO INDIRECTO
"Voy/Iba a la playa." (presente/imperfecto)	Dijo que iba a la playa. (imperfecto)
"Iré/Iría a la playa." (futuro/condicional)	Dijo que iría a la playa. (condicional)
"He/Había ido a la playa." (pretérito perfecto/pluscuamperfecto)	Dijo que había ido a la playa. (pluscuamperfecto)
"Fui a la fiesta." (pretérito)	Dijo que había ido/fue a la playa. (pluscuamperfecto/pretérito)
"Tal vez vaya a la playa." (pres. subjuntivo)	Dijo que tal vez iría a la playa. (pret. subjuntivo)
"Ve a la fiesta." (imperativo)	Dijo que fuera a la fiesta. (imperf. subjuntivo)

Análisis literario: Expansión

Escribir sobre una obra literaria es distinto que escribir sobre otros temas. En la sección de **Análisis literario** has aprendido acerca de los recursos artísticos que emplean distintos autores, así como sobre los movimientos a los que pertenece su obra. Estos son algunos consejos generales que te ayudarán a escribir sobre literatura.

1. Al escribir sobre una obra literaria, utiliza siempre el tiempo presente para describir lo que ocurre en ella. Por ejemplo: "*Continuidad de los Parques* es un cuento fantástico. El protagonista lee un libro y al final se da cuenta de que el libro trata de él".
2. Si el autor es muy conocido, usa sólo su apellido. Por ejemplo: "*Don Quijote* es la obra más famosa de Cervantes". Si es menos conocido, usa su nombre completo la primera vez que lo menciones y de ahí en adelante su apellido. Por ejemplo: "Vicente Huidobro es uno de los grandes poetas latinoamericanos del siglo XX... En su poema *Altazor*, Huidobro explora..."
3. Tu análisis debe ir más allá de la expresión de un gusto personal. Puedes estar de acuerdo o no con la obra, elogiarla o criticarla, pero debes dar argumentos que ayuden al lector a comprenderla. Por ejemplo, "*Hamlet* es una gran obra" no es suficiente como argumento, pero podrías decir: "Uno de los aspectos más fascinantes de *Hamlet* es la complejidad de las relaciones familiares".
4. Un error frecuente al escribir sobre literatura es resumir el texto en vez de interpretarlo y presentar nuevas ideas. Tu ensayo debe estar organizado en base a la estructura de tu argumento y no del texto. Si empiezas hablando del comienzo de la obra, luego del medio y luego del final, es probable que estés resumiendo la obra en lugar de interpretarla.
5. Tus argumentos deben estar basados en observaciones concretas sobre la obra. Cita y discute pasajes específicos.
6. Ten en mente tanto la forma como el contenido de la obra. Piensa en los temas que trata el autor pero también en sus decisiones técnicas y estilísticas.

ANÁLISIS LITERARIO: VOCABULARIO ÚTIL

aludir *to allude*
ambiguo *ambiguous*
connotar/sugerir *to connote/to suggest*
el cuento *short story, tale*
convincente/poco convincente *convincing/unconvincing*
cursi *cheesy, sentimental*
el desenlace *outcome, denouement*
esbozar *to sketch*
la estrofa *stanza*
evocar *to evoke*
el género literario *literary genre*
el mensaje del texto/del poema *the message of the text/poem*
el motivo *motif*
la narrativa *narrative*
la obra de ficción *work of fiction*
el/la narrador *narrator*
el personaje *character*
el/la protagonista *protagonist*
el punto de vista *point of view*
el símbolo *symbol*
la tendencia artística *artistic trend/movement*
la trama *plot*
verosímil/inverosímil *true-to-life/unrealistic*
el verso *verse*

Glossary of Grammatical Terms

ADJECTIVE A word that modifies, or describes, a noun or pronoun.

muchos libros — *many books*
un hombre **rico** — *a **rich** man*

Demonstrative adjective An adjective that specifies which noun a speaker is referring to.

esta fiesta — ***this** party*
ese chico — ***that** boy*
aquellas flores — ***those** flowers*

Possessive adjective An adjective that indicates ownership or possession.

su mejor vestido — ***her** best dress*
Éste es **mi** hermano. — *This is **my** brother.*

Stressed possessive adjective A possessive adjective that emphasizes the owner or possessor.

un libro **mío** — *a **book of mine***
una amiga **tuya** — *a friend **of yours***

ADVERB A word that modifies, or describes, a verb, adjective, or other adverb.

Pancho escribe **rápidamente**.
*Pancho writes **quickly**.*

Este cuadro es **muy** bonito.
*This picture is **very** pretty.*

ANTECEDENT The noun to which a pronoun or dependent clause refers.

El **libro** que compré es interesante.
The book that I bought is interesting.

Le presté cinco dólares a **Diego**.
I loaned Diego five dollars.

ARTICLE A word that points out a noun in either a specific or a non-specific way.

Definite article An article that points out a noun in a specific way.

el libro — ***the** book*
la maleta — ***the** suitcase*
los diccionarios — ***the** dictionaries*
las palabras — ***the** words*

Indefinite article An article that points out a noun in a general, non-specific way.

un lápiz — ***a** pencil*
una computadora — ***a** computer*
unos pájaros — ***some** birds*
unas escuelas — ***some** schools*

CLAUSE A group of words that contains both a conjugated verb and a subject, either expressed or implied.

Main (or Independent) clause A clause that can stand alone as a complete sentence.

Pienso ir a cenar pronto.
I plan to go to dinner soon.

Subordinate (or Dependent) clause A clause that does not express a complete thought and therefore cannot stand alone as a sentence.

Trabajo en la cafetería **porque necesito dinero para la escuela.**
*I work in the cafeteria **because I need money for school.***

Adjective clause A dependent clause that functions to modify or describe the noun or direct object in the main clause. When the antecedent is uncertain or indefinite, the verb in the adjective clause is in the subjunctive.

Queremos contratar al candidato **que mandó su currículum ayer.**
*We want to hire the candidate **who sent his résumé yesterday.***

¿Conoce un buen restaurante **que esté cerca del teatro?**
*Do you know of a good restaurant **that's near the theater?***

Adverbial clause A dependent clause that functions to modify or describe a verb, an adjective, or another adverb. When the adverbial clause describes an action that has not yet happened or is uncertain, the verb in the adverbial clause is usually in the subjunctive.

Llamé a mi mamá **cuando me dieron la noticia.**
*I called my mom **when they gave me the news.***

El ejército está preparado **en caso de que haya un ataque.**
*The army is prepared **in case there is an attack.***

Noun clause A dependent clause that functions as a noun, often as the object of the main clause. When the main clause expresses will, emotion, doubt, or uncertainty, the verb in the noun clause is in the subjunctive (unless there is no change of subject).

José sabe **que mañana habrá un examen.**
*José knows **that tomorrow there will be an exam.***

Luisa dudaba **que la acompañáramos.**
*Luisa doubted **that we would go with her.***

COMPARATIVE A grammatical construction used with nouns, adjectives, verbs, or adverbs to compare people, objects, actions, or characteristics.

Tus clases son **menos interesantes** que las mías.
*Your classes are **less interesting** than mine.*

Como **más frutas** que verduras.
*I eat **more fruits** than vegetables.*

CONJUGATION A set of the forms of a verb for a specific tense or mood or the process by which these verb forms are presented.

PRETERITE CONJUGATION OF CANTAR:

cant**é**	cant**amos**
cant**aste**	cant**asteis**
cant**ó**	cant**aron**

CONJUNCTION A word used to connect words, clauses, or phrases.

Susana es de Cuba **y** Pedro es de España.
*Susana is from Cuba **and** Pedro is from Spain.*

No quiero estudiar **pero** tengo que hacerlo.
*I don't want to study, **but** I have to.*

CONTRACTION The joining of two words into one. The only contractions in Spanish are **al (a + el)** and **del (de + el)**.

Mi hermano fue **al** concierto ayer.
*My brother went **to the** concert yesterday.*

Saqué dinero **del** banco.
*I took money **from the** bank.*

DIRECT OBJECT A noun or pronoun that directly receives the action of the verb.

Tomás lee **el libro**. — **La** pagó ayer.
*Tomás reads **the book**.* — *She paid **it** yesterday.*

GENDER The grammatical categorizing of certain kinds of words, such as nouns and pronouns, as masculine, feminine, or neuter.

MASCULINE
articles **el, un**
pronouns **él, lo, mío, éste, ése, aquél**
adjective **simpático**

FEMININE
articles **la, una**
pronouns **ella, la, mía, ésta, ésa, aquélla**
adjective **simpática**

IMPERSONAL EXPRESSION A third-person expression with no expressed or specific subject.

Es muy importante. — **Llueve** mucho.
***It's very important**.* — ***It's raining** hard.*

Aquí **se habla** español.
*Spanish **is spoken** here.*

INDIRECT OBJECT A noun or pronoun that receives the action of the verb indirectly; the object, often a living being, to or for whom an action is performed.

Eduardo **le** dio un libro **a Linda**.
*Eduardo gave a book **to Linda**.*

La profesora **me** dio una C en el examen.
*The professor gave **me** a C on the test.*

INFINITIVE The basic form of a verb. Infinitives in Spanish end in **-ar**, **-er**, or **-ir**.

hablar	**correr**	**abrir**
to speak	***to run***	***to open***

INTERROGATIVE An adjective or pronoun used to ask a question.

¿**Quién** habla? — ¿**Cuántos** compraste?
***Who** is speaking?* — ***How many** did you buy?*

¿**Qué** piensas hacer hoy?
***What** do you plan to do today?*

MOOD A grammatical distinction of verbs that indicates whether the verb is intended to make a statement or command or to express a doubt, emotion, or condition contrary to fact.

Imperative mood Verb forms used to make commands.

Di la verdad. — **Caminen** ustedes conmigo.
***Tell** the truth.* — ***Walk** with me.*

¡**Comamos** ahora! — ¡No lo **hagas**!
***Let's eat** now!* — ***Don't do** it!*

Indicative mood Verb forms used to state facts, actions, and states considered to be real.

Sé que **tienes** el dinero.
***I know** that **you have** the money.*

Subjunctive mood Verb forms used principally in subordinate (dependent) clauses to express wishes, desires, emotions, doubts, and certain conditions, such as contrary-to-fact situations.

Prefieren que **hables** en español.
*They prefer that **you speak** in Spanish.*

NOUN A word that identifies people, animals, places, things, and ideas.

hombre	**gato**
man	***cat***
México	**casa**
Mexico	***house***
libertad	**libro**
freedom	***book***

NUMBER A grammatical term that refers to singular or plural. Nouns in Spanish and English have number. Other parts of a sentence, such as adjectives, articles, and verbs, can also have number.

SINGULAR	PLURAL
una cosa	**unas** cosas
a *thing*	***some*** *things*
el profesor	**los** profesores
the *professor*	***the*** *professors*

PASSIVE VOICE A sentence construction in which the recipient of the action becomes the subject of the sentence. Passive statements emphasize the thing that was done or the person that was acted upon. They follow the pattern [*recipient*] + **ser** + [*past participle*] + **por** + [agent].

ACTIVE VOICE:
Juan **entregó** la tarea.
Juan ***turned in*** *the assignment.*

PASSIVE VOICE:
La tarea **fue entregada por** Juan.
The assignment ***was turned in by*** *Juan.*

PAST PARTICIPLE A past form of the verb used in compound tenses. The past participle may also be used as an adjective, but it must then agree in number and gender with the word it modifies.

Han **buscado** por todas partes.
They have ***searched*** *everywhere.*

Yo no había **estudiado** para el examen.
I hadn't ***studied*** *for the exam.*

Hay una ventana **abierta** en la sala.
There is an ***open*** *window in the living room.*

PERSON The form of the verb or pronoun that indicates the speaker, the one spoken to, or the one spoken about. In Spanish, as in English, there are three persons: first, second, and third.

PERSON	SINGULAR	PLURAL
1st	**yo** *I*	**nosotros/as** *we*
2nd	**tú, Ud.** *you*	**vosotros/as, Uds.** *you*
3rd	**él, ella** *he, she*	**ellos, ellas** *they*

PREPOSITION A word or words that describe(s) the relationship, most often in time or space, between two other words.

Anita es **de** California.
Anita is ***from*** *California.*

La chaqueta está **en** el carro.
The jacket is ***in*** *the car.*

PRESENT PARTICIPLE In English, a verb form that ends in *-ing*. In Spanish, the present participle ends in **-ndo**, and is often used with **estar** to form a progressive tense.

Está **hablando** por teléfono ahora mismo.
He is ***talking*** *on the phone right now.*

PRONOUN A word that takes the place of a noun or nouns.

Demonstrative pronoun A pronoun that takes the place of a specific noun.

Quiero **ésta**.
I want ***this one****.*

¿Vas a comprar **ése**?
Are you going to buy ***that one****?*

Juan prefirió **aquéllos**.
Juan preferred ***those*** *(over there).*

Object pronoun A pronoun that functions as a direct or indirect object of the verb.

Te digo la verdad.
I'm telling ***you*** *the truth.*

Me lo trajo Juan.
Juan brought ***it*** *to* ***me****.*

Possessive pronoun A pronoun that functions to show ownership or possession. Possessive pronouns are preceded by a definite article and agree in gender and number with the nouns they replace.

Perdí mi libro. ¿Me prestas el **tuyo**?
I lost my book. Will you loan me ***yours****?*

Las clases suyas son aburridas, pero **las nuestras** son buenísimas.
Their classes are boring, but ***ours*** *are great.*

Prepositional pronoun A pronoun that functions as the object of a preposition. Except for **mí, ti,** and **sí**, these pronouns are the same as subject pronouns. The adjective **mismo/a** may be added to express *myself, himself*, etc. After the preposition **con**, the forms **conmigo, contigo,** and **consigo** are used.

¿Es **para mí?**
Is this ***for me****?*

Juan habló **de ella.**
Juan spoke ***about her.***

Iré **contigo**.
I will go ***with you.***

Se lo regaló **a sí mismo.**
He gave it ***to himself.***

Reflexive pronoun A pronoun that indicates that the action of a verb is performed by the subject on itself. These pronouns are often expressed in English with *-self: myself, yourself,* etc.

Yo **me bañé**.
I took a bath.

Elena **se acostó**.
Elena ***went to bed.***

Relative pronoun A pronoun that connects a subordinate clause to a main clause.

El edificio **en el cual** vivimos es antiguo.
*The building **that** we live in is old.*

La mujer **de quien** te hablé acaba de renunciar.
*The woman **(whom)** I told you about just quit.*

Subject pronoun A pronoun that replaces the name or title of a person or thing, and acts as the subject of a verb.

Tú debes estudiar más.
***You** should study more.*

Él llegó primero.
***He** arrived first.*

SUBJECT A noun or pronoun that performs the action of a verb and is often implied by the verb.

María va al supermercado.
***María** goes to the supermarket.*

(Ellos) Trabajan mucho.
***They** work hard.*

Esos libros son muy caros.
***Those books** are very expensive.*

SUPERLATIVE A grammatical construction used to describe the most or the least of a quality when comparing a group of people, places, or objects.

Tina es **la menos simpática** de las chicas.
*Tina is **the least pleasant** of the girls.*

Tu coche es **el más rápido** de todos.
*Your car is **the fastest** one of all.*

Los restaurantes en Calle Ocho son **los mejores** de todo Miami.
*The restaurants on Calle Ocho are **the best** in all of Miami.*

Absolute superlatives Adjectives or adverbs combined with forms of the suffix **ísimo/a** in order to express the idea of extremely or very.

¡Lo hice **facilísimo!**
*I did it **so easily!***

Ella es **jovencísima.**
*She is **very, very young.***

TENSE A set of verb forms that indicates the time of an action or state: past, present, or future.

Compound tense A two-word tense made up of an auxiliary verb and a present or past participle. In Spanish, there are two auxiliary verbs: **estar** and **haber**.

En este momento, **estoy estudiando**.
*At this time, **I am studying**.*

El paquete no **ha llegado** todavía.
*The package **has** not **arrived** yet.*

Simple tense A tense expressed by a single verb form.

María **estaba** mal anoche.
*María **was** ill last night.*

Juana **hablará** con su mamá mañana.
*Juana **will speak** with her mom tomorrow.*

VERB A word that expresses actions or states-of-being.

Auxiliary verb A verb used with a present or past participle to form a compound tense. **Haber** is the most commonly used auxiliary verb in Spanish.

Los chicos **han** visto los elefantes.
*The children **have** seen the elephants.*

Espero que **hayas** comido.
*I hope you **have** eaten.*

Reflexive verb A verb that describes an action performed by the subject on itself and is always used with a reflexive pronoun.

Me compré un carro nuevo.
***I bought myself** a new car.*

Pedro y Adela **se levantan** muy temprano.
*Pedro and Adela **get (themselves) up** very early.*

Spelling-change verb A verb that undergoes a predictable change in spelling, in order to reflect its actual pronunciation in the various conjugations.

practicar	**c→qu**	practico	practi**qué**
dirigir	**g→j**	dirigí	diri**j**o
almorzar	**z→c**	almorzó	almor**c**é

Stem-changing verb A verb whose stem vowel undergoes one or more predictable changes in the various conjugations.

entender	**(e:ie)**	ent**ie**ndo
pedir	**(e:i)**	p**i**den
dormir	**(o:ue, u)**	d**ue**rmo, d**u**rmieron

Verb conjugation tables

Guide to the Verb Lists and Tables

Below you will find the infinitive of the verbs introduced as active vocabulary in **VENTANAS**. Each verb is followed by a model verb conjugated on the same pattern. The number in parentheses indicates where in the verb tables, pages 322–329, you can find the conjugated forms of the model verb.

abrazar (z:c) like cruzar (37)
aburrir(se) like vivir (3)
acabar(se) like hablar (1)
acallar(se) like hablar (1)
acariciar like hablar (1)
acentuar (acentúo) **like** graduar (40)
acercarse (c:qu) like tocar (43)
aclarar like hablar (1)
acompañar like hablar (1)
aconsejar like hablar (1)
acordar(se) (o:ue) like contar (24)
acostar(se) (o:ue) like contar (24)
acostumbrar(se) like hablar (1)
actualizar (z:c) like cruzar (37)
adelgazar (z:c) like cruzar (37)
adivinar like hablar (1)
adjuntar like hablar (1)
adorar like hablar (1)
afeitar(se) like hablar (1)
afligir(se) (g:j) like proteger (42) for endings only
agitar like hablar (1)
agotar like hablar (1)
agredir like vivir (3)
ahorrar like hablar (1)
aislar (aíslo) like enviar (39)
alcanzar like cruzar (37)
alojar(se) like hablar (1)
amar like hablar (1)
amenazar (z:c) like cruzar (37)
anotar like hablar (1)
apagar (g:gu) like llegar (41)
aparecer (c:zc) like conocer (35)
aplaudir like vivir (3)
apreciar like hablar (1)
arraigar like llegar (41)
arreglar(se) like hablar (1)
arrepentirse (e:ie) like sentir (33)
ascender (e:ie) like entender (27)
asombrar like hablar (1)
atraer like traer (21)
atrapar like hablar (1)
atreverse like comer (2)
averiguar like hablar (1)
bailar like hablar (1)
bañar(se) like hablar (1)
barrer like comer (2)
beber like comer (2)
bendecir (e:i) like decir (8)
besar like hablar (1)
borrar like hablar (1)
botar like hablar (1)
brindar like hablar (1)
caber (4)
caer (y) (5)
calentar (e:ie) like pensar (30)
cancelar like hablar (1)
cazar (z:c) like cruzar (37)
celebrar like hablar (1)
cepillar(se) like hablar (1)
clonar like hablar (1)
cobrar like hablar (1)
cocinar like hablar (1)
colocar (c:qu) like tocar (43)
colonizar (z:c) like cruzar (37)
comer(se) (2)
componer like poner (15)
comprobar (o:ue) like contar (24)
conducir (c:zc) (6)
congelar(se) like hablar (1)
conocer (c:zc) (35)
conquistar like hablar (1)
conseguir (e:i) like seguir (32)
conservar like hablar (1)
contagiar(se) like hablar (1)
contaminar like hablar (1)
contar (o:ue) (24)
contentarse like hablar (1)
contraer like traer (21)
contratar like hablar (1)
contribuir (y) like destruir (38)
convertirse (e:ie) like sentir (33)
coquetear like hablar (1)
crear like hablar (1)
crecer (c:zc) like conocer (35)
creer (y) (36)
criar(se) (crío) like enviar (39)
criticar (c:qu) like tocar (43)
cruzar (z:c) (37)
cuidar like hablar (1)
cumplir like vivir (3)
curarse like hablar (1)
dar a (7)
dar(se) (7)
deber like comer (2)
decir (e:i) (8)
dejar like hablar (1)
delatar like hablar (1)
denunciar like hablar (1)
depositar like hablar (1)
derretir(se) (e:i) like pedir (29)
derribar like hablar (1)
derrocar (c:qu) like tocar (43)
derrotar like hablar (1)
desafiar (desafío) like enviar (39)
desaparecer (c:zc) like conocer (35)
desarrollar(se) like hablar (1)
descansar like hablar (1)
descargar (g:gu) like llegar (41)
descongelar(se) like hablar (1)
descubrir like vivir (3) *except* past participle is descubierto
descuidar(se) like hablar (1)
desear like hablar (1)
deshacer like hacer (11)
despedir(se) (e:i) like pedir (29)
despertar(se) (e:ie) like pensar (30)
destruir (y) (38)
devolver (o:ue) like volver (34)
dibujar like hablar (1)
dirigir (g:j) like proteger (42) for endings only
disculpar(se) like hablar (1)
discutir like vivir (3)
diseñar like hablar (1)
disfrutar like hablar (1)
disgustar like hablar (1)
disponer(se) like poner (15)
distinguir (gu:g) like seguir (32) for endings only
distraer like traer (21)
divertirse (e:ie) like sentir (33)
doler (o:ue) like volver (34) *except* past participle is regular
dormir(se) (o:ue) (25)
ducharse like hablar (1)
echar like hablar (1)
editar like hablar (1)
educar (c:qu) like tocar (43)
elegir (e:i) (g:j) like proteger (42) for endings only
embalar(se) like hablar (1)
emigrar like hablar (1)
empatar like hablar (1)
empeorar like hablar (1)
empezar (e:ie) (z:c) (26)
enamorarse like hablar (1)
encabezar (z:c) like cruzar (37)
encantar like hablar (1)
encargar(se) (g:gu) like llegar (41)
encender (e:ie) like entender (27)
enfermarse like hablar (1)
enganchar like hablar (1)

engañar like hablar (1)
engordar like hablar (1)
ensayar like hablar (1)
entender (e:ie) (27)
enterarse like hablar (1)
enterrar (e:ie) like pensar (30)
entretener(se) (e:ie) like tener (20)
enviar (envío) (39)
errar like hablar (1) in Latin America
esclavizar (z:c) like cruzar (37)
escoger (g:j) like proteger (42)
esculpir like vivir (3)
establecer(se) (c:zc) like conocer (35)
estar (9)
exigir (g:j) like proteger (42) for endings only
explotar like hablar (1)
exportar like hablar (1)
expulsar like hablar (1)
extinguir(se) like destruir (38)
fabricar (c:qu) like tocar (43)
faltar like hablar (1)
fascinar like hablar (1)
festejar like hablar (1)
fijar(se) like hablar (1)
financiar like hablar (1)
florecer (c:zc) like conocer (35)
flotar like hablar (1)
formular like hablar (1)
freír (e:i) (frío) like reír (31)
funcionar like hablar (1)
gastar like hablar (1)
gobernar (e:ie) like pensar (30)
grabar like hablar (1)
graduar(se) (gradúo) (40)
guardar(se) like hablar (1)
gustar like hablar (1)
haber (10)
habitar like hablar (1)
hablar (1)
hacer(se) (11)
herir (e: ie) like sentir (33)
hervir (e:ie) like sentir (33)
hojear like hablar (1)
huir (y) like destruir (38)
humillar like hablar (1)
importar like hablar (1)
impresionar like hablar (1)
imprimir like vivir (3)
inscribirse like vivir (3)
insistir like vivir (3)
instalar like hablar (1)
integrar(se) like hablar (1)
interesar like hablar (1)
invadir like vivir (3)
inventar like hablar (1)
invertir (e:ie) like sentir (33)
investigar (g:gu) like llegar (41)
ir (12)
jubilarse like hablar (1)
jugar (u:ue) (g:gu) (28)
jurar like hablar (1)
lastimarse like hablar (1)
latir like vivir (3)
lavar(se) like hablar (1)
levantar(se) like hablar (1)
liberar like hablar (1)
lidiar like hablar (1)
limpiar like hablar (1)
llegar (g:gu) (41)
llevar(se) like hablar (1)
llorar like hablar (1)
lograr like hablar (1)
luchar like hablar (1)
lucir like hablar (1) except present tenses like conducir (6)
madrugar (g:gu) like llegar (41)
malgastar like hablar (1)
manipular like hablar (1)
maquillarse like hablar (1)
mecer(se) like vencer (44)
meditar like hablar (1)
mejorar like hablar (1)
merecer (c:zc) like conocer (35)
meter(se) like comer (2)
molestar like hablar (1)
morder (o:ue) like volver (34)
morirse (o:ue) like dormir (25) *except* past participle is muerto
mudar(se) like hablar (1)
narrar like hablar (1)
navegar (g:gu) like llegar (41)
necesitar like hablar (1)
obedecer (c:zc) like conocer (35)
ocultar(se) like hablar (1)
odiar like hablar (1)
oír (y) (13)
olvidar(se) like hablar (1)
opinar like hablar (1)
oponerse like poner (15)
oprimir like vivir (3)
oscurecer (c:zc) like conocer (35)
parar like hablar (1)
parecer(se) (c:zc) like conocer (35)
patear like hablar (1)
pedir (e:i) (29)
peinar(se) like hablar (1)
pensar (e:ie) (30)
permanecer (c:zc) like conocer (35)
pertenecer (c:zc) like conocer (35)
pillar like hablar (1)
pintar like hablar (1)
poblar (o:ue) like contar (24)
poder (o:ue) (14)
poner(se) (15)
preferir (e:ie) like sentir (33)
preocupar(se) like hablar (1)
prestar like hablar (1)
prevenir (e:ie) like venir (22)
prever like ver (23)
probar(se) (o:ue) like contar (24)
producir (c:sz) like conducir (6)
prohibir (prohíbo) like enviar (39) for endings only
proponer like poner (15)
proteger (g:j) (42)
protestar like hablar (1)
publicar (c:qu) like tocar (43)
quedar(se) like hablar (1)
quejarse like hablar (1)
querer (e:ie) (16)
quitar(se) like hablar (1)
recetar like hablar (1)
rechazar (z:c) like cruzar (37)
reciclar like hablar (1)
reclamar like hablar (1)
recomendar (e:ie) like pensar (30)
reconocer (c:zc) like conocer (35)
recorrer like comer (2)
recuperar(se) like hablar (1)
reducir (c:zc) like conducir (6)
reflejar like hablar (1)
regresar like hablar (1)
rehacer like hacer (11)
reír(se) (e:i) (31)
relajarse like hablar (1)
rendirse (e:i) like pedir (29)
renunciar like hablar (1)
reservar like hablar (1)
resolver (o:ue) like volver (34)
retratar like hablar (1)
reunir(se) like vivir (3)
rezar (z:c) like cruzar (37)
rociar like hablar (1)
rodar (o:ue) like contar (24)
rogar (o:ue) like contar (24) for stem changes; (g:gu) like llegar (41) for endings
romper like comer (2) except past participle is roto
saber (17)
sacrificar (c:qu) like tocar (43)
salir (18)
salvar like hablar (1)
sanar like hablar (1)
secar(se) (c:qu) like tocar (43)
seguir (e:i) (gu:g) (32)
seleccionar like hablar (1)
sentir(se) (e:ie) (33)
señalar like hablar (1)
sepultar like hablar (1)
ser (19)
soler (o:ue) like volver (34)
solicitar like hablar (1)
sonar (o:ue) like contar (24)
soñar (o:ue) like contar (24)
sorprender(se) like comer (2)
subsistir like vivir (3)
suceder like comer (2)
sufrir like vivir (3)
sugerir (e:ie) like sentir (33)
suponer like poner (15)
suprimir like vivir (3)
suscribirse like vivir (3)
tener (e:ie) (20)
tirar like hablar (1)
titularse like hablar (1)
tocar (c:qu) (43)
torear like hablar (1)
toser like comer (2)
traducir (c:zc) like conducir (6)
traer (21)
transcurrir like vivir (3)
transmitir like vivir (3)
trasnochar like hablar (1)
tratar(se) like hablar (1)
valer like salir (18) only for endings
vencer (c:z) (44)
venerar like hablar (1)
venir (e:ie) (22)
ver(se) (23)
vestir(se) (e:i) like pedir (29)
vigilar like hablar (1)
vivir (3)
volar (o:ue) like contar (24)
volver (o:ue) (34)
volverse like volver (34)
votar like hablar (1)

Verb conjugation tables

Regular verbs: simple tenses

		INDICATIVE					SUBJUNCTIVE		IMPERATIVE
	Infinitive	Present	Imperfect	Preterite	Future	Conditional	Present	Past	
1	hablar **Participles**: hablando hablado	hablo hablas habla hablamos habláis hablan	hablaba hablabas hablaba hablábamos hablabais hablaban	hablé hablaste habló hablamos hablasteis hablaron	hablaré hablarás hablará hablaremos hablaréis hablarán	hablaría hablarías hablaría hablaríamos hablaríais hablarían	hable hables hable hablemos habléis hablen	hablara hablaras hablara habláramos hablarais hablaran	habla tú (no hables) hable Ud. hablemos hablad (no habléis) hablen Uds.
2	comer **Participles:** comiendo comido	como comes come comemos coméis comen	comía comías comía comíamos comíais comían	comí comiste comió comimos comisteis comieron	comeré comerás comerá comeremos comeréis comerán	comería comerías comería comeríamos comeríais comerían	coma comas coma comamos comáis coman	comiera comieras comiera comiéramos comierais comieran	come tú (no comas) coma Ud. comamos comed (no comáis) coman Uds.
3	vivir **Participles:** viviendo vivido	vivo vives vive vivimos vivís viven	vivía vivías vivía vivíamos vivíais vivían	viví viviste vivió vivimos vivisteis vivieron	viviré vivirás vivirá viviremos viviréis vivirán	viviría vivirías viviría viviríamos viviríais vivirían	viva vivas viva vivamos viváis vivan	viviera vivieras viviera viviéramos vivierais vivieran	vive tú (no vivas) viva Ud. vivamos vivid (no viváis) vivan Uds.

All verbs: compound tenses

PERFECT TENSES					
INDICATIVE				SUBJUNCTIVE	
Present Perfect	Past Perfect	Future Perfect	Conditional Perfect	Present Perfect	Past Perfect
he has ha hemos habéis han } hablado comido vivido	había habías había habíamos habíais habían } hablado comido vivido	habré habrás habrá habremos habréis habrán } hablado comido vivido	habría habrías habría habríamos habríais habrían } hablado comido vivido	haya hayas haya hayamos hayáis hayan } hablado comido vivido	hubiera hubieras hubiera hubiéramos hubierais hubieran } hablado comido vivido

PROGRESSIVE TENSES					
INDICATIVE				SUBJUNCTIVE	
Present Progressive	Past Progressive	Future Progressive	Conditional Progressive	Present Progressive	Past Progressive
estoy estás está estamos estáis están } hablando / comiendo / viviendo	estaba estabas estaba estábamos estabais estaban } hablando / comiendo / viviendo	estaré estarás estará estaremos estaréis estarán } hablando / comiendo / viviendo	estaría estarías estaría estaríamos estaríais estarían } hablando / comiendo / viviendo	esté estés esté estemos estéis estén } hablando / comiendo / viviendo	estuviera estuvieras estuviera estuviéramos estuvierais estuvieran } hablando / comiendo / viviendo

Irregular verbs

	Infinitive	INDICATIVE					SUBJUNCTIVE		IMPERATIVE
		Present	Imperfect	Preterite	Future	Conditional	Present	Past	
4	caber **Participles**: cabiendo cabido	**quepo** cabes cabe cabemos cabéis caben	cabía cabías cabía cabíamos cabíais cabían	**cupe** **cupiste** **cupo** **cupimos** **cupisteis** **cupieron**	**cabré** **cabrás** **cabrá** **cabremos** **cabréis** **cabrán**	**cabría** **cabrías** **cabría** **cabríamos** **cabríais** **cabrían**	**quepa** **quepas** **quepa** **quepamos** **quepáis** **quepan**	**cupiera** **cupieras** **cupiera** **cupiéramos** **cupierais** **cupieran**	cabe tú (no **quepas**) **quepa** Ud. **quepamos** cabed (no **quepáis**) **quepan** Uds.
5	caer(se) **Participles:** **cayendo** **caído**	**caigo** caes cae caemos caéis caen	caía caías caía caíamos caíais caían	caí **caíste** **cayó** **caímos** **caísteis** **cayeron**	caeré caerás caerá caeremos caeréis caerán	caería caerías caería caeríamos caeríais caerían	**caiga** **caigas** **caiga** **caigamos** **caigáis** **caigan**	**cayera** **cayeras** **cayera** **cayéramos** **cayerais** **cayeran**	cae tú (no **caigas**) **caiga** Ud. (no **caiga**) **caigamos** caed (no **caigáis**) **caigan** Uds.
6	conducir (c:zc) **Participles:** conduciendo conducido	**conduzco** conduces conduce conducimos conducís conducen	conducía conducías conducía conducíamos conducíais conducían	**conduje** **condujiste** **condujo** **condujimos** **condujisteis** **condujeron**	conduciré conducirás conducirá conduciremos conduciréis conducirán	conduciría conducirías conduciría conduciríamos conduciríais conducirían	**conduzca** **conduzcas** **conduzca** **conduzcamos** **conduzcáis** **conduzcan**	**condujera** **condujeras** **condujera** **condujéramos** **condujerais** **condujeran**	conduce tú (no **conduzcas**) **conduzca** Ud. (no **conduzca**) **conduzcamos** conducid (no **conduzcáis**) **conduzcan** Uds.

	Infinitive	INDICATIVE					SUBJUNCTIVE		IMPERATIVE
		Present	Imperfect	Preterite	Future	Conditional	Present	Past	
7	dar **Participles:** dando dado	**doy** das da damos **dais** dan	daba dabas daba dábamos dabais daban	**di** **diste** **dio** **dimos** **disteis** **dieron**	daré darás dará daremos daréis darán	daría darías daría daríamos daríais darían	**dé** des **dé** demos deis den	**diera** **dieras** **diera** **diéramos** **dierais** **dieran**	da tú (no des) **dé** Ud. **demos** dad (no **deis**) **den** Uds.
8	decir (e:i) **Participles:** **diciendo** **dicho**	**digo** **dices** **dice** decimos decís **dicen**	decía decías decía decíamos decíais decían	**dije** **dijiste** **dijo** **dijimos** **dijisteis** **dijeron**	**diré** **dirás** **dirá** **diremos** **diréis** **dirán**	**diría** **dirías** **diría** **diríamos** **diríais** **dirían**	**diga** **digas** **diga** **digamos** **digáis** **digan**	**dijera** **dijeras** **dijera** **dijéramos** **dijerais** **dijeran**	**di** tú (no **digas**) **diga** Ud. **digamos** decid (no **digáis**) **digan** Uds.
9	estar **Participles:** estando estado	**estoy** **estás** **está** estamos estáis **están**	estaba estabas estaba estábamos estabais estaban	**estuve** **estuviste** **estuvo** **estuvimos** **estuvisteis** **estuvieron**	estaré estarás estará estaremos estaréis estarán	estaría estarías estaría estaríamos estaríais estarían	**esté** **estés** **esté** estemos estéis **estén**	**estuviera** **estuvieras** **estuviera** **estuviéramos** **estuvierais** **estuvieran**	**está** tú (no **estés**) **esté** Ud. estemos estad (no estéis) **estén** Uds.
10	haber **Participles:** habiendo habido	**he** **has** **ha** **hemos** **habéis** **han**	había habías había habíamos habíais habían	**hube** **hubiste** **hubo** **hubimos** **hubisteis** **hubieron**	**habré** **habrás** **habrá** **habremos** **habréis** **habrán**	**habría** **habrías** **habría** **habríamos** **habríais** **habrían**	**haya** **hayas** **haya** **hayamos** **hayáis** **hayan**	**hubiera** **hubieras** **hubiera** **hubiéramos** **hubierais** **hubieran**	
11	hacer **Participles:** haciendo **hecho**	**hago** haces hace hacemos hacéis hacen	hacía hacías hacía hacíamos hacíais hacían	**hice** **hiciste** **hizo** **hicimos** **hicisteis** **hicieron**	**haré** **harás** **hará** **haremos** **haréis** **harán**	**haría** **harías** **haría** **haríamos** **haríais** **harían**	**haga** **hagas** **haga** **hagamos** **hagáis** **hagan**	**hiciera** **hicieras** **hiciera** **hiciéramos** **hicierais** **hicieran**	**haz** tú (no **hagas**) **haga** Ud. **hagamos** haced (no **hagáis**) **hagan** Uds.
12	ir **Participles:** **yendo** **ido**	**voy** **vas** **va** **vamos** **vais** **van**	**iba** **ibas** **iba** **íbamos** **ibais** **iban**	**fui** **fuiste** **fue** **fuimos** **fuisteis** **fueron**	iré irás irá iremos iréis irán	iría irías iría iríamos iríais irían	**vaya** **vayas** **vaya** **vayamos** **vayáis** **vayan**	**fuera** **fueras** **fuera** **fuéramos** **fuerais** **fueran**	**ve** tú (no **vayas**) **vaya** Ud. **vamos** (no **vayamos**) id (no **vayáis**) **vayan** Uds.
13	oír (y) **Participles:** **oyendo** **oído**	**oigo** **oyes** **oye** **oímos** oís **oyen**	oía oías oía oíamos oíais oían	oí **oíste** **oyó** **oímos** **oísteis** **oyeron**	oiré oirás oirá oiremos oiréis oirán	oiría oirías oiría oiríamos oiríais oirían	**oiga** **oigas** **oiga** **oigamos** **oigáis** **oigan**	**oyera** **oyeras** **oyera** **oyéramos** **oyerais** **oyeran**	**oye** tú (no **oigas**) **oiga** Ud. **oigamos** **oíd** (no **oigáis**) **oigan** Uds.

	Infinitive	INDICATIVE					SUBJUNCTIVE		IMPERATIVE
		Present	Imperfect	Preterite	Future	Conditional	Present	Past	
14	poder (o:ue) **Participles:** **pudiendo** podido	**puedo** **puedes** **puede** podemos podéis **pueden**	podía podías podía podíamos podíais podían	**pude** **pudiste** **pudo** **pudimos** **pudisteis** **pudieron**	**podré** **podrás** **podrá** **podremos** **podréis** **podrán**	**podría** **podrías** **podría** **podríamos** **podríais** **podrían**	**pueda** **puedas** **pueda** podamos podáis **puedan**	**pudiera** **pudieras** **pudiera** **pudiéramos** **pudierais** **pudieran**	**puede** tú (no **puedas**) **pueda** Ud. podamos poded (no **podáis**) **puedan** Uds.
15	poner **Participles:** poniendo **puesto**	**pongo** pones pone ponemos ponéis ponen	ponía ponías ponía poníamos poníais ponían	**puse** **pusiste** **puso** **pusimos** **pusisteis** **pusieron**	**pondré** **pondrás** **pondrá** **pondremos** **pondréis** **pondrán**	**pondría** **pondrías** **pondría** **pondríamos** **pondríais** **pondrían**	**ponga** **pongas** **ponga** **pongamos** **pongáis** **pongan**	**pusiera** **pusieras** **pusiera** **pusiéramos** **pusierais** **pusieran**	**pon** tú (no **pongas**) **ponga** Ud. **pongamos** poned (no **pongáis**) **pongan** Uds.
16	querer (e:ie) **Participles:** queriendo querido	**quiero** **quieres** **quiere** queremos queréis **quieren**	quería querías quería queríamos queríais querían	**quise** **quisiste** **quiso** **quisimos** **quisisteis** **quisieron**	**querré** **querrás** **querrá** **querremos** **querréis** **querrán**	**querría** **querrías** **querría** **querríamos** **querríais** **querrían**	**quiera** **quieras** **quiera** queramos queráis **quieran**	**quisiera** **quisieras** **quisiera** **quisiéramos** **quisierais** **quisieran**	**quiere** tú (no **quieras**) **quiera** Ud. queramos quered (no **queráis**) **quieran** Uds.
17	saber **Participles:** sabiendo sabido	**sé** sabes sabe sabemos sabéis saben	sabía sabías sabía sabíamos sabíais sabían	**supe** **supiste** **supo** **supimos** **supisteis** **supieron**	**sabré** **sabrás** **sabrá** **sabremos** **sabréis** **sabrán**	**sabría** **sabrías** **sabría** **sabríamos** **sabríais** **sabrían**	**sepa** **sepas** **sepa** **sepamos** **sepáis** **sepan**	**supiera** **supieras** **supiera** **supiéramos** **supierais** **supieran**	sabe tú (no **sepas**) **sepa** Ud. **sepamos** sabed (no **sepáis**) **sepan** Uds.
18	salir **Participles:** saliendo salido	**salgo** sales sale salimos salís salen	salía salías salía salíamos salíais salían	salí saliste salió salimos salisteis salieron	**saldré** **saldrás** **saldrá** **saldremos** **saldréis** **saldrán**	**saldría** **saldrías** **saldría** **saldríamos** **saldríais** **saldrían**	**salga** **salgas** **salga** **salgamos** **salgáis** **salgan**	saliera salieras saliera saliéramos salierais salieran	**sal** tú (no **salgas**) **salga** Ud. **salgamos** salid (no **salgáis**) **salgan** Uds.
19	ser **Participles:** siendo sido	**soy** **eres** **es** **somos** **sois** **son**	**era** **eras** **era** **éramos** **erais** **eran**	**fui** **fuiste** **fue** **fuimos** **fuisteis** **fueron**	seré serás será seremos seréis serán	sería serías sería seríamos seríais serían	**sea** **seas** **sea** **seamos** **seáis** **sean**	**fuera** **fueras** **fuera** **fuéramos** **fuerais** **fueran**	**sé** tú (no **seas**) **sea** Ud. **seamos** sed (no **seáis**) **sean** Uds.
20	tener (e:ie) **Participles:** teniendo tenido	**tengo** **tienes** **tiene** tenemos tenéis **tienen**	tenía tenías tenía teníamos teníais tenían	**tuve** **tuviste** **tuvo** **tuvimos** **tuvisteis** **tuvieron**	**tendré** **tendrás** **tendrá** **tendremos** **tendréis** **tendrán**	**tendría** **tendrías** **tendría** **tendríamos** **tendríais** **tendrían**	**tenga** **tengas** **tenga** **tengamos** **tengáis** **tengan**	**tuviera** **tuvieras** **tuviera** **tuviéramos** **tuvierais** **tuvieran**	**ten** tú (no **tengas**) **tenga** Ud. **tengamos** tened (no **tengáis**) **tengan** Uds.

Infinitive	INDICATIVE Present	Imperfect	Preterite	Future	Conditional	SUBJUNCTIVE Present	Past	IMPERATIVE
21 traer	**traigo**	traía	**traje**	traeré	traería	**traiga**	**trajera**	
	traes	traías	**trajiste**	traerás	traerías	**traigas**	**trajeras**	trae tú (no **traigas**)
Participles:	trae	traía	**trajo**	traerá	traería	**traiga**	**trajera**	**traiga** Ud.
trayendo	traemos	traíamos	**trajimos**	traeremos	traeríamos	**traigamos**	**trajéramos**	**traigamos**
traído	traéis	traíais	**trajisteis**	traeréis	traeríais	**traigáis**	**trajerais**	traed (no **traigáis**)
	traen	traían	**trajeron**	traerán	traerían	**traigan**	**trajeran**	**traigan** Uds.
22 venir (e:ie)	**vengo**	venía	**vine**	**vendré**	**vendría**	**venga**	**viniera**	
	vienes	venías	**viniste**	**vendrás**	**vendrías**	**vengas**	**vinieras**	**ven** tú (no **vengas**)
Participles:	**viene**	venía	**vino**	**vendrá**	**vendría**	**venga**	**viniera**	**venga** Ud.
viniendo	venimos	veníamos	**vinimos**	**vendremos**	**vendríamos**	**vengamos**	**viniéramos**	**vengamos**
venido	venís	veníais	**vinisteis**	**vendréis**	**vendríais**	**vengáis**	**vinierais**	venid (no **vengáis**)
	vienen	venían	**vinieron**	**vendrán**	**vendrían**	**vengan**	**vinieran**	**vengan** Uds.
23 ver	**veo**	**veía**	**vi**	veré	vería	**vea**	**viera**	
	ves	**veías**	viste	verás	verías	**veas**	**vieras**	ve tú (no **veas**)
Participles:	ve	**veía**	**vio**	verá	vería	**vea**	**viera**	**vea** Ud.
viendo	vemos	**veíamos**	vimos	veremos	veríamos	**veamos**	**viéramos**	**veamos**
visto	**veis**	**veíais**	visteis	veréis	veríais	**veáis**	**vierais**	ved (no **veáis**)
	ven	**veían**	vieron	verán	verían	**vean**	**vieran**	**vean** Uds.

Stem-changing verbs

Infinitive	INDICATIVE Present	Imperfect	Preterite	Future	Conditional	SUBJUNCTIVE Present	Past	IMPERATIVE
24 contar (o:ue)	**cuento**	contaba	conté	contaré	contaría	**cuente**	contara	
	cuentas	contabas	contaste	contarás	contarías	**cuentes**	contaras	**cuenta** tú (no **cuentes**)
Participles:	**cuenta**	contaba	contó	contará	contaría	**cuente**	contara	**cuente** Ud.
contando	contamos	contábamos	contamos	contaremos	contaríamos	contemos	contáramos	contemos
contado	contáis	contabais	contasteis	contaréis	contaríais	contéis	contarais	contad (no contéis)
	cuentan	contaban	contaron	contarán	contarían	**cuenten**	contaran	**cuenten** Uds.
25 dormir (o:ue)	**duermo**	dormía	dormí	dormiré	dormiría	**duerma**	**durmiera**	
	duermes	dormías	dormiste	dormirás	dormirías	**duermas**	**durmieras**	**duerme** tú (no **duermas**)
Participles:	**duerme**	dormía	**durmió**	dormirá	dormiría	**duerma**	**durmiera**	**duerma** Ud.
durmiendo	dormimos	dormíamos	dormimos	dormiremos	dormiríamos	**durmamos**	**durmiéramos**	**durmamos**
dormido	dormís	dormíais	dormisteis	dormiréis	dormiríais	**durmáis**	**durmierais**	dormid (no **durmáis**)
	duermen	dormían	**durmieron**	dormirán	dormirían	**duerman**	**durmieran**	**duerman** Uds.
26 empezar	**empiezo**	empezaba	**empecé**	empezaré	empezaría	**empiece**	empezara	
(e:ie) (z:c)	**empiezas**	empezabas	empezaste	empezarás	empezarías	**empieces**	empezaras	**empieza** tú (no **empieces**)
	empieza	empezaba	empezó	empezará	empezaría	**empiece**	empezara	**empiece** Ud.
Participles:	empezamos	empezábamos	empezamos	empezaremos	empezaríamos	**empecemos**	empezáramos	**empecemos**
empezando	empezáis	empezabais	empezasteis	empezaréis	empezaríais	**empecéis**	empezarais	empezad (no **empecéis**)
empezado	**empiezan**	empezaban	empezaron	empezarán	empezarían	**empiecen**	empezaran	**empiecen** Uds.

	Infinitive	INDICATIVE					SUBJUNCTIVE		IMPERATIVE
		Present	Imperfect	Preterite	Future	Conditional	Present	Past	
27	entender (e:ie) **Participles:** entendiendo entendido	**entiendo** **entiendes** **entiende** entendemos entendéis **entienden**	entendía entendías entendía entendíamos entendíais entendían	entendí entendiste entendió entendimos entendisteis entendieron	entenderé entenderás entenderá entenderemos entenderéis entenderán	entendería entenderías entendería entenderíamos entenderíais entenderían	**entienda** **entiendas** **entienda** entendamos entendáis **entiendan**	entendiera entendieras entendiera entendiéramos entendierais entendieran	**entiende** tú (no **entiendas**) **entienda** Ud. entendamos entended (no entendáis) **entiendan** Uds.
28	jugar (u:ue) (g:gu) **Participles:** jugando jugado	**juego** **juegas** **juega** jugamos jugáis **juegan**	jugaba jugabas jugaba jugábamos jugabais jugaban	**jugué** jugaste jugó jugamos jugasteis jugaron	jugaré jugarás jugará jugaremos jugaréis jugarán	jugaría jugarías jugaría jugaríamos jugaríais jugarían	**juegue** **juegues** **juegue** **juguemos** **juguéis** **jueguen**	jugara jugaras jugara jugáramos jugarais jugaran	**juega** tú (no **juegues**) **juegue** Ud. **juguemos** jugad (no **juguéis**) **jueguen** Uds.
29	pedir (e:i) **Participles:** **pidiendo** pedido	**pido** **pides** **pide** pedimos pedís **piden**	pedía pedías pedía pedíamos pedíais pedían	pedí pediste **pidió** pedimos pedisteis **pidieron**	pediré pedirás pedirá pediremos pediréis pedirán	pediría pedirías pediría pediríamos pediríais pedirían	**pida** **pidas** **pida** **pidamos** **pidáis** **pidan**	**pidiera** **pidieras** **pidiera** **pidiéramos** **pidierais** **pidieran**	**pide** tú (no **pidas**) **pida** Ud. **pidamos** pedid (no **pidáis**) **pidan** Uds.
30	pensar (e:ie) **Participles:** pensando pensado	**pienso** **piensas** **piensa** pensamos pensáis **piensan**	pensaba pensabas pensaba pensábamos pensabais pensaban	pensé pensaste pensó pensamos pensasteis pensaron	pensaré pensarás pensará pensaremos pensaréis pensarán	pensaría pensarías pensaría pensaríamos pensaríais pensarían	**piense** **pienses** **piense** pensemos penséis **piensen**	pensara pensaras pensara pensáramos pensarais pensaran	**piensa** tú (no **pienses**) **piense** Ud. pensemos pensad (no penséis) **piensen** Uds.
31	reír(se) (e:i) **Participles:** **riendo** **reído**	**río** **ríes** **ríe** **reímos** reís **ríen**	reía reías reía reíamos reíais reían	reí **reíste** **rió** **reímos** **reísteis** rieron	reiré reirás reirá reiremos reiréis reirán	reiría reirías reiría reiríamos reiríais reirían	**ría** **rías** **ría** **riamos** **riáis** **rían**	**riera** **rieras** **riera** **riéramos** **rierais** **rieran**	**ríe** tú (no rías) **ría** Ud. **riamos** **reíd** (no **riáis**) **rían** Uds.
32	seguir (e:i) (gu:g) **Participles**: **siguiendo** seguido	**sigo** **sigues** **sigue** seguimos seguís **siguen**	seguía seguías seguía seguíamos seguíais seguían	seguí seguiste **siguió** seguimos seguisteis **siguieron**	seguiré seguirás seguirá seguiremos seguiréis seguirán	seguiría seguirías seguiría seguiríamos seguiríais seguirían	**siga** **sigas** **siga** **sigamos** **sigáis** **sigan**	**siguiera** **siguieras** **siguiera** **siguiéramos** **siguierais** **siguieran**	**sigue** tú (no **sigas**) **siga** Ud. **sigamos** seguid (no **sigáis**) **sigan** Uds.
33	sentir (e:ie) **Participles**: **sintiendo** sentido	**siento** **sientes** **siente** sentimos sentís **sienten**	sentía sentías sentía sentíamos sentíais sentían	sentí sentiste **sintió** sentimos sentisteis **sintieron**	sentiré sentirás sentirá sentiremos sentiréis sentirán	sentiría sentirías sentiría sentiríamos sentiríais sentirían	**sienta** **sientas** **sienta** **sintamos** **sintáis** **sientan**	**sintiera** **sintieras** **sintiera** **sintiéramos** **sintierais** **sintieran**	**siente** tú (no **sientas**) **sienta** Ud. **sintamos** sentid (no **sintáis**) **sientan** Uds.

		INDICATIVE					SUBJUNCTIVE		IMPERATIVE
	Infinitive	Present	Imperfect	Preterite	Future	Conditional	Present	Past	
34	volver (o:ue)	**vuelvo**	volvía	volví	volveré	volvería	**vuelva**	volviera	
		vuelves	volvías	volviste	volverás	volverías	**vuelvas**	volvieras	**vuelve** tú (no **vuelvas**)
	Participles:	**vuelve**	volvía	volvió	volverá	volvería	**vuelva**	volviera	**vuelva** Ud.
	volviendo	volvemos	volvíamos	volvimos	volveremos	volveríamos	volvamos	volviéramos	volvamos
	vuelto	volvéis	volvíais	volvisteis	volveréis	volveríais	volváis	volvierais	volved (no volváis)
		vuelven	volvían	volvieron	volverán	volverían	**vuelvan**	volvieran	**vuelvan** Uds.

Verbs with spelling changes

		INDICATIVE					SUBJUNCTIVE		IMPERATIVE
	Infinitive	Present	Imperfect	Preterite	Future	Conditional	Present	Past	
35	conocer	**conozco**	conocía	conocí	conoceré	conocería	**conozca**	conociera	
	(c:zc)	conoces	conocías	conociste	conocerás	conocerías	**conozcas**	conocieras	conoce tú (no **conozcas**)
		conoce	conocía	conoció	conocerá	conocería	**conozca**	conociera	**conozca** Ud.
	Participles:	conocemos	conocíamos	conocimos	conoceremos	conoceríamos	**conozcamos**	conociéramos	**conozcamos**
	conociendo	conocéis	conocíais	conocisteis	conoceréis	conoceríais	**conozcáis**	conocierais	conoced (no **conozcáis**)
	conocido	conocen	conocían	conocieron	conocerán	conocerían	**conozcan**	conocieran	**conozcan** Uds.
36	creer (y)	creo	creía	creí	creeré	creería	crea	**creyera**	
		crees	creías	**creíste**	creerás	creerías	creas	**creyeras**	cree tú (no creas)
	Participles:	cree	creía	**creyó**	creerá	creería	crea	**creyera**	crea Ud.
	creyendo	creemos	creíamos	**creímos**	creeremos	creeríamos	creamos	**creyéramos**	creamos
	creído	creéis	creíais	**creísteis**	creeréis	creeríais	creáis	**creyerais**	creed (no creáis)
		creen	creían	**creyeron**	creerán	creerían	crean	**creyeran**	crean Uds.
37	cruzar (z:c)	cruzo	cruzaba	**crucé**	cruzaré	cruzaría	**cruce**	cruzara	
		cruzas	cruzabas	cruzaste	cruzarás	cruzarías	**cruces**	cruzaras	cruza tú (no **cruces**)
	Participles:	cruza	cruzaba	cruzó	cruzará	cruzaría	**cruce**	cruzara	**cruce** Ud.
	cruzando	cruzamos	cruzábamos	cruzamos	cruzaremos	cruzaríamos	**crucemos**	cruzáramos	**crucemos**
	cruzado	cruzáis	cruzabais	cruzasteis	cruzaréis	cruzaríais	**crucéis**	cruzarais	cruzad (no **crucéis**)
		cruzan	cruzaban	cruzaron	cruzarán	cruzarían	**crucen**	cruzaran	**crucen** Uds.
38	destruir (y)	**destruyo**	destruía	destruí	destruiré	destruiría	**destruya**	**destruyera**	
		destruyes	destruías	destruiste	destruirás	destruirías	**destruyas**	**destruyeras**	**destruye** tú (no **destruyas**)
	Participles:	**destruye**	destruía	**destruyó**	destruirá	destruiría	**destruya**	**destruyera**	**destruya** Ud.
	destruyendo	destruimos	destruíamos	destruimos	destruiremos	destruiríamos	**destruyamos**	**destruyéramos**	**destruyamos**
	destruido	destruís	destruíais	destruisteis	destruiréis	destruiríais	**destruyáis**	**destruyerais**	destruid (no **destruyáis**)
		destruyen	destruían	**destruyeron**	destruirán	destruirían	**destruyan**	**destruyeran**	**destruyan** Uds.
39	enviar	**envío**	enviaba	envié	enviaré	enviaría	**envíe**	enviara	
		envías	enviabas	enviaste	enviarás	enviarías	**envíes**	enviaras	**envía** tú (no **envíes**)
		envía	enviaba	envió	enviará	enviaría	**envíe**	enviara	**envíe** Ud.
	Participles:	enviamos	enviábamos	enviamos	enviaremos	enviaríamos	enviemos	enviáramos	enviemos
	enviando	enviáis	enviabais	enviasteis	enviaréis	enviaríais	enviéis	enviarais	enviad (no enviéis)
	enviado	**envían**	enviaban	enviaron	enviarán	enviarían	**envíen**	enviaran	**envíen** Uds.

		INDICATIVE					SUBJUNCTIVE		IMPERATIVE
	Infinitive	**Present**	**Imperfect**	**Preterite**	**Future**	**Conditional**	**Present**	**Past**	
40	graduar(se)	**gradúo**	graduaba	gradué	graduaré	graduaría	**gradúe**	graduara	
		gradúas	graduabas	graduaste	graduarás	graduarías	**gradúes**	graduaras	**gradúa** tú (no **gradúes**)
	Participles:	**gradúa**	graduaba	graduó	graduará	graduaría	**gradúe**	graduara	**gradúe** Ud.
	graduando	graduamos	graduábamos	graduamos	graduaremos	graduaríamos	graduemos	graduáramos	graduemos
	graduado	graduáis	graduabais	graduasteis	graduaréis	graduaríais	graduéis	graduarais	graduad (no graduéis)
		gradúan	graduaban	graduaron	graduarán	graduarían	**gradúen**	graduaran	**gradúen** Uds.
41	llegar (g:gu)	llego	llegaba	**llegué**	llegaré	llegaría	**llegue**	llegara	
		llegas	llegabas	llegaste	llegarás	llegarías	**llegues**	llegaras	llega tú (no **llegues**)
	Participles:	llega	llegaba	llegó	llegará	llegaría	**llegue**	llegara	**llegue** Ud.
	llegando	llegamos	llegábamos	llegamos	llegaremos	llegaríamos	**lleguemos**	llegáramos	**lleguemos**
	llegado	llegáis	llegabais	llegasteis	llegaréis	llegaríais	**lleguéis**	llegarais	llegad (no **lleguéis**)
		llegan	llegaban	llegaron	llegarán	llegarían	**lleguen**	llegaran	**lleguen** Uds.
42	proteger (g:j)	**protejo**	protegía	protegí	protegeré	protegería	**proteja**	protegiera	
		proteges	protegías	protegiste	protegerás	protegerías	**protejas**	protegieras	protege tú (no **protejas**)
	Participles:	protege	protegía	protegió	protegerá	protegería	**proteja**	protegiera	**proteja** Ud.
	protegiendo	protegemos	protegíamos	protegimos	protegeremos	protegeríamos	**protejamos**	protegiéramos	**protejamos**
	protegido	protegéis	protegíais	protegisteis	protegeréis	protegeríais	**protejáis**	protegierais	proteged (no **protejáis**)
		protegen	protegían	protegieron	protegerán	protegerían	**protejan**	protegieran	**protejan** Uds.
43	tocar (c:qu)	toco	tocaba	**toqué**	tocaré	tocaría	**toque**	tocara	
		tocas	tocabas	tocaste	tocará	tocarías	**toques**	tocaras	toca tú (no **toques**)
	Participles:	toca	tocaba	tocó	tocarás	tocaría	**toque**	tocara	**toque** Ud.
	tocando	tocamos	tocábamos	tocamos	tocaremos	tocaríamos	**toquemos**	tocáramos	**toquemos**
	tocado	tocáis	tocabais	tocasteis	tocaréis	tocaríais	**toquéis**	tocarais	tocad (no **toquéis**)
		tocan	tocaban	tocaron	tocarán	tocarían	**toquen**	tocaran	**toquen** Uds.
44	vencer (c:z)	**venzo**	vencía	vencí	venceré	vencería	**venza**	venciera	
		vences	vencías	venciste	vencerás	vencerías	**venzas**	vencieras	vence tú (no **venzas**)
	Participles:	vence	vencía	venció	vencerá	vencería	**venza**	venciera	**venza** Ud.
	venciendo	vencemos	vencíamos	vencimos	venceremos	venceríamos	**venzamos**	venciéramos	**venzamos**
	vencido	vencéis	vencíais	vencisteis	venceréis	venceríais	**venzáis**	vencierais	venced (no **venzáis**)
		vencen	vencían	vencieron	vencerán	vencerían	**venzan**	vencieran	**venzan** Uds.

Guide to Vocabulary

Contents of the glossary

This glossary contains the words and expressions presented as active vocabulary in **VENTANAS**, as well as other useful vocabulary. A numeral following an entry indicates the lesson of **VENTANAS: Lengua** where the word or expression was introduced. The abbreviation *Lect.* plus lesson number indicates words and expressions introduced in **VENTANAS: Lecturas.**

Abbreviations used in this glossary

adj.	adjective	*fam.*	familiar	*pl.*	plural	*pron.*	pronoun
adv.	adverb	*form.*	formal	*pl.*	plural	*sing.*	singular
conj.	conjunction	*interj.*	interjection	*p.p.*	past participle	*v.*	verb
f.	feminine	*m.*	masculine	*prep.*	preposition		

Note on alphabetization

In the Spanish alphabet **ñ** is a separate letter following **n.** Therefore in this glossary you will find that number **añadir** follows **anuncio.**

Español–Inglés

A

abadesa *f.* abbess *(Lect. 5)*
abogado/a *m., f.* lawyer
abrazar *v.* to hug; to hold *(Lect. 1)*
abrir(se) *v.* to open; **abrirse paso** to make one's way
abrocharse *v.* to fasten; **abrocharse el cinturón de seguridad** to fasten one's seatbelt
abstracto/a *adj.* abstract **10**
aburrir *v.* to bore **2**
aburrirse *v.* to get bored **2**
acabarse *v.* to run out; to come to an end *(Lect. 6)*
acallarse *v.* to keep quiet *(Lect. 10)*
acantilado *m.* cliff
acariciar *v.* to caress *(Lect. 4, 10)*
acaso *adv.* perhaps *(Lect. 4)*
accidente *m.* accident; **accidente automovilístico** *m.* car accident **5**
acentuar *v.* to accentuate **10**
acercarse (a) *v.* to approach **2**
aclarar *v.* to clarify *(Lect. 9)*
acoger *v.* to welcome; to take in; to receive
acogido/a *adj.* received; **bien acogido/a** well received **8**
acompañar *v.* to come with *(Lect. 10)*
aconsejar *v.* to advise; to suggest **4**
acontecimiento *m.* event **9**
acordar (o:ue) *v.* to agree **2**
acordarse (o:ue) **(de)** *v.* to remember **2**
acostarse (o:ue) *v.* to go to bed **2**
acostumbrado/a *adj.* accustomed to; **estar acostumbrado/a a** *v.* to be used to
acostumbrarse (a) *v.* to get used to; to grow accustomed (to) **3**
activista *m., f.* activist **11**
acto: en el acto immediately; on the spot **3**
actor *m.* actor **9**
actriz *f.* actress **9**
actual *adj.* current **9**
actualidad *f.* current events **9**
actualizado/a *adj.* up-to-date **9**
actualizar *v.* to update *(Lect. 7)*
actualmente *adv.* currently
acuarela *f.* watercolor **10**
adelantado/a *adj.* advanced **12**
adelanto *m.* improvement **4;** advance *(Lect. 4) (Lect. 7)*
adelgazar *v.* to lose weight **4**
adinerado/a *adj.* wealthy *(Lect. 8)*
adivinar *v.* to guess *(Lect. 3)*
adjuntar *v.* to attach **7; adjuntar un archivo** to attach a file **7**
administrar *v.* to manage; to run **8**
ADN (ácido desoxirribonucleico) *m.* DNA **7**
adorar *v.* to adore **1**
aduana *f.* customs; **agente de aduanas** customs agent **5**
advertencia *f.* warning *(Lect. 8)*
afeitarse *v.* to shave **2**
aficionado/a (a) *adj.* fond of; a fan (of) **2; ser aficionado/a de** to be a fan of
afiche *m.* poster *(Lect. 1)*
afligir *v.* afflict *(Lect. 4)*
afligirse *v.* to get upset *(Lect. 3)*
afortunado/a *adj.* lucky
agenda *f.* datebook **3**
agente *m., f.* agent; officer; **agente de aduanas** *m., f.* customs agent **5**
agitar *v.* wave *(Lect. 2)*
agnóstico/a *adj.* agnostic **11**
agobiado/a *adj.* overwhelmed **1**
agotado/a *adj.* exhausted **4**
agotar *v.* to use up **6**
agradecimiento *m.* gratitude
agredir *v.* to assault *(Lect. 10)*
aguja *f.* needle *(Lect. 4)*
agujero *m.* hole; **agujero en la capa de ozono** *m.* hole in the ozone layer; **agujero negro** *m.* black hole **7**; **agujerito** *m.* small hole **7**
ahogado/a *adj.* drowned *(Lect. 5)*
ahogarse *v.* to smother; to drown
ahorrar *v.* to save **8**
ahorrarse *v.* to save oneself *(Lect. 7)*
ahorro *m.* savings **8**
aislado/a *adj.* isolated *(Lect. 6)*
aislar *v.* to isolate *(Lect. 9)*
ajedrez *m.* chess **2**
ajeno/a *adj.* belonging to others *(Lect. 11)*
ala *m.* wing
alba *f.* dawn; daybreak *(Lect. 11)*
albergue *m.* hostel **5**
álbum *m.* album **2**; *(Lect. 4)*
alcalde/alcaldesa *m., f.* mayor **11**
alcance *m.* reach **7; al alcance** within reach *(Lect. 10)*; **al alcance de la mano** within reach *(Lect. 7)*
alcanzar *v.* to reach; to achieve; to succeed in *(Lect. 5)*
aldea *f.* village *(Lect. 12)*
alimentación *f.* diet (nutrition) **4**
allá *adv.* there
alma (el) *f.* soul *(Lect. 1)*
alojamiento *m.* lodging **5**
alojarse *v.* to stay **5**
alquilar *v.* to rent; **alquilar una película** to rent a movie **2**
alta definición: de alta definición *adj.* high definition **7**
alterar *v.* to modify; to alter
altiplano *m.* high plateau *(Lect. 11)*
altoparlante *m.* loudspeaker
alusión *f.* allusion *(Lect. 10)*
amable *adj.* nice; kind
amado/a *m., f.* loved one; sweetheart **1**
amanecer *m.* sunrise *(Lect. 6)*
amar *v.* to love *(Lect. 1)*
ambiental *adj.* environmental *(Lect. 6)*
ambos/as *pron., adj.* both
amenaza *f.* menace; threat *(Lect. 3, 8)*
amenazar *v.* to threaten *(Lect. 3)*
amor *m.* love; **amor (no) correspondido** (un)requited love
amueblado/a *adj.* furnished
analfabetismo *m.* illiteracy *(Lect. 8)*
anciano/a *adj.* elderly

anciano/a *m., f.* elderly gentleman/lady
andar *v.* to walk; **andar** + *pres. participle* to be (doing something)
anfitrión/anfitriona *m.* host(ess) *(Lect. 8)*
anillo *m.* ring *(Lect. 5)*
animado/a *adj.* lively **2**
animar *v.* to cheer up; to encourage; **¡Anímate!** Cheer up! *(sing.)* **2**; **¡Anímense!** Cheer up! *(pl.)* **2**
ánimo *m.* spirit **1**
anotar (un gol/un punto) *v.* to score (a goal/ a point) **2**
ansia *f.* anxiety **1**
ansioso/a *adj.* anxious **1**
antemano: de antemano *beforehand*
antena *f.* antenna; **antena parabólica** satellite dish
anterior *adj.* previous **8**
antes que nada first and foremost
antigüedad *f.* antiquity
antiguo/a *adj.* ancient *(Lect. 8)*
antipático/a *adj.* mean; unpleasant
anuncio *m.* advertisement; commercial **9**
añadir *v.* to add
apagado/a *adj.* turned off *(Lect. 7)*
apagar *v.* to turn off **3**; **apagar las velas** to blow out the candles **8**
apañar *v.* to mend; to fix *(Lect. 4)*
apañarse *v.* to manage *(Lect. 4)*
aparecer *v.* to appear **1**
apenas *adv.* hardly; scarcely **3**
aplaudir *v.* to applaud **2**
apogeo *m.* height; highest level *(Lect. 5)*
aportación *f.* contribution **11**
apostar (o:ue) *v.* to bet
apoyarse (en) *v.* to lean (on)
apreciado/a *adj.* appreciated
apreciar *v.* to appreciate **1**
aprendizaje *m.* learning **12** *(Lect. 8)*
aprobación *f.* approval **9**
aprobar (o:ue) *v.* to approve; to pass *(a class)*; **aprobar una ley** to pass a law **11**
aprovechar *v.* to make good use of; to take advantage of
apuesta *f.* bet
apuro: tener apuro to be in a hurry; to be in a rush
araña *f.* spider **6** *(Lect. 8)*
árbitro/a *m., f.* referee **2**
árbol *m.* tree **6**
archivo *m.* file; **bajar un archivo** to download a file
arduo/a *adj.* hard *(Lect. 4)*
arepa *f.* cornmeal cake *(Lect. 11)*
argumento *m.* plot **10**
árido/a *adj.* arid *(Lect. 11)*
aristocrático/a *adj.* aristocratic *(Lect. 12)*
arma *f.* weapon
armado/a *adj.* armed
arqueología *f.* archaeology
arqueólogo/a *m., f.* archaeologist
arraigar *v.* to take root *(Lect. 10)*
arrancar *v.* to start *(a car)*
arrastrar *v.* to drag
arrecife *m.* reef **6**
arreglarse *v.* to get ready **3**
arrepentirse (de) (e:ie) *v.* to repent **2**
arriesgado/a *adj.* risky **5**
arriesgar *v.* to risk
arriesgarse *v.* to risk; to take a risk
arroba *f.* @ symbol **7**
arroyo *m.* stream *(Lect. 10)*
arruga *f.* wrinkle
artefacto *m.* artifact *(Lect. 5)*
artesano/a *m., f.* artisan **10**
asaltar *v.* to rob *(Lect. 11)*
ascender (e:ie) *v.* to rise; to be promoted **8**
asco *m.* revulsion; **dar asco** to be disgusting
asegurar *v.* to assure; to guarantee
asegurarse *v.* to make sure
aseo *m.* cleanliness; hygiene; **aseo personal** *m.* personal care
asesor(a) *m., f.* consultant; advisor **8**
así *adv.* like this; so **3**
asiento *m.* seat **2**
asilo (de ancianos) *m.* nursing home *(Lect. 4)*
asombrar *v.* to amaze *(Lect. 3)*
asombrarse *v.* to be astonished
asombro *m.* amazement; astonishment
asombroso/a *adj.* astonishing
aspecto *m.* appearance; look; **tener buen/ mal aspecto** to look healthy/sick **4**
aspirina *f.* aspirin **4**
astronauta *m., f.* astronaut **7**
astrónomo/a *m., f.* astronomer **7**
asunto *m.* matter; topic
asustado/a *adj.* frightened; scared
atar *v.* to tie (up)
ataúd *m.* casket *(Lect. 2)*
ateísmo *m.* atheism
ateo/a *adj.* atheist **11**
aterrizar *v.* to land (an airplane)
atletismo *m.* track-and-field events
atracción *f.* attraction
atraer *v.* to attract **1**
atrapar *v.* to trap; to catch **6**
atrasado/a *adj.* late **3**
atrasar *v.* to delay
atreverse (a) *v.* to dare (to) **2**
atropellar *v.* to run over
audiencia *f.* audience
aumento *m.* increase; raise; **aumento de sueldo** *m.* raise in salary **8**
auricular *m.* telephone receiver *(Lect. 7)*
ausente *adj.* absent
auténtico/a *adj.* real; genuine **3**
autobiografía *f.* autobiography **10**
autoestima *f.* self-esteem **4**
autoritario/a *adj.* strict; authoritarian **1**
autorretrato *m.* self-portrait **10** *(Lect. 4)*
auxiliar de vuelo *m., f.* flight attendant
auxilio *m.* help; aid; **primeros auxilios** *m. pl.* first aid **4**
avance *m.* advance; breakthrough **7**
avanzado/a *adj.* advanced **7**
avaro/a *m., f.* miser
ave *f.* bird **6** *(Lect. 6)*
aventura *f.* adventure **5**
aventurero/a *m., f.* adventurer **5**
avergonzado/a *adj.* ashamed; embarrassed,
averiguar *v.* to find out *(Lect. 1)*
avisar *v.* to inform; to warn
aviso *m.* notice; warning **5**
azar *m.* chance; fate *(Lect. 5, 12)*

B

bahía *f.* bay *(Lect. 5)*
bailar *v.* to dance **1**
bailarín/bailarina *m., f.* dancer
bajar *v.* to lower
balcón *m.* balcony **3**
balón *m.* ball *(Lect. 2)*
bancario/a *adj.* banking
bancarrota *f.* bankruptcy **8**
banda sonora *f.* soundtrack **9**
bandera *f.* flag *(Lect. 2)*
bañarse *v.* to take a bath **2**
baranda *f.* railing *(Lect. 9)*
barato/a *adj.* cheap; inexpensive **3**
barbaridad *f.* outrageous thing *(Lect. 10)*
barrer *v.* to sweep **3**
barrio *m.* neighborhood *(Lect. 5)*
bastante *adv.* quite; enough **3**
batalla *f.* battle **12**
bautismo *m.* baptism
beber *v.* to drink **1**
bellas artes *f., pl* fine arts **10**
bendecir (e:i) *v.* to bless **11**
beneficios *m. pl.* benefits
besar *v.* to kiss *(Lect. 1)*
bien acogido/a *adj.* well-received **8**
bienestar *m.* well-being **4**
bienvenida *f.* welcome **5**
bilingüe *adj.* bilingual *(Lect. 9)*
billar *m.* billiards **2**
biografía *f.* biography **10**
biólogo/a *m., f.* biologist **7**
bioquímico/a *adj.* biochemical **7**
bitácora *f.* travel log; weblog *(Lect. 7)*
blog *m.* blog **7**
blogonovela *f.* blognovel *(Lect. 7)*
blogosfera *f.* blogosphere *(Lect. 7)*
bobo/a *m., f.* silly, stupid person *(Lect. 7)*
boleto *m.* ticket *(Lect. 1)*
boliche *m.* bowling **2**
bolsa *f.* bag; sack; stock market; **bolsa de valores** *f.* stock market **8**
bombardeo *m.* bombing *(Lect. 6)*
bondad *f.* goodness; **¿Tendría usted la bondad de** + *inf.*... ? Could you please ...? *(form.)*
bordo: a bordo *adv.* on board **5**
borrar *v.* to erase **7**
borrego *m.* young lamb *(Lect. 6)*
bosque *m.* forest; **bosque lluvioso** *m.* rain forest **6**
bostezar *v.* to yawn
botar *v.* to throw... out *(Lect. 5)*
botarse *v.* to outdo oneself *(P. Rico; Cuba)* *(Lect. 5)*
bote *m.* boat *(Lect. 5)*
brillo *m.* shine *(Lect. 10)*
brindar *v.* to make a toast **2**
broma *f.* joke *(Lect. 1)*
bromear *v* to joke
brújula *f.* compass **5**

buceo *m.* scuba diving **5**
budista *adj.* Buddhist **11**
bueno/a *adj.* good; **estar bueno/a** *v.* to (still) be good (i.e., *fresh*); **ser bueno/a** *v.* to be good (*by nature*); **¡Buen fin de semana!** Have a nice weekend!; **Buen provecho.** Enjoy your meal.
búfalo *m.* buffalo
burla *f.* mockery
burlarse (de) *v.* to make fun (of)
burocracia *f.* bureaucracy
buscador *m.* search engine **7**
búsqueda *f.* search
buzón *m.* mailbox

C

caber *v.* to fit **1; no caber duda** to be no doubt
cabo *m.* cape; end (*rope, string*); **al fin y al cabo** sooner or later, after all; **llevar a cabo** to carry out (*an activity*)
cabra *f.* goat
cacique *m.* tribal chief **12**
cadena *f.* network **9; cadena de televisión** *f.* television network
caducar *v* to expire
caer(se) *v.* to fall **1; caer bien/mal** to get along well/badly with **2**
caja *f.* box; **caja de herramientas** toolbox
cajero/a *m., f.* cashier; **cajero automático** *m.* ATM
calentamiento global *m.* global warming **6**
calentar (e:ie) *v.* to warm up **3**
calidad *f.* quality
callado/a *adj.* quiet/silent
callarse *v.* to be quiet, silent
calmante *m.* painkiller; tranquilizer **4**
calmarse *v.* to calm down; to relax
calzoncillos *m. pl.* underwear (men's)
camarero/a *m., f.* waiter; waitress
cambiar *v* to change
cambio *m.* change; **a cambio de** in exchange for
camerino *m.* star's dressing room **9**
campamento *m.* campground **5**
campaña *f.* campaign **11**
campeón/campeona *m., f.* champion **2**
campeonato *m.* championship **2**
campo *m.* ball field *(Lect. 5)*
campo *m.* countryside; field **6**
canal *m.* channel **9; canal de televisión** *m.* television channel
cancelar *v.* to cancel **5**
cáncer *m.* cancer
cancha *f.* (playing) field *(Lect. 2)*
candidato/a *m., f.* candidate **11**
canon literario *m.* literary canon *(Lect. 10)*
cansancio *m.* exhaustion *(Lect. 3)*
cansarse *v.* to become tired
cantante *m., f.* singer **2**
capa *f.* layer; **capa de ozono** *f.* ozone layer **6**
capaz *adj.* competent; capable **8**
capilla *f.* chapel *(Lect. 11)*
capitán *m.* captain
capítulo *m.* chapter
caracterización *f.* characterization **10**
cargo *m.* position; **estar a cargo de** to be in charge of **1**
cariño *m.* affection **1**
cariñoso/a *adj.* affectionate **1**
carne *f.* meat; flesh
caro/a *adj.* expensive **3**
cartas *f. pl.* (playing) cards **2**
casado/a *adj.* married **1**
cascada *f.* cascade; waterfall *(Lect. 5)*
casi *adv.* almost **3**
casi nunca *adv.* rarely **3**
castigo *m.* punishment
casualidad *f.* chance; coincidence *(Lect. 5) (Lect. 7)*; **por casualidad** by chance **3**
catástrofe *f.* catastrophe; disaster; **catástrofe natural** *f.* natural disaster
categoría *f.* category **5; de buena categoría** *adj.* high quality **5**
católico/a *adj.* Catholic **11**
cazar *v.* to hunt **6**
ceder *v.* give up *(Lect. 11)*
celda *f.* cell
celebrar *v.* to celebrate **2**
celebridad *f.* celebrity **9**
celos *m. pl.* jealousy; **tener celos de** to be jealous of **1**
célula *f.* cell **7**
cementerio *m.* cemetery *(Lect. 12)*
censura *f.* censorship **9**
centavo *m.* cent
centro comercial *m.* mall **3**
cepillarse *v.* to brush **2**
cercano/a *adj.* close *(Lect. 10)*
cerdo *m.* pig **6**
cerro *m.* hill
certeza *f.* certainty
certidumbre *f.* certainty **12**
chisme *m.* gossip **9**
chiste *m.* joke *(Lect. 1)*
choque *m.* crash *(Lect. 3)*
choza *f.* hut *(Lect. 12)*
cicatriz *f.* scar
ciencia ficción *f.* science fiction **10**
científico/a *adj.* scientific
científico/a *m., f.* scientist **7**
cierto/a *adj.* certain, sure; **¡Cierto!** Sure!; **No es cierto.** That's not so.
cine *m.* movie theater; cinema **2**
cinturón *m.* belt; **cinturón de seguridad** *m.* seatbelt **5**; **abrocharse el cinturón de seguridad** *v.* to fasten one's seatbelt; **ponerse (el cinturón)** *v.* to fasten (the seatbelt) **5; quitarse (el cinturón)** *v.* to unfasten (the seatbelt) 5
circo *m.* circus **2**
cirugía *f.* surgery **4**
cirujano/a *m., f.* surgeon **4**
cisterna *f.* cistern; underground tank *(Lect. 6)*
cita *f.* date; quotation; **cita a ciegas** *f.* blind date **1**
ciudadano/a *m., f.* citizen **11**
civilización *f.* civilization **12**
civilizado/a *adj.* civilized
claro *interj.* of course **3**
clásico/a *adj.* classic **10**
claustro *m.* cloister *(Lect. 11)*
clima *m.* climate
clonar *v.* to clone **7**
club *m.* club; **club deportivo** *m.* sports club **2**
coartada *f.* alibi *(Lect. 10)*
cobrador(a) *m., f.* debt collector *(Lect. 8)*
cobrar *v.* to charge; to receive **8**
cochinillo *m.* suckling pig *(Lect. 10)*
cocinar *v.* to cook **3**
cocinero/a *m., f.* chef; cook
codo *m.* elbow
cohete *m.* rocket **7**
cola *f.* line; tail; **hacer cola** to wait in line **2**
coleccionar *v.* to collect
coleccionista *m., f.* collector
colgar (o:ue) *v.* to hang (up)
colina *f.* hill
colmena *f.* beehive *(Lect. 8)*
colocar *v.* to place (*an object*) *(Lect. 2)*
colonia *f.* colony **12**
colonizar *v.* to colonize **12**
columnista *m., f.* columnist *(Lect. 9)*
combatiente *m., f.* combatant
combustible *m.* fuel **6**
comediante *m., f.* comedian *(Lect. 1)*
comensal *m., f.* dinner guest *(Lect. 10)*
comer *v.* to eat **1, 2**
comerciante *m., f.* storekeeper; trader
comercio *m.* commerce; trade **8**
comerse *v.* to eat up **2**
comestible *adj.* edible; **planta comestible** *f.* edible plant
cometa *m.* comet **7**
comida *f.* food **6; comida enlatada** *f.* canned food **6; comida rápida** *f.* fast food **4**
cómo *adv.* how; **¡Cómo no!** Of course!; **¿Cómo que son...?** What do you mean they are...?
compañía *f.* company **8**
completo/a *adj.* complete; filled up; **El hotel está completo.** The hotel is filled.
componer *v.* to compose **1**
compositor(a) *m., f.* composer
comprobar (o:ue) *v.* to prove **7**
compromiso *m.* awkward situation *(Lect. 10)*
compromiso *m.* commitment; responsibility **1**
computación *f.* computer science
computadora portátil *f.* laptop **7**
comunidad *f.* community **4**
conciencia *f.* conscience
concierto *m.* concert **2**
conducir *v.* to drive **1**
conductor(a) *m., f.* announcer

conejo *m.* rabbit **6**
conexión de satélite *f.* satellite connection **7**
conferencia *f.* conference **8**
confesar (e:ie) *v.* to confess
confianza *f.* trust; confidence **1**
confundido/a *adj.* confused
confundir (con) *v.* to confuse (with)
congelado/a *adj.* frozen
congelar(se) *v.* to freeze *(Lect. 7)*
congeniar *v.* to get along
congestionado/a *adj.* congested
congestionamiento *m.* traffic jam **5**
conjunto *m.* collection; **conjunto (musical)** *m.* (musical) group, band
conmovedor(a) *adj.* moving
conocer *v.* to know **1**
conocimiento *m.* knowledge **12**
conquista *f.* conquest **12**
conquistador(a) *m., f.* conquistador; conqueror **12**
conquistar *v.* to conquer **12**
conseguir (e:i) **boletos/entradas** *v.* to get tickets **2**
conservador(a) *adj.* conservative **11**
conservador(a) *m., f.* curator
conservar *v.* to conserve; to preserve **6**
considerar *v.* to consider; **Considero que...** In my opinion, ...
consiguiente *adj.* resulting; consequent; **por consiguiente** consequently; as a result
consulado *m.* consulate *(Lect. 11)*
consulta *f.* doctor's appointment **4**
consultorio *m.* doctor's office **4**
consumo *m.* consumption; **consumo de energía** *m.* energy consumption
contador(a) *m., f.* accountant **8**
contagiarse *v.* to become infected **4**
contaminación *f.* pollution; contamination **6**
contaminar *v.* to pollute; to contaminate **6**
contar (o:ue) *v.* to tell; to count **2**; **contar con** to count on
contemporáneo/a *adj.* contemporary **10**
contentarse con *v.* to be contented/satisfied with *(Lect. 1)*
continuación *f.* sequel
contraer *v.* to contract **1**
contraseña *f.* password **7**
contratar *v.* to hire **8**
contrato *m.* contract **8**
contribuir (a) *v.* to contribute **6**
control remoto *m.* remote control; **control remoto universal** *m.* universal remote control 7
controvertido/a *adj.* controversial **9**
contundente *adj.* filling; heavy *(Lect. 10)*
convertirse (en) (e:ie) *v.* to become **2**
copa *f.* (drinking) glass; **Copa del mundo** World Cup
coquetear *v.* to flirt **1**
coraje *m.* courage
corazón *m.* heart *(Lect. 1)*
cordillera *f.* mountain range **6**
cordura *f.* sanity *(Lect. 4)*
coro *m.* choir; chorus
corona *f.* crown *(Lect. 12)*
corrector ortográfico *m.* spell-checker **7**
corresponsal *m., f.* correspondent **9**
corrida *f.* bullfight *(Lect. 2)*
corriente *f.* movement **10**
corrupción *f.* corruption
corte *m.* cut; **de corte ejecutivo** of an executive nature
corto *m.* short film *(Lect. 1)*
cortometraje *m.* short film *(Lect. 1)*
cosecha *f.* harvest *(Lect. 10)*
costa *f.* coast **6**
costoso/a *adj.* costly; expensive
costumbre *f.* custom; habit **3**
cotidiano/a *adj.* everyday **3**; **vida cotidiana** *f.* everyday life
crear *v.* to create **7**
creatividad *f.* creativity
crecer *v.* to grow **1**
crecimiento *m.* growth
creencia *f.* belief **11**
creer (en) *v.* to believe (in) **11**; **No creas.** Don't you believe it.
creyente *m., f.* believer **11**
criar *v.* to raise; **haber criado** to have raised **1**
criarse *v.* to grow up *(Lect. 1)*
criollo/a *m., f.* Latin American born of European parents *(Lect. 12)*
crisis *f.* crisis; **crisis económica** economic crisis **8**
cristiano/a *adj.* Christian **11**
criticar *v.* to critique **10**
crítico/a *m., f.* critic; *adj.* critical **crítico/a de cine** movie critic **9**
crucero *m.* cruise (ship) **5**
cruzar *v.* to cross *(Lect. 11)*
cuadro *m.* painting *(Lect. 3)*, **10**
cuarentón/cuarentona *adj.* forty-year-old; in her/his forties **11**
cubismo *m.* cubism **10**
cucaracha *f.* cockroach **6**
cuenta *f.* calculation, sum; bill; account; **al final de cuentas** after all; *(Lect. 7)* **cuenta corriente** *f.* checking account **8**; **cuenta de ahorros** *f.* savings account **8**; **tener en cuenta** to keep in mind
cuento *m.* short story
cuerpo *m.* body; **cuerpo y alma** heart and soul
cueva *f.* cave
cuidado *m.* care **1**; **bien cuidado/a** well-kept
cuidadoso/a *adj.* careful **1**
cuidar *v.* to take care of **1**
cuidarse *v.* to take care of oneself
culpa *f.* guilt *(Lect. 1)*
culpable *adj.* guilty *(Lect. 11)*
cultivar *v.* to grow
culto *m.* worship
culto/a *adj.* cultured; educated; refined **12**
cultura *f.* culture; **cultura popular** *f.* pop culture
cumbre *f.* summit; peak
cumplir *v.* to carry out *(Lect. 8)*
cura *m.* priest *(Lect. 12)*
curarse *v.* to heal; to be cured **4**
curativo/a *adj.* healing **4**
currículum vitae *m.* résumé **8**

D

dañino/a *adj.* harmful **6**
dar *v.* to give; **dar a** to look out upon; to face *(Lect. 5)*; **dar asco** to be disgusting; **dar de comer** to feed **6**; **dar el primer paso** to take the first step; **dar la gana** to feel like *(Lect. 9)*; **dar la vuelta (al mundo)** to go around (the world); **dar paso a** to give way to; **dar un paseo** to take a stroll/walk **2**; **dar una vuelta** to take a walk/stroll; **darse cuenta** to realize **2**, *(Lect. 9)*; **darse por aludido/a** to realize/assume that one is being referred to *(Lect. 9)*; **darse por vencido** to give up
dardos *m. pl.* darts **2**
dato *m.* piece of data
de repente *adv.* suddenly **3**
de terror *adj.* horror *(story/novel)* **10**
deber *m.* duty *(Lect. 8)*
deber *v.* to owe *(Lect. 8)*; **deber dinero** to owe money *(Lect. 2)*
deber + inf. *v.* ought + *inf.*
década *f.* decade **12**
decir (e:i) *v.* to say **1**
dedicatoria *f.* dedication
deforestación *f.* deforestation **6**
dejar *v.* to leave; to allow; to dump *(Lect. 1)*; **dejar a alguien** to leave someone **1**; **dejar de fumar** quit smoking **4**; **dejar en paz** to leave alone *(Lect. 8)*
delatar *v.* to denounce *(Lect. 3)*
demás: los/las demás *pron.* others; other people
demasiado/a *adj., adv.* too; too much
democracia *f.* democracy **11**
demorar *v.* to delay
denunciar *v.* to denounce *(Lect. 9)*
deportista *m., f.* athlete **2**
depositar *v.* to deposit **8**
depresión *f.* depression **4**
deprimido/a *adj.* depressed **1**
derecho *m.* law; right; **derechos civiles** *m.* civil rights **11**; **derechos humanos** *m.* human rights **11**
derramar *v.* to spill
derretir(se) (e:i) *v.* to melt *(Lect. 7)*
derribar *v.* to bring down; to overthrow **12**
derrocar *v.* to overthrow **12**
derrota *f.* defeat
derrotado/a *adj.* defeated **12**
derrotar *v.* to defeat **12** *(Lect. 12)*
desafiante *adj.* challenging *(Lect. 4)*
desafiar *v.* to challenge **2**
desafío *m.* challenge **7**
desanimado/a *adj.* discouraged
desanimarse *v.* to get discouraged

desánimo *m.* the state of being discouraged **1**
desaparecer *v.* to disappear **1, 6**
desarrollado/a *adj.* developed **12**
desarrollarse *v.* to take place **10**
desarrollo *m.* development **6; país en vías de desarrollo** *m.* developing country
desatar *v.* to untie
descalzo/a *adj.* barefoot *(Lect. 4)*
descansar *v.* to rest **4**
descanso *m.* rest **8**
descargar *v.* to download **7**
descendiente *m., f.* descendant *(Lect. 12)*
descongelar(se) *v.* to defrost *(Lect. 7)*
desconocido/a *m., f.* stranger; *adj.* unknown
descubridor(a) *m., f.* discoverer
descubrimiento *m.* discovery **7**
descubrir *v.* discover *(Lect. 4)*
descuidar(se) *v.* to get distracted; to neglect *(Lect. 6)*
desear *v.* to desire; to wish **4**
desechable *adj.* disposable **6**
desempleado/a *adj.* unemployed **8**
desempleo *m.* unemployment **8**
desencanto *m.* disenchantment *(Lect. 11)*
desenlace *m.* ending
deseo *m.* desire; wish; **pedir un deseo** to make a wish
deshacer *v.* to undo **1**
desierto *m.* desert **6**
desigual *adj.* unequal **11**
desilusión *f.* disappointment
desmayarse *v.* to faint **4**
desorden *m.* disorder; mess **7;** *(Lect. 4)*
despacho *m.* office
despedida *f.* farewell **5**
despedido/a *adj.* fired
despedir (e:i) *v.* to fire **8**
despedirse (e:i) *v.* to say goodbye *(Lect. 3)*
despertarse (e:ie) *v.* to wake up **2**
destacado/a *adj.* prominent **9**
destacar *v.* to emphasize; to point out
destino *m.* destination **5**
destrozar *v.* to destroy
destruir *v.* to destroy **6**
detestar *v.* to detest
deuda *f.* debt **8**
devolver (o:ue) *v.* to return *(items)* **3** *(Lect. 7)*
devoto/a *adj.* pious *(Lect. 11)*
día *m.* day; **estar al día con las noticias** to keep up with the news
diamante *m.* diamond *(Lect. 5)*
diario *m.* newspaper **9**
diario/a *adj.* daily **3**
dibujar *v.* to draw **10**
dictador(a) *m., f.* dictator **12**
dictadura *f.* dictatorship
didáctico/a *adj.* educational **10**
dieta *f.* diet; **estar a dieta** to be on a diet **4**
digestión *f.* digestion
digital *adj.* digital **7**
digno/a *adj.* worthy *(Lect. 6)*
diluvio *m.* heavy rain
dinero *m.* money; **dinero en efectivo** cash **3**
Dios *m.* God **11**
dios(a) *m., f.* god/goddess *(Lect. 5)*
diputado/a *m., f.* representative **11**
dirección de correo electrónico *f.* e-mail address **7**
directo/a *adj.* direct; **en directo** *adj.* live **9**
director(a) *m., f.* director
dirigir *v.* to direct; to manage **1**
discoteca *f.* discotheque; dance club **2**
discriminación *f.* discrimination
discriminado/a *adj.* discriminated
disculpar *v.* to excuse
disculparse *v.* to apologize *(Lect. 6)*
discurso *m.* speech; **pronunciar un discurso** to give a speech **11**
discutir *v.* to argue **1**
diseñar *v.* to design *(Lect. 8)*, **10**
disfraz *m.* costume
disfrazado/a *adj.* disguised; in costume
disfrutar (de) *v.* to enjoy **2**
disgustado/a *adj.* upset **1**
disgustar *v.* to upset **2**
disminuir *v* to decrease
disponerse a *v.* to be about to *(Lect. 6)*
disponible *adj.* available
distinguido/a *adj.* honored
distinguir *v.* to distinguish **1**
distraer *v.* to distract **1**
distraído/a *adj.* distracted
disturbio *m.* riot **8**
diversidad *f.* diversity **4**
divertido/a *adj.* fun **2**
divertirse (e:ie) *v.* to have fun **2**
divorciado/a *adj.* divorced **1**
divorcio *m.* divorce **1**
doblado/a *adj.* dubbed **9**
doblaje *m.* dubbing (film)
doblar *v.* to dub (film); to fold; to turn *(a corner)*
doble *m., f.* double *(in movies)* **9**
documental *m.* documentary **9**
dolencia *f.* illness; condition *(Lect. 4)*
doler (o:ue) *v.* to hurt; to ache **2**
dominio *m.* rule; control *(Lect. 12)*
dominó *m.* dominoes
dondequiera *adv.* wherever **4**
dormir (o:ue) *v.* to sleep **2**
dormirse (o:ue) *v.* to go to sleep, to fall asleep **2**
dramaturgo/a *m., f.* playwright **10**
ducharse *v.* to take a shower **2**
dueño/a *m., f.* owner **8**
duro/a *adj.* hard; difficult *(Lect. 7)*

E

echar *v.* to throw away *(Lect. 5)*; **echar un vistazo** to take a look; **echar a correr** to take off running
ecosistema *m.* ecosystem *(Lect. 6)*
ecoturismo *m.* ecotourism **5**
Edad Media *f.* Middle Ages
editar *v.* to publish *(Lect. 10)*
educar *v.* to raise; to bring up **1**
efectivo *m.* cash
efectos especiales *m., pl.* special effects **9**
eficiente *adj.* efficient
ejecutivo/a *m., f.* executive **8; de corte ejecutivo** of an executive nature **8**
ejército *m.* army **12**
electoral *adj.* electoral
electrónico/a *adj.* electronic
elegido/a *adj.* chosen; elected
elegir (e:i) *v.* to elect; to choose **11**
embajada *f.* embassy *(Lect. 11)*
embajador(a) *m., f.* ambassador **11**
embalarse *v.* to go too fast *(Lect. 9)*
embarcar *v.* to board
emigrar *v.* to emigrate **11**
emisión *f.* broadcast; **emisión en vivo/directo** *f.* live broadcast
emisora *f.* (radio) station
emocionado/a *adj.* excited **1**
empatar *v.* to tie *(games)* **2**
empate *m.* tie *(game)* **2**
empeorar *v.* to deteriorate; to get worse **4**
emperador *m* emperor **12**
emperatriz *f.* empress **12**
empezar (e:ie) *v.* to begin
empleado/a *adj.* employed **8**
empleado/a *m., f.* employee **8**
empleo *m.* employment; job **8**
empresa *f.* company; **empresa multinacional** *f.* multinational company **8**
empresario/a *m., f.* entrepreneur **8**
empujar *v.* to push
en línea *adj.* online **7**
enamorado/a (de) *adj.* in love (with) *(Lect. 1)*
enamorarse (de) *v.* to fall in love (with) **1**
encabezar *v.* to lead **12**
encantar *v.* to like very much **2**
encargado/a *m., f.* person in charge; **estar encargado/a de** to be in charge of **1**
encargarse de *v.* to be in charge of **1**
encender (e:ie) *v.* to turn on **3**
encogerse *v.* shrink; **encogerse de hombros** to shrug
energía *f.* energy; **energía eólica** *f.* wind energy; wind power; **energía nuclear** *f.* nuclear energy
enérgico/a *adj.* energetic *(Lect. 8)*
enfermarse *v.* to get sick **4**
enfermedad *f.* disease; illness **4**
enfermero/a *m., f.* nurse *(Lect. 4)*
enfrentar *v.* to confront
enganchar *v.* to get caught *(Lect. 5)*
engañar *v.* to betray **9,** *(Lect. 12)*
engordar *v.* to gain weight **4**
enlace *m.* link *(Lect. 7)*
enojo *m.* anger

enrojecer *v.* to turn red; to blush
ensayar *v.* to rehearse **9**
ensayista *m., f.* essayist **10**
ensayo *m.* essay; rehearsal
enseguida right away **3** *(Lect. 4)*
enseñanza *f.* teaching; lesson **12**
entender (e:ie) *v.* to understand
enterarse (de) *v.* to become informed (about) **9**
enterrado/a *adj.* buried *(Lect. 2)*
enterrar (e:ie) *v.* to bury *(Lect. 12)*
entonces *adv.* then; **en aquel entonces** at that time **3**
entrada *f.* admission ticket
entrega *f.* delivery
entrenador(a) *m., f.* coach; trainer **2**
entretener(se) (e:ie) *v.* to entertain, to amuse (oneself) **2**
entretenido/a *adj.* entertaining **2**
entrevista *f.* interview; **entrevista de trabajo** *f.* job interview **8**
envenenado/a *adj.* poisoned *(Lect. 6)*
enviar *v.* to send
eólico/a *adj.* related to the wind; **energía eólica** *f.* wind energy; wind power
epidemia *f.* epidemic **4**
episodio *m.* episode **9; episodio final** *m.* final episode **9**
época *f.* era; epoch; historical period **12** *(Lect. 7)*
equipaje *m.* luggage
equipo *m.* team **2**
equivocarse *v.* to be mistaken; to make a mistake
erosión *f.* erosion **6**
erudito/a *adj.* learned *(Lect. 12)*
errar *v.* to wander *(Lect. 11)*
esbozar *v.* to sketch
esbozo *m.* outline; sketch
escalada *f.* climb *(mountain)*
escalador(a) *m., f.* climber
escalera *f.* staircase **3;** ladder *(Lect. 8)*
escena *f.* scene *(Lect. 1)*
escenario *m.* scenery; stage **2**
esclavitud *f.* slavery **12**
esclavizar *v.* enslave *(Lect. 12)*
esclavo/a *m., f.* slave **12**
escoba *f.* broom
escoger *v.* to choose **1**
esculpir *v.* to sculpt **10**
escultor(a) *m., f.* sculptor **10**
escultura *f.* sculpture **10**
esfuerzo *m.* effort
espacial *adj.* related to space; **transbordador espacial** *m.* space shuttle **7**
espacio *m.* space **7**
espacioso/a *adj.* spacious
espalda *f.* back; **a mis espaldas** behind my back **9; estar de espaldas a** to have one's back to
espantar *v.* to scare
especialista *m., f.* specialist
especializado/a *adj.* specialized **7**
especie *f.* species *(Lect. 6)*; **especie en peligro de extinción** *f.* endangered species

espectáculo *m.* show **2**
espectador(a) *m., f.* spectator **2**
espejo retrovisor *m.* rearview mirror
espera *f.* wait
esperanza *f.* hope *(Lect. 6)*
espiritual *adj.* spiritual **11**
estabilidad *f.* stability **12**
establecer(se) *v.* to establish (oneself) **12**
estado de ánimo *m.* mood **4**
estar *v.* to be; **estar al día** to be up-to-date **9; estar bajo presión** to be under stress/pressure; **estar bueno/a** to be good (i.e., *fresh*); **estar a cargo de** to be in charge of; **estar harto/a (de)** to be fed up (with); to be sick (of) **1; estar lleno** to be full **5; estar al tanto** to be informed **9; estar a la venta** to be for sale **10; estar resfriado/a** to have a cold **4**
estatal *adj.* public; pertaining to the state
estereotipo *m.* stereotype *(Lect. 10)*
estético/a *m./f.* aesthetic *(Lect. 10)*
estilo *m.* style; **al estilo de...** in the style of ... **10**
estrecho/a *adj.* narrow *(Lect. 3)*
estrella *f.* star; **estrella fugaz** *f.* shooting star; **estrella** *f.* (movie) star [m/f]; **estrella pop** *f.* pop star [m/f] **9**
estreno *m.* premiere; debut **2**
estrofa *f.* stanza **10**
estudio *m.* studio; **estudio de grabación** *m.* recording studio
etapa *f.* stage; phase
eterno/a *adj.* eternal
ético/a *adj.* ethical **7; poco ético/a** unethical
etiqueta *f.* label; tag
excitante *adj.* exciting
excursión *f.* excursion; tour **5**
exigir *v.* to demand **1, 4, 8**
exilio político *m.* political exile **11**
éxito *m.* success
exitoso/a *adj.* successful **8**
exótico/a *adj.* exotic
experiencia *f.* experience *(Lect. 8)*
experimentar *v.* to experience; to feel
experimento *m.* experiment **7**
exploración *f.* exploration
explorar *v.* to explore
explotación *f.* exploitation
explotar *v.* to exploit **12**
exportaciones *f., pl.* exports
exportar *v.* to export **8**
exposición *f.* exhibition
expresionismo *m.* expressionism **10**
expulsar *v.* to expel **12**
extinguir *v.* to extinguish
extinguirse *v.* to become extinct **6**
extrañar *v.* to miss; **extrañar a (alguien)** to miss (someone); **extrañarse de algo** to be surprised about something
extraterrestre *m., f.* alien **7**

F

fábrica *f.* factory
fabricar *v.* to manufacture; to make **7**
facciones *f.* facial features *(Lect. 3)*
factor *m.* factor; **factores de riesgo** *m. pl.* risk factors
falda *f.* skirt
fallecer *v* to die
falso/a *adj.* insincere **1**
faltar *v.* to lack; to need **2**
fama *f.* fame **9; tener buena/mala fama** to have a good/bad reputation **9**
famoso/a *adj.* famous **9;** hacerse **famoso** *v.* to become famous
fanático/a *m., f.* fan *(Lect. 2)*
farándula *f.* entertainment **1**
faro *m.* lighthouse; beacon *(Lect. 5)*
fascinar *v.* to fascinate; to like very much **2**
fatiga *f.* fatigue; weariness *(Lect. 8)*
fatigado/a *adj.* exhausted *(Lect. 3)*
favor *m.* favor; **hacer el favor** to do someone the favor
favoritismo *m.* favoritism **11**
fe *f.* faith **11**
felicidad *f.* happiness; **¡Felicidades a todos!** Congratulations to all!
feliz *adj.* happy *(Lect. 4)*
feria *f.* fair **2**
festejar *v.* to celebrate **2**
festival *m.* festival **2**
fiabilidad *f.* reliability
fiebre *f.* fever **4**
fijarse *v.* to notice *(Lect. 9)*; **fijarse en** to take notice of **2**
fijo/a *adj.* permanent; fixed **8**
fin *m.* end; **al fin y al cabo** sooner or later; after all
final: al final de cuentas after all **7**
financiar *v.* to finance **8**
financiero/a *adj.* financial **8**
finanza(s) *f.* finance(s)
firma *f.* signature *(Lect. 11)*
firmar *v.* to sign
físico/a *m., f.* physicist **7**
flexible *adj.* flexible
florecer *v.* to flower *(Lect. 6)*
flotar *v.* to float *(Lect. 5)*
fondo *m.* bottom; **a fondo** *adv.* thoroughly
forma *f.* form; shape; **mala forma física** *f.* bad physical shape; **de todas formas** in any case **12; ponerse en forma** *v.* to get in shape **4**
formular *v.* to formulate **7**
fortaleza *f.* strength
forzado/a *adj.* forced **12**
fraile *m.* friar *(Lect. 11)*
frasco *m.* flask
freír (e:i) *v.* to fry **3**
frontera *f.* border **5**
fuego *m.* fire; flame *(Lect. 6)*
fuente *f.* fountain; source; **fuente de energía** energy source **6**

fuerza *f.* force; power; **fuerza de voluntad** will power **4**; **fuerza laboral** labor force; **fuerzas armadas** *f., pl.* armed forces **12**
función *f.* performance (*theater/movie*) **2**
funcionar *v.* to work **7**
futurístico/a *adj.* futuristic

G

galería *f.* gallery **10**
gana *f.* desire; **sentir/tener ganas de** to want to; to feel like
ganar *v.* to win; **ganarse la vida** to earn a living **8**; **ganar bien/mal** to be well/poorly paid **8**; **ganar las elecciones** to win an election **11**; **ganar un partido** to win a game **2**
ganga *f.* bargain **3**
gastar *v.* to spend **8**
gen *m.* gene **7**
generar *v.* to produce; to generate
generoso/a *adj.* generous
genética *f.* genetics *(Lect. 4)*
gerente *m, f.* manager **8**
gesta *f.* saga of heroic feats *(Lect. 12)*
gesto *m.* gesture
gimnasio *m.* gymnasium
gitano/a *adj.* gypsy *(Lect. 9)*
globalización *f.* globalization **8**
gobernador(a) *m., f.* governor **11**
gobernante *m., f.* ruler **12**
gobernar (e:ie) *v.* to govern **11**
grabar *v.* to record **9**
gracioso/a *adj.* funny; pleasant **1**
graduarse *v.* to graduate
gravedad *f.* gravity **7**
gripe *f.* flu **4**
gritar *v.* to shout
grupo *m.* group; **grupo musical** *m.* musical group, band
guaraní *m.* Guarani *(Lect. 9)*
guardar *v.* to save **7**
guardarse (algo) *v.* to keep (something) to yourself *(Lect. 1)*
guerra *f.* war; **guerra civil** civil war 11
guerrero/a *m., f.* warrior **12**
guía turístico/a *m.,f.* tour guide **5**
guión *m.* screenplay; script **9**
guita *f.* cash; dough (*Arg.*) *(Lect. 7)*
gusano *m.* worm
gustar *v.* to like **2, 4**; **¡No me gusta nada…!** I don't like ... at all!
gusto *m.* taste **10** **con mucho gusto** gladly; **de buen/mal gusto** in good/bad taste **10**

H

habilidad *f.* skill
hábilmente *adv.* skillfully
habitación *f.* room **5; habitación individual/doble** *f.* single/double room **5**
habitante *m., f.* inhabitant **12**
habitar *v.* to inhabit **12**
hablante *m., f.* speaker *(Lect. 9)*
hablar *v.* to speak **1; Hablando de esto,…** Speaking of that,...
hacer *v.* to do; to make **1, 4**; **hacer algo a propósito** to do something on purpose; **hacer clic** to click *(Lect. 7)*; **hacer cola** to wait in line **2**; **hacerle caso a alguien** to pay attention to someone **1**; **hacerle daño a alguien** to hurt someone; **hacer el favor** do someone the favor; **hacerle gracia a alguien** to be funny to someone; **hacerse daño** to hurt oneself; **hacer las maletas** to pack **5**; **hacer mandados** to run errands **3**; **hacer un viaje** to take a trip **5**
hallazgo *m.* finding; discovery *(Lect. 4)*
hambriento/a *adj.* hungry
haragán/haragana *adj.* lazy; idle *(Lect. 8)*
harto/a *adj.* tired; fed up (with); **estar harto/a (de)** to be fed up (with); to be sick (of) **1**
hasta *adv.* until; **hasta la fecha** up until now
hecho *m.* fact *(Lect. 3)*
helar (e:ie) *v.* to freeze
heredar *v.* to inherit
herencia *f.* heritage; **herencia cultural** cultural heritage **12**
herida *f.* injury **4**
herido/a *adj.* injured
herir (e:ie) *v.* to hurt *(Lect. 1, 9)*
heroico/a *adj.* heroic *(Lect. 12)*
herradura *f.* horseshoe **12**
herramienta *f.* tool; **caja de herramientas** *f.* toolbox
hervir (e:ie) *v.* to boil **3**
hierba *f.* grass
higiénico/a *adj.* hygienic
hindú *adj.* Hindu **11**
historia *f.* history **12**
historiador(a) *m., f.* historian **12**
histórico/a *adj.* historic **12**
histórico/a *adj.* historical **10**
hogar *m.* home; fireplace **3**
hojear *v.* to skim **10**
hombre de negocios *m.* businessman **8**
hombro *m.* shoulder; **encogerse de hombros** to shrug
homenaje *m.* tribute *(Lect. 12)*
hondo/a *adj.* deep *(Lect. 2)*
hora *f.* hour; **horas de visita** *f., pl.* visiting hours
horario *m.* schedule **3**
hormiga *f.* ant **6**
hospedaje *m.* lodging *(Lect. 11)*
hospedarse *v.* to stay; to lodge
huelga *f.* strike (*labor*) *(Lect. 8)*
huella *f.* trace; mark; sign *(Lect. 8)*
huerto *m.* orchard
huida *f.* flight *(Lect. 11)*
huir *v.* to flee; to run away *(Lect. 3)*
humanidad *f.* humankind **12**
húmedo/a *adj.* humid; damp **6**
humillar *v.* to humiliate *(Lect. 8)*
humo *m.* smoke *(Lect. 6)*
humorístico/a *adj.* humorous **10**
hundir *v.* to sink
huracán *m.* hurricane **6**

I

ideología *f.* ideology **11**
idioma *m.* language *(Lect. 9)*
iglesia *f.* church **11**
igual *adj.* equal **11**
igualdad *f.* equality
ilusión *f.* illusion; hope
imagen *f.* image; picture *(Lect. 2)*, **7**
imaginación *f.* imagination
imparcial *adj.* unbiased **9**
imperio *m.* empire **12**
importaciones *f., pl.* imports
importado/a *adj.* imported **8**
importante *adj.* important **4**
importar *v.* to be important (to); to matter **2, 4**; to import **8**
impresionar *v.* to impress **1**
impresionismo *m.* impressionism **10**
imprevisto/a *adj.* unexpected *(Lect. 3)*
imprimir *v.* to print **9**
improviso: de improviso *adv.* unexpectedly
impuesto *m.* tax; **impuesto de ventas** *m.* sales tax **8**
inalámbrico/a *adj.* wireless **7**
incapaz *adj.* incompetent; incapable **8**
incendio *m.* fire *(Lect. 6)*
incertidumbre *f.* uncertainty **12**
incluido/a *adj.* included **5**
independencia *f.* independence **12**
índice *m.* index; **índice de audiencia** *m.* ratings
indígena *adj.* indigenous **9**; *m., f.* indigenous person *(Lect. 4)*
industria *f.* industry
inesperado/a *adj.* unexpected **3**
inestabilidad *f.* instability **12**
infancia *f.* childhood
inflamado/a *adv.* inflamed **4**
inflamarse *v.* to become inflamed
inflexible *adj.* inflexible
influyente *adj.* influential **9**
informarse *v.* to get information
informática *f.* computer science **7**
informativo *m.* news bulletin *(Lect. 9)*
ingeniero/a *m., f.* engineer **7**
ingresar *v.* to enter; to enroll in; to become a member of; **ingresar datos** to enter data
injusto/a *adj.* unjust **11**
inmaduro/a *adj.* immature **1**
inmigración *f.* immigration **11**
inmoral *adj.* immoral **11**
innovador(a) *adj.* innovative **7**
inquietante *adj.* disturbing; unsettling **10**
inscribirse *v.* to register **11**
inseguro/a *adj.* insecure **1**
insensatez *f.* folly *(Lect. 4)*
insistir en *v.* to insist on **4**
inspirado/a *adj.* inspired
instalar *v.* to install **7**

integrarse (a) *v.* to become part (of) **12**
inteligente *adj.* intelligent
interesar *v.* to be interesting to; to interest **2**
Internet *m., f.* Internet **7**
interrogante *m.* question; doubt *(Lect. 7)*
intrigante *adj.* intriguing **10**
inundación *f.* flood **6**
inundar *v.* to flood
inútil *adj.* useless **2**
invadir *v.* to invade **12**
inventar *v.* to invent **7**
invento *m.* invention **7**
inversión *f.* investment; **inversión extranjera** *f.* foreign investment **8**
inversor(a) *m., f.* investor
invertir (e:ie) *v.* to invest **8**
investigador(a) *m., f.* researcher *(Lect. 4)*
investigar *v.* to investigate; to research **7**
ir *v.* to go **1, 2**; **¡Qué va!** Of course not!; **ir de compras** to go shopping **3**; **irse (de)** to go away (from) **2**; **ir(se) de vacaciones** to take a vacation **5**
irresponsable *adj.* irresponsible
isla *f.* island **5**
itinerario *m.* itinerary **5**

J

jabalí *m.* wild boar *(Lect. 10)*
jarabe *m.* syrup **4**
jaula *f.* cage
jornada *f.* (work) day
jubilación *f.* retirement
jubilarse *v.* to retire **8**
judío/a *adj.* Jewish **11**
juego *m.* game **2; juego de mesa** board game **2**; **juego de pelota** *m.* ball game *(Lect. 5)*
juez(a) *m., f.* judge **11**
jugar (u:ue) *v.* to play
juicio *m.* trial; judgment
jurar *v.* to promise *(Lect. 12)*
justicia *f.* justice **11**
justo/a *adj.* just **11**

L

laboratorio *m.* laboratory; **laboratorio espacial** *m.* space lab
ladrillo *m.* brick
ladrón/ladrona *m., f.* thief
lágrimas *f. pl.* tears *(Lect. 1)*
lanzar *v.* to throw; to launch
largarse *v.* to take off *(Lect. 4)*
largo/a *adj.* long; **a lo largo de** along; beside; **a largo plazo** long-term
largometraje *m.* full length film
lastimar *v.* to injure
lastimarse *v.* to get hurt **4**
latir *v.* to beat *(Lect. 4)*
lavar *v.* to wash **3**
lavarse *v.* to wash (oneself) **2**
lealtad *f.* loyalty *(Lect. 12)*
lector(a) *m., f.* reader **9**
lejano/a *adj.* distant **5**
lejanía *f.* distance *(Lect. 11)*
lengua *f.* language; tongue *(Lect. 9)*
león *m.* lion **6**
lesión *f.* wound *(Lect. 4)*
levantar *v.* to pick up
levantarse *v.* to get up **2**
ley *f.* law; **aprobar una ley** to approve a law; to pass a law; **cumplir la ley** to abide by the law **11**; **proyecto de ley** *m.* bill **11**
leyenda *f.* legend *(Lect. 5)*
liberal *adj.* liberal **11**
liberar *v.* to liberate **12**
libertad *f.* freedom **11; libertad de prensa** freedom of the press **9**
libre *adj.* free; **al aire libre** outdoors **6**
líder *m., f.* leader **11**
liderazgo *m.* leadership **11**
lidiar *v.* to fight bulls *(Lect. 2)*
límite *m.* border *(Lect. 11)*
limpiar *v.* to clean **3**
limpieza *f.* cleaning **3**
literatura *f.* literature **10; literatura infantil/juvenil** *f.* children's literature **10**
llamativo/a *adj.* striking **10**
llanto *m.* weeping; crying *(Lect. 4, 7)*
llegada *f.* arrival **5**
llegar *v.* to arrive
llevar *v.* to carry **2; llevar a cabo** to carry out (*an activity*); **llevar... años de (casados)** to be (married) for... years **1**; **llevarse** to carry away **2**; **llevarse bien/mal** to get along well/poorly **1**
llorar *v.* to cry *(Lect. 4)*
loco/a: ¡Ni loco/a! *adj.* No way! **9**
locura *f.* madness; insanity
locutor(a) *m., f.* announcer
locutor(a) de radio *m., f.* radio announcer **9**
lograr *v.* to manage; to achieve **3**
loro *m.* parrot
lotería *f.* lottery
lucha *f.* struggle; fight
luchar *v.* to fight; to struggle **11; luchar por** to fight (for)
lucir *v.* wear, display *(Lect. 4)*
lugar *m.* place
lujo *m.* luxury *(Lect. 8)*; **de lujo** luxurious
lujoso/a *adj.* luxurious **5**
luminoso/a *adj.* bright **10**
luna *f.* moon; **luna llena** *f.* full moon
luz *f.* power; electricity **7**

M

macho *m.* male
madera *f.* wood
madre soltera *f.* single mother
madriguera *f.* burrow; den *(Lect. 3)*
madrugar *v.* to wake up early **4**
maduro/a *adj.* mature **1**
magia *f.* magic
maldición *f.* curse
malestar *m.* discomfort **4**
maleta *f.* suitcase **5; hacer las maletas** to pack **5**
maletero *m.* trunk *(Lect. 9)*
malgastar *v.* to waste **6**
malhumorado/a *adj.* ill tempered; in a bad mood
manantial *m.* spring
mancha *f.* stain
manchar *v.* to stain
manejar *v.* to drive
manga *f.* sleeve *(Lect. 5)*
manifestación *f.* protest; demonstration **11**
manifestante *m., f.* protester *(Lect. 6)*
manipular *v.* to manipulate *(Lect. 9)*
mano de obra *f.* labor
manta *f.* blanket
mantener *v.* to maintain; to keep; **mantenerse en contacto** *v.* to keep in touch **1**; **mantenerse en forma** to stay in shape **4**
manuscrito *m.* manuscript
maquillaje *m.* make-up *(Lect. 4)*
maquillarse *v* to put on makeup **2**
mar *m.* sea **6**
maratón *m.* marathon
marca *f.* brand
marcar *v.* to mark; **marcar (un gol/punto)** to score (a goal/point) **2**
marcharse *v* to leave
marco *m.* frame *(Lect. 4, 5)*
mareado/a *adj.* dizzy **4**
marido *m.* husband
marinero *m.* sailor
mariposa *f.* butterfly
marítimo/a *adj.* maritime *(Lect. 11)*
más *adj., adv.* more; **más allá de** beyond; **más bien** rather
masticar *v.* to chew
matador/a *m., f.* bullfighter who kills the bull *(Lect. 2)*
matemático/a *m., f.* mathematician **7**
matiz *m.* subtlety
matrimonio *m.* marriage
mayor *m.* elder *(Lect. 12)*
mayor de edad *adj.* of age *(Lect. 1)*
mayoría *f.* majority **11**
mecánico/a *adj.* mechanical
mecanismo *m.* mechanism
mecer(se) *v.* to rock *(Lect. 9)*
medicina alternativa *f.* alternative medicine
medida *f.* means; measure; **medidas de seguridad** *f. pl.* security measures **5**
medio *m.* half; middle; means; **medio ambiente** *m.* environment **6; medios de comunicación** *m. pl.* media **9**
medir (e:i) *v.* to measure
meditar *v.* to meditate **11**
megáfono *m.* megaphone *(Lect. 2)*
mejilla *f.* cheek *(Lect. 10)*
mejorar *v.* to improve **4**
mendigo/a *m., f.* beggar
mensaje *m.* message; **mensaje de texto** *m.* text message **7**
mentira *f.* lie **1; de mentiras** pretend **5**
mentiroso/a *adj.* lying **1**

menudo: a menudo *adv.* frequently; often **3**
mercadeo *m.* marketing **1**
mercado *m.* market **8**
mercado al aire libre *m.* open-air market
mercancía *f.* merchandise
merecer *v.* to deserve **8**
mesero/a *m., f.* waiter; waitress
mestizo/a *m., f.* person of mixed ethnicity (part indigenous) *(Lect. 12)*
meta *f.* finish line
meterse *v.* to break in (*to a conversation*) *(Lect. 1)*
mezcla *f.* mixture
mezquita *f.* mosque **11**
miel *f.* honey *(Lect. 8)*
milagro *m.* miracle *(Lect. 11)*
militar *m., f.* military **11**
ministro/a *m., f.* minister; **ministro/a protestante** *m., f.* Protestant minister
minoría *f.* minority **11**
mirada *f.* gaze *(Lect. 1)*
misa *f.* mass *(Lect. 2)*
mismo/a *adj.* same; **Lo mismo digo yo.** The same here.; **él/ella mismo/a** himself; herself
mitad *f.* half
mito *m.* myth *(Lect. 5)*
moda *f.* fashion; trend; **de moda** *adj.* popular; in fashion **9**; **moda pasajera** *f.* fad **9**
modelo *m., f.* model (*fashion*)
moderno/a *adj.* modern
modificar *v.* to modify; to reform
modo *m.* means; manner
mojar *v.* to moisten
mojarse *v.* to get wet
molestar *v.* to bother; to annoy **2**
momento *m.* moment; **de último momento** *adj.* up-to-the-minute **9**; **noticia de último momento** *f.* last-minute news
monarca *m., f.* monarch **12**
monja *f.* nun
mono *m.* monkey **6**
monolingüe *adj.* monolingual *(Lect. 9)*
montaña *f.* mountain **6**
monte *m.* mountain *(Lect. 6)*
moral *adj.* moral **11**
morder (o:ue) *v.* to bite **6**
morirse (o:ue) **de** *v.* to die of **2**
moroso/a *m., f.* debtor *(Lect. 8)*
mosca *f.* fly *(Lect. 8)*
motosierra *f.* power saw *(Lect. 7)*
móvil *m.* cell phone *(Lect. 7)*
movimiento *m.* movement **10**
mudar *v.* to change **2**
mudarse *v.* to move (*change residence*) **2**
mueble *m.* furniture **3**
muelle *m.* pier *(Lect. 5)*
muerte *f.* death
muestra *f.* sample; example
mujer *f.* woman; wife; **mujer de negocios** *f.* businesswoman **8**
mujeriego *m.* womanizer *(Lect. 2)*
multa *f.* fine *(Lect. 7)*
multinacional *f.* multinational company
multitud *f.* crowd
Mundial *m.* World Cup *(Lect. 2)*
muralista *m., f.* muralist **10**
museo *m.* museum
músico/a *m., f.* musician **2**
musulmán/musulmana *adj.* Muslim **11**

N

naipes *m. pl.* playing cards **2**
narrador(a) *m., f.* narrator **10**
narrar *v.* to narrate **10**
narrativa *f.* narrative work *(Lect. 10)*
nativo/a *adj.* native
naturaleza muerta *f.* still life **10**
nave espacial *f.* spaceship
navegante *m., f.* navigator *(Lect. 7)*
navegar *v.* to sail **5**; **navegar en Internet** to surf the web; **navegar en la red** to surf the web **7**
necesario *adj.* necessary **4**
necesidad *f.* need **5**; **de primerísima necesidad** of utmost necessity **5**
necesitar *v.* to need **4**
necio/a *adj.* stupid
negocio *m.* business
nervioso/a *adj.* nervous
ni... ni... *conj.* neither... nor...
nido *m.* nest
niebla *f.* fog
nítido/a *adj.* sharp
nivel *m.* level; **nivel del mar** *m.* sea level
nombrar *v.* to name
nombre artístico *m.* stage name *(Lect. 1)*
nominación *f.* nomination
nominado/a *m., f.* nominee
noticia *f.* news; **noticias locales/nacionales/internacionales** *f. pl.* local/domestic/international news **9**
novela rosa *f.* romance novel **10**
novelista *m., f.* novelist *(Lect. 7)*, **10**
nuca *f.* nape *(Lect. 9)*
nutritivo/a *adj.* nutritious **4**

O

o... o... *conj.* either... or...
obedecer *v.* to obey **1**
obesidad *f.* obesity **4**
obra *f.* work; **obra de arte** *f.* work of art **10**; **obra de teatro** *f.* play (*theater*) **2**; **obra maestra** *f.* masterpiece *(Lect. 3)*
obsequio *m.* gift **11**
ocio *m.* leisure
ocultarse *v.* to hide *(Lect. 3)*
ocurrírsele a alguien *v.* to occur to someone
odiar *v.* to hate **1**
ofensa *f.* insult *(Lect. 10)*
oferta *f.* offer; proposal *(Lect. 9)*
ofrecerse (a) *v.* to offer (to)
oír *v.* to hear **1**
ola *f.* wave **5**
óleo *m.* oil painting **10**
Olimpiadas *f. pl.* Olympics
olvidarse (de) *v.* to forget (about) **2**
olvido *m.* forgetfulness; oblivion **1**
ombligo *m.* navel *(Lect. 4)*
onda *f.* wave
operación *f.* operation **4**
operar *v.* to operate
opinar *v.* to think; to be of the opinion; **Opino que es fea/o.** In my opinion, it's ugly.
oponerse a *v.* to oppose **4**
oprimir *v.* to oppress **12**
orador/a *m., f.* speaker; orator *(Lect. 2)*
organismo público *m.* government agency *(Lect. 9)*
orgulloso/a *adj.* proud **1; estar orgulloso/a de** to be proud of
orilla *f.* shore; **a orillas de** on the shore of **6**
ornamentado/a *adj.* ornate
oro *m.* gold *(Lect. 8)*
oscurecer *v.* to darken *(Lect. 6)*
oso *m.* bear
oveja *f.* sheep **6**
ovni *m.* UFO **7**
oyente *m., f.* listener **9**

P

pacífico/a *adj.* peaceful **12**
padre soltero *m.* single father
paella *f.* (Esp.) traditional rice and seafood dish *(Lect. 4)*
página *f.* page; **página web** *f.* web page **7**
país en vías de desarrollo *m.* developing country
paisaje *m.* landscape; scenery **6**
pájaro *m.* bird **6**
palmera *f.* palm tree
panfleto *m.* pamphlet *(Lect. 11)*
pantalla *f.* screen *(Lect. 2)*; **pantalla de computadora** *f.* computer screen; **pantalla de televisión** *f.* television screen **2**; **pantalla líquida** *f.* LCD screen **7**
papel *m.* role **9**; **desempeñar un papel** to play a role (*in a play*); to carry out
para *prep.* for **Para mí,...** In my opinion, ...; **para nada** not at all
paradoja *f.* paradox
parar el carro *v.* to hold one's horses *(Lect. 9)*
parcial *adj.* biased **9**
parcialidad *f.* bias **9**
parecer *v.* to seem **2**; **A mi parecer,...** In my opinion, ...; **Al parecer, no le gustó.** It looks like he/she didn't like it. **6**; **Me parece hermosa/o.** I think it's pretty.; **Me pareció...** I thought.. **1**; **¿Qué te pareció Mariela?** What did you think of Mariela? **1**; **Parece que está triste/contento/a.** It looks like he/she is sad/happy. **6**
parecerse *v.* to look like **2**, *(Lect. 3)*
pared *f.* wall *(Lect. 5)*
pareja *f.* couple; partner **1**

parque *m.* park; **parque de atracciones** *m.* amusement park **2**
parroquia *f.* parish *(Lect. 12)*
parte *f.* part; **de parte de** on behalf of; **Por mi parte,...** As for me,...
particular *adj.* private; personal; particular
partido *m.* party (*politics*); game (*sports*); **partido político** *m.* political party **11** *(Lect. 2)*; **ganar/perder un partido** to win/lose a game **2**
pasado/a de moda *adj.* out-of-date; no longer popular **9**
pasaje (de ida y vuelta) *m.* (round-trip) ticket **5**
pasajero/a *adj.* fleeting; passing
pasaporte *m.* passport **5**
pasar *v.* to pass; to make pass (*across, through, etc.*); **pasar la aspiradora** to vacuum **3**; **pasarlo bien/mal** to have a good/bad/horrible time **1**; **Son cosas que pasan.** These things happen. **11**
pasarse *v.* to go too far
pasatiempo *m.* pastime **2**
paseo *m.* stroll
paso *m.* passage; pass; step; **abrirse paso** to make one's way
pastilla *f.* pill **4**
pasto *m.* grass
pastor *m.* shepherd *(Lect. 6)*
pata *f.* foot/leg of an animal
patada *f.* kick **3**
patear *v.* to kick *(Lect. 2)*
patente *f.* patent **7**
payaso/a *m., f.* clown *(Lect. 8)*
paz *f.* peace
pecado *m.* sin
pececillo de colores *m.* goldfish
pecho *m.* chest *(Lect. 10)*
pedir (e:i) *v* to ask **1, 4**; **pedir prestado/a** to borrow **8**; **pedir un deseo** to make a wish **8**
pegar *v.* to stick
peinarse *v.* to comb (one's hair) **2**
peldaño *m.* step; stair *(Lect. 3)*
pelear *v.* to fight
película *f.* film
peligro *m.* danger; **en peligro de extinción** endangered **6**
peligroso/a *adj.* dangerous **5**
pena *f.* sorrow **4** *(Lect. 4) (Lect. 8)*; **¡Qué pena!** What a pity!
pensar (e:ie) *v.* to think **1**
pensión *f.* bed and breakfast inn
perder (e:ie) *v.* to miss; to lose; **perder un vuelo** to miss a flight **5**; **perder las elecciones** to lose an election **11**; **perder un partido** to lose a game **2**
pérdida *f.* loss *(Lect. 11)*
perdonar *v.* to forgive; **Perdona.** (*fam.*)/ **Perdone.** (*form.*) Pardon me.; Excuse me.
perfeccionar *v.* to improve; to perfect
periódico *m.* newspaper **9**
periodista *m., f.* journalist *(Lect. 9)*
permanecer *v.* to remain; to last **4**
permisivo/a *adj.* permissive; easy-going **1**
permiso. *m.* permission; **Con permiso** Pardon me.; Excuse me.
perseguir (e:i) *v.* to pursue; to persecute
personaje *m.* character **10**; **personaje principal/secundario** *m.* main/secondary character
pertenecer (a) *v.* to belong (to) **12**
pertenencias *f., pl.* belongings *(Lect. 11)*
pesadilla *f.* nightmare
pesca *f.* fishing *(Lect. 5)*
pesimista *m., f.* pessimist
peso *m.* weight
pez *m.* fish (*live*) **6**
picadura *f.* insect bite
picar *v.* to sting, to peck
picnic *m.* picnic
pico *m.* peak, summit
piedad *f.* mercy **8**
piedra *f.* stone *(Lect. 5) (Lect. 8)*
pieza *f.* piece (*art*) **10**
pillar *v.* to get (*catch*) *(Lect. 9)*
piloto *m., f.* pilot
pincel *m.* paintbrush **10**
pincelada *f.* brush stroke **10**
pintar *v.* to paint *(Lect. 3)*
pintor(a) *m., f.* painter *(Lect. 3),* **10**
pintura *f.* paint; painting **10**
pirámide *f.* pyramid *(Lect. 5)*
plancha *f.* iron
planear *v.* to plan
plata *f.* money (*L. Am.*) *(Lect. 7) (Lect. 8)*
plaza de toros *f.* bullfighting stadium *(Lect. 2)*
plazo: a corto/largo plazo short/long-term **8**
población *f.* population *(Lect. 4)*
poblador(a) *m., f.* settler; inhabitant
poblar (o:ue) *v.* to settle; to populate **12**
pobreza *f.* poverty **8**
poder (o:ue) *v.* to be able to **1**
poderoso/a *adj.* powerful **12**
poesía *f.* poetry **10**
poeta *m., f.* poet **10**
polémica *f.* controversy **11**
polen *m.* pollen *(Lect. 8)*
policíaco/a *adj.* detective (*story/novel*) **10**
política *f.* politics
político/a *m., f.* politician **11**
polvo *m.* dust **3**; **quitar el polvo** to dust **3**
poner *v.* to put; to place **1, 2**; **poner a prueba** to test; to challenge; **poner cara (de hambriento/a)** to make a (hungry) face; **poner un disco compacto** to play a CD **2**; **poner una inyección** to give a shot **4**
ponerse *v.* to put on (*clothing*) **2**; **ponerse a dieta** to go on a diet **4**; **ponerse bien/mal** to get well/ill **4**; **ponerse de pie** to stand up **12**; **ponerse el cinturón** to fasten the seatbelt **5**; **ponerse en forma** to get in shape **4**; **ponerse pesado/a** to become annoying
popa *f.* stern *(Lect. 5)*
porquería *f.* garbage; poor quality **10**
portada *f.* front page; cover **9**
portarse bien *v.* to behave well
portátil *adj.* portable
posible *adj.* possible; **en todo lo posible** as much as possible
postizo/a *adj.* false *(Lect. 10)*
pozo *m.* well; **pozo petrolero** *m.* oil well
precolombino/a *adj.* pre-Columbian
preferir (e:ie) *v.* to prefer **4**
preguntarse *v.* to wonder
prehistórico/a *adj.* prehistoric **12**
premiar *v.* to give a prize
premio *m.* prize **12**
prensa *f.* press **9**; **prensa sensacionalista** *f.* tabloid(s) **9**; **rueda de prensa** *f.* press conference **11**
preocupado/a (por) *adj.* worried (about) **1**
preocupar *v.* to worry **2**
preocuparse (por) *v.* to worry (about) **2**
presentador(a) de noticias *m., f.* news reporter
presentir (e:ie) *v.* to foresee
presionar *v.* to pressure; to stress
prestar *v.* to lend **8**
presupuesto *m.* budget **8**
prevenido/a *adj.* cautious
prevenir *v.* to prevent **4**
prever *v.* to foresee *(Lect. 6)*
previsto/a *adj., p.p.* planned *(Lect. 3)*
primer(a) ministro/a *m., f.* prime minister **11**
primeros auxilios *m. pl.* first aid **4**
prisa *f.* hurry; rush *(Lect. 6)*
privilegio *m.* privilege *(Lect. 8)*
proa *f.* bow *(Lect. 5)*
probador *m.* dressing room **3**
probar (o:ue) **(a)** *v.* to try **3**
probarse (o:ue) *v.* to try on **3**
procesión *f.* procession *(Lect. 12)*
producir *v.* to produce **1**
productivo/a *adj.* productive **8**
profundo/a *adj.* deep
programa (de computación) *m.* software **7**
programador(a) *m., f.* programmer
prohibido/a *adj.* prohibited **5**
prohibir *v.* to prohibit **4**
prominente *adj.* prominent **11**
promover (o:ue) *v.* to promote
pronunciar *v.* to pronounce; **pronunciar un discurso** to give a speech **11**
propaganda *f.* advertisement *(Lect. 9)*
propensión *f.* tendency
propietario/a *m., f.* (property) owner
proponer *v.* to propose **1, 4**; **proponer matrimonio** to propose (marriage) **1**
proporcionar *v.* to provide; to supply
propósito: a propósito *adv.* on purpose **3**
prosa *f.* prose **10**
protagonista *m., f.* protagonist; main character *(Lect. 1)*
proteger *v.* to protect **1, 6**
protegido/a *adj.* protected **5**
protestar *v.* to protest **11**
provecho *m.* benefit; **Buen provecho.** Enjoy your meal. **6**

proveniente (de) *adj.* originating (in); coming from
provenir (de) *v.* to come from; to originate from
proyecto *m.* project; **proyecto de ley** *m.* bill **11**
prueba *f.* proof *(Lect. 2)*
publicar *v.* to publish **9**
publicidad *f.* advertising **9**
público *m.* public; audience **9**
pueblo *m.* people *(Lect. 4)*
puente *m.* bridge *(Lect. 12)*
puerta de embarque *f.* (airline) gate **5**
puerto *m.* port **5**
puesto *m.* position; job **8**
punto *m.* period **2**
punto de vista *m.* point of view **10**
pureza *f.* purity *(Lect. 6)*
puro/a *adj.* pure; clean

Q

quedar *v.* to be left over; to fit (clothing) **2**
quedarse *v.* to stay **5; quedarse callado/a** to remain silent *(Lect. 1)*; **quedarse sin** to be/run out of *(Lect. 6)*; **quedarse sordo/a** to go deaf **4**; **quedarse viudo/a** to become widowed
quehacer *m.* chore **3**
queja *f.* complaint
quejarse (de) *v.* to complain (about) **2**
querer (e:ie) *v.* to love; to want *(Lect. 1)*, **4**
químico/a *adj.* chemical **7**
químico/a *m., f.* chemist **7**
quirúrgico/a *adj.* surgical
quitar *v.* to take away; to remove **2; quitar el polvo** to dust **3**
quitarse *v.* to take off *(clothing)* **2; quitarse (el cinturón)** to unfasten (the seatbelt) **5**

R

rabino/a *m., f.* rabbi
radiación *f.* radiation
radio *f.* radio
radioemisora *f.* radio station **9**
raíz *f.* root
rama *f.* branch *(Lect. 9)*
rana *f.* frog **6**
rancho *m.* ranch *(Lect. 12)*
rasgo *m.* trait; characteristic
rata *f.* rat
ratos libres *m. pl.* free time **2**
raya *f.* war paint; stripe **5**
rayo *m.* ray; lightning; **¿Qué rayos...?** What on earth...? **5**
raza *f.* race *(Lect. 12)*
reactor *m.* reactor
realismo *m.* realism **10**
realista *adj.* realistic; realist **10**
rebaño *m.* flock *(Lect. 6)*
rebeldía *f.* rebelliousness
rebuscado/a *adj.* complicated
recepción *f.* front desk **5**
receta *f.* prescription **4**
recetar *v.* prescribe *(Lect. 4)*
rechazar *v.* to reject **11**
rechazo *m.* refusal; rejection
reciclable *adj.* recyclable
reciclar *v.* to recycle **6**
recital *m.* recital
reclamar *v.* to claim; to demand *(Lect. 11)*
recomendable *adj.* recommendable; advisable **5; poco recomendable** not advisable; inadvisable
recomendar (e:ie) *v.* to recommend **4**
reconocer *v.* to recognize *(Lect. 12)*
reconocimiento *m.* recognition
recordar (o:ue) *v.* to remember
recorrer *v.* to visit; to go around **5**
recuerdo *m.* memory *(Lect. 1)*
recuperarse *v.* to recover **4**
recurso natural *m.* natural resource **6**
redactor(a) *m., f.* editor **9; redactor(a) jefe** *m., f.* editor-in-chief
redondo/a *adj.* round *(Lect. 2)*
reducir (la velocidad) *v.* to reduce (speed) **5**
reembolso *m.* refund **3**
reflejar *v.* to reflect; to depict **10**
reforma *f.* reform; **reforma económica** *f.* economic reform
refugiarse *v* to take refuge
refugio *m.* refuge *(Lect. 6)*
regla *f.* rule *(Lect. 5)*
regocijo *m.* joy *(Lect. 4)*
regresar *v.* to return **5**
regreso *m.* return (trip)
rehacer *v.* to re-make; to re-do **1**
reina *f.* queen
reino *m.* reign; kingdom **12**
reírse (e:i) *v.* to laugh
relacionado/a *adj.* related; **estar relacionado/a** to have good connections
relajarse *v.* to relax **4**
relámpago *m.* lightning **6**
relato *m.* story; account *(Lect. 10)*
religión *f.* religion
religioso/a *adj.* religious **11**
remitente *m.* sender *(Lect. 3)*
remo *m.* oar *(Lect. 5)*
remordimiento *m.* remorse *(Lect. 11)*
rendimiento *m.* performance
rendirse (e:i) *v.* to surrender **12**
renovable *adj.* renewable **6**
renunciar *v.* to quit **8; renunciar a un cargo** to resign a post
repaso *m.* revision; review *(Lect. 10)*
repentino/a *adj.* sudden *(Lect. 3)*
repertorio *m.* repertoire
reportaje *m.* news report **9**
reportero/a *m., f.* reporter **9**
reposo *m.* rest; **estar en reposo** to be at rest
repostería *f.* pastry
represa *f.* dam
reproducirse *v.* to reproduce
reproductor de CD/DVD/MP3 *m.* CD/DVD/MP3 player **7**
resbaladizo/a *adj.* slippery **11**
resbalar *v.* to slip
rescatar *v.* to rescue
resentido/a *adj.* resentful *(Lect. 6)*
reservación *f.* reservation
reservar *v.* to reserve **5**
resfriado *m.* cold **4**
residir *v* to reside
resolver (o:ue) *v.* to solve **6**
respeto *m.* respect
respiración *f.* breathing **4**
responsable *adj.* responsible
retrasado/a *adj.* delayed **5**
retrasar *v* to delay
retraso *m.* delay
retratar *v.* to portray *(Lect. 3)*
retrato *m.* portrait *(Lect. 3)*
reunión *f.* meeting **8**
reunirse (con) *v.* to get together (with) **2**
revista *f.* magazine **9; revista electrónica** *f.* online magazine **9**
revolucionario/a *adj.* revolutionary **7**
revolver (o:ue) *v.* to stir; to mix up
rey *m.* king **12**
rezar *v.* to pray **11**
riesgo *m.* risk
rima *f.* rhyme **10**
rincón *m.* corner; nook *(Lect. 11)*
río *m.* river
riqueza *f.* wealth **8**
rociar *v.* to spray **6**
rodar (o:ue) *v.* to film **9**
rodeado/a *adj.* surrounded **7**
rodear *v.* to surround
rogar (o:ue) *v.* to beg; to plead **4**
romanticismo *m.* romanticism **10**
romper *v.* break *(Lect. 2)*
romper (con) *v.* to break up (with) **1**
rozar *v.* to brush against; to touch *(Lect. 10)*
ruedo *m.* bull ring *(Lect. 2)*
ruido *m.* noise
ruina *f.* ruin **5**
ruta maya *f.* Mayan Trail *(Lect. 5)*
rutina *f.* routine **3**

S

saber *v.* to know; to taste like/of **1; ¿Cómo sabe?** How does it taste? **4; ¿Y sabe bien?** And does it taste good? **4; Sabe a ajo/menta/limón.** It tastes like garlic/mint/lemon. **4**
sabiduría *f.* wisdom **12** *(Lect. 8)*
sabio/a *adj.* wise
sabor *m.* taste; flavor; **¿Qué sabor tiene? ¿Chocolate?** What flavor is it? Chocolate? **4; Tiene un sabor dulce/agrio/amargo/agradable.** It has a sweet/sour/bitter/pleasant taste. **4**
sacerdote *m.* priest
saciar *v.* to satisfy; to quench
sacrificar *v.* to sacrifice *(Lect. 6)*
sacrificio *m.* sacrifice
sacristán *m.* sexton **11**
sagrado/a *adj.* sacred; holy **11**

sala *f.* room; hall; **sala de conciertos** *f.* concert hall; **sala de emergencias** *f.* emergency room **4**
salida *f.* exit *(Lect. 6)*
salir *v.* to leave; to go out **1; salir (a comer)** to go out (to eat) **2; salir con** to go out with **1**
salto *m.* jump
salud *f.* health **4; ¡A tu salud!** To your health!; **¡Salud!** Cheers! **8**
saludable *adj.* healthy; nutritious **4**
salvaje *adj.* wild **6**
salvar *v.* to save *(Lect. 6)*
sanar *v.* to heal **4**
sangre *f.* blood *(Lect. 9)*
sano/a *adj.* healthy **4**
satélite *m.* satellite
sátira *f.* satire
satírico/a *adj.* satirical **10; tono satírico/a** *m.* satirical tone
secarse *v.* to dry off **2**
sección *f.* section **9; sección de sociedad** *f.* lifestyle section **9; sección deportiva** *f.* sports page/section **9**
seco/a *adj.* dry **6**
secuestro *m.* kidnapping *(Lect. 11)*
seguir (i:e) *v.* to follow
seguridad *f.* safety; security **5; cinturón de seguridad** *m.* seatbelt **5; medidas de seguridad** *f. pl.* security measures **5**
seguro *m.* insurance **5**
seguro/a *adj.* sure; confident **1**
seleccionar *v.* to select; to pick out **3**
sello *m.* seal; stamp
selva *f.* jungle **5**
semana *f.* week
semanal *adj.* weekly
semilla *f.* seed *(Lect. 10)*
senador(a) *m., f.* senator **11**
sensato/a *adj.* sensible **1**
sensible *adj.* sensitive **1**
sentido *m.* sense; **en sentido figurado** figuratively; **sentido común** *m.* common sense
sentimiento *m.* feeling; emotion *(Lect. 1)*
sentirse (e:ie) *v.* to feel **1**
señal *f.* sign *(Lect. 2)*
señalar *v.* to point to; to signal *(Lect. 2)*
separado/a *adj.* separated **1**
sepultar *v.* to bury *(Lect. 12)*
sequía *f.* drought **6**
ser *v.* to be **1**
serpiente *f.* snake **6**
servicio de habitación *m.* room service **5**
servicios *m., pl* facilities
servidumbre *f.* servants; servitude *(Lect. 3)*
sesión *f.* showing
siglo *m.* century **12**
silbar *v.* to whistle
sillón *m.* armchair
simpático/a *adj.* nice
sin *prep.* without; **sin ti** without you *(fam.)*
sinagoga *f.* synagogue **11**
sincero/a *adj.* sincere
sindicato *m.* labor union **8**
síntoma *m.* symptom
sintonía *f.* tuning; synchronization *(Lect. 9)*
sintonizar *v.* to tune into (radio or television)
siquiera *conj.* even; **ni siquiera** *conj.* not even
sitio web *m.* website *(Lect. 7)*
situado/a *adj.* situated; located; **estar situado/a en** to be set in
soberanía *f.* sovereignty **12**
soberano/a *m., f.* sovereign; ruler **12**
sobre *m.* envelope *(Lect. 3)*
sobre todo above all *(Lect. 6)*
sobredosis *f.* overdose
sobrevivencia *f.* survival
sobrevivir *v.* to survive
sociable *adj.* sociable
sociedad *f.* society
socio/a *m., f.* partner; member **8**
solar *adj.* solar
soldado *m.* soldier **12**
soledad *f.* solitude; loneliness **3**
soler (o:ue) *v.* to be in the habit of; to be used to **3**
solicitar *v.* to apply for **8**
solo/a *adj.* alone; lonely **1**
soltero/a *adj.* single **1; madre soltera** *f.* single mother; **padre soltero** *m.* single father
sombra *f.* shade *(Lect. 9)*
sonámbulo/a *m., f.* sleepwalker *(Lect. 9)*
sonar (o:ue) *v.* to ring *(Lect. 5, 7)*
soñar (o:ue) **(con)** *v.* to dream (about) **1**
soplar *v.* to blow
soportar *v.* to support; **soportar a alguien** to put up with someone **1**
sordo/a *adj.* deaf; **quedarse sordo/a** to go deaf *v.* **4**
sorprender *v.* to surprise **2**
sorprenderse (de) *v.* to be surprised (about) **2**
sortija *f.* ring *(Lect. 5)*
sospecha *f.* suspicion *(Lect. 11)*
sospechar *v.* to suspect
sótano *m.* basement *(Lect. 3)*
suavidad *f.* smoothness
subasta *f.* auction **10**
subdesarrollo *m.* underdevelopment
subida *f.* ascent
subsistir *v.* to survive *(Lect. 11)*
subtítulos *m., pl.* subtitles **9**
suburbio *m.* suburb
suceder *v.* to happen *(Lect. 1)*
sucursal *f.* branch
sueldo *m.* salary *(Lect. 7)*; **aumento de sueldo** raise in salary *m.* **8; sueldo fijo** *m.* base salary *(Lect. 8)*; **sueldo mínimo** *m.* minimum wage **8**
suelo *m.* floor
suelto/a *adj.* loose
sueño *m.* dream *(Lect. 8)*
sufrimiento *m.* pain; suffering *(Lect. 1)*
sufrir (de) *v.* to suffer (from) **4**
sugerir (e:ie) *v.* to suggest **4**
superar *v.* to overcome
superficie *f.* surface
supermercado *m.* supermarket **3**
supervivencia *f.* survival
suponer *v.* to suppose **1**
suprimir *v.* to abolish; to suppress **12**
supuesto/a *adj.* false; so-called; supposed; **Por supuesto.** Of course.
surrealismo *m.* surrealism **10**
suscribirse (a) *v.* to subscribe (to) **9**

T

tacaño/a *adj.* cheap; stingy **1**
tacón *m.* heel **12; tacón alto** high heel
tal como *conj.* just as
talento *m.* talent **1**
talentoso/a *adj.* talented **1**
taller *m.* workshop *(Lect. 7)*
tanque *m.* tank *(Lect. 6)*
tapa *f.* lid, cover
tapón *m.* traffic jam *(Lect. 5)*
taquilla *f.* box office **2**
tarjeta *f.* card; **tarjeta de crédito/débito** *f.* credit/debit card **3**
tatarabuelo/a *m., f.* great-great-grandfather/mother *(Lect. 12)*
teatro *m.* theater
teclado *m.* keyboard
tela *f.* canvas **10**
teléfono celular *m.* cell phone **7**
telenovela *f.* soap opera **9**
telescopio *m.* telescope **7**
televidente *m., f.* television viewer **9**
televisión *f.* television **2**
televisor *m.* television set *(Lect. 2)*
templo *m.* temple **11**
temporada *f.* season; period; **temporada alta/baja** *f.* high/low season **5**
tendencia *f.* trend **9; tendencia izquierdista/derechista** *f.* left-wing/right-wing bias
tener (e:ie) *v.* to have **1; tener buen/mal aspecto** to look healthy/sick **4; tener buena/mala fama** to have a good/bad reputation **9; tener celos (de)** to be jealous (of) **1; tener fiebre** to have a fever **4; tener vergüenza (de)** to be ashamed (of) **1**
tensión (alta/baja) *f.* (high/low) blood pressure **4**
teoría *f.* theory **7**
terapia intensiva *f.* intensive care *(Lect. 4)*
térmico/a *adj.* thermal
terremoto *m.* earthquake **6**
terreno *m.* land *(Lect. 6)*
territorio *m.* territory *(Lect. 11)*
terrorismo *m.* terrorism **11**
testigo *m., f.* witness *(Lect. 10)*
tiburón *m.* shark *(Lect. 5)*
tiempo *m.* time; **a tiempo** on time **3; tiempo libre** *m.* free time **2**
tierra *f.* land; earth **6**
tigre *m.* tiger **6**

timbre *m.* doorbell; tone; tone of voice *(Lect. 3) (Lect. 5)*; **tocar el timbre** to ring the doorbell **3**
timidez *f.* shyness
tímido/a *adj.* shy **1**
típico/a *adj.* typical; traditional
tipo *m.* guy **2**
tira cómica *f.* comic strip **9**
tirar *v.* to throw *(Lect. 5)*
titular *m.* headline **9**
titularse *v.* to graduate *(Lect. 3)*
tocar + me/te/le, etc. *v.* to be my/your/his turn; **¿A quién le toca pagar la cuenta?** Whose turn is it to pay the tab? **2**; **¿Todavía no me toca?** Is it my turn yet? **2**; **A Johnny le toca hacer el café.** It's Johnny's turn to make coffee. **2**; **Siempre te toca lavar los platos.** It's always your turn to wash the dishes. **2**; **tocar el timbre** to ring the doorbell **3**
tomar *v.* to take; **tomar en serio** to take seriously *(Lect. 8)*
torear *v.* to fight bulls in the bullring *(Lect. 2)*
toreo *m.* bullfighting *(Lect. 2)*
torero/a *m., f.* bullfighter *(Lect. 2)*
tormenta *f.* storm; **tormenta tropical** *f.* tropical storm **6**
torneo *m.* tournament **2**
tortilla *f.* (*Esp.*) potato omelet *(Lect. 4)*
tos *f.* cough **4**
toser *v.* to cough **4**
tóxico/a *adj.* toxic **6**
tozudo/a *adj.* stubborn *(Lect. 8)*
trabajador(a) *adj.* industrious; hard-working *(Lect. 8)*
trabajar duro to work hard **8**
tradicional *adj.* traditional **1**
traducir *v.* to translate **1**
traer *v.* to bring **1**
tragar *v.* to swallow
trágico/a *adj.* tragic **10**
traición *f.* betrayal *(Lect. 12)*
traicionar *f.* to betray *(Lect. 12)*
traidor(a) *m., f.* traitor *(Lect. 12)*
traje de luces *m.* bullfighter's outfit (*lit.* costume of lights) *(Lect. 2)*
trama *f.* plot *(Lect. 10)*
tranquilo/a *adj.* calm **1**; **Tranquilo/a.** Be calm.; Relax.
transbordador espacial *m.* space shuttle **7**
transcurrir *v.* to take place *(Lect. 10)*
tránsito *m.* traffic
transmisión *f.* transmission
transmitir *v.* to broadcast **9**
transplantar *v.* to transplant
transporte público *m.* public transportation
trasnochar *v.* to stay up all night **4**
trastero *m.* storage room *(Lect. 4)*
trastorno *m.* disorder
tratado *m.* treaty
tratamiento *m.* treatment **4**
tratar *v.* to treat **4**; **tratar (sobre/acerca de)** to be about; to deal with **4** *(Lect. 10)*
tratarse de *v.* to be about; to deal with **10**
trato *m.* deal *(Lect. 9)*
trayectoria *f.* path; history *(Lect. 1)*
trazar *v.* to trace
tribu *f.* tribe **12**
tribunal *m.* court
tropical *adj.* tropical; **tormenta tropical** *f.* tropical storm **6**
truco *m.* trick **2**
trueno *m.* thunder **6**
trueque *m.* barter; exchange
tubería *f.* piping; plumbing *(Lect. 6)*
turismo *m.* tourism **5**
turista *m., f.* tourist **5**
turístico/a *adj.* tourist **5**

U

ubicar *v.* to put in a place; to locate
ubicarse *v* to be located
único/a *adj.* unique
uña *f.* fingernail
urbano/a *adj.* urban
urgente *adj.* urgent **4**
usuario/a *m., f.* user *(Lect. 7)*
útil *adj.* useful *(Lect. 11)*

V

vaca *f.* cow **6**
vacuna *f.* vaccine **4**
vago/a *m., f.* slacker *(Lect. 7)*
vagón *m.* carriage; coach *(Lect. 7)*
valer *v.* to be worth **1**
valiente brave **5**
valioso/a *adj.* valuable *(Lect. 6)*
valor *m.* bravery; value
vándalo/a *m., f.* vandal *(Lect. 6)*
vanguardia *f.* vanguard; **a la vanguardia** at the forefront *(Lect. 7)*
vedado/a *adj.* forbidden *(Lect. 3)*
vela *f.* candle
venado *m.* deer
vencer *v.* to conquer; to defeat **2**, *(Lect. 9)*
vencido/a *adj.* expired **5**
venda *f.* bandage **4**
vendedor(a) *m., f.* salesperson **8**
veneno *m.* poison *(Lect. 6)*
venenoso/a *adj.* poisonous **6**
venerar *v.* to worship *(Lect. 11)*
venir (e:ie) *v.* to come **1**
venta *f.* sale; **estar a la venta** to be for sale
ventaja *f.* advantage
ver *v.* to see **1**; **Yo lo/la veo muy triste.** He/She looks very sad to me. **6**
vergüenza *f.* shame; embarrassment; **tener vergüenza (de)** to be ashamed (of) **1**
verse *v.* to look; to appear; **Se ve tan feliz.** He/She looks so happy. **6**; **¡Qué guapo/a te ves!** How attractive you look! (*fam.*) **6**; **¡Qué elegante se ve usted!** How elegant you look! (*form.*) **6**
verso *m.* line (*of poetry*) **10**
vestidor *m.* fitting room
vestirse (e:i) *v.* to get dressed **2**
vez *f.* time; **a veces** *adv.* sometimes **3**; **de vez en cuando** now and then; once in a while **3**; **por primera/última vez** for the first/last time *(Lect. 2)*; **érase una vez** once upon a time
viaje *m.* trip **5**; **hacer un viaje** to take a trip **5**
viajero/a *m., f.* traveler **5**
victoria *f.* victory
victorioso/a *adj.* victorious **12**
vida *f.* life; **vida cotidiana** *f.* everyday life
video musical *m.* music video **9**
videojuego *m.* video game **2**
vigente *adj.* valid **5**
vigilar *v.* to watch; to keep an eye on *(Lect. 3)*
vínculo *m.* family tie; connection *(Lect. 12)*
virrey *m.* viceroy *(Lect. 12)*
virus *m.* virus **4**
vistazo *m.* glance; **echar un vistazo** to take a look
viudo/a *adj.* widowed **1**
viudo/a *m., f.* widower/widow
vivir *v.* to live **1**
vivo: en vivo *adj.* live **9**
volar (o:ue) *v.* to fly *(Lect. 8)*
volver (o:ue) *v.* to come back
volverse *v.* to become *(Lect. 8)*
vos *pron.* tú *(Lect. 7)*
votar *v.* to vote **11**
vuelo *m.* flight
vuelta *f.* return (trip)

W

web *f.* (the) web *(Lect. 7)*
weblog *m.* blog *(Lect. 7)*

Y

yeso *m.* cast **4**

Z

zaguán *m.* entrance hall; vestibule *(Lect. 3)*
zoológico *m.* zoo **2**

English–Spanish

A

@ symbol arroba *f.* 7
abbess abadesa *f.* *(Lect. 5)*
abolish suprimir *v.* 12
above all sobre todo 6
absent ausente *adj.*
abstract abstracto/a *adj.* 10
accentuate acentuar *v.* 10
accident accidente *m.*; **car accident** accidente automovilístico *m.* 5
account cuenta *f.*; **(story)** relato *m.* 10; **checking account** cuenta corriente *f.* 8; **savings account** cuenta de ahorros *f.*
accountant contador(a) *m., f.* 8
accustomed to acostumbrado/a *adj.*; **to grow accustomed (to)** acostumbrarse (a) *v.* 3
ache doler (o:ue) *v.* 2
achieve lograr *v.* 3; alcanzar *v.* *(Lect. 5)*
activist activista *m., f.* 11
actor actor *m.* 9
actress actriz *f.* 9
add añadir *v.*
admission ticket entrada *f.*
adore adorar *v.* 1
advance avance *m.* 7; adelanto *m.* *(Lect. 7)*
advanced adelantado/a; avanzado/a *adj.* 7, 12
advantage ventaja *f.*; **to take advantage of** aprovechar *v*
adventure aventura *f.* 5
adventurer aventurero/a *m., f.* 5
advertising publicidad *f.* 9
advertisement anuncio *m.*, propaganda *f.* 9
advisable recomendable *adj.* 5; **not advisable, inadvisable** poco recomendable *adj.*
advise aconsejar *v.* 4
advisor asesor(a) *m., f.* 8
aesthetic estético/a *m., f.* 10
affection cariño *m.* 1
affectionate cariñoso/a *adj.* 1
afflict afligir *v.* 4
after all al final de cuentas 7; al fin y al cabo
age: of age mayor de edad
agent agente *m., f.*; **customs agent** agente de aduanas *m., f.* 5
agnostic agnóstico/a *adj.* 11
agree acordar (o:ue) *v.* 2
aid auxilio *m.*; **first aid** primeros auxilios *m. pl.* 4
album álbum *m.* 2
alibi coartada *f.* 10
alien extraterrestre *m., f.* 7
allusion alusión *f.* 10
almost casi *adv.* 3
alone solo/a *adj.* 1
alternative medicine medicina alternativa *f.*
amaze asombrar *v.* *(Lect. 3)*
amazement asombro *m.*
ambassador embajador(a) *m., f.* 11
amuse (oneself) entretener(se) (e:ie) *v.* 2
ancient antiguo/a *adj.* 12
anger enojo *m.*
announcer conductor(a) *m., f.*; locutor(a) *m., f.*
annoy molestar *v.* 2
ant hormiga *f.* 6
antenna antena *f.*
antiquity antigüedad *f.*
anxiety ansia *f.* 1
anxious ansioso/a *adj.* 1
apologize disculparse *v.* 6
appear aparecer *v.* 1
appearance aspecto *m.*
applaud aplaudir *v.* 2
apply for solicitar *v.* 8
appreciate apreciar *v.* 1
appreciated apreciado/a *adj.*
approach acercarse (a) *v.* 2
approval aprobación *f.* 9
approve aprobar (o:ue) *v.*
archaeologist arqueólogo/a *m., f.*
archaeology arqueología *f.*
argue discutir *v.* 1
arid árido/a *adj.* 11
aristocratic aristocrático/a *adj.* 12
armchair sillón *m.*
armed armado/a *adj.*
army ejército *m.* 12
arrival llegada *f.* 5
arrive llegar *v.*
artifact artefacto *m.* 5
artisan artesano/a *m., f.* 10
ascent subida *f.*
ashamed avergonzado/a *adj.*; **to be ashamed (of)** tener vergüenza (de) *v.* 1
ask pedir (e:i) *v* 1, 4
aspirin aspirina *f.* 4
assault agredir *v.* *(Lect. 10)*
assure asegurar *v.*
astonished: be astonished asombrarse *v.*
astonishing asombroso/a *adj.*
astonishment asombro *m.*
astronaut astronauta *m., f.* 7
astronomer astrónomo/a *m., f.* 7
atheism ateísmo *m.*
atheist ateo/a *adj.* 11
athlete deportista *m., f.* 2
ATM cajero automático *m.*
attach adjuntar *v.* 7; **to attach a file** adjuntar un archivo *v.* 7
attract atraer *v.* 1
attraction atracción *f.*
auction subasta *f.* 10
audience audiencia *f.*
audience público *m.* 9
authoritarian autoritario/a *adj.* 1
autobiography autobiografía *f.* 10
available disponible *adj.*
awkward situation compromiso *m.* 10

B

back espalda *f.*; **behind my back** a mis espaldas 9; **to have one's back to** estar de espaldas a
bag bolsa *f.*
balcony balcón *m.* 3
ball balón *m.* 2
ball field campo *m.* 5
ball game juego de pelota *m.* 5
band conjunto (musical) *m.*
bandage venda *f.* 4
banking bancario/a *adj.*
bankruptcy bancarrota *f.* 8
baptism bautismo *m.*
barefoot descalzo/a *adj.* *(Lect. 4)*
bargain ganga *f.* 3
barter trueque *m.*
basement sótano *m.* 3
battle batalla *f.* 12
bay bahía *f.* 5
be able to poder (o:ue) *v.* 1
be about (deal with) tratarse de *v.* 10 tratar (sobre/acerca de) *v.* 4
be about to disponerse a *v.* 6
be out of quedarse sin *v.* *(Lect. 6)*
be promoted ascender (e:ie) *v.* 8
bear oso *m.*
beat latir *v.* 4
become convertirse (en) (e:ie) *v.* 2; volverse *v.* *(Lect. 8)* **to become annoying** ponerse pesado/a *v.*; **to become extinct** extinguirse *v.* 6; **to become infected** contagiarse *v.* 4; **to become inflamed** inflamarse *v.*; **to become informed (about)** enterarse (de) *v.* 9; **to become part (of)** integrarse (a) *v.* 12; **to become tired** cansarse *v.*
bed and breakfast inn pensión *f.*
beehive colmena *f.* 8
beforehand de antemano
beg rogar *v.* 4
beggar mendigo/a *m., f.*
begin empezar (e:ie) *v.*
behalf: on behalf of de parte de
behave well portarse bien *v.*
belief creencia *f.* 11
believe (in) creer (en) *v.* 11; **Don't you believe it.** No creas.
believer creyente *m., f.* 11
belong (to) pertenecer (a) *v.* 12
belonging to others ajeno/a *adj.* *(Lect. 11)*
belongings pertenencias *f., pl.* *(Lect. 11)*
belt cinturón *m.*; **seatbelt** cinturón de seguridad *m.* 5
benefits beneficios *m. pl.*
bet apuesta *f.*
bet apostar (o:ue) *v.*
betray engañar *v.* 9, 12; traicionar *v.* *(Lect. 12)*
betrayal traición *f.* 12
beyond más allá de
bias parcialidad *f.* 9; **left-wing/right-wing bias** tendencia izquierdista/derechista *f.*

biased parcial *adj.* 9
bilingual bilingüe *adj.* 9
bill cuenta *f.;* proyecto de ley *m.* 11
billiards billar *m.* 2
biochemical bioquímico/a *adj.* 7
biography biografía *f.* 10
biologist biólogo/a *m., f.* 7
bird ave *f.* 6 *(Lect. 6)*; pájaro *m.* 6
bite morder (o:ue) *v.* 6
blanket manta *f.*
bless bendecir *v.* 11
blog blog *m.* 7 *(Lect. 7)*
blognovel blogonovela *f.* 7
blogosphere blogosfera *f.* 7
blood sangre *f.* 4 *(Lect. 9)*; **(high/low) blood pressure** tensión (alta/baja) *f.* 4
blow soplar *v.;* **to blow out the candles** apagar las velas *v.* 8
blush enrojecer *v.*
board embarcar *v.;* **on board** a bordo *adj.* 5
board game juego de mesa *m.* 2
boat bote *m.* 5
body cuerpo *m.*
boil hervir (e:ie) *v.* 3
bombing bombardeo *m.* 6
border frontera *f.* 5
border límite *m.* 11
bore aburrir *v.* 2
borrow pedir prestado/a *v.* 8
both ambos/as *pron., adj.*
bother molestar *v.* 2
bottom fondo *m.*
bow proa *f.* 5
bowling boliche *m.* 2
box caja *f.;* **toolbox** caja de herramientas *f.*
box office taquilla *f.* 2
branch sucursal *f.;* rama *f.* *(Lect. 9)*
brand marca *f.*
brave valiente 5
bravery valor *m.*
break romper *v.* *(Lect. 2)*
break in (to a conversation) meterse *v.* 1
break up (with) romper (con) *v.* 1
breakthrough avance *m.* 7
breathing respiración *f.* 4
brick ladrillo *m.*
bridge puente *m.* 12
bright luminoso/a *adj.* 10
bring traer *v.* 1; **to bring down** derribar *v.*; **to bring up (raise)** educar *v.* 1
broadcast emisión *f.;* **live broadcast** emisión en vivo/directo *f.*
broadcast transmitir *v.* 9
broom escoba *f.*
brush cepillarse *v.* 2; **to brush against** rozar *v.*
brush stroke pincelada *f.* 10
Buddhist budista *adj.* 11
budget presupuesto *m.* 8
buffalo búfalo *m.*
bull ring ruedo *m.* 2
bullfight corrida *f.* 2
bullfighter torero/a *m., f.* 2; **bullfighter who kills the bull** matador/a *m., f.* 2; **bullfighter's outfit** traje de luces *m.* 2
bullfighting toreo *m.* 2; **bullfighting stadium** plaza de toros *f.* 2
bureaucracy burocracia *f.*
buried enterrado/a *adj.* 2
burrow madriguera *f.* 3
bury enterrar (e:ie), sepultar *v.* 12
business negocio *m.*
businessman hombre de negocios *m.* 8
businesswoman mujer de negocios *f.* 8
butterfly mariposa *f.*

C

cage jaula *f.*
calculation, sum cuenta *f.*
calm tranquilo/a *adj.* 1
calm down calmarse *v.;* **Calm down.** Tranquilo/a.
campaign campaña *f.* 11
campground campamento *m.* 5
cancel cancelar *v.* 5
cancer cáncer *m.*
candidate candidato/a *m., f.* 11
candle vela *f.*
canon canon *m.* 10
canvas tela *f.* 10
capable capaz *adj.* 8
cape cabo *m.*
captain capitán *m.*
card tarjeta *f.;* **credit/debit card** tarjeta de crédito/débito *f.* 3; **(playing) cards** cartas, *f. pl.* 2, naipes *m. pl.* 2
care cuidado *m.* 1; **personal care** aseo personal *m.*
careful cuidadoso/a *adj.* 1
caress acariciar *v.* *(Lect. 4, 10)*
carriage vagón *m.* 7
carry llevar *v.* 2; **to carry away** llevarse *v.* 2; **to carry out** cumplir *v.* 8; **to carry out (an activity)** llevar a cabo *v.*
cascade cascada *f.* 5
case: in any case de todas formas 12
cash dinero en efectivo *m.;* (*Arg.*) guita *f.*
cashier cajero/a *m., f.*
casket ataúd *m.* 2
cast yeso *m.* 4
catastrophe catástrofe *f.*
catch atrapar *v.* 6
catch pillar *v.* 9
category categoría *f.* 5
Catholic católico/a *adj.* 11
cautious prevenido/a *adj.*
cave cueva *f.*
celebrate celebrar, festejar *v.* 2
celebrity celebridad *f.* 9
cell célula *f.* 7; celda *f.*
cell phone móvil m. 7, *teléfono celular* **m.** 7
cemetery cementerio *m.* 12
censorship censura *f.* 9
cent centavo *m.*
century siglo *m.* 12
certain cierto/a *adj.*
certainty certeza *f.* certidumbre *f.* 12
challenge desafío *m.* 7; desafiar *v.* 2; poner a prueba *v.*
challenging desafiante *adj.* 4
champion campeón/campeona *m., f.* 2
championship campeonato *m.* 2
chance azar, *m.* 5 casualidad *f.* 5; **by chance** por casualidad 3
change cambio *m.;* cambiar; mudar *v.* 2
channel canal *m.* 9; **television channel** canal de televisión *m.*
chapel capilla *f.* 11
chapter capítulo *m.*
character personaje *m.* 10; **main/secondary character** personaje principal/secundario *m.*
characteristic (trait) rasgo *m.*
characterization caracterización *f.* 10
charge cobrar *v.* 8
charge: be in charge of encargarse de *v.* 1; estar a cargo de; estar encargado/a de; **person in charge** encargado/a *m., f.*
cheap (stingy) tacaño/a *adj.* 1; **(inexpensive)** barato/a *adj.* 3
cheek mejilla *f.* 10
cheer up animar *v.;* **Cheer up!** ¡Anímate! (*sing.*); ¡Anímense! (*pl.*) 2
Cheers! ¡Salud! 8
chef cocinero/a *m., f.*
chemical químico/a *adj.* 7
chemist químico/a *m., f.* 7
chess ajedrez *m.* 2
chest pecho *m.* 10
chew masticar *v.*
childhood infancia *f.*
choir coro *m.*
choose elegir (e:i) *v.;* escoger *v.* 1
chore quehacer *m.* 3
chorus coro *m.*
chosen elegido/a *adj.*
Christian cristiano/a *adj.* 11
church iglesia *f.* 11
cinema cine *m.* 2
circus circo *m.* 2
cistern cisterna *f.* 6
citizen ciudadano/a *m., f.* 11
civilization civilización *f.* 12
civilized civilizado/a *adj.*
claim reclamar *v.* 11
clarify aclarar *v.* 9
classic clásico/a *adj.* 10
clean limpiar *v.* 3
clean (pure) puro/a *adj.*
cleanliness aseo *m.*
clearing limpieza *f.* 3
click hacer clic 7
cliff acantilado *m.*
climate clima *m.*
climb (mountain) escalada *f.*
climber escalador(a) *m., f.*
cloister claustro *m.* 11
clone clonar *v.* 7
close cercano/a *adj.* *(Lect. 10)*
clown payaso/a *m., f.* 8

club club *m.;* **sports club** club deportivo *m.* **2**
coach (train) vagón *m.* **7; coach (trainer)** entrenador(a) *m., f.* **2**
coast costa *f.* **6**
cockroach cucaracha *f.* **6**
coincidence casualidad *f.* **5** *(Lect. 7)*
cold resfriado *m.* **4; to have a cold** estar resfriado/a *v.* **4**
collect coleccionar *v.*
colonize colonizar *v.* **12**
colony colonia *f.* **12**
columnist columnista *m., f.* **9**
comb one's hair peinarse *v.* **2**
combatant combatiente *m., f.*
come venir *v.* **1; to come back** volver (o:ue) *v.;* **to come from** provenir (de) *v.;* **to come to an end** acabarse *v.* **6; to come with** acompañar *v.* **10**
comedian comediante *m., f.* **1**
comet cometa *m.* **7**
comic strip tira cómica *f.* **9**
commerce comercio *m.* **8**
commercial anuncio *m.* **9**
commitment compromiso *m.* **1**
community comunidad *f.* **4**
company compañía *f.,* empresa *f.* **8; multinational company** empresa multinacional *f.,* multinacional *f.* **8**
compass brújula *f.* **5**
competent capaz *adj.* **8**
complain (about) quejarse (de) *v.* **2**
complaint queja *f.*
complicated rebuscado/a *adj.*
compose componer *v.* **1**
composer compositor(a) *m., f.*
computer science informática *f.* **7;** computación *f.*
concert concierto *m.* **2**
condition (illness) dolencia *f.* **4**
conference conferencia *f.* **8**
confess confesar (e:ie) *v.*
confidence confianza *f.* **1**
confident seguro/a *adj.* **1**
confront enfrentar *v.*
confuse (with) confundir (con) *v.*
confused confundido/a *adj.*
congested congestionado/a *adj.*
Congratulations! ¡Felicidades!; **Congratulations to all!** ¡Felicidades a todos!
connection conexión *f.;* vínculo *m.* *(Lect. 12);* **to have good connections** estar relacionado *v.*
conquer conquistar, *v.* vencer *v.* **2, 9, 12**
conqueror conquistador(a) *m., f.* **12**
conquest conquista *f.* **12**
conscience conciencia *f.*
consequently por consiguiente *adj.*
conservative conservador(a) *adj.* **11**
conserve conservar *v.* **6**
consider considerar *v.*
consulate consulado *m.* **11**
consultant asesor(a) *m., f.* **8**
consumption consumo *m.;* **energy consumption** consumo de energía *m.*
contaminate contaminar *v.* **6**
contamination contaminación *f.* **6**
contemporary contemporáneo/a *adj.* **10**
contented: be contented with contentarse con *v.* **1**
contract contrato *m.* **8;** contraer *v.* **1**
contribute contribuir (a) *v.* **6**
contribution aportación *f.* **11**
control dominio *m.* *(Lect. 12)*
controversial controvertido/a *adj.* **9**
controversy polémica *f.* **11**
cook cocinero/a *m., f.*
cook cocinar *v.* **3**
corner rincón *m.* **11**
cornmeal cake arepa *f.* **11**
correspondent corresponsal *m., f.* **9**
corruption corrupción *f.*
costly costoso/a *adj.*
costume disfraz *m.;* **in costume** disfrazado/a *adj.*
cough tos *f.* **4**
cough toser *v.* **4**
count contar (o:ue) *v.* **2; to count on** contar con *v.*
countryside campo *m.* **6**
couple pareja *f.* **1**
courage coraje *m.*
course: of course claro *interj.* **3;** por supuesto; ¡cómo no!
court tribunal *m.*
cover portada *f.* **9** tapa *f.*
cow vaca *f.* **6**
crash choque *m.* **3**
create crear *v.* **7**
creativity creatividad *f.*
crisis crisis *f.;* **economic crisis** crisis económica *f.* **8**
critic crítico/a *m., f.;* **movie critic** crítico/a de cine *m., f.* **9**
critical crítico/a *adj.*
critique criticar *v.* **10**
cross cruzar *v.* *(Lect. 11)*
crowd multitud *f.*
crown corona *f.* *(Lect. 12)*
cruise (ship) crucero *m.* **5**
cry llorar *v.* *(Lect. 4)*
crying llanto *m.* *(Lect. 4, 7)*
cubism cubismo *m.* **10**
culture cultura *f.;* **pop culture** cultura popular *f.*
cultured culto/a *adj.* **12**
currently actualmente *adv.*
curse maldición *f.*
custom costumbre *f.* **3**
customs aduana *f.;* **customs agent** agente de aduanas *m., f.* **5**
cut corte *m.*

D

daily diario/a *adj.* **3**
dam represa *f.*
damp húmedo/a *adj.* **6**
dance bailar *v.* **1**
dance club discoteca *f.* **2**
dancer bailarín/bailarina *m., f.*
danger peligro *m.*
dangerous peligroso/a *adj.* **5**
dare (to) atreverse (a) *v.* **2**
darken oscurecer *v.* **6**
darts dardos *m. pl.* **2**
data datos *m.;* **piece of data** dato *m.*
date cita *f.;* **blind date** cita a ciegas *f.* **1**
datebook agenda *f.* **3**
dawn alba *f.* **11** *(Lect. 6)*
day día *m.*
daybreak alba *f.* **11**
deaf sordo/a *adj.;* **to go deaf** quedarse sordo/a *v.* **4**
deal trato *m.* *(Lect. 9)*
deal with (be about) tratarse de *v.* **10**
death muerte *f.*
debt deuda *f.* **8**
debt collector cobrador(a) *m., f.* **8**
debtor moroso/a *m., f.* **8**
debut (premiere) estreno *m.* **2**
decade década *f.* **12**
decrease disminuir *v.*
dedication dedicatoria *f.* **11**
deep hondo/a *adj.* **2;** profundo/a *adj.*
deer venado *m.*
defeat derrota *f.;* vencer *v.* **2, 9;** derrotar *v.* *(Lect. 12)*
defeated derrotado/a *adj.* **12**
deforestation deforestación *f.* **6**
defrost descongelar(se) *v.* **7**
delay retraso *m.;* atrasar *v.;* demorar *v.;* retrasar *v.*
delayed retrasado/a *adj.* **5**
delivery entrega *f.*
demand reclamar *v.* **11;** exigir *v.* **1, 4, 8**
democracy democracia *f.* **11**
demonstration manifestación *f.* **11**
den madriguera *f.* **3**
denounce delatar *v.* **3;** denunciar *v.* **9**
depict reflejar *v.* **10**
deposit depositar *v.* **8**
depressed deprimido/a *adj.* **1**
depression depresión *f.* **4**
descendent descendiente *m., f.* **12**
desert desierto *m.* **6**
deserve merecer *v.* **8**
design diseñar *v.* **8, 10**
desire deseo *m.;* gana *f.*
desire desear *v.* **4**
destination destino *m.* **5**
destroy destruir *v.* **6**
detective (story/novel) policíaco/a *adj.* **10**
deteriorate empeorar *v.* **4**
detest detestar *v.*
developed desarrollado/a *adj.* **12**
developing en vías de desarrollo *adj.;* **developing country** país en vías de desarrollo *m.*
development desarrollo *m.* **6**
diamond diamante *m.* **5**
dictator dictador(a) *m., f.* **12**
dictatorship dictadura *f.*
die fallecer *v.;* **to die of** morirse (o:ue) de *v.* **2**

diet
(nutrition) alimentación *f.* **4**; dieta *f.*; **to be on a diet** estar a dieta *v.* **4**; **to go on a diet** ponerse a dieta *v.* **4**
difficult duro/a *adj.* **7**
digestion digestión *f.*
digital digital *adj.* **7**
dinner guest comensal *m., f.* **10**
direct dirigir *v.* **1**
director director(a) *m., f.*
disappear desaparecer *v.* **1, 6**
disappointment desilusión *f.*
disaster catástrofe *f.*; **natural disaster** catástrofe natural *f.*
discomfort malestar *m.* **4**
discotheque discoteca *f.* **2**
discouraged desanimado/a *adj.* **to get discouraged** desanimarse *v.*; **the state of being discouraged** desánimo *m.* **1**
discover descubrir *v.* **4**
discoverer descubridor(a) *m., f.*
discovery descubrimiento *m.* **7**; hallazgo *m.* **4**
discriminated discriminado/a *adj.*
discrimination discriminación *f.*
disenchantment desencanto *m.* *(Lect. 11)*
disease enfermedad *f.* **4**
disguised disfrazado/a *adj.*
disgusting: to be disgusting dar asco *v.*
disorder desorden *m.* **7**; **(condition)** trastorno *m.*
display lucir *v.* *(Lect. 4)*
disposable desechable *adj.* **6**
distance lejanía *f.* *(Lect. 11)*
distant lejano/a *adj.* **5**
distinguish distinguir *v.* **1**
distract distraer *v.* **1**
distracted distraído/a *adj.*; **to get distracted** descuidar(se) *v.* **6**
disturbing inquietante *adj.* **10**
diversity diversidad *f.* **4**
divorce divorcio *m.* **1**
divorced divorciado/a *adj.* **1**
dizzy mareado/a *adj.* **4**
DNA ADN (ácido desoxirribonucleico) *m.* **7**
do hacer *v.* **1, 4**; **to be (doing something)** andar + *pres. participle v.*; **to do someone the favor** hacer el favor *v.*; **to do something on purpose** hacer algo a propósito *v.*
doctor's appointment consulta *f.* **4**
doctor's office consultorio *m.* **4**
documentary documental *m.* **9**
dominoes dominó *m.*
doorbell timbre *m.* *(Lect. 5)*; **to ring the doorbell** tocar el timbre *v.*
double (*in movies*) doble *m., f.* **9**
doubt interrogante *m.* **7**; **to be no doubt** no caber duda *v.*
download descargar *v.* **7**
drag arrastrar *v.*
draw dibujar *v.* **10**
dream sueño *m.* *(Lect. 8)*
dream (about) soñar (o:ue) (con) *v.* **1**
dressing room probador *m.* **3**; **(*star's*)** camerino *m.* **9**
drink beber *v.* **1**
drinking glass copa *f.*
drive conducir *v.* **1**; manejar *v.*
drought sequía *f.* **6**
drown ahogarse *v.*
drowned ahogado/a *adj.* **5**
dry seco/a *adj.* **6**; secar *v.*; **to dry off** secarse *v.* **2**
dub (*film*) doblar *v.*
dubbed doblado/a *adj.* **9**
dubbing doblaje *m.*
dump dejar *v.* *(Lect. 1)*
dust polvo *m.* **3**; **to dust** quitar el polvo *v.* **3**
duty deber *m.* **8**

E

earn ganar *m.*; **to earn a living** ganarse la vida *v.* **8**
earth tierra *f.* **6**; **What on earth...?** ¿Qué rayos...? **5**
earthquake terremoto *m.* **6**
easy-going (*permissive*) permisivo/a *adj.* **1**
eat comer *v.* **1, 2**; **to eat up** comerse *v.* **2**
ecosystem ecosistema *m.* **6**
ecotourism ecoturismo *m.* **5**
edible comestible *adj.*; **edible plant** planta comestible *f.*
editor redactor(a) *m., f.* **9**
editor-in-chief redactor(a) jefe *m., f.*
educate educar *v.*
educated (*cultured*) culto/a *adj.* **12**
educational didáctico/a *adj.* **10**
efficient eficiente *adj.*
effort esfuerzo *m.*
either... or... o... o... *conj.*
elbow codo *m.*
elder mayor *m.* **12**
elderly anciano/a *adj.*; **elderly gentleman/lady** anciano/a *m., f.*
elect elegir (e:i) *v.* **11**
elected elegido/a *adj.*
electoral electoral *adj.*
electricity luz *f.* **7**
electronic electrónico/a *adj.*
e-mail address dirección de correo electrónico *f.* **7**
embarrassed avergonzado/a *adj.*
embarrassment vergüenza *f.*
embassy embajada *f.* **11**
emigrate emigrar *v.* **11**
emotion sentimiento *m.* **1**
emperor emperador *m* **12**
emphasize destacar *v.*
empire imperio *m.* **12**
employed empleado/a *adj.* **8**
employee empleado/a *m., f.* **8**
employment empleo *m.* **8**
empress emperatriz *f.* **12**
encourage animar *v.*
end fin *m.*; **(*rope, string*)** cabo *m.*
endangered en peligro de extinción *adj.*; **endangered species** especie en peligro de extinción *f.*
ending desenlace *m.*
energetic enérgico/a *adj.* **8**
energy energía *f.*; **nuclear energy** energía nuclear *f.*; **wind energy** energía eólica *f.*
engineer ingeniero/a *m., f.* **7**
enjoy disfrutar (de) *v.* **2**; **Enjoy your meal.** Buen provecho.
enough bastante *adv.* **3**
enslave esclavizar *v.* **12**
enter ingresar *v.*; **to enter data** ingresar datos *v.*
entertain (oneself) entretener(se) (e:ie) *v.* **2**
entertaining entretenido/a *adj.* **2**
entertainment farándula *f.* **1**
entrance hall zaguán *m.* *(Lect. 3)*
entrepreneur empresario/a *m., f.* **8**
envelope sobre *m.* *(Lect. 3)*
environment medio ambiente *m.* **6**
environmental ambiental *adj.* **6**
epidemic epidemia *f.* **4**
episode episodio *m.* **9**; **final episode** episodio final *m.* **9**
equal igual *adj.* **11**
equality igualdad *f.*
era época *f.* **12**
erase borrar *v.* **7**
erosion erosión *f.* **6**
errands mandados *m. pl.* **3**; **to run errands** hacer mandados *v.* **3**
essay ensayo *m.*
essayist ensayista *m., f.* **10**
establish (oneself) establecer(se) *v.* **12**
eternal eterno/a *adj.*
ethical ético/a *adj.* **7**; **unethical** poco ético/a *m., f.*
even siquiera *conj.*; **not even** ni siquiera *conj.*
event acontecimiento *m.* **9**
everyday cotidiano/a *adj.* **3**; **everyday life** vida cotidiana *f.*
example (*sample*) muestra *f.*
exchange: in exchange for a cambio de
excited emocionado/a *adj.* **1**
exciting excitante *adj.*
excursion excursión *f.* **5**
excuse disculpar *v.*; **Excuse me; Pardon me** Perdona (*fam.*)/Perdone (*form.*); Con permiso.
executive ejecutivo/a *m., f.* **8**; **of an executive nature** de corte ejecutivo **8**
exhausted agotado/a *adj.* **4**; fatigado/a *adj.* **4**
exhaustion cansancio *m.* **3**
exhibition exposición *f.*
exile exilio *m.*; **political exile** exilio político *m.* **11**
exit salida *f.* **6**
exotic exótico/a *adj.*
expel expulsar *v.* **12**
expensive caro/a *adj.* **3**; costoso/a *adj.*
experience experiencia *f.* **8**; experimentar *v.*

experiment experimento *m.* 7
expire caducar *v.*
expired vencido/a *adj.* 5
exploit explotar *v.* 12
exploitation explotación *f.*
exploration exploración *f.*
explore explorar *v.*
export exportar *v.* 8
exports exportaciones *f., pl.*
expressionism expresionismo *m.* 10
extinct: become extinct extinguirse *v.* 6
extinguish extinguir *v.*

F

face dar a *v.* *(Lect. 5)*
facial features facciones *f., pl.* 3
facilities servicios *m., pl*
fact hecho *m.* 3
factor factor *m.;* **risk factors** factores de riesgo *m. pl.*
factory fábrica *f.*
fad moda pasajera *f.* 9
faint desmayarse *v.* 4
fair feria *f.* 2
faith fe *f.* 11
fall caer *v.* 1; **to fall in love (with)** enamorarse (de) *v.* 1
false postizo/a *adj.* *(Lect. 10)*
fame fama *f.* 9
family tie vínculo *m.* *(Lect. 12)*
famous famoso/a *adj.* 9; **to become famous** hacerse famoso *v.* 9
fan (of) aficionado/a (a) *adj.;* fanático/a *m., f.* *(Lect. 2)* 2; **to be a fan of** ser aficionado/a de *v.*
farewell despedida *f.* 5
fascinate fascinar *v.* 2
fashion moda *f.;* **in fashion, popular** de moda *adj.* 9
fasten abrocharse *v.;* **to fasten one's seatbelt** abrocharse el cinturón de seguridad *v.*; **to fasten (the seatbelt)** ponerse (el cinturón de seguridad) *v.* 5
fate azar *m.* *(Lect. 12)*
fatigue fatiga *f.* 8
favor favor *m.;* **to do someone the favor** hacer el favor *v.*
favoritism favoritismo *m.* 11
fed up (with) harto/a *adj.;* **to be fed up (with); to be sick (of)** estar harto/a (de) *v.* 1
feed dar de comer *v.* 6
feel sentirse (e:ie) *v.* 1; **(experience)** experimentar *v.;* **to feel like** dar la gana *v.* 9; sentir/tener ganas de *v.*
feeling sentimiento *m.* 1 *(Lect. 1)*
festival festival *m.* 2
fever fiebre *f.* 4; **to have a fever** tener fiebre *v.* 4
field campo *m.* 6; cancha *f.* 2
fight lucha *f.* pelear *v.;* **to fight (for)** luchar por *v.;* **to fight bulls** lidiar *v.* 2; **to fight bulls in the bullring** torear *v.* 2
figuratively en sentido figurado *m.*
file archivo *m.;* **to download a file** bajar un archivo *v.*
filled up completo/a *adj.;* **The hotel is filled.** El hotel está completo.
filling contundente *adj.* 10
film película *f.;* rodar (o:ue) *v.* 9
finance(s) finanzas *f. pl.;* financiar *v.* 8
financial financiero/a *adj.* 8
find out averiguar *v.* 1
finding hallazgo *m.* 4
fine multa *f.* *(Lect. 7)*
fine arts bellas artes *f., pl.* 10
fingernail uña *f.*
finish line meta *f.*
fire incendio *m.* 6 *(Lect. 6)*; despedir (e:i) *v.* 8
fire; flame fuego *m.* *(Lect. 6)*
fired despedido/a *adj.*
fireplace hogar *m.* 3
first aid primeros auxilios *m., pl.* 4
first and foremost antes que nada
fish pez *m.* 6
fishing pesca *f.* 5
fit caber *v.* 1; **(clothing)** quedar *v.* 2
fitting room vestidor *m.*
fix apañar *v.* *(Lect. 4)*
flag bandera *f.* *(Lect. 2)*
flask frasco *m.*
flavor sabor *m.;* **What flavor is it? Chocolate?** ¿Qué sabor tiene? ¿Chocolate? 4
flee huir *v.* 3
fleeting pasajero/a *adj.*
flexible flexible *adj.*
flight vuelo *m.;* huida *f.* *(Lect. 11)*
flight attendant auxiliar de vuelo *m., f.*
flirt coquetear *v.* 1
float flotar *v.* 5
flock rebaño *m.* *(Lect. 6)*
flood inundación *f.* 6; inundar *v.*
floor suelo *m.*
flower florecer *v.* 6
flu gripe *f.* 4
fly mosca *f.* *(Lect. 8)*; volar (o:ue) *v.* *(Lect. 8)*
fog niebla *f.*
fold doblar *v.*
follow seguir (e:i) *v.*
folly insensatez *f.* 4
fond of aficionado/a (a) *adj.* 2
food comida *f.* 6; alimento *m.* **canned food** comida enlatada *f.* 6; **fast food** comida rápida *f.* 4
foot (*of an animal*) pata *f.*
forbidden vedado/a *adj.* 3
force fuerza *f.;* **armed forces** fuerzas armadas *f., pl.* 12; **labor force** fuerza laboral *f.*
forced forzado/a *adj.* 12
forefront: at the forefront a la vanguardia
foresee presentir (e:ie); prever *v.*
forest bosque *m.*
forget (about) olvidarse (de) *v.* 2
forgetfulness; olvido *m.* 1
forgive perdonar *v.*
form forma *f.*
formulate formular *v.* 7
forty-year-old; in her/his forties cuarentón/cuarentona *adj.* 11
fountain fuente *f.*
frame marco *m.* *(Lect. 4, 5)*
free time tiempo libre *m.* 2; ratos libres *m. pl.* 2
freedom libertad *f.* 11; **freedom of the press** libertad de prensa *f.* 9
freeze congelar(se) *v.* 7
freeze helar (e:ie) *v.*
frequently a menudo *adv.* 3
friar fraile *m.* 11
frightened asustado/a *adj.*
frog rana *f.* 6
front desk recepción *f.* 5
front page portada *f.* 9
frozen congelado/a *adj.*
fry freír (e:i) *v.* 3
fuel combustible *m.* 6
full lleno/a *adj.;* **full-length film** largometraje *m.*
fun divertido/a *adj.* 2
funny gracioso/a *adj.* 1; **to be funny (to someone)** hacerle gracia (a alguien)
furnished amueblado/a *adj.*
furniture mueble *m.* 3
futuristic futurístico/a *adj.*

G

gain weight engordar *v.* 4
gallery galería *f.* 10
game juego *m.* 2; **ball game** juego de pelota *m.* 5; **board game** juego de mesa *m.* 2; **(*sports*)** partido; *m.*; **to win/lose a game** ganar/perder un partido *v.* 2
garbage (*poor quality*) porquería *f.* 10
gate: airline gate puerta de embarque *f.* 5
gaze mirada *f.* 1
gene gen *m.* 7
generate generar *v.*
generous generoso/a *adj.*
genetics genética *f.* 4
genuine auténtico/a *adj.* 3
gesture gesto *m.*
get obtener *v.;* **to get along** congeniar *v.;* **to get along well/poorly** llevarse bien/mal *v.* 1; **to get bored** aburrirse *v.* 2; **to get caught** enganchar *v.* 5; **to get discouraged** desanimarse *v.*; **to get distracted; neglect** descuidar(se) *v.* 6; **to get dressed** vestirse (e:i) *v.* 2; **to get hurt** lastimarse *v.* 4; **to get in shape** ponerse en forma *v.* 4; **to get information** informarse *v.*; **to get ready** arreglarse *v.* 3; **to get sick** enfermarse *v.* 4; **to get tickets** conseguir (e:i) boletos/entradas *v.* 2; **to get together (with)** reunirse (con) *v.* 2; **to get up** levantarse *v.* 2; **to get upset** afligirse *v.* 3; **to get used to** acostumbrarse (a) *v.* 3; **to get well/ill** *v.* ponerse bien/mal 4; **to get wet** mojarse *v.;* **to get worse** empeorar *v.* 4
gift obsequio *m.* 11

give dar *v.;* **to give a prize** premiar *v.*; **to give a shot** poner una inyección *v.* **4**; **to give up** darse por vencido *v.* **6**; ceder **11**; **to give way to** dar paso a *v.*
gladly con mucho gusto **10**
glance vistazo *m.*
global warming calentamiento global *m.* **6**
globalization globalización *f.* **8**
go ir *v.* **1, 2**; **to go across** recorrer *v.* **5**; **to go around (the world)** dar la vuelta (al mundo) *v.*; **to go away (from)** irse (de) *v.* **2**; **to go out** salir *v.* **1**; **to go out (to eat)** salir (a comer) *v.* **2**; **to go out with** salir con *v.* **1**; **to go shopping** ir de compras *v.* **3**; **go to bed** acostarse (o:ue) *v.* **2**; **go to sleep** dormirse (o: ue) *v.* **2**; **go too far** pasarse *v.*; **go too fast** embalarse *v.* **9**
goat cabra *f.*
God Dios *m.* **11**
god/goddess dios(a) *m., f.* **5**
gold oro *m.* *(Lect. 8)*
goldfish pececillo de colores *m.*
good bueno/a *adj.* **to be good (i.e. *fresh*)** estar bueno *v.*; **to be good (*by nature*)** ser bueno *v.*
goodness bondad *f.*
gossip chisme *m.* **9**
govern gobernar (e:ie) *v.* **11**
government gobierno *m.;* **government agency** organismo público *m.* **9**;
governor gobernador(a) *m., f.* **11**
graduate titularse *v.* **3**
grass hierba *f.;* **pasto** *m.*
gratitude agradecimiento *m.*
gravity gravedad *f.* **7**
great-great-grandfather/mother tatarabuelo/a *m., f.* **12**
group grupo *m.;* **musical group** grupo musical *m.*
grow crecer *v.* **1**; cultivar *v.* **to grow accustomed to;** acostumbrarse (a) *v.* **3**; **grow up** criarse v. **1**
growth crecimiento *m.*
Guarani guaraní *m.* **9**
guarantee asegurar *v.*
guess adivinar *v.* *(Lect. 3)*
guilt culpa *f.* *(Lect. 1)*
guilty culpable *adj.* **11**
guy tipo *m.* **2**
gymnasium gimnasio *m.*
gypsy gitano/a *adj.* *(Lect. 9)*

H

habit costumbre *f.* **3**
habit: be in the habit of soler (o:ue) *v.* **3**
half mitad *f.*
hall sala *f.* **concert hall** sala de conciertos *f.*
hang (up) colgar (o:ue) *v.*
happen suceder *v.* **1**; **These things happen.** Son cosas que pasan. **11**
happiness felicidad *f.*
happy feliz *adj.* *(Lect. 4)*
hard duro/a *adj.* **7**; arduo/a *adj.* *(Lect. 4)*
hardly apenas *adv.* **3**
hard-working trabajador(a) *adj.* **8**
harmful dañino/a *adj.* **6**
harvest cosecha *f.* *(Lect. 10)*
hate odiar *v.* **1**
have tener *v.* **1**; **to have fun** divertirse (e:ie) *v.* **2**
headline titular *m.* **9**
heal curarse; sanar *v.* **4**
healing curativo/a *adj.* **4**
health salud *f.* **4**; **To your health!** ¡A tu salud!
healthy saludable, sano/a *adj.* **4**
hear oír *v.* **1**
heart corazón *m.* **1**; **heart and soul** cuerpo y alma
heavy (*filling*) contundente *adj.* **10**; **heavy rain** diluvio *m.*
heel tacón *m.* **12**; **high heel** tacón alto *m.*
height (*highest level*) apogeo *m.* **5**
help (aid) auxilio *m.*
heritage herencia *f.;* **cultural heritage** herencia cultural *f.* **12**
heroic heroico/a *adj.* **12**
hide ocultarse *v.* **3**
high definition de alta definición *adj.* **7**
highest level apogeo *m.* **5**
hill cerro *m.;* colina *f.*
Hindu hindú *adj.* **11**
hire contratar *v.* **8**
historian historiador(a) *m., f.* **12**
historic histórico/a *adj.* **12**
historical histórico/a *adj.* **10**; **historical period** era *f.* **12**
history historia *f.* **12**
hold (*hug*) abrazar *v.* **1**; **hold your horses** parar el carro *v.* **9**
hole agujero *m.;* **black hole** agujero negro *m.* **7**; **hole in the ozone layer** agujero en la capa de ozono *m.*; **small hole** agujerito *m.* **7**
holy sagrado/a *adj.* **11**
home hogar *m.* **3**
honey miel *f.* **8**
honored distinguido/a *adj.*
hope esperanza *f.* **6**; ilusión *f.*
horror (*story/novel*) de terror *adj.* **10**
horseshoe herradura *f.* **12**
host(ess) anfitrión/anfitriona *m., f.* **8**
hostel albergue *m.* **5**
hour hora *f.*
hug abrazar *v.* **1**
humankind humanidad *f.* **12**
humid húmedo/a *adj.* **6**
humiliate humillar *v.* **8**
humorous humorístico/a *adj.* **10**
hungry hambriento/a *adj.*
hunt cazar *v.* **6**
hurricane huracán *m.* **6**
hurry prisa *f.* **6**; **to be in a hurry** tener apuro *v.*
hurt herir (e: ie) *v.* **1**, *(Lect. 9)*; doler (o:ue) *v.* **2**; **to get hurt** lastimarse *v.* **4**; **to hurt oneself** hacerse daño; **to hurt someone** hacerle daño a alguien
husband marido *m.*
hut choza *f.* **12**
hygiene aseo *m.*
hygienic higiénico/a *adj.*

I

ideology ideología *f.* **11**
illiteracy analfabetismo *m.* *(Lect. 8)*
illness dolencia *f.* **4**; enfermedad *f.*
ill-tempered malhumorado/a *adj.*
illusion ilusión *f.*
image imagen *f.* **2, 7**
imagination imaginación *f.*
immature inmaduro/a *adj.* **1**
immediately en el acto **3**
immigration inmigración *f.* **11**
immoral inmoral *adj.* **11**
import importar *v.* **8**
important importante *adj.* **4**; **be important (to); to matter** importar *v.* **2, 4**
imported importado/a **8**
imports importaciones *f., pl.*
impress impresionar *v.* **1**
impressionism impresionismo *m.* **10**
improve mejorar *v.* **4**; perfeccionar *v.*
improvement adelanto *m.* **4**
in love (with) enamorado/a (de) *adj.* **1**
inadvisable poco recomendable *adj.* **5**
incapable incapaz *adj.* **8**
included incluido/a *adj.* **5**
incompetent incapaz *adj.* **8**
increase aumento *m.*
independence independencia *f.* **12**
index índice *m.*
indigenous indígena *adj.* **9**
indigenous person indígena *m., f.* **4**
industrious trabajador(a) *adj.* **8**
industry industria *f.*
inexpensive barato/a *adj.* **3**
infected: become infected contagiarse *v.* **4**
inflamed inflamado/a *adv.* **4**; **become inflamed** inflamarse *v.*
inflexible inflexible *adj.*
influential influyente *adj.* **9**
inform avisar *v.;* **to be informed** estar al tanto *v.* **9**; **to become informed (about)** enterarse (de) *v.* **9**
inhabit habitar *v.* **12**
inhabitant habitante *m., f.* **12**; poblador(a) *m., f.*
inherit heredar *v.*
injure lastimar *v.*
injured herido/a *adj.*
injury herida *f.* **4**
innovative innovador(a) *adj.* **7**
insanity locura *f.*
insect bite picadura *f.*
insecure inseguro/a *adj.* **1**

insincere falso/a *adj.* **1**
insist on insistir en *v.* **4**
inspired inspirado/a *adj.*
instability inestabilidad *f.* **12**
install instalar *v.* **7**
insult ofensa *f.* **10**
insurance seguro *m.* **5**
intelligent inteligente *adj.*
intensive care terapia intensiva *f.* **4**
interest interesar *v.* **2**
interesting interesante *adj.*; **to be interesting** interesar *v.* **2**
Internet Internet *m., f.* **7**
interview entrevista *f.*; *entrevistar v.*; **job interview** entrevista de trabajo *f.* **8**
intriguing intrigante *adj.* **10**
invade invadir *v.* **12**
invent inventar *v.* **7**
invention invento *m.* **7**
invest invertir (e:ie) *v.* **8**
investigate investigar *v.* **7**
investment inversión *f.*; **foreign investment** inversión extranjera *f.* **8**
investor inversor(a) *m., f.*
iron plancha *f.*
irresponsible irresponsable *adj.*
island isla *f.* **5**
isolate aislar *v.* **9**
isolated aislado/a *adj.* **6**
itinerary itinerario *m.* **5**

J

jealous celoso/a *adj.*; **to be jealous of** tener celos de *v.* **1**
jealousy celos *m. pl.*
Jewish judío/a *adj.* **11**
job empleo *m.* **8**; **(*position*)** puesto *m.* **8**; **job interview** entrevista de trabajo *f.* **8**
joke broma *f.* **1**; chiste *m.* **1**
joke bromear *v*
journalist periodista *m., f.* **9**
joy regocijo *m.* **4**
judge juez(a) *m., f.* **11**
judgment juicio *m.*
jump salto *m.*
jungle selva *f.* **5**
just justo/a *adj.* **11**
just as tal como *conj.*
justice justicia *f.* **11**

K

keep mantener v.; guardar *v.*; **to keep an eye on** vigilar *v.* *(Lect. 3)*; **to keep in mind** tener en cuenta *v.*; **to keep in touch** mantenerse en contacto *v.* **1**; **to keep quiet** acallarse *v.* *(Lect. 10)*; **to keep (something) to yourself** guardarse (algo) *v.* **1**; **to keep up with the news** estar al día con las noticias *v.*
keyboard teclado *m.*
kick patada *f.* **3**; patear *v.* **2**
kidnapping secuestro *m.* **11**
kind amable *adj.*
king rey *m.* **12**
kingdom reino *m.* **12**
kiss besar *v.* **1**
know conocer *v.*; saber *v.* **1**
knowledge conocimiento *m.* **12**

L

label etiqueta *f.*
labor mano de obra *f.*
labor union sindicato *m.* **8**
laboratory laboratorio *m.*; **space lab** laboratorio espacial *m.*
lack faltar *v.* **2**
ladder escalera *f.* *(Lect. 8)*
land tierra *f.* **6**; terreno *m.* **6**
land (*an airplane*) aterrizar *v.*
landscape paisaje *m.* **6**
language idioma *m.* **9**; lengua *f.* **9**
laptop computadora portátil *f.* **7**
late atrasado/a *adj.* **3**
Latin American born of European parents criollo/a *m., f.* *(Lect. 12)*
laugh reír(se) (e:i) *v.*
launch lanzar *v.*
law derecho *m.*; ley *f.*; **to abide by the law** cumplir la ley *v.* **11** ; **to approve a law; to pass a law** aprobar (o:ue) una ley *v.*
lawyer abogado/a *m., f.*
layer capa *f.*; **ozone layer** capa de ozono *f.* **6**
lazy haragán/haragana **8**
lead encabezar *v.* **12**
leader líder *m., f.* **11**
leadership liderazgo *m.* **11**
lean (on) apoyarse (en) *v.*
learned erudito/a *adj.* **12**
learning aprendizaje *m.* **12**
leave marcharse *v.* ; dejar *v.* *(Lect. 1)*; **to leave alone** dejar en paz *v.* **8**; **to leave someone** dejar a alguien *v.*
left over: to be left over quedar *v.* **2**
leg (*of an animal*) pata *f.*
legend leyenda *f.* **5**
leisure ocio *m.*
lend prestar *v.* **8**
lesson (*teaching*) enseñanza *f.* **12**
level nivel *m.*; **sea level** nivel del mar *m.*
liberal liberal *adj.* **11**
liberate liberar *v.* **12**
lid tapa *f.*
lie mentira *f.* **1**
life vida *f.*; **everyday life** vida cotidiana *f.*
lighthouse faro *m.* **5**
lightning relámpago *m.* **6**
lightning rayo *m.*
like gustar *v.* **2, 4**; **I don't like ...at all!** ¡No me gusta nada… !; **to like very much** encantar, fascinar *v.* **2**
like this; so así *adv.* **3**
line cola *f.*; **to wait in line** hacer cola *v.* **2**
line (*of poetry*) verso *m.* **10**
link enlace *m.* **7**
lion león *m.* **6**
listener oyente *m., f.* **9**
literature literatura *f.* **10**; **children's literature** literatura infantil/juvenil *f.* **10**
live en vivo, en directo *adj.* **9**; **live broadcast** emisión en vivo/directo *f.*
live vivir *v.* **1**
lively animado/a *adj.* **2**
locate ubicar *v.*
located situado/a *adj.*; **to be located** ubicarse *v.*
lodge hospedarse *v.*
lodging alojamiento *m.* **5**; hospedaje *m.* *(Lect. 11)*
loneliness soledad *f.* **3**
lonely solo/a *adj.* **1**
long largo/a *adj.*; **long-term** a largo plazo
look aspecto *m.*; **to take a look** echar un vistazo *v.*
look verse *v.*; **to look healthy/sick** tener buen/mal aspecto *v.* **4**; **to look like** parecerse *v.* **2, 3**; **to look out upon** dar a *v.*; **He/She looks so happy.** Se ve tan feliz. **6**; **How attractive you look!** *(fam.)* ¡Qué guapo/a te ves! **6**; **How elegant you look!** *(form.)* ¡Qué elegante se ve usted! **6**; **It looks like he/she didn't like it.** Al parecer, no le gustó. **6**; **It looks like he/she is sad/happy.** Parece que está triste/contento/a. **6**; **He/She looks very sad to me.** Yo lo/la veo muy triste. **6**
loose suelto/a *adj.*
lose perder (e:ie) *v.*; **to lose an election** perder las elecciones *v.* **11**; **to lose a game** perder un partido *v.* **2**; **to lose weight** adelgazar *v.* **4**
loss pérdida *f.* **11**
lottery lotería *f.*
loudspeaker altoparlante *m.*
love amor *m.*; amar; querer (e:ie) *v.* **1**; **(un)requited love** amor (no) correspondido *m.*
lower bajar *v.*
loyalty lealtad *f.* **12**
lucky afortunado/a *adj.*
luggage equipaje *m.*
luxurious lujoso/a **5**; de lujo
luxury lujo *m.* **8**
lying mentiroso/a *adj.* **1**

M

madness locura *f.*
magazine revista *f.* **9**; **online magazine** revista electrónica *f.* **9**
magic magia *f.*
mailbox buzón *m.*
majority mayoría *f.* **11**

make hacer *v.* 1, 4; **to make a (hungry) face** poner cara (de hambriento/a) *v.*; **to make a toast** brindar *v.* 2; **to make a wish** pedir un deseo *v.* 8; **to make fun of** burlarse (de) *v.*; **to make good use of** aprovechar *v.*; **to make one's way** abrirse paso *v.*; **to make sure** asegurarse *v.*
make-up maquillaje *m.* *(Lect. 4)*
male macho *m.*
mall centro comercial *m.* 3
manage administrar *v.* 8; dirigir *v.* 1; lograr; *v.* 3
manager gerente *m, f.* 8
manipulate manipular *v.* 9
manufacture fabricar *v.* 7
manuscript manuscrito *m.*
marathon maratón *m.*
maritime marítimo/a *adj.* 11
market mercado *m.* 8
marketing mercadeo *m.* 1
marriage matrimonio *m.*
married casado/a *adj.* 1
mass misa *f.* 2
masterpiece obra maestra *f.* 3
mathematician matemático/a *m., f.* 7
matter asunto *m.;* importar *v.* 2, 4
mature maduro/a *adj.* 1
Mayan Trail ruta maya *f.* 5
mayor alcalde/alcaldesa *m., f.* 11
mean antipático/a *adj.*
means medio *m.;* **media** medios de comunicación *m. pl.* 9
measure medida *f.;* medir (e:i) *v.;* **security measures** medidas de seguridad *f. pl.* 5
mechanical mecánico/a *adj.*
mechanism mecanismo *m.*
meditate meditar *v.* 11
meeting reunión *f.* 8
megaphone megáfono *m.* *(Lect. 2)*
melt derretir(se) (e:i) *v.* 7
member socio/a *m., f.* 8
memory recuerdo *m.*
menace amenaza *f.* *(Lect. 3)*
mend apañar *v.* *(Lect. 4)*
merchandise mercancía *f.*
mercy piedad *f.* 8
mess desorden *m.* *(Lect. 4)*, 7
message mensaje *m.;* **text message** mensaje de texto *m.* 7
middle medio *m.*
Middle Ages Edad Media *f.*
military militar *m., f.* 11
minister ministro/a *m., f.;* **Protestant minister** ministro/a protestante *m., f.*
minority minoría *f.* 11
minute minuto *m.;* **last-minute news** noticia de último momento *f.*; **up-to-the-minute** de último momento *adj.* 9
miracle milagro *m.* 11
miser avaro/a *m., f.*
miss extrañar *v.;* perder (e:ie) *v.;* **to miss (someone)** extrañar a (alguien) *v.*; **to miss a flight** perder un vuelo *v.* 5
mistake: to be mistaken; to make a mistake equivocarse *v.*
mixed: person of mixed ethnicity (*part indigenous*) mestizo/a *m., f.* 12
mixture mezcla *f.*
mockery burla *f.*
model (*fashion*) modelo *m., f.*
modern moderno/a *adj.*
modify modificar, alterar *v.*
moisten mojar *v.*
moment momento *m.*
monarch monarca *m., f.* 12
money dinero *m.;* (*L. Am.*) plata *f.* 7; **cash** dinero en efectivo *m.* 3
monkey mono *m.* 6
monolingual monolingüe *adj.* 9
mood estado de ánimo *m.* 4; **in a bad mood** malhumorado/a *adj.*
moon luna *f.;* **full moon** luna llena *f.*
moral moral *adj.* 11
mosque mezquita *f.* 11
mountain montaña *f.* 6; monte *m.*; **mountain range** cordillera *f.* 6
move (*change residence*) mudarse *v.* 2
movement corriente *f.;* movimiento *m.* 10
movie theater cine *m.* 2
moving conmovedor(a) *adj.*
muralist muralista *m., f.* 10
museum museo *m.*
music video video musical *m.* 9
musician músico/a *m., f.* 2
Muslim musulmán/musulmana *adj.* 11
myth mito *m.* 5

N

name nombrar *v.*
nape nuca *f.* 9
narrate narrar *v.* 10
narrative work narrativa *f.* 10
narrator narrador(a) *m., f.* 10
narrow estrecho/a *adj.* *(Lect. 3)*
native nativo/a *adj.*
natural resource recurso natural *m.* 6
navel ombligo *m.* 4
navigator navegante *m., f.* 7
necessary necesario *adj.* 4
necessity necesidad *f.* 5; **of utmost necessity** de primerísima necesidad 5
need necesidad *f.* 5; necesitar *v.* 4
needle aguja *f.* 4
neglect descuidar *v.* 6
neighborhood barrio *m.* *(Lect. 5)*
neither... nor... ni… ni… *conj.*
nervous nervioso/a *adj.*
nest nido *m.*
network cadena *f.* 9; **cadena de televisión** television network *f.*
news noticia *f.;* **local/domestic/international news** noticias locales/nacionales/internacionales *f. pl.* 9; **news bulletin** informativo *m.* 9; **news report** reportaje *m.* 9; **news reporter** presentador(a) de noticias *m., f.*
newspaper periódico *m.;* **diario** m. 9
nice simpático/a, amable *adj.*
nightmare pesadilla *f.*
No way! ¡Ni loco/a! 9
noise ruido *m.*
nomination nominación *f.*
nominee nominado/a *m., f.*
nook rincón *m.* 11
notice aviso *m.* 5; fijarse *v.* 9 **to take notice of** fijarse en *v.* 2
novelist novelista *m., f.* *(Lect. 7)*, 10
now and then de vez en cuando 3
nun monja *f.*
nurse enfermero/a *m., f.* 4
nursing home asilo (de ancianos) *m.* *(Lect. 4)*
nutritious nutritivo/a *adj.* 4; **(*healthy*)** saludable *adj.* 4

O

oar remo *m.* 5
obesity obesidad *f.* 4
obey obedecer *v.* 1
oblivion olvido *m.* 1
occur (to someone) ocurrírsele (a alguien) *v.*
of age mayor de edad *adj.* *(Lect. 1)*
offer oferta *f.* 9; ofrecerse (a) *v.*
office despacho *m.*
officer agente *m., f.*
often a menudo *adv.* 3
oil painting óleo *m.* 10
Olympics Olimpiadas *f. pl.*
on purpose a propósito *adv.* 3
once in a while de vez en cuando 3
online en línea *adj.* 7
open abrir(se) *v.*
open-air market mercado al aire libre *m.*
operate operar *v.*
operation operación *f.* 4
opinion opinión *f.;* **In my opinion, ...** A mi parecer,...; Considero que..., Opino que...; **to be of the opinion** opinar *v.*
oppose oponerse a *v.* 4
oppress oprimir *v.* 12
orator orador/a *m., f.* *(Lect. 2)*
orchard huerto *m.*
originating (in) proveniente (de) *adj.*
ornate ornamentado/a *adj.*
others; other people los/las demás *pron.*
ought to deber + *inf.* *v.*
outdo oneself (P. Rico; Cuba) botarse *v.* 5
outline esbozo *m.*
out-of-date pasado/a de moda *adj.* 9
outrageous thing barbaridad *f.* 10
overcome superar *v.*
overdose sobredosis *f.*
overthrow derribar *v.;* **derrocar** *v.* 12
overwhelmed agobiado/a *adj.* 1
owe deber *v.* 8; **to owe money** deber dinero *v.* 2
owner dueño/a *m., f.* 8; propietario/a *m., f.*

P

pack hacer las maletas *v.* 5
page página *f.*; **web page** página web 7
pain (*suffering*) sufrimiento *m.*
painkiller calmante *m.* 4
paint pintura *f.* 10; pintar *v.* 3
paintbrush pincel *m.* 10
painter pintor(a) *m., f.* *(Lect. 3)*, 10
painting cuadro *m.* 3, 10; pintura *f.* 10
palm tree palmera *f.*
pamphlet panfleto *m.* 11
paradox paradoja *f.*
parish parroquia *f.* 12
park parque *m.*; estacionar *v.*; **amusement park** parque de atracciones *m.* 2
parrot loro *m.*
part parte *f.*; **to become part (of)** integrarse (a) *v.* 12
partner (*couple*) pareja *f.* 1; **(*member*)** socio/a *m., f.* 8
party (*politics*) partido *m.*; **political party** partido político *m.* 11
pass (*a class, a law*) aprobar (o:ue) *v.*; **to pass a law** aprobar una ley *v.* 11
passing pasajero/a *adj.*
passport pasaporte *m.* 5
password contraseña *f.* 7
pastime pasatiempo *m.* 2
pastry repostería *f.*
patent patente *f.* 7
path (*history*) trayectoria *f.* 1; prestarle atención a alguien *v.*
pay pagar *v.*; **to be well/poorly paid** ganar bien/mal *v.* 8; **to pay attention to someone** hacerle caso a alguien *v.* 1; prestarle atención a alguien *v.*
peace paz *f.*
peaceful pacífico/a *adj.* 12
peak cumbre *f.*; **pico** *m.*
peck picar *v.*
people pueblo *m.* 4
performance rendimiento *m.*; **(*theater; movie*)** función *f.* 2
perhaps acaso *adv.* *(Lect. 4)*
period época *f.* *(Lect. 7)*
period punto *m.* 2
permanent fijo/a *adj.* 8
permission permiso *m.*
permissive permisivo/a *adj.* 1
persecute perseguir (e:i) *v.*
personal (*private*) particular *adj.*
pessimist pesimista *m., f.*
phase etapa *f.*
photo album álbum de fotos *m.* *(Lect. 4)*
physicist físico/a *m. f.* 7
pick out seleccionar *v.* 3
pick up levantar *v.*
picnic picnic *m.*
picture imagen *f.* 2, 7
piece (*art*) pieza *f.* 10
pier muelle *m.* 5
pig cerdo *m.* 6
pill pastilla *f.* 4
pilot piloto *m., f.*
pious devoto/a *adj.* 11
piping tubería *f.* 6
pity pena *f.*; **What a pity!** ¡Qué pena!
place lugar *m.*
place poner *v.* 1, 2
place (*an object*) colocar *v.* 2
plan planear *v.*
planned previsto/a *adj., p.p.* 3
plateau: high plateau altiplano *m.* 11
play jugar *v.*; **(*theater*)** obra de teatro *f.* 10; **to play a CD** poner un disco compacto *v.* 2
player (CD/DVD/MP3) reproductor (de CD/DVD/MP3) *m.* 7
playing cards cartas *f. pl.* 2; naipes *m. pl.* 2
playwright dramaturgo/a *m., f.* 10
plead rogar *v.* 4
pleasant (*funny*) gracioso/a *adj.* 1
please: Could you please...? ¿Tendría usted la bondad de + inf.... ? *(form.)*
plot trama *f.* 10; argumento *m.* 10
plumbing (*piping*) tubería *f.* 6
poet poeta *m., f.* 10
poetry poesía *f.* 10
point (to) señalar *v.* 2; **to point out** destacar *v.*
point of view punto de vista *m.* 10
poison veneno *m.* 6
poisoned envenenado/a *adj.* 6
poisonous venenoso/a *adj.* 6
politician político/a *m., f.* 11
political party partido *m.* *(Lect. 2)*
politics política *f.*
pollen polen *m.* 8
pollute contaminar *v.* 6
pollution contaminación *f.* 6
poor quality (garbage) porquería *f.* 10
populate poblar *v.* 12
population población *f.* 4
port puerto *m.* 5
portable portátil *adj.*
portrait retrato *m.* 3
portray retratar *v.* 3
position puesto *m.* 8; cargo *m.*
possible posible *adj.*; **as much as possible** en todo lo posible
potato omelet tortilla (Esp.) *f.* *(Lect. 4)*
poverty pobreza *f.* 8
power fuerza *f.*; **will power** fuerza de voluntad 4
power (electricity) luz *f.* 7
power saw motosierra *f.* 7
powerful poderoso/a *adj.* 12
pray rezar *v.* 11
pre-Columbian precolombino/a *adj.*
prefer preferir *v.* 4
prehistoric prehistórico/a *adj.* 12
premiere estreno *m.* 2
prescribe recetar *v.* 4
prescription receta *f.* 4
preserve conservar *v.* 6
press prensa *f.* 9; **press conference** rueda de prensa 11
pressure (stress) presión *f.*; *presionar v.*; **to be under stress/pressure** estar bajo presión
prevent prevenir *v.* 4
previous anterior *adj.* 8
priest cura *m.* 12; sacerdote
prime minister primer(a) ministro/a *m., f.* 11
print imprimir *v.* 9
private particular *adj.*
privilege privilegio *m.* 8
prize premio *m.* 12; **to give a prize** premiar *v.*
procession procesión *f.* 12
produce producir *v.* 1; **(*generate*)** generar *v.*
productive productivo/a *adj.* 8
programmer programador(a) *m., f.*
prohibit prohibir *v.* 4
prohibited prohibido/a *adj.* 5
prominent destacado/a *adj.* 9; prominente *adj.* 11
promise jurar *v.* 12
promote promover (o:ue) *v.*
pronounce pronunciar *v.*
proof prueba *f.* 2
proposal oferta *f.* 9
propose proponer *v.* 1, 4; **to propose marriage** proponer matrimonio *v.* 1
prose prosa *f.* 10
protagonist protagonista *m., f.* 1, 10
protect proteger *v.* 1, 6
protected protegido/a *adj.* 5
protest manifestación *f.* 11; protestar *v.* 11
protester manifestante *m., f.* 6
proud orgulloso/a *adj.* 1; **to be proud of** estar orgulloso/a de
prove comprobar (o:ue) *v.* 7
provide proporcionar *v.*
public público *m.* 9; **(pertaining to the state)** estatal *adj.*
public transportation transporte público *m.*
publish editar *v.* 10; publicar *v.* 9
punishment castigo *m.*
pure puro/a *adj.*
purity pureza *f.* 6
pursue perseguir (e:i) *v.*
push empujar *v.*
put poner *v.* 1, 2; **to put in a place** ubicar *v.*; **to put on (*clothing*)** ponerse *v.*; **to put on makeup** maquillarse *v.* 2
pyramid pirámide *f.* 5

Q

quality calidad *f.*; **high quality** de buena categoría *adj.* 5
queen reina *f.*
quench saciar *v.*
question interrogante *m.* 7
quiet callado/a *adj.*; **be quiet** callarse *v.*

quit renunciar *v.* **8**; **quit smoking** dejar de fumar *v.* **4**
quite bastante *adv.* **3**
quotation cita *f.*

R

rabbi rabino/a *m., f.*
rabbit conejo *m.* **6**
race raza *f.* **12**
radiation radiación *f.*
radio radio *f.*
radio announcer locutor(a) de radio *m., f.* **9**
radio station (radio)emisora *f.* **9**
railing baranda *f.* *(Lect. 9)*
raise aumento *m.;* **raise in salary** aumento de sueldo *m.* **8**; criar *v.;* educar *v.* **1**; **to have raised** haber criado **1**
ranch rancho *m.* **12**
rarely casi nunca *adv.* **3**
rat rata *f.*
rather bastante *adv.; más bien adv.*
ratings índice de audiencia *m.*
ray rayo *m.*
reach alcance *m.* **7**; **within reach** al alcance **10**; al alcance de la mano; alcanzar *v., (Lect. 5)*
reactor reactor *m.*
reader lector(a) *m., f.* **9**
real auténtico/a *adj.* **3**
realism realismo *m.* **10**
realist realista *adj.* **10**
realistic realista *adj.* **10**
realize darse cuenta *v.* **2, 9**; **to realize/ assume that one is being referred to** darse por aludido/a *v.* **9**
rearview mirror espejo retrovisor *m.*
rebelliousness rebeldía *f.*
received acogido/a *adj.;* **well received** bien acogido/a *adj.* **8**
recital recital *m.*
recognition reconocimiento *m.*
recognize reconocer *v.* **1, 12**
recommend recomendar *v.* **4**
recommendable recomendable *adj.* **5**
record grabar *v.* **9**
recover recuperarse *v.* **4**
recyclable reciclable *adj.*
recycle reciclar *v.* **6**
redo rehacer *v.* **1**
reduce (speed) reducir (velocidad) *v.* **5**
reef arrecife *m.* **6**
referee árbitro/a *m., f.* **2**
refined (*cultured*) culto/a *adj.* **12**
reflect reflejar *v.* **10**
reform reforma *f.;* **economic reform** reforma económica *f.*
refuge refugio *m.* **6**
refund reembolso *m.* **3**
refusal rechazo *m.*
register inscribirse *v.* **11**
rehearsal ensayo *m.*
rehearse ensayar *v.* **9**
reign reino *m.* **12**
reject rechazar *v.* **11**
rejection rechazo *m.*
relax relajarse *v.* **4**; **Relax.** Tranquilo/a.
reliability fiabilidad *f.*
religion religión *f.*
religious religioso/a *adj.* **11**
remain permanecer *v.* **4**
remake rehacer *v.* **1**
remember recordar (o:ue); acordarse (o:ue) (de) *v.* **2**
remorse remordimiento *m.* **11**
remote control control remoto *m.;* **universal remote control** control remoto universal *m.* **7**
renewable renovable *adj.* **6**
rent alquilar *v.;* **to rent a movie** alquilar una película *v.* **2**
repent arrepentirse (de) (e:ie) *v.* **2**
repertoire repertorio *m.*
reporter reportero/a *m., f.* **9**
representative diputado/a *m., f.* **11**
reproduce reproducirse *v.*
reputation reputación *f.;* **to have a good/bad reputation** tener buena/mala fama *v.* **9**
rescue rescatar *v.*
research investigar *v.* **7**
researcher investigador(a) *m., f.* **4**
resentful resentido/a *adj.* **6**
reservation reservación *f.*
reserve reservar *v.* **5**
reside residir *v.*
respect respeto *m.*
responsible responsable *adj.*
rest descanso *m.* **8**; reposo *m.;* **to be at rest** estar en reposo *v.*
rest descansar *v.* **4**
resulting consiguiente *adj.*
résumé currículum vitae *m.* **8**
retire jubilarse *v.* **8**
retirement jubilación *f.*
return regresar *v.* **5**; **to return (items)** devolver (o:ue) *v.* **3**, *(Lect. 7)*; **return (trip)** vuelta *f.;* regreso *m.*
review (revision) repaso *m.* **10**
revision (review) repaso *m.* **10**
revolutionary revolucionario/a *adj.* **7**
revulsion asco *m.*
rhyme rima *f.* **10**
right derecho *m.;* **civil rights** derechos civiles *m. pl.* **11**; **human rights** derechos humanos *m. pl.* **11**
right away enseguida **3**, *(Lect. 4)*
ring anillo *m.;* sortija *f.* **5**; sonar (o:ue) *v.* *(Lect. 5)*, **7**; **to ring the doorbell** tocar el timbre *v.* **3**
riot disturbio *m.* **8**
rise ascender (e:ie) *v.* **8**
risk riesgo *m.;* arriesgar *v.;* arriesgarse; **to take a risk** arriesgarse *v.*
risky arriesgado/a *adj.* **5**
river río *m.*
rock mecer(se) *v.* *(Lect. 9)*
rocket cohete *m.* **7**
rob asaltar *v.* **10**
role papel *m.* **9**; **to play a role (*in a play*)** desempeñar un papel *v.*
romance novel novela rosa *f.* **10**
romanticism romanticismo *m.* **10**
room habitación *f.* **5**; **emergency room** sala de emergencias *f.* **4**; **single/ double room** habitación individual/ doble f. 5; **room service** servicio de habitación *m.* **5**
root raíz *f.*
round redondo/a *adj.* **2**
round-trip ticket pasaje de ida y vuelta *m.* **5**
routine rutina *f.* **3**
ruin ruina *f.* **5**
rule regla *f.* *(Lect. 5)*; dominio *m.* **12**
ruler gobernante *m., f.* **12**; **(*sovereign*)** soberano/a *m., f.* **12**
run correr *v.;* **to run away** huir *v.* **3**; **to run out** acabarse *v.* **6**; **to run out of** quedarse sin *v.* **6**; **to run over** atropellar *v.*
rush prisa *f.* **6**; **to be in a rush** tener apuro

S

sacred sagrado/a *adj.* **11**
sacrifice sacrificio *m.; sacrificar v.* **6**
safety seguridad *f.* **5**
saga of heroic feats gesta *f.* *(Lect. 12)*
sail navegar *v.* **5**
sailor marinero *m.*
salary sueldo *m.* *(Lect. 7)*; **raise in salary** aumento de sueldo *m.* **8**; **base salary** sueldo fijo *m.* **8**; **minimum wage** sueldo mínimo *m.* **8**
sale venta *f.;* **to be for sale** estar a la venta *v.* **10**
salesperson vendedor(a) *m., f.* **8**
same mismo/a *adj.;* **The same here.** Lo mismo digo yo.
sample muestra *f.*
sanity cordura *f.* **4**
satellite satélite *m.;* **satellite connection** conexión de satélite *f.* **7**; **satellite dish** antena parabólica *f.*
satire sátira *f.*
satirical satírico/a *adj.* **10**; **satirical tone** tono satírico/a *m.*
satisfied: be satisfied with contentarse con *v.* **1**
satisfy (*quench*) saciar *v.*
save ahorrar *v.* **8**; guardar *v.* **7**; salvar *v.* **6**; **save oneself** ahorrarse *v.* **7**
savings ahorros *m.* **8**
say decir *v.* **1**; **say goodbye** despedirse (e:i) *v.* **3**
scar cicatriz *f.*
scarcely apenas *adv.* **3**
scare espantar *v.*
scared asustado/a *adj.*
scene escena *f.* **1**
scenery paisaje *m.* **6**; escenario *m.* **2**
schedule horario *m.* **3**
science fiction ciencia ficción *f.* **10**
scientific científico/a *adj.*
scientist científico/a *m., f.* **7**
score (a goal/a point) anotar (un gol/un punto) *v.* **2**; marcar (un gol/punto) *v.*

screen pantalla *f.* **2; computer screen** pantalla de computadora *f.*; **LCD screen** pantalla líquida *f.* 7; **television screen** pantalla de televisión *f.* **2**
screenplay guión *m.* **9**
script guión *m.* **9**
scuba diving buceo *m.* **5**
sculpt esculpir *v.* **10**
sculptor escultor(a) *m., f.* **10**
sculpture escultura *f.* **10**
sea mar *m.* **6**
seal sello *m.*
search búsqueda *f.*; **search engine** buscador *m.* **7**
season (*period*) temporada *f.*; **high/low season** temporada alta/baja *f.* **5**
seat asiento *m.* **2**
seatbelt cinturón de seguridad *m.* **5; to fasten (the seatbelt)** abrocharse/ponerse (el cinturón de seguridad) *v.* **5; to unfasten (the seatbelt)** quitarse (el cinturón de seguridad) *v.* **5**
section sección *f.* **9; lifestyle section** sección de sociedad *f.* **9; sports page/section** sección deportiva *f.* **9**
security seguridad *f.* **5; security measures** medidas de seguridad *f. pl.* **5**
see ver *v.* **1**
seed semilla *f.* *(Lect. 10)*
seem parecer *v.* **2**
select seleccionar *v.* **3**
self-esteem autoestima *f.* **4**
self-portrait autorretrato *m.* **10** *(Lect. 4)*
senator senador(a) *m., f.* **11**
send enviar *v.*; *mandar v.*
sender remitente *m.* *(Lect. 3)*
sense sentido *m.*; **common sense** sentido común *m.*
sensible sensato/a *adj.* **1**
sensitive sensible *adj.* **1**
separated separado/a *adj.* **1**
sequel continuación *f.*
servants servidumbre *f.* **3**
servitude servidumbre *f.* **3**
settle poblar *v.* **12**
settler poblador(a) *m., f.*
sexton sacristán *m.* **11**
shade sombra *f.* *(Lect. 9)*
shame vergüenza *f.*
shape forma *f.*; **bad physical shape** mala forma física *f.*; **to get in shape** *v.* ponerse en forma **4; to stay in shape** mantenerse en forma *v.* **4**
shark tiburón *m.* **5**
sharp nítido/a *adj.*
shave afeitarse *v.* **2**
sheep oveja *f.* **6**
shepherd pastor *m.* *(Lect. 6)*
shine brillo *m.* *(Lect. 10)*
shore orilla *f.*; **on the shore of** a orillas de **6**
short film corto, cortometraje *m.* **1**
short story cuento *m.*
short/long-term a corto/largo plazo **8**
shot (injection) inyección *f.*; **to give a shot** poner una inyección *v.* **4**
shoulder hombro *m.*
shout gritar *v.*
show espectáculo *m.* **2**
showing sesión *f.*
shrink encogerse *v.*
shrug encogerse de hombros *v.*
shy tímido/a *adj.* **1**
shyness timidez *f.*
sick enfermo *adj.*; **to be sick (of); to be fed up (with)** estar harto/a (de) **1; to get sick** enfermarse *v.* **4**
sign señal *f.* 2; firmar *v.*, huella *f.* *(Lect. 12)*
signal señalar *v.* **2**
signature firma *f.* **11**
silent callado/a *adj.* **7; to be silent** callarse *v.*; **to remain silent** quedarse callado **1**
silly person bobo/a *m., f.* **7**
silver plata *f.* *(Lect. 8)*
sin pecado *m.*
sincere sincero/a *adj.*
singer cantante *m., f.* **2**
single soltero/a *adj.* **1; single mother** madre soltera *f.*; **single father** padre soltero *m.*
sink hundir *v.*
situated situado/a *adj.*
sketch esbozo *m.*; *esbozar v*
skill habilidad *f.*
skillfully hábilmente *adv.*
skim hojear *v.* **10**
skirt falda *f.*
slacker vago/a *m., f.* **7**
slave esclavo/a *m., f.* **12**
slavery esclavitud *f.* **12**
sleep dormir *v.* **2**
sleepwalker sonámbulo/a *m., f.* *(Lect. 9)*
sleeve manga *f.* **5**
slip resbalar *v.*
slippery resbaladizo/a *adj.* **11**
smoke humo *m.* *(Lect. 6)*
smoothness suavidad *f.*
snake serpiente *f.* 6; culebra *f.*
soap opera telenovela *f.* **9**
sociable sociable *adj.*
society sociedad *f.*
software programa (de computación) *m.* **7**
solar solar *adj.*
soldier soldado *m.* **12**
solitude soledad *f.* **3**
solve resolver (o:ue) *v.* **6**
sometimes a veces *adv.* **3**
sorrow pena *f.* **4** *(Lect. 8)*
soul alma *f.* **1**
soundtrack banda sonora *f.* **9**
source fuente *f.*; **energy source** fuente de energía *f.* **6**
sovereign soberano/a *m., f.* **12**
sovereignty soberanía *f.* **12**
space espacial *adj.*; **space shuttle** transbordador espacial *m.* **7**
space espacio *m.* **7**
spaceship nave espacial *f.*
spacious espacioso/a *adj.*
speak hablar *v.* **1; Speaking of that,...** Hablando de eso,...
speaker hablante *m., f.* 9, orador/a *m., f.* *(Lect. 2)*
special effects efectos especiales *m., pl.* **9**
specialist especialista *m., f.*
specialized especializado/a *adj.* **7**
species especie *f.* **6; endangered species** especie en peligro de extinción *f.*
spectator espectador(a) *m., f.* **2**
speech discurso *m.*; **to give a speech** pronunciar un discurso *v.* **11**
spell-checker corrector ortográfico *m.* **7**
spend gastar *v.* **8**
spider araña *f.* **6** *(Lect. 8)*
spill derramar *v.*
spirit ánimo *m.* **1**
spiritual espiritual *adj.* **11**
spot: on the spot en el acto **3**
spray rociar *v.* **6**
spring manatial *m.*
stability estabilidad *f.* **12**
stage (*theater*) escenario *m.* **2; (*phase*)** etapa *f.*; **stage name** nombre artístico *m.* **1**
stain mancha *f.*; manchar *v.*
staircase escalera *f.* **3**
stamp sello *m.*
stand up ponerse de pie *v.* **12**
stanza estrofa *f.* **10**
star estrella *f.*; **shooting star** estrella fugaz *f.*; **(movie) star** [m/f] estrella *f.*; **pop star** [m/f] estrella pop *f.* **9**
start (*a car*) arrancar *v.*
stay alojarse *v.* **5;** hospedarse; quedarse *v.* **5; stay up all night** trasnochar *v.* **4**
step paso *m.*; **to take the first step** dar el primer paso *v.*
step; stair peldaño *m.* *(Lect. 3)*
stereotype estereotipo *m.* **10**
stern popa *f.* **5**
stick pegar *v.*
still life naturaleza muerta *f.* **10**
sting picar *v.*
stingy tacaño/a *adj.* **1**
stir revolver (o:ue) *v.*
stock market bolsa de valores *f.* **8**
stone piedra *f.* **5,** *(Lect. 8)*
storage room trastero *m.* *(Lect. 4)*
storekeeper comerciante *m., f.*
storm tormenta *f.*; **tropical storm** tormenta tropical *f.* **6**
story (account) relato *m.* **10**
stranger desconocido/a *adj.*
stream arroyo *m.* **10**
strength fortaleza *f.*
strict autoritario/a *adj.* **1**
strike (*labor*) huelga *f.* **8**
Striking llamativo/a *adj.* **10**
stripe raya *f.* **5**
stroll paseo *m.*

struggle lucha *f.;* luchar *v.* 11
stubborn tozudo/a *adj.* 8
studio estudio *m.;* **recording studio** estudio de grabación *f.*
stupid necio/a *adj.*
stupid person bobo/a *m., f.* 7
style estilo *m.;* **in the style of ...** al estilo de... 10
subscribe (to) suscribirse (a) *v.* 9
subtitles subtítulos *m., pl.* 9
subtlety matiz *m.*
suburb suburbio *m.*
succeed in (*reach*) alcanzar *v.* *(Lect. 5)*
success éxito *m.*
successful exitoso/a *adj.* 8
suckling pig cochinillo *m.* 10
sudden repentino/a *adj.* 3
suddenly de repente *adv.* 3
suffer (from) sufrir (de) *v.* 4
suffering sufrimiento *m.* *(Lect. 1)*
suggest aconsejar; sugerir (e:ie) *v.* 4
suitcase maleta *f.* 5
summit cumbre *f.*
sunrise amanecer *m.*
supermarket supermercado *m.* 3
supply proporcionar *v.*
support soportar *v.;* **to put up with someone** soportar a alguien *v.* 1
suppose suponer *v.* 1
suppress suprimir *v.* 12
sure (*confident*) seguro/a adj. 1; **(*certain*)** cierto/a *adj.;* **Sure!** ¡Cierto!
surf the web navegar en la red *v.* 7; navegar en Internet
surface superficie *f.*
surgeon cirujano/a *m., f.* 4
surgery cirugía *f.* 4
surgical quirúrgico/a *adj.*
surprise sorprender *v.* 2
surprised sorprendido *adj.* 2; **be surprised (about)** sorprenderse (de) *v.* 2
surrealism surrealismo *m.* 10
surrender rendirse (e:i) *v.* 12
surround rodear *v.*
surrounded rodeado/a *adj.* 7
survival supervivencia *f.;* sobrevivencia *f.*
survive subsistir *v.* 11; sobrevivir *v.*
suspect sospechar *v.*
suspicion sospecha *f.* *(Lect. 11)*
swallow tragar *v.*
sweep barrer *v.* 3
sweetheart amado/a *m., f.* 1
symptom síntoma *m.*
synagogue sinagoga *f.* 11
syrup jarabe *m.* 4

T

tabloid(s) prensa sensacionalista *f.* 9
tag etiqueta *f.*
take tomar *v.;* **to take a bath** bañarse *v.* 2; **to take a look** echar un vistazo *v.*; **to take a trip** hacer un viaje *v.* 5; **to take a vacation** ir(se) de vacaciones *v.* 5; **to take away (remove)** quitar *v.* 2; **to take care of** cuidar *v.* 1; **to take care of oneself** cuidarse *v.*; **to take off** largarse *v.* *(Lect. 4)*; **to take off (clothing)** quitarse *v.* 2; **to take off running** echar a correr *v.;* **to take place** desarrollarse, transcurrir *v.* 10; **to take refuge** refugiarse *v.;* **to take root** arraigar *v.* *(Lect. 10)*; **to take seriously** tomar en serio *v.* 8
talent talento *m.* 1
talented talentoso/a *adj.* 1
tank tanque *m.* 6
taste gusto *m.* 10; **in good/bad taste** de buen/mal gusto 10; sabor *m.;* **It has a sweet/sour/bitter/pleasant taste.** Tiene un sabor dulce/agrio/amargo/agradable. 4
taste like/of saber *v.* 1; **How does it taste?** ¿Cómo sabe? 4; **And does it taste good?** ¿Y sabe bien? 4; **It tastes like garlic/mint/lemon.** Sabe a ajo/menta/limón. 4
tax impuesto *m.;* **sales tax** impuesto de ventas *m.* 8
teaching enseñanza *f.* 12
team equipo *m.* 2
tears lágrimas *f. pl.* *(Lect. 1)*
telephone receiver auricular *m.* 7
telescope telescopio *m.* 7
television televisión *f.* 2; **television set** televisor *m.* 2; **television viewer** televidente *m., f.* 2
tell contar (o:ue) *v.* 2
temple templo *m.* 11
tendency propensión *f.*
territory territorio *m.* 11
terrorism terrorismo *m.* 11
test (*challenge*) poner a prueba *v.*
theater teatro *m.*
then entonces *adv.* 3
theory teoría *f.* 7
there allá *adv.*
thermal térmico/a *adj.*
thief ladrón/ladrona *m., f.*
think pensar (e:ie) *v.* 1; **(*to be of the opinion*)** opinar; *v.* **I think it's pretty.** Me parece hermosa/o.; **I thought...** Me pareció... 1; **What did you think of Mariela?** ¿Qué te pareció Mariela? 1
thoroughly a fondo *adv.*
threat amenaza *f.* 8
threaten amenazar *v.* 3
throw tirar *v.* 5; **throw away** echar *v.* 5; **throw out** botar *v.* 5
thunder trueno *m.* 6
ticket boleto *m.*
tie (game) empate *m.* 2; **tie (up)** atar *v.;* **(*games*)** empatar *v.* 2
tiger tigre *m.* 6
time tiempo *m.;* vez *f.;* **at that time** en aquel entonces; **for the first/last time** por primera/última vez 2; **on time** a tiempo 3; **once upon a time** érase una vez; **to have a good/bad/horrible time** pasarlo bien/mal 1
tired cansado/a *adj.;* **to become tired** cansarse *v.*
tone of voice timbre *m.* 3
tongue lengua *f.* 9
too; too much demasiado/a *adj., adv.*
tool herramienta *f.;* **toolbox** caja de herramientas *f.* 2
toolbox caja de herramientas *f.* 2
topic asunto *m.*
touch rozar *v.* *(Lect. 10)*
tour excursión *f.* 5; **tour guide** guía turístico/a *m., f.* 5
tourism turismo *m.* 5
tourist turista *m., f.* 5; turístico/a *adj.* 5
tournament torneo *m.* 2
toxic tóxico/a *adj.* 6
trace huella *f.* 8; trazar *v.*
track-and-field events atletismo *m.*
trade comercio *m.* 8
trader comerciante *m., f.*
traditional tradicional *adj.* 1; **(typical)** típico/a *adj.*
traffic tránsito *m.;* **traffic jam** congestionamiento, tapón *m.* 5
tragic trágico/a *adj.* 10
trainer entrenador(a) *m., f.* 2
trait rasgo *m.*
traitor traidor(a) *m., f.* 12
tranquilizer calmante *m.* 4
translate traducir *v.* 1
transmission transmisión *f.*
transplant transplantar *v.*
trap atrapar *v.* 6
travel log bitácora *f.* 7
traveler viajero/a *m., f.* 5
treat tratar *v.* 4
treatment tratamiento *m.* 4
treaty tratado *m.*
tree árbol *m.* 6
trend moda *f.;* tendencia *f.* 9
trial juicio *m.*
tribal chief cacique *m.* 12
tribe tribu *f.* 12
tribute homenaje *m.* *(Lect. 12)*
trick truco *m.* 2
trip viaje *v.* 5; **to take a trip** hacer un viaje *v.* 5
tropical tropical *adj.;* **tropical storm** tormenta tropical *f.* 6
trunk maletero *m.* 9
trust confianza *f.* 1
try probar (o:ue) (a) *v.* 3; **try on** probarse (o:ue) *v.* 3
tune into (*radio or television*) sintonizar *v.*
tuning sintonía *f.* 9

turn: to be my/your/his turn *me/te/le, etc. + tocar v.;* **Whose turn is it to pay the tab?** ¿A quién le toca pagar la cuenta? **2**; **Is it my turn yet?** ¿Todavía no me toca? **2**; **It's Johnny's turn to make coffee.** A Johnny le toca hacer el café. **2**; **It's always your turn to wash the dishes.** Siempre te toca lavar los platos. **2**
turn (*a corner*) doblar *v.;* **to turn off** apagar *v.* **3**; **to turn on** encender (e:ie) *v.* **3**; **to turn red** enrojecer *v.*
turned off apagado/a *adj.* **7**

U

UFO ovni *m.* **7**
unbiased imparcial *adj.* **9**
uncertainty incertidumbre *f.* **12**
underdevelopment subdesarrollo *m.*
underground tank cisterna *f.* **6**
understand entender (e:ie) *v.*
underwear (*men's*) calzoncillos *m. pl.*
undo deshacer *v.* **1**
unemployed desempleado/a *adj.* **8**
unemployment desempleo *m.* **8**
unequal desigual *adj.* **11**
unexpected imprevisto/a *adj.;* inesperado/a *adj.* **3**
unexpectedly de improviso *adv.*
unique único/a *adj.*
unjust injusto/a *adj.* **11**
unpleasant antipático/a *adj.*
unsettling inquietante *adj.* **10**
untie desatar *v.*
until hasta *adv.;* **up until now** hasta la fecha
update actualizar *v.* **7**
upset disgustado/a *adj.* **1**; disgustar *v.* **2**; **to get upset** afligirse *v.* **3**
up-to-date actualizado/a *adj.* **9**; **to be up-to-date** estar al día *v.* **9**
urban urbano/a *adj.*
urgent urgente *adj.* **4**
use up agotar *v.* **6**
used: to be used to estar acostumbrado/a a; **I used to... (*was in the habit of*)** solía; **to get used to** acostumbrarse (a) *v.* **3**
useful útil *adj.* **11**
useless inútil *adj.* **2**
user usuario/a *m., f.* **7**

V

vacation vacaciones *f. pl.;* **to take a vacation** ir(se) de vacaciones *v.* **5**
vaccine vacuna *f.* **4**
vacuum pasar la aspiradora *v.* **3**
valid vigente *adj.* **5**
valuable valioso/a *adj.* **6**
value valor *m.*
vandal vándalo/a *m., f.* **6**
vestibule zaguán *m. (Lect. 3)*
viceroy virrey *m. (Lect. 12)*
victorious victorioso/a *adj.* **12**
victory victoria *f.*
video game videojuego *m.* **2**
village aldea *f.* **12**
virus virus *m.* **4**
visit recorrer *v.* **5**
visiting hours horas de visita *f., pl.*
vote votar *v.* **11**

W

wage: minimum wage sueldo mínimo *m.* **8**
wait espera *f.; esperar v.* **to wait in line** hacer cola *v.* **2**
waiter/waitress camarero/a *m., f.;* mesero/a *m., f.*
wake up despertarse (e:ie) *v.* **2**; **wake up early** madrugar *v.* **4**
walk andar *v.;* **to take a stroll/walk** dar un paseo *v.* **2**; **to take a stroll/walk** *v.* dar una vuelta
wall pared *f.* **5**
wander errar *v. (Lect. 11)*
want querer (e:ie) *v.* **1, 4**
war guerra *f.;* **civil war** guerra civil *f.* **11**
warm up calentar (e:ie) *v.* **3**
warn avisar *v.*
warning advertencia *f.* **8**; aviso *m.* **5**
warrior guerrero/a *m., f.* **12**
wash lavar *v.* **3**; **wash oneself** lavarse *v.* **2**
waste malgastar *v.* **6**
watch vigilar *v. (Lect. 3)*
watercolor acuarela *f.* **10**
waterfall cascada *f.* **5**
wave ola *f.* **5**; onda *f.*
wave agitar *v. (Lect. 2)*
wear lucir *v. (Lect. 4)*
wealth riqueza *f.* **8**
wealthy adinerado/a *adj.* **8**
weapon arma *m.*
weariness fatiga *f.* **8**
web (the) web *f.* **7**; red *f.*
weblog bitácora *f.* **7**
website sitio web *m.* **7**
week semana *f.*
weekend fin de semana; **Have a nice weekend!** ¡Buen fin de semana!
weekly semanal *adj.*
weeping llanto *m. (Lect. 4, 7)*
weight peso *m.*
welcome bienvenida *f.* **5**
welcome (*take in; receive*) acoger *v.*
well pozo *m.;* **oil well** pozo petrolero *m.*
well-being bienestar *m.* **4**
well-received bien acogido/a *adj.* **8**
wherever dondequiera *adv.* **4**
whistle silbar *v.*
widowed viudo/a *adj.* **1**; **to become widowed** quedarse viudo/a *v.*
widower/widow viudo/a *m., f.*
wild salvaje *adj.* **6**; silvestre *adj.*
wild boar jabalí *m.* **10**
win ganar *v.;* **to win an election** ganar las elecciones *v.* **11**; **to win a game** ganar un partido *v.* **2**
wind power energía eólica *f.*
wine vino *m.*
wing ala *m.*
wireless inalámbrico/a *adj.* **7**
wisdom sabiduría *f.* **12** *(Lect. 8)*
wise sabio/a *adj.*
wish deseo *m.; desear v.* **4**; **to make a wish** pedir un deseo *v.* **8**
without sin *prep.;* **without you** sin ti *(fam.)*
witness testigo *m., f.* **10**
woman mujer *f.;* **businesswoman** mujer de negocios *f.* **8**
womanizer mujeriego *m.* **2**
wonder preguntarse *v.*
wood madera *f.*
work obra *f.;* **work of art** obra de arte *f.* **10**; funcionar *v.* **7**; trabajar; **to work hard** trabajar duro *v.* **8**
work day jornada *f.*
workshop taller *m. (Lect. 7)*
World Cup Copa del Mundo *f.,* Mundial *m.* **2**
worm gusano *m.*
worried (about) preocupado/a (por) *adj.* **1**
worry preocupar *v.* **2**; **to worry (about)** preocuparse (por) *v.* **2**
worship culto *m.; venerar v.* **11**
worth: be worth valer *v.* **1**
worthy digno/a *adj.* **6**
wound lesión *f.* **4**
wrinkle arruga *f.*

Y

yawn bostezar *v.*
young lamb borrego *m. (Lect. 6)*

Z

zoo zoológico *m.* **2**

Contents of the index

The index contains page references for items and sections in **VENTANAS**. A numeral following the entry indicates the page of **VENTANAS: Lengua** where an item appears. The abbreviation *(Lect.)* after a section header or page numbers in italics indicate the section is part of **VENTANAS: Lecturas.**

Text Credits

[LEN] 28–29 © 2004, Maitena. **58–59** © Puebla, *Qué me pongo* de la Serie Gente Singular (2003), reprinted by permission of José Manuel Puebla. **180–181** Patricio Betteo/© Editorial Televisa. **208–209** © Ricardo Peláez. *Los pájaros trinando por los altavoces*, México. Reprinted by permission of the author. **264–265** © Leo Ríos, *Al llegar de la pega...* (2007), reprinted by permission of the author. **[LEC] 14–15** Pablo Neruda, Poema 20, from Veinte poemas de amor y una canción desesperada, 1924. Esta autorización se concede por cortesía de: Fundación Pablo Neruda. **18–19** Alfredo Bryce Echenique. "Después del amor primero", PERMISO PARA VIVIR. © Alfredo Bryce Echenique, 1995. **38–39** Mario Benedetti, Idilio. © Mario Benedetti, c/o Guillermo Schavelzon, Agente Literario, info@schavelzon.com. **42–43** De Microcosmos III © Rodrigo Soto. **62–63** © 1995 by Maria Kodama, reprinted with permission of The Wylie Agency. **66–69** Reprinted by permission of the author, Esther Díaz Llanillo. **88–89** © Ángeles Mastretta, 1991. **92–93** D.R. © 1972 FONDO DE CULTURA ECONÓMICA, Carretera Picacho-Ajusco 227, C.P. 14200, México, D.F. Esta edición consta de 15,000 ejemplares. **112–113** © Cristina Fernández Cubas, 1998. **116–119** © Gabriel García Márquez, 1992. **138–139** © Augusto Monterroso. **142–145** © Teresa Crespo Toral. **164–165** © Arturo Pérez-Reverte, "Ese bobo del móvil", El Semanal, Madrid, 5 de marzo del 2000. **168–171** Reprinted by permission of the author, Hernán Casciari. **174** Reprinted by permission of Fundación Bip Bip, www.fundacionbip-bip.org. **180–181** © El País S.L./Isabel Piquer. **190–191** Permission requested. Best efforts made. **216–217** © Herederos de Federico García Lorca. **220–223** © Edmundo Paz Soldán, c/o Guillermo Schavelzon & Asociados, Agencia Literaria, info@schavelzon.com. **242–243** Julio Cortázar, Continuidad de los parques. Esta autorización se concede por cortesía de: Herederos de Julio Cortázar. **246–249** © Herederos de Miguel Hernández, 1936. **268–269** Por permiso de la autora, Marjorie Agosín. **296–297** © Carlos Fuentes, 2000.

Commercials and TV clips

[LEN] 88–89 Univision Communications Inc. **120–121** © 2007 adidas-Salomon AG. Adidas, the adidas logo and the 3-Stripes mark are registered trademarks of the adidas-Salomon AG group. **150–151** © La Prensa Gráfica, El Salvador. **238–239** © Banco Comercial, Publicis Ímpetu y Paris Texas. Todos los derechos registrados. **288–289** 2007 Lima, Perú. Perú Rock Opera:Concepto, música y arreglos son propiedad de Isla 3 S.A.C. y La Banda S.A.C. Todos los derechos reservados. **316–317** Permission requested. Best efforts made. **348–349** © Televisión Autonomía Madrid, S.A. (Telemadrid), España. Todos los derechos registrados.

Fine Art Credits

[LEN] 192 (t) Quirino Cristiani. *Frame from animated film "El Apostol"*. 1917. Courtesy Giannalberto Vendáis, Milano, Italia. **271** (ml) Salvador Dalí. *Soft Watch*. © Salvador Dalí, Gala-Salvador Dalí Foundation/Artists Rights Society (ARS), New York. Image © Christie's Images/Corbis, (mr) Pablo Picasso. *The Red Armchair*. ca. 1930–1940 © Sucesión Picasso. Image © Archivo Iconografico, S.A./Corbis, (r) Claude Monet. *The Haystacks, End of Summer. Giverny*. 1891 © Erich Lessing/Art Resource, NY, (l) Andy Warhol. *Marilyn*. 1967. Silkscreen on paper, 91x91 cm. © the AndyWarhol Foundation for the Visual Arts/ARS, NY. Photo © Tate Gallery, London/ Art Resource, NY. **275** (m) Gonzalo Cienfuegos. *El Trofeo*. 2005. Courtesy of the artist. **277** (t) Guillermo Nuñez. Excerpt from "*Todo en ti fue Naufragio*". Permission requested. Best efforts made. **286** (r) Diego Velásquez. *Las Meninas, the Family of Philip IV*. 1656 © Museo del Prado Madrid. Photo by Jose Blanco. **321** (t) Santiago Hernandez. Lithograph print from *El Libro Rojo*, Published by Francisco Dias de Leon y White. 1870 © Instituto Nacional de Antropología y Historia (INAH), Mexico. Permission requested. Best efforts made, (m) Diego Duran. *Montezuma, 1466–1520 last king of the Aztecs, leaving for a retreat upon being told of the Spanish disembarking*. From folio 192R of the Historia de los Indios. 1579 © The Art Archive/Biblioteca Nacional Madrid/ Dagli Orti. **347** *Still Life with Setter to Mr. Lask* by William Michael. **[LEC] 2** Fernando Botero. *Una Familia*. 1989. Colección Banco de la República – Bogatá, Colombia. **12** Pablo Picasso. *Los Enamorados*. 1923 © Sucesión Picasso/Artists Rights Society (ARS) New York. **26** Yori Morel. *La Bachata*. 1942. Cortesía Museo de Arte Moderno. Santo Domingo, República Dominicana. **27** Achille Beltrame. *Juanita Cruz*. 1934. © The Art Archive/Domenica del Corriere/Dagli Orti (A). **36** Aldo Severi. *Calesita en la Plaza*. 1999 © Aldo Severi. Courtesy of Giuliana F. Severi. **50** Herman Braun-Vega. *Concierto en el Mercado*. 1997 © Herman Graun-Vega, courtesy of the artist. **51** (b) Bartolome Esteban Murillo. *Niños comiendo uvas y un melón*. 17th century © Scala/Art Resource, NY. **52** Diego Rodríguez Velázquez. *La Vieja friendo huevos*. 1618 © Scala/Art Resource, NY. **53** (t) Diego Velázquez. *Los Borracios*. Before 1629. © The Art Archive/Museo del Prado, Madrid/Dagli Orti (b) Diego Velásquez. *Las Meninas, the Family of Philip IV*. 1656 © The Art Archive/Museo del Prado Madrid. **60** Antonio Berni. *La siesta*. 1943. Óleo sobre tela 155 x 220 cm. Colección Privada. **62** Carlos Morel. *Rio de la Plata Calgary, Argentina*. 1845 © The Art Archive/Nacional Library Buenos Aires/Dagli Orti. **63** Pierre Raymond Jacques Monvoisin. *Juan Manuel de Rosas*. 1842 © The Art Archive/Museo Nacional de Bellas Artes Buenos Aires/Dagli Orti. **76** Arturo Michelena. *El Niño Enfermo*. 1886 Galería de Arte Nacional. Caracas, Venezuela. **86** Hector Giuffre. *Vegetal Life*. 1984 © Hector Giuffre. **89** Lino Eneas Spilimbergo. *La Planchadora*. 1936. Permission requested. Best efforts made. **92** Frida Kahlo. *Self-portrait with Cropped Hair*. 1940. Digital Image © The Museum of Modern Art/Licenses by SCALA/Art Resource, NY. **100** Jacqueline Brito Jorge. *Etatis XX (hecho a los 20 años)*. 1996. © Collection of the Arizona State University Art Museum. **110** Armando Morales. *Paisaje Marino*. 1983. © 2002 Artists Rights Society (ARS), NY/ADAGP, Paris. **116** Graciela Rodo Boulanger. *Altamar*. 2000. © Courtesy Edmund Newman Inc. **119** Diego Rivera. *Emiliano Zapata*. 1928 © Banco de Mexico Trust, Schalkwijk/Art Resource, NY.

126 Frida Kahlo. *Autorretrato con mono.* 1938. Oil on masonite, overall 16 x 12" (40.64 x 30.48 cms). Albright-Knox Art Gallery, Buffalo, New York. Bequest of A. Conger Goodyear, 1966. **136** Wilfredo Lam. *Vegetación Tropical.* 1948. Moderna Museet. Estocolmo, Suecia. **152** Remedios Varo. *Tres Destinos.* 1954 © Christie's Images. **154/5** (t) selections from "*Weblog de una Mujer Gorda*". © Bernardo Erlich 2000. **162** Joaquín Torres Garcia. *Composicion Constructiva.* 1938 © Art Museum of the Americas, Organization of American States, Washington, D.C. **168**, **170/1** Bernardo Erlich. Selections from *Weblog de Una Mujer Gorda.* Episode "Hay Tiempo Para Todo, Mama". **178** Antonio Berni. *Manifestacion.* 1934. Courtesy of MALBA © José Berni, Spain. **180** Andy Warhol. *Carolina Herrera.* 1979. 40" x 40". Synthetic polymer paint and silkscreen ink on canvas. © The Andy Warhol Foundation, Inc./Art Resource NY. **188** Diego Rivera. *Mercado de flores.* 1949 Óleo/tela 180 x 150 cms. Colección Museo Español de Arte Contemporáneo. Madrid, España. Foto © Fondo Documental Diego Rivera. CENIDIAP.INBA. Conaculta, México. **194**, **197** Alfredo Bedoya Selections from "*La Abeja Haragana*" © 2002 Alfredo Bedoya. Courtesy of the Artist. **204** Rafael Barradas. *Naturaleza muerta con carta de Torres García.* 1919. Museo Nacional de Artes Visuales. Montevideo, Uruguay. **214** Salvador Dalí. *Automovil vestido.* 1941 © 2002 Salvador Dalí, Gala-Salvador Dalí Foundation. Artists Rights Society (ARS), New York. **230** Juan Gris. *El Libron.* 1913 © Museé d'Art Moderne de la ville de Paris. **235** Marta Minujin. *El Partenon de Libros.* 1983. Buenos Aires, Argentina c. 1980 © Marta Minujin. Courtesy of the artist. **240** Armando Barrios. *Cantata.* 1985. Óleo sobre tela. 150 x 150 cms. –catálogo general: 868. Fundación Armando Barrios. Caracas, Venezuela. **256** Wifredo Lam. *Tercer Mundo.* 1966. © 2002 Artists Rights Society (ARS), New York/ADAGP Paris. **266** José Antonio Velásquez. *San Antonio de Oriente.* 1957 Colección: Art Museum of the Americas, Organization of American States. Washington D.C. **284** José Sabogal. *EL alcade de Chinceros*; Varayoc. 1925 Óleo sobre lienzo. Municipalidad Metropolitana de Lima. Pinacoteca "Ignacio Merino." Lima, Peru. **285** Anonymous. 16th Century. *Portrait of Atahualpa, 13th and last King of the Incas* © Bildarchiv Preussischer Kulturbesitz/Art Resource, NY. Photo by Dietrich Graf. **294** Diego Rivera. *Disembarkation of the Spanish at Veracruz (with portrait of Cortes as a hunchback).* 1951 National Palace, Mexico City, D.F., Mexico. © Banco de Mexico Trust. Photograph © Schalkwijk/Art Resource, NY. **300** William Penhallow Henderson, *"San Juan Pueblo (New Mexico)".* Ca. 1921 © Smithsonian American Art Museum, Washington, DC/Art Resource, NY Harnett.

Illustration Credits

Debra Dixon: [LEN] (mr) 32, 62, 99, 124, 125, 132, 162, 194, 212, 242, 259, 268, 269, 292, 320, 321, **[LEC]** 3
Sophie Casson: [LEN] 64, 87, 92, 139, 173, 227, **[LEC]** 244, 397
Pere Virgili: [LEN] 34, 47, 51, 54, 57, 81, 85, 108, 112, 113, 126, 147, 149, 178, 205, 213, 231, 235, 283, 285, 295, 335, **[LEC]** 4, 17, 24, 25, 245, 247
Hermann Mejia: [LEN] 100, 193, 313, **[LEC]** 130
Franklin Hammond: [LEN] 201, **[LEC]** 291

Photography Credits

Corbis Images: [LEN] 2 (bl) Cobis. **10** LWA-Dann Tardif. **11** (b) Rick Gomez. **12** Steve Prezant. **13** (t) Marc Serota/Reuters. **21** (tr) Reuters, (br) Toru Hanai/Reuters. **32** (tr) Jim Cummings. **40** (l) Robert Galbraith/Reuters. **41** (ml) Reuters. **49** Corbis. **50** (tr) Lester Lefkowitz, (tm) Stephen Welstead. **56** (m) Peter Muhly/Reuters. **70** (t, b) Reuters, (m) Pool. **71** (mr) TVE, (ml) Hubert Stadler. **79** James W. Porter. **86** Jeffery Alan Salter/SABA. **101** (t) Jeremy Horner, (m) Janet Jarman. **103** (b) Reuters. **127** Dave G. Houser/Post-Houserstock. **132** (t) Atlantide Phototravel. **133** (t) Dave G. Houser/Post-Houserstock, (m) Richard Cummins. **134** Juan Carlos Ulate/Reuters. **154** (ml) Martin Harvey. **155** (m) Firefly Production. **161** (b) Michael & Patricia Fogden. **163** (t) Stephen Frink. **184** (tl) Ruediger Knobloch. **193** (br) Jim Craigmyle. **216** Aro Balzarini/epa. **219** (m) Claudio Edinger. **220** Steve Starr. **221** (mr) Reuters. **222** Sergio Dorantes. **226** (l) Miraflores Palace/Handout/Reuters. **242** (bm) Fabio Cardoso/zefa. **243** (m) Douglas Kirkland. **249** (t) Tonatiuh Figueroa/epa, (b) Roger Ressmeyer. **250** (t) Dave G. Houser/Post-Houserstock. **251** (t) Andres Stapff/Reuters, (b) Lindsay Hebberd. **262** Despotovic Dusko/SYGMA. **275** (t) Bettman. **276** (tl) Macduff Everton. **278** Marcus Moellenberg/zefa. **286** (l) Carl & Ann Purcell. **287** (l) Despotovic Dusko. **292** (bl) Steve Raymer, (tl) Jorge Silva/Reuters. **293** (t) Nancy Kaszerman/Zuma Press. **301** (t) Martin Alipaz/epa, (bl) Gustavo Gilabert, (br) Garmendia/Biosfera. **302** Reuters. **320** (mr) Reuters. **329** (m) Philippe Eranian. **330** Mark A Jonson. **[LEC] 7** (r) Bettmann, (ml) Lisa O'Connor/Zuma. **14** (foreground) Josh Westrich/zefa. **17** Bassouls Sophie/SYGMA. **22** (ml) Paul Buck/epa. **28** Mark L Stephenson. **31** (l) Lawrence Manning. **32** Josh Westrich/Zefa. **34** Bettmann. **37** Eduardo Longoni. **38** Jason Horowitz/ zefa. **48** Images. com. **55** (r) Tom Stewart/Zefa. **61** Bettmann. **77** Reuters. **79** (1) Abilio Lope, (m) Torleif Svensson, (r) Lawrence Manning. **101** Macduff Everton. **103** (b) Richard A. Cooke. **104** (l) Kevin Fleming, (m) Philip James Corwin. **111** © Bassouls Sophie. **131** (l) Stephanie Maze, (r) Wolfgang Kaehler. **157** Jean-Louis de Jeune/Images.com. **194** H. Takano/zefa. **195** Tony Frank. **233** Tony Albir/epa. **237** MAPS.com. **244** (tl) Ruediger Knobloch/A.B./zefa. **246** Bettmann. **257** (t) Robert Harding World Imagery. **259** Carlos Cazalis. **272** David H. Wells. **274** Tibor Bognar. **276** O. Alamany & E. Vicens. **280** (m) Reuters, (l) Najiah Feanny, (r) Bettmann. **282** Erich Schlegel/Dallas Morning News. **284** Francoise de Mulder. **286** (l) James Sparshatt. **289** (l) Peter M. Wilson, (r) Jorge Silva/Reuters. **295** Vittoriano Rastelli. **251** (t) Andres Stapff/Reuters, (b) Lindsay Hebberd. **302** Jeremy Horner.
Getty: [LEN] 9 (t) Janie Airey. **21** (bl) Ezra Shaw. **39** (b) AFP/AFP. **40** (r) Carlos Alvarez. **42** Lipnitzki/Roger Viollet. **56** (r) Evan Agostini, (l) Susana Gonzalez/AFP. **63** (b) Michelangelo Gratton. **73** Alberto Bocos Gil/AFP. **80** David C. Tomlinson. **99** (m) Stu Forster/Allsport. **135** (t) Juan Barreto/AFP. **139** (l) Cosmo Condina.

156 Photographer's Choice. **161** (m) Joe Sartore. **162** (t) Jeff Hunter. **191** (t) Wesley Bocxe/Newsmakers. **193** (bl) NASA/Liaison. **206** Altrendo Images. **207** Javier Pierini. **212** (tl) Chabruken. **249** (m) Getty Images. **277** (l) Jose Jordan/AFP. **300** (t) Gonzalo Espinoza/AFP. **327** (m) Luis Acosta, (t) Alfredo Estrella/AFP. **[LEC] 3** Frank Micelotta. **7** (r) Hulton Archive. **22** (r) Roberto Schmidt/AFP, (l) Frank Micelotta. **51** (t) Dominique Faget/AFP. **55** (l) Alan Thornton. **72** (l) Paula Bronstein. **115** Piero Pomponi/Liaison. **119** (1) Roger Viollet Collection. **148** (l) Martin Bernetti/AFP. **179** Robyn Beck/AFP. **181** Carlos Alvarez. **189** Steve Northup/TimePix/Time Life. **211** (m) Joel Sartore. **212** Jeff Hunter **215** Dominique Faget/AFP. **231** Susana Gonzalez. **234** Derke/O'Hara. **238** (2) Georgette Douwma. **268** VEER Scott Barrow. **271** Pierre-Philippe Marcou/AFP.

Alamy: [LEN] 9 (m) Jack Hobhouse, (b) Robert Fried. **21** (tl) Allstar Picture Library. **27** eStock Library. **39** (t) Nicolas Osorio/eStock Photo. **62** (tl) James Quine. **72** Mark Shenley. **101** (b) bildagentur-online.com/th-foto. **125** (b) Mark Lewis. **131** (b) AM Corporation. **139** (ml) Paul Thompson Images, (r) Mecky Fogeling. **154** (tr) Bruce Coleman, (tl) Peter Adams Photography, (r2) Florida Images. **161** (t) Hemis. **163** (bl) David Tipling. **164** Stephen Frink Collection. **171** (l) Mediacolor's. **179** Nigel Hicks. **185** (b) Stock Connection Distribution. **225** Chad Ehlers. **276** (br) Craig Novell-All Rights Reserved. **299** (m) Helene Rogers. **320** (tl) David Myers Photography. **328** ImageBroker. **[LEC] 7** (mr) Mary Evans Picture Library. **10** EuroStyle Graphics. **22** (mr) Allstar Picture Library. **27** Stock Connection Distribution. **31** Mary Evans Picture Library. **57** (background) Stock Connection Distribution. **78** archivberlin Fotoagentur GmbH. **96** (r) Adam Van Bunnens. **257** (b) © Robert Harding Picture Library. **258** Frame Zero. **286** (r) Robert Harding Picture Library Ltd. **296** Mireille Vautier

WireImage: [LEN] 41 (t) Gram Jepson. **[LEC] 4** Michael Schwartz. **5** (l, m, r) Michael Schwartz. **104** (r) Barry King.

Masterfile: [LEN] 2 (rm) Matthew Wiley. **3** (m) T. Ozonas. **11** (ml) Darrell Lecorre. **125** (t) Hill Brooks. **139** (mr) Gloria H. Cómica. **[LEC] 10** (ml) Darrell Lacorre. **205** (br) Rick Fischer. **275** Carl Vailquet.

Danita Delimont: [LEN] 133 (b) Cindy Millar Hopkins.

Lonely Planet Images: [LEN] 20 Richard Cummings. **69** (m) Oliver Strewe. **191** (b) Holger Leue. **251** Krzysztof Dydynski. **[LEC] 213** (br) Steve Simonsen. **238** Steve Simonsen.

AP Wide World Photos: [LEN] 43 AP Photo/Jaime Puebla. **71** (b) AP Photo/EFE, Cherna Moya (t) AP Photo/Tim Gram. Picture Library. **99** (b) AP Photo/Esteban Felix. **165** AP Photo/Ariel Leon. **212** (br) AP Photo/Ana Maria Otero. **221** (t) AP Photo/Esteban Felix (b) AP Photo/Jorge Saenz. **299** (t) Roberto Candia. **315** Nick Ut. **[LEC] 87** AP Photo/Jose Caruci. **160** Oronoz.

Misc: [LEN] 11 (t) Caterina Bernardi, (mr) Diseño de cubierto por Matteo Bologna por Mucca Design. Foto por Thurston Hopkins/ Getty Images. **13** (b) Dorothy Shi Photo, courtesy Mario German, Puntographics.com. **39** (m) Rachel Weill/foodpix/Jupiter Images. **41** (mr) Film Tour/South Fork/Senador Film/The Kobal Collection (b) Arau/Cinevista/Aviacsa/The Kobal Collection /The Picture-desk. **99** (t) StockFood.com. **100** Martin Bernetti. **103** (t) Marta Gomez. **195** (t) Photo courtesy of Universal Music Argentina. **219** Caretas Magazine. Permission requested. Best efforts made. **223** Desorden Publico. Courtesy Jeremy Patton, Megalith Records and the band. **251** (m) Rachel Distler. 2006. **253** www.nataliaoreiro.com. Permission requested. Best efforts made. **275** (b) Museo de Arte, Latinoamericano de Buenos Aires/Colección Costantini. **276** (tr, mr) 2005 Fundación Pablo Neruda. Fernando Márquez de la Plata 0192, Santiago de Chile. **277** (b) Roser Bru, from EBEN Interiors at www.eben.lesrevistes.com. Permission requested. Best efforts made. (mr) 2006 Universidad de Concepción, Concepción, Chile. **279** www.viletaparra. scd.cl. Permission requested. Best efforts made. **300** (b) © James Brunker/Magical Andes Photography. **303** Los Kjarkas. **327** (b) 2005 National Public Radio, Jay Paul. **331** (t) Peru Negro private collection (b) Filmar Lopez. **346** © Rue de Archives/The Granger Collection, New York. **[LEC] 31** (l) © Victor Englebert. **41** © Anne Claire Paingris. Courtesy of Rodrigo Soto. **46** (l) © R. Sabatier/Travel-Images.com. **65** photo Courtesy of the Author. **69** Sandra Johanson/Jupiter Images. **91** © Lola Alvarez Bravo, courtesy of Galeria Juan Martin. **102** (t) Warren Marr/ Panoramic Images/NGSImages.com. **122** (l) Oscar Artavia Solano/VHL, (ml) Janet Dracksdorf/VHL, (mr, r) José Blanco/VHL. **129** 2000 Doug Myerscough. **141** Courtesy of Teresa Crespo de Salvador. **148** (l) José Blanco/VHL, (m) Paola Rios Schaff/VHL. **167** Courtesy of Hernán Casciari. **193** public domain. **199** (t) Robert Frerck /Odyssey Productions, Inc. **200** © Got Milk?™, National Fluid Milk Processor Promotion Board and Siboney USA, Inc. **206** Editorial Servilibro, Paraguay. **209** (l) © Living Language, Inc., a Random House Company. **215** © Agencia EFE. **219** 2006 Dave Feiling. **220** Lomo/Jupiter Images. **222** Gram Monro/Jupiter Images. **226** (r) from *Montecristo,* Telefe International © 1996–2007 The Izarro Group. **245** © Agencia EFE. **249** Best efforts made. **258** (inset) Best efforts made. **267** Courtesy of Marjorie Agosín and blackbird.vcu.edu. **279** Messe Bremen/www.robocup2006.org. **233** Harper Collins. **286** (m) This image is in the Public Domain. Taken from www.wikipedia.com. **287** Biblioteca Virtual Miguel de Cervantes, www.cervantesvirtual.com. **304** Diego Vizcaino, www.geocities. com/tibacuy.geo/ee.html

About the Authors

José A. Blanco founded Vista Higher Learning in 1998. A native of Barranquilla, Colombia, Mr. Blanco holds degrees in Literature and Hispanic Studies from Brown University and the University of California, Santa Cruz. He has worked as a writer, editor, and translator for Houghton Mifflin and D.C. Heath and Company and has taught Spanish at the secondary and university levels. Mr. Blanco is also co-author of several other Vista Higher Learning programs: **VISTAS, VIVA, AVENTURAS,** and **PANORAMA** at the introductory level, **ENFOQUES, FACETAS, IMAGINA,** and **SUEÑA** at the intermediate level, and **REVISTA** at the advanced conversation level.

María Colbert received her PhD in Hispanic Literature from Harvard University in 2005. A native of both Spain and the U.S., Dr. Colbert has taught language, film, and literature courses at both the high school and college levels. Her interests include: Basque culture, Spain's regional identities, and Spanish literature and film. Dr. Colbert's numerous publications range from travel guides to literary criticism. She is currently an Assistant Professor of Spanish at Colby College in Maine.